U0119344

臺灣史研究名家論集

（三編）

尹章義　林滿紅　林翠鳳

武之璋　孟祥瀚　洪健榮

張崑振　張勝彥　戚嘉林

許世融　連心豪　葉乃齊

趙祐志　賴志彰　闞正宗

蘭臺出版社

作者簡介（依姓氏筆劃排序）

尹章義　社團法人臺灣史研究會理事長、財團法人福祿基金會董事、財團法人兩岸關係文教基金會執行長。中國文化大學民國 106 年退休教授，輔仁大學民國 94 年退休教授，東吳、臺大兼課。出版專書 42 種（含地方志 16 種）論文 358 篇（含英文 54 篇），屢獲佳評凡四百餘則。

赫哲人，世居武昌小東門外營盤（駐防），六歲隨父母自海南島轉進來臺，住臺中水湳，空小肄業，四民國校、省二中、市一中畢業，輔仁大學學士，臺灣大學碩士，住臺北新店。

林滿紅　專攻歷史學，國立臺灣大學歷史學系學士與碩士、國立臺灣師範大學歷史研究所博士、美國哈佛大學歷史與東亞語文研究所博士；1990 年之後擔任中央研究院近代史研究所研究員與國立臺灣師範大學歷史學系教授，2008-2010 年間曾任中華民國國史館館長，2015 年迄今擔任中央研究院與陽明醫學大學合開人文講座課程兼任教授，2021 年轉任中央研究院近代史研究所兼任研究員；研究課題包括：近代中國或臺灣的口岸貿易與腹地變遷、晚清的鴉片觀與國內供應、十九世紀中國與世界的白銀牽繫、亞太商貿網絡與臺灣商人（1860—1961）、亞太歷史與條約：臺海，東海與南海等。

林翠鳳　臺灣彰化人。國立中山大學中文研究所博士，國立臺中科技大學應用中文系教授。曾任國立臺中科技大學應用中文系主任。主要研究方向：臺灣文學、民俗信仰等。著作：《陳肇興及其陶村詩稿之研究》《黃金川集》《鄭坤五及其文學研究》《施梅樵及其漢詩研究》等專書。主編《臺灣旅遊文學論文集》《宗教皈依科儀彙編》等十餘種。擔任《田中鎮志》《大里市史》《媽祖文化志》《登瀛書院簡史》等史志單元編纂。已發表期刊論文數百篇。

武之璋　河南孟縣（現孟州市）人，1942 年生，1949 年七歲隨父母赴台，淡江大學外文系畢業，曾經營紡織、營造業多年，從商期間自修經濟學，常發表財經論文，為當局重視，曾擔任台北市界貿易中心常務董事、行政院經濟改革委員會務顧問，多次參與台灣財經政策討論，後從商場退休，專心治學，範圍遍及中國近代史、台灣史及儒家學說，曾經出版《二二八真相解密》、《策馬入林》、《中庸研究》、《解剖民進黨》、《台灣光復日產接收研究》、《二二八真相與

謊言》、《原來李敖騙了你》、《武之璋論史》、《外省人的故事》等書，近年致力兩岸和平統一，強力反對民進黨文化台獨，並組織「藍天行動聯盟」，從文化、思想各方面與民進黨展激烈戰鬥。

孟祥瀚　國立中興大學歷史學系兼任副教授，國立臺灣師範大學歷史系博士，曾任臺灣古文書學會理事長。研究領域為臺灣區域史、臺灣原住民史、台灣方志學與台灣古文書研究等。主要關注議題在於清代與日治時期國家力量對於地方與族群發展的影響，如清末至日治初期，國家政策對於東台灣發展的形塑，清代封山禁令下番界政策對於中台灣東側番界開發的影響等。方志與古文書的研究，則是企圖透過在地生活的豐富紀錄，以思考與探討台灣基層社會運作的實際面貌。本書所收各篇，大致回應了上述的學思歷程。

洪健榮　臺灣臺南市人，籍貫澎湖縣。省立臺南一中畢業，輔仁大學歷史學系學士、清華大學歷史碩士、臺灣師範大學歷史博士。曾任僑生大學先修班、臺師大歷史學系、明志科大通識教育中心、中央大學歷史研究所、臺北科大通識教育中心、輔大歷史學系兼任教師、國立故宮博物院圖書文獻處助理研究員，現職國立臺北大學歷史學系教授兼海山學研究中心主任。主要研究領域為臺灣社會文化史、臺灣方志學、臺灣區域史、臺灣族群史，著有《龍渡滄海：清代臺灣社會的風水習俗》、《西學與儒學的交融：晚明士紳熊人霖《地緯》中的世界地理書寫》，發表相關學術論文五十餘篇，另曾主編《五股志》、《延平鄉志》、《新屋鄉志》、《續修五股鄉志》、《續修新竹縣志卷九・人物志》。

張崑振　1970 年生於台北木柵，成大建築系畢業，成大建築博士，現任北科大建築系副教授，兼文化部、台北市及地方政府文資委員。曾擔任北科大創意設計學士班創班主任 2005-2008、北科大建築系主任 2016-2019。專長為建築史與理論、傳統建築與風土、遺產與都市保存，二十多年來一直從事台灣文化資產的保存、修復研究工作，主持六十餘件古蹟、聚落、文化景觀、產業遺產、遺址等類型文化資產調查研究計畫，近年也擔任古蹟修復設計及再利用策展工作。近年著有 2020《再尋冷戰軌跡-臺糖南北平行預備線文化資產價值研究》、2016《找尋曾經艱困的時代輪廓》、2015《傳家—新埔宗祠的故事》、2015《關渡宮—宮廟與文化景觀》等書。

張勝彥　臺灣大學歷史學學士、碩士，日本京都大學博士。先後任東海大學歷史系教授、日本京都大學文學部外國人招聘教授、中央大學歷史研究所教授兼所長、日本私立關西大學經濟學部外國人招聘教授、臺北大學歷史系教授兼民俗藝術研究所所長、及人文學院院

長等教職。此外曾任臺灣歷史學會會長、內政部古蹟評鑑小組委員、臺中縣志總編纂、續修臺中縣志總編纂、續修臺北縣志總編纂等職。現為臺北大學兼任教授、續修新竹縣志總編纂。已出版之學術著作有《南投開拓史》、《清代臺灣廳縣制度之研究》、《認識臺灣（歷史篇）》、《臺灣開發史》、《台中市史》、《臺灣史》等著作。

戚嘉林　Dr. Chi Chia-lin，中國統一聯盟前主席，1951 年生於台灣（原籍湖北沔陽/仙桃），輔仁大學商學士、中國文化大學經濟研究所碩士、南非首都比勒陀利亞大學（University of Pretoria）國際關係學博士。台灣外事人員特考及格，任職駐外單位、退休后曾任中國統一聯盟主席、並在世新大學授課。現為《祖國》雜誌發行人兼社長，社團法人台灣史研究會理事長，著有《台灣史》《台灣二二八大揭秘》《李登輝兩岸政策十二年》《台灣史問與答》《謝南光-從台灣民眾黨到中國共產黨》，及主編《坎坷復興路》等書。

許世融　雲林縣口湖鄉人，1966 年生，臺灣師範大學歷史學系博士，現任臺中教育大學區域與社會發展學系副教授兼系主任。先後於嘉義農專、國空大、建國科大、清華大學歷史研究所擔任兼任講師、助理教授；陸續進行過科技部諸多專題研究案。2011-2013 年並參與京都大學經濟學部堀和生教授主持的「東アジア高度成長の史的研究―連論から東アジア論へ―」跨國研究計畫。主要學術專長：臺灣經濟史、社會史、族群史等。博士論文〈關稅與兩岸貿易（1895-1945）〉曾獲得彭明敏文教基金會臺灣研究最佳博士論文獎。

連心豪　福建省仙遊縣人，1954 年 3 月生於安溪縣文廟廖厝館，旋移居泉州市區。廈門大學歷史學碩士，歷任廈門大學歷史學系教授，廈門大學中國海關史研究中心主任，福建省連橫文化研究院院長，福建省文史研究館研究館員，中國海關博物館顧問。專攻中國近代海關史，兼治閩臺關係史、閩南民間信仰與譜牒學。著有《近代中國的走私與海關緝私》、《水客走水》、《中國海關與對外貿易》，主編《閩南民間信仰》、《福建連氏志》、《仙遊鳳阿阿頭連氏譜牒》等書。

葉乃齊　1960 年出生於嘉義。1982 年自文化大學建築系畢業，1987-1989 年曾就讀於台灣大學土木研究所交通乙組，1989 年曾於文化大學造園景觀系兼任執教，1990-1993 年服務於行政院文建會，從事古蹟保存業務。1993 年就讀台灣大學建築與城鄉研究所博士班，2002 年 7 月獲台大城鄉所博士學位，曾擔任南亞技術學院建築系專任助理教授及華梵大學建築學系專任助理教授。2005 年 8 月接任華梵大學建築學系主任、所長，於 2008 年 1 月卸任。曾參與王鴻楷

教授主持之研究案有《澎湖天后宮之彩繪》等五案。及夏鑄九教授主持之研究案有《新竹縣三級古蹟新埔褒忠亭整修計畫》等七案。專業研究規劃案有近二十五本著作,個人代表著作有博士論文《台灣傳統營造技術的變遷初探--清代至日本殖民時期》,碩論《古蹟保存論述之形成─光復後台灣古蹟保存運動》及近百篇論文與著述。

趙祐志　1968 年,臺北人,臺灣師範大學歷史系學士、碩士、博士。現任新北高中教師兼任學務主任、清華大學歷史研究所兼任助理教授、真理大學人文與資訊學系兼任助理教授、淡江大學師培中心兼任助理教授,曾參與《沙鹿鎮志》、《梧棲鎮志》、《桃園市志》、《續修臺北縣志》、《高中歷史教科書》的編纂。著有:《日據時期臺灣商工會的發展 (1895 ─ 1937)》、《日人在臺企業菁英的社會網絡 (1895─1945)》、《續修臺北縣志》卷八文教志、〈躍上國際舞臺─清季中國參加萬國博覽會之研究〉等近百篇論文。

賴志彰　臺灣彰化人,逢甲建築系學士,國立臺灣大學建築與城鄉研究所碩、博士,長期參與文化資產保存工作,從最早的內政部到目前幾個市縣的文化資產諮詢委員,深入研究霧峰林家的歷史與建築,研究臺灣地方民居(包括新北、桃園、苗栗、臺中縣、彰化、嘉義市等),碩博士論文攢研臺中市的都市歷史,研究過新莊迴龍樂生療養院、臺灣古地圖、佳冬蕭宅、彰化縣志的公共藝術與工藝篇等。目前服務於國立臺南大學文化與自然資源學系臺灣文化碩士班,擔任副教授,指導超過 180 篇以上的碩士論文。

關正宗　1961 年出生於臺灣嘉義,成功大學歷史學博士。1985 年起年從事新聞編採工作,進而主持佛教出版社、雜誌社。長年從事佛教寺院及文物的田野調查,二十餘年間完成有關佛寺、人物田野調查專著、合著十餘冊。1996 年起先後出版《臺灣佛寺導遊》九冊、《臺灣佛教一百年》、《臺灣佛寺的信仰與文化》、《重讀臺灣佛教──戰後臺灣佛教(正續編)》、《臺灣佛教史論》、《中國佛教會在臺灣──漢傳佛教的延續與開展》、《臺灣日治時期佛教發展與皇民化運動──「皇國佛教」的歷史進程 (1895-1945)》、《臺灣佛教的殖民與後殖民》、《臺灣觀音信仰的「本土」與「外來」》等學術著作。除臺灣佛教史研究之外,研究領域尚延伸至臺灣宗教、中、臺、日三邊佛教交涉、日本文化等研究領域。曾任法鼓佛教學院、玄奘大學宗教研究所兼任助理教授,現任佛光大學佛教學系副教授。

《臺灣史研究名家論集》──總序

　　《臺灣史研究名家論集》即將印行，忝為這套叢刊的主編，依出書慣例不得不說幾句應景話兒。

　　這十幾年我個人習慣於每學期末，打完成績上網登錄後，抱著輕鬆心情前往探訪學長杜潔祥兄，一則敘敘舊，問問半年近況，二則聊聊兩岸出版情況，三則學界動態及學思心得。聊著聊著，不覺日沉西下，興盡而歸，期待半年後再見。大約三年前的見面閒聊，偶然談出了一個新企劃。潔祥兄自從離開佛光大學教職後，「我從江湖來，重回江湖去」（潔祥自況），創辦花木蘭出版社，專門將臺灣近六十年的博碩士論文，有計畫的分類出版，洋洋灑灑已有數十套，近年出書量及速度，幾乎平均一日一本，全年高達三百本以上，煞是驚人。而其選書之嚴謹，校對之仔細，書刊之精美，更是博得學界、業界的稱讚，而海峽對岸也稱許他為「出版家」，而不是「出版商」。這一大套叢刊中有一套《臺灣歷史文化叢刊》，是我當初建議提出的構想，不料獲得彼首肯，出版以來，反應不惡。但是出書者均是時下的年輕一輩博、碩士生，而他們的老師，老一輩的名師呢？是否也該蒐集整理編輯出版？

　　看似偶然的想法，卻也是必然要去做的一件出版大事。臺灣史研究的發展過程，套句許雪姬教授的名言「由鮮學經顯學到險學」，她擔心的理由有三：一、大陸學界有關臺灣史的任務性研究，都有步步進逼本地臺灣史研究的趨勢，加上廈大培養一大批三年即可拿到博士學位的臺灣學生，人數眾多，會導致臺灣本土訓練的學生找工作更加雪上加霜；二、學門上歷史系有被社會科學、文學瓜分，入侵之虞；三、在研究上被跨界研究擠壓下，史家最重要的技藝──史料的考訂，最後受到影響，變成以理代証，被跨學科的專史研究壓迫得難以喘氣。另外，中研院臺史所林玉茹也有同樣憂慮，提出五大問題：一、是臺灣史研究受到統獨思想的影響；二、學術成熟度仍不夠，一批缺乏專業性的人可以跨行教授臺灣史，或是隨時轉戰研究臺灣史；三、是研究人力不足，尤其地方文史工作者，大多學術訓練不足，基礎條件有限，甚至有偽造史料或創

造歷史的情形，他們研究成果未受到學術檢驗，卻廣為流通；四、史料收集整理問題，文獻資料躍居成「市場商品」，竟成天價；五、方法問題，研究者對於田野訪查或口述歷史必須心存警覺和批判性。

　　十數年過去了，這些現象與憂慮仍然存在，臺灣史學界仍然充滿「焦慮與自信」，這些焦慮不是上文引用的表面問題，骨子裡頭真正怕的是生存危機、價值危機、信仰危機，除此外，還有一種「高平庸化」的危機。平心而論，臺灣史的研究，不論就主題、架構、觀點、書寫、理論、方法等等。整體而言，已達國際級高水準，整個研究已是爛熟，不免凝固形成一僵硬範式，很難創新突破而造成「高平庸化」的危機現象。而「高平庸化」的結果又導致格局小、瑣碎化、重複化的現象，君不見近十年博碩士論文題目多半類似，其中固然也有因不同學門有所創見者，也不乏有精闢的論述成果，但遺憾的是多數內容雷同，資料重複，學生作品如此；學者的著述也高明不到哪裡，調研案雖多，題材同，資料同，析論也大同小異。於是乎只有盡量挖掘更多史料，出版更多古文書，做為研究創新之新材料，不過似新實舊，對臺灣史學研究的深入化反而轉成格局小、理論重複、結論重疊，只是堆砌層累的套語陳腔，好友臺師大潘朝陽教授，曾諷喻地說：「早晚會出現一本研究羅斯福路水溝蓋的博士論文」，誠哉斯言，其言雖苛，卻是一句對這現象極佳註腳。至於受統獨意識形態影響下的著作，更不值得一提。這種種現狀，實在令人沮喪、悲觀，此即焦慮之由來。

　　職是之故，面對臺灣史這一「高平庸化」的瓶頸，要如何掙脫困境呢？個人的想法有二：一是嚴守學術規範予以審查評價，不必考慮史學之外的政治立場、意識形態、身分認同等；二是返回原點，重尋典範。於是個人動了念頭，很想將老一輩的著作重新整理，出版成套書，此一構想，獲得潔祥兄的支持，兩人初步商談，訂下幾條原則，一、收入此套叢書者以五十歲（含）以上為主；二、是史家、行家、專家，不必限制為學者，或在大專院校、研究機構者；三、論文集由個人自選代表作，求舊作不排除新作；四、此套書為長期計畫，篩選四、五十位名家代表

作，分成數輯分年出版，每輯以二十位為原則；五、每本書字數以二十萬字為原則，書刊排列起來，也整齊美觀。商談一有結論，我迅即初步擬定名單，一一聯絡邀稿，卻不料潔祥兄卻因某些原因而放棄出版，變成我極尷尬之局面，已向人約稿了，卻不出版了。之後拿著企劃書向兩家出版社商談，均被婉拒，在已絕望之下，幸得蘭臺出版社盧瑞琴女史遞出橄欖枝，願意出版，才解決困局。但又因財力、人力、市場的考慮，只能每輯以十人為主，這下又出現新困擾，已約的二十幾位名家如何交代如何篩選？兩人多次商討之下，盧女史不計盈虧，終於同意擴大為十五位，並不篩選，以來稿先後及編排作業為原則，後來者編入續輯。

　　我個人深信史學畢竟是一門成果和經驗累積的學科，只有不斷累積掌握前賢的著作，溫故知新，才可以引發更新的問題意識，拓展更新的方法、理論，才能使歷史有更寬宏更深入的研究。面對已成書的樣稿，我內心實有感發，充滿欣喜、熟悉、親切、遺憾、失落種種複雜感想。我個人只是斗膽出面邀請同道之師長友朋，共襄盛舉，任憑諸位自行選擇其可傳世、可存者，編輯成書，公諸同好。總之，這套叢書是名家半生著述精華所在，精彩可期，將是臺灣史研究的一座豐功碑及里程碑，可以藏諸名山，垂範後世，開啟門徑，臺灣史的未來新方向即孕育在這套叢書中。展視書稿，披卷流連，略綴數語以說明叢刊的成書經過，及對臺灣史的一些想法、期待與焦慮。

卓克華

2016.2.22 元宵　於三書樓

《臺灣史研究名家論集》——推薦序

　　《臺灣史研究名家論集》這套書本身就是一種臺灣史研究。其性質與意義，可以我擬編的另一套書來做說明。

　　相對於大陸，臺灣學界個性勝於群性，好處是彰顯個人興趣、自由精神；缺點是不夠關注該學科的整體發展，很少人去寫年鑑、綜述、概括、該學科的資料彙編或大型學人論著總集。

　　所以我們很容易掌握大陸各學科的研究發展狀況，對臺灣則不然。比如哲學、文學、社會學、政治學都各有哪些學派、名家、主要著作，研究史又如何等等，個中人也常弄不清楚，僅熟悉自己身邊幾個學校、機構或團體而已。

　　本來名家最該做這種事，但誰也不願意做綜述、概括這等沒甚創見的勞動；編名家論集嘛，既抬舉了別人，又掛一漏萬得罪人，何必呢？

　　我在學生書局時，編過一些學科綜述，頗嘗甘苦。到大陸以後，也曾想在人文與社會學科中，每學科選二十位名家，做成論文集，以整體呈現臺灣二十世紀下半葉的學術成果，遷延至今，終於未成。所以我看卓克華兄編成的這套《臺灣史研究名家論集》特有會心、特深感慨。

　　正如他所說，現在許多學科都面臨大陸同行的參與，事實上也是巨大的壓力。大陸人數眾多，自成脈絡。臺灣如果併入其數量統計中去，當然立刻被淹沒了。他們在許多研究成果綜述中，被視野和資料所限，也常不會特別關注臺灣。因此我們自己的當代學術史梳理就特別重要、格外迫切。

　　《臺灣史研究名家論集》從這個意義上說，本身就是一種臺灣學術史的建構。所選諸名家、各篇代表作，足以呈現臺灣史這個學科的具體內容與發展軌跡。

　　這些名家，與我同時代，其文章寫作之因緣和發表時之情境，讀來歷歷在目，尤深感慨。

　　因為「臺灣史」這個學科在臺灣頗有特殊性。

　　很多人說戒嚴時期如何如何打壓臺灣史研究，故臺灣史尟有人問津；

後來又如何如何以臺灣史、臺灣文學史為突破口,讓臺灣史研究變成了顯學。克華總序中提到有人說臺灣史從「鮮學變成顯學」,然後又受政治影響,成了險學,就是這個意思。

但其實,說早年打壓臺灣史,不是政治觀點影響下的說詞嗎?卷帙浩繁的《臺灣風物月刊》、《臺北文獻季刊》、《臺灣文獻季刊》、臺灣銀行《臺灣文獻叢刊》等等是什麼?《臺灣文獻季刊》底下,十六種縣市文獻,總計就有四億多字,怎麼顯示五十年代到八十年代中期政府打壓了臺灣史的資料與研究?我就讀的淡江大學,就有臺灣史課程,圖書館也有專門臺灣史料室,我們大學生每年參加臺灣史蹟源流會的夏令營,更是十分熱門。我大學以後參與鄉土調查、縣誌編撰、族譜研究,所感受的暖心與熱情,實在不能跟批評戒嚴時期如何如何打壓臺灣史研究的說詞對應起來。

反之,對於高談本土性、愛臺灣、反殖民的朋友所揭櫫的臺灣史研究,我卻常看到壓迫和不寬容。所以,他們談臺灣文學時,我發現他們想建立的只是「我們的文學史」。我辦大學時,要申辦任何一個系所都千難萬難,得提前一兩年準備師資課程資料及方向計畫去送審;可是教育部長卻一紙公文下來,大開後門,讓各校趕快開辦臺灣史系所。我們辦客家研討會,客家委員會甚至會直接告訴我某教授觀點與他們不合,不能讓他上臺。同樣,教師在報端發表了他們不喜歡的言論,各機關也常來文關切……。這時,我才知道有一個幽靈,在監看著臺灣史研究群體。

說這些,是要提醒本叢刊的讀者:無論臺灣史有沒有被政治化,克華所選的這些名家,大抵都表現了政治泥沼中難得的學術品格,勤懇平實地在做研究。論文中匕鬯不驚,而實際上外邊風雨交加。史學名家之所以是名家,原因正要由此體會。

但也由於如此,故其論文多以資料梳理、史實考證見長。從目前的史學潮流來看,這不免有點「古意盎然」。他們這一輩人,對現時臺灣史研究新風氣的不滿或擔憂,例如跨學科、理論魘指史料、臺灣史不盡為

史學系師生所從事之領域等等，其實就由於他們古意了。

　　古意，當然有過時的含義；但在臺灣，此語與老實、實在同意。用於臺灣史研究，更應做後者理解。實證性史學，在很多地方都顯得老舊，理論根基也已動搖，但在臺灣史這個研究典範還有待建立，假史料、亂解讀，政治干擾又無所不在的地方，卻還是基本功或學術底線。老一輩的名家論述，之所以常讀常新，仍值得後進取法，亦由於此，特予鄭重推薦。

龔鵬程

《臺灣史研究名家論集》——推薦序

　　臺灣，在許多大陸人看來是一個地域相對狹小、自然資源有限、物產不夠豐富、人口不夠眾多且孤懸於海外的一個島嶼之地。對於這座寶島的歷史文化、社會風貌、民間風俗以及人文地貌等方面的情況知之甚少。然而，當你靜下心來耐心地閱讀由臺灣蘭臺出版社出版的《臺灣史研究名家論集》（已出版三編）之後，你一定會改變你對臺灣這個神奇島嶼的認知。

　　《臺灣史研究名家論集》到目前為止，已經輯錄了近五十名研究臺灣史的專家近千萬字的有關臺灣史的研究成果。這些研究成果大都以臺灣這塊獨特的地域空間為載體，以發生在這塊神奇土地上的歷史事件、人物故事、社會變遷、宗教信仰、民間習俗、行政建制、地方史志、家族姓氏、外族入侵、殖民統治、風水習俗以及建築歷史等等為研究內容，幾乎囊括了臺灣的自然與社會生活的方方面面。例如，尹章義的《臺灣移民開發史上與客家人相關的幾個謎題》，林滿紅的《清末臺灣與我國大陸之貿易型態比較（1860-1894）》，林翠鳳教授的《臺灣傳統書院的興衰歷程》，武之璋先生的《從純史學的角度重新檢視二二八》，洪健榮的《明鄭治臺前後風水習俗在臺灣社會的傳佈》，張崑振的《清代臺灣地方誌所載官祀建築之時代意義》，張勝彥的《臺灣古名考》，戚嘉林的《荷人據台殖民真相及其本質之探討》，許世融的《日治時期彰化地區的港口變化與商貿網絡》，連心豪的《日本據臺時期對中國的毒品禍害》，葉乃齊的《臺灣古蹟保存技術發展的一個梗概》，趙佑志的《日治時期臺灣的商工會與商業經營手法的革新（1895—1937）》，賴志彰的《台灣客家研究概論—建築篇》，闞正宗的《清代治臺初期的佛教（1685-1717）——以《蓉洲詩文稿選集》、《東寧政事集》為中心……

　　上述各類具體的臺灣史研究，給讀者全面、深刻、細緻、準確地瞭解臺灣、認知臺灣、理解臺灣、並關注臺灣未來的發展，提供了「法國年鑒學派」所說的「全面的歷史」資料和「完整的歷史」座標。這套叢書給世人描摹出一幅幅臺灣社會、文化、經濟、生態以及島民心態變遷

的風俗畫。它們既是臺灣社會的編年史、也是臺灣的時代變遷史，還是臺灣社會風俗與政治文化的演變史。

《臺灣史研究名家論集》在史學研究方法上借鑒了法國年鑒學派以及其他現代史學流派的諸多新的研究方法，給讀者提供了新的研究視角，使得史學研究能夠從更加廣闊、更加豐富的空間與視角上獲取歷史對人類的啟示。《臺灣史研究名家論集》的許多研究成果，印證了中國大陸著名歷史學家章開沅先生對史學研究價值的一種「詩意化」的論斷，章開沅先生曾經說過，**「從某種意義上說，史學應當是一個沉思著的作者在追撫今夕、感慨人生時的心靈獨白。史學研究的學術的價值不僅在於它能夠舒緩地展示每一個民族精神的文化源流，還在於它達到一定境界時，能夠闡揚人類生存的終極意義，並超越時代、維繫人類精神與不墮……」**

閱讀《臺灣史研究名家論集》，能夠讓讀者深切感受到任何一個有限的物理空間都能夠創造出無限的精神世界，只要這塊空間上的主人永遠懷揣著不斷創造的理想與激情。我記得一位名叫唐諾（謝材俊）的臺灣作家曾經說過，由於中國近代歷史的風雲際會，使得臺灣成為一個十分獨特的歷史位置。**「在很長一段時間裡，臺灣是把一個大國的靈魂藏在臺灣這個小小的身體裡面……」**，的確，近代以來的臺灣，在某種程度上來講成就驚人。它誕生過許多一流的人文學者、一流的史學家、一流的詩人、一流的電影家、一流的科學家。它曾經是「亞洲四小龍」之一。

臺灣之所以能夠取得如此驚人的文化成就，離不開諸如《臺灣史研究名家論集》裡的這些史學研究名家和**臺灣蘭臺出版社**這樣的文化機構以及**一大批「睜眼看世界」**的仁人志士們持之以恆的辛勤耕耘和不畏艱辛的探索。是這些勇敢的探尋者**在看得見的地域有限物理空間拓展並創造出了豐富多彩的浩瀚精神宇宙。**

為此，我真誠地向廣大讀者推薦《臺灣史研究名家論集》這套叢書。

王國華　2021 年 6 月 7 日於北京

《臺灣史研究名家論集》──編後記

　　我在〈二編後記〉中曾慨嘆道，編此《論集》有三難：邀稿難、交稿難、成書難。在《三編》成書過程中依然如此，甚且更加嚴重，意外狀況頻頻發生，先是新冠肺炎疫情耽誤了近一年，而若干作者交稿、校稿拖拖拉拉，也有作者電腦檔案錯亂的種種問題，也有作者三校不足，而四校，五校，每次校對又增補一些資料，大費周章，一再重新整理，諸如此類狀況，整個編輯作業延誤了近一年，不得已情商《四編》的作者，將其著作提前補入《三編》出版，承蒙這些作者的同意，才解決部分問題。

　　如今面對著《三編》的清樣，心中無限感慨，原計畫在我個人退休前將《臺灣史研究名家論集》四輯編輯出版完成，而我將於今年（2021）七月底退休，才勉強出版了《三編》，看來又要耗費二年歲月才能出版《四編》，前後至少花了十年才能夠完成心願，十年，人生有多少個十年？！也只能自我安慰，至少我為臺灣史學界整理了乙套名家鉅作，留下一套經典。

卓克華　　于三書樓

2021.6.7

趙祐志

臺灣史研究名家論集

蘭臺出版社

目　錄

「順和棧」在橫濱（1864—1914）

一、前言

　　「順和棧」時創始人陳福謙，乃 1860 年臺灣開港後，以買辦身份崛起打狗地區，白手致富的傳奇人物。當時與大稻埕的李春生並稱為南北兩大買辦；連橫著《臺灣通史》更將陳福謙、李春生、黃南球譽為臺灣近代三大貨殖家[1]。福謙以砂糖崛起，春生以茶葉起家，南球則以樟腦發跡，各恃晚清臺灣三大出口物產[2]成為鉅賈，其致富發達之歷程，實為臺灣近代經濟發展之縮影。然有關三氏之論著，除李春生近年研究稍多外[3]，黃南球、陳福謙殆為空白，尤其是有關陳福謙之史料幾無留存，使有心研究者頗有「無米之炊」之感歎。1993 年 5 月、1994 年 3 月，中研院近史所林滿紅研究員兩度參加日本舉辦的亞洲商業網絡經濟史研討會，席間蒙日本學者伊藤泉美慨贈「橫濱開港資料館」有關橫濱「順和棧」的史料，及討論橫濱華僑社會發展的論文數篇。數量雖然不多，但仍有部份資料十分珍貴，對研究「順和棧」助益甚大。林滿紅師惠將本筆資料轉交筆者，囑咐、督促翻譯整理，此為本文完成之背景。

二、陳福謙、陳中和與「順和棧」之發展

　　陳福謙，生於 1834（道光 14）年，鳳山苓雅寮庄人，家境貧困，初賴擺渡為生。福謙為人勤苦耐勞，因此餘暇又在打狗港內捕蟳販利[4]，刻苦節儉數年，蓄積數十金。於是轉而從事米穀生意，往來各村，早作夜息，如斯數年，再累得數百金，福謙遂藉此薄弱資金兼販砂糖。1860、

---

[1] 連橫，《臺灣通史》，（臺北，眾文圖書公司，1979 年影印本），頁 1009～1012。

[2] 參見林滿紅《茶、糖、樟腦業與晚清臺灣》，（臺北，臺灣銀行經濟研究室，1978 年）。

[3] 1993 年 3 月 13 日，中央研究院中國文哲究所曾舉辦一場「李春生思想研討會」，會中計發表黃俊傑、吳光明、李明輝、吳文星、古偉瀛的五篇論文。

[4] 楊玉姿，〈清代打狗陳福謙家族的發展〉，高雄市文獻委員會，《高市文獻》第一卷第二期，（高雄，該會，1988 年九月），頁 2。

1861 年間，福謙獲得洋商信賴，漸成為打狗地區聲譽卓著的買辦。1862、1863 年左右，福謙終於累積了充分的資金，在旗後創立「順和行」，奠立其事業的基礎。福謙創設「順和行」後，由於「善相機宜」，並兼用「糴賤糶貴」的商業手腕，貸款給蔗農，逐漸掌握打狗地區大部分的砂糖[5]，「以是生意日大」。1870 年，福謙再擴大「順和行」經營規模，改設「順和棧」於苓雅寮的頂寮。

　　過去學者根據連橫《臺灣通史》言：「福謙以日本消糖巨，派人查之，知有利，同治九年，自配至橫濱，與日商貿易；十三年，設棧於此，以張販路，其糖分消東京等處，歲約五萬擔，臺糖之直配日本自福謙始。」[6]認為陳福謙從事蔗糖外銷生意當始於 1870 年，而福謙在日本設立「順和行」，更遲至 1874 年，但筆者今據伊藤泉美提供的資料，得知「順和行」在 1864 年初，即已於橫濱租界內租賃土地，設館營業[7]，可證福謙在橫濱設立營業據點的時間，事實上較《臺灣通史》的記載更早10 年。

　　在眾多的日本通商口岸中，福謙為何不選擇當時華商最多、基礎最穩的長崎，作為其敲開日本砂糖貿易的據點？筆著認為這正是顯現福謙商業眼光銳利之處，福謙推斷長崎地區華商已經飽和，競爭漸趨激烈，初創業實力尚弱的「順和行」，欲在各商幫勢力的夾縫中分一杯羹實不可能。而 1858 年日本在美國「船堅炮利」的威脅下，被迫簽訂《美日修好通商條約》，開放橫濱、函館、新潟、神戶、長崎等五口通商。橫濱逐漸成為新的貿易重心，並且有取代長崎之趨勢[8]，前途大有可為。再者，福謙出身買辦，與歐美洋行往來密切，「順和行」甚至攏有洋商的投資。這背景雖易使「順和行」遭長崎華商的排斥[9]，但卻有利於「順

[5] 林滿紅《茶、糖、樟腦業與晚清臺灣》，（臺北，臺灣銀行經濟研究室，1976 年，頁 56-57。
[6] 連橫，《臺灣通史》，（臺北，眾文圖書公司，1979 年影印本），頁 1010。
[7] 橫濱商業會議所，《橫濱開港五十年史》下卷，（東京，名著出版社，1973 年），頁 172-173。
[8] 伊藤泉美，〈橫濱華僑社會の形成〉，《橫濱開港資料館紀要》第 9 號，（橫濱，該館，1991年 3 月），頁 5。
[9] 伊藤泉美，〈橫濱華僑社會の形成〉，頁 9-10，提及橫濱洋商極力排擠、長崎華商進入，而洋商亦甚難打入華商壟斷的長崎，這種背景自然不利於與洋商關係的「順和棧」至長崎開拓商貿。

和行」在布滿歐美商人勢力的橫濱，開拓商貿。

　　過去學者認為《臺灣通史》記載的「福謙以日本消糖巨，派人查之，知有利。」所遣之人即陳中和[10]，並以為橫濱「順和行」是中和一手創設，根據前述的資料看來，橫濱「順和行」似非中和所創。不過中和卻能立於原有之基礎，將橫濱「順和行」發揚光大。1873 年，中和以帆船載運打狗砂糖，乘風破浪抵達橫濱，成功地拓銷砂糖 5,000 包。中和將交易所得，透過日本正金銀行匯寄香港，其復於香港靈活地運用這筆貨款採購石油、鴉片、雜貨返臺[11]，獲利甚豐。次年，中和受命拓展橫濱「順和行」商機；中和首先配合臺灣母行，亦將「順和行」擴大為「順和棧」，改組完成後，將之交由弟維馨全權主持[12]。

　　中和在橫濱經營手腕之靈活，亦頗得其老東家福謙的真傳，舉例言之：「順和棧」雖是華商在橫演最早設立的大店號，但至 1873、1874 年中和主持橫濱業務時，中國廣州府、肇慶府來的商人，已成為橫濱租界華商之最大勢力[13]；陳中和為突破困境，銷售砂糖時就常與廣肇幫（廣州、肇慶兩府商人）「大德行」商人合作。中和又結織安部幸兵衛（參見圖一），兩人頗有英雄相惜之情[14]，於是「順和」亦能透過安部的關係，利用「增田屋」擴張業務。中和活用這兩條管道，終於使得「順和棧」能有年銷五萬擔之佳績[15]。

[10] 司馬嘯青，《臺灣五大家族》，（臺北，自立晚報，1987 年）頁 162。
[11] 宮崎健三，《陳中和翁傳》，（臺北，著者，1931 年），頁 8-9。
[12] 宮崎健三，《陳中和翁傳》，頁 10。
[13] 參見伊藤泉美，〈橫濱華僑社會の形成〉，《橫濱市史》第三卷下第四章〈橫濱居留地の中國人〉，（橫濱，該市政府，1981 年三版）。
[14] 宮崎健三，《陳中和翁傳》，頁 9。
[15] 連橫，《臺灣通史》，頁 1010。

圖一　安部幸兵衛像

資料來源：參見橫濱開港資料館，《橫濱と上海—二つ開港都市の近代》，（橫濱，橫濱開港資料普及協會，1993 年 10 月），頁 84。

　　中和不僅穩固了橫濱「順和棧」經營，又向大阪、九州等地開拓商路[16]，長崎、神戶能設立分棧，中和更是功不遑讓。由於中和拓展商務有功，漸成為「順和棧」七十二行郊的頭號「家長」（掌櫃）。中和亦積極發展自己的事業，自橫濱返臺後，一方面鼓吹「順和棧」和七十二行郊家長共同合夥投資，於 1887 年創設「和興公司」[17]，由自己實際主持；另方面亦將米糖生意對準華南，在陸臺貿易中獲利甚多。1883 年，「順和棧」主人福謙病重，其深知「順和棧」業務惟有中和最熟悉，故臨終前一再交代子孫「中和必須重用」。但福謙次子文遠繼承家業年僅 17 歲，年輕氣盛頗有自己的想法，漸與中和有了嫌隙，最後雙方終於分離[18]。拆夥後的中和逐漸掌握了「和興公司」的大部分股權，事實上「和興公司」較「順和棧」資金更豐、規模更大，但由於「和興公司」與「順和棧」錯綜複雜的人事、金融關係，在外人看來「順和」即「和興」，「和興」即「順和」。在海外「順和」的名聲更是掩蓋了「和興」的光彩，所以當後來中和經營成績遠遠超過文遠時，亦不願捨棄「順和棧」這塊金字招牌，仍然打著「順和」的旗號經營米糖貿易，「順和棧」也逐漸成為

[16] 宮崎健三，《陳中和翁傳》，頁 10。

[17] 參見照史，《高雄人物評述》第一輯，（高雄，春暉出版社，1983 年），頁 60、61。

[18] 參見司馬嘯青，《臺灣五大家族》，頁 163-164。

陳中和家族的代表企業之一。

　　中和的米糖生意亦如店號「順和」、「和興」一樣，和和順順地興盛起來。至 1890 年左右，據臺南英國領事 W. W. Myers 向英國國會呈遞的《商務報告》言：「打狗區有一家華人擁有的『行』（即指順和行），有錢的很，自許可以控制今年打狗區一半以上的糖產。而仰仗著他們的財勢，對另外的一半，也可以有相當程度的操縱。……整個打狗區只有另外一家糖商可以不在該富商的控制下獨立經營，……大部分的外商也被迫由該行協助買糖，或為他商洽用外國輪船載糖出口的事宜。……該行除了取得蔗糖的成本比外商低之外，工作開支也比外商少了很多，該行對外商有強大的競爭力，甚至於有必要的話，隨時都可以將外商排擠出去。」[19]「順和棧」的勢力完全了壟斷打狗地區的砂糖貿易。

三、橫濱中華行的「順和棧」

　　1858 年 7 月，在美國「船堅炮利」的威脅下，日本被迫簽定《美日修好通商條約》，畫定橫濱、函館、新潟、神戶、長崎等五口開港通商。橫濱開港後，歐美商人紛沓而至，日本政府遂再於明年 7 月，設立「租界」以供外人僑居（參見圖二、三）。諺云：「海水所至盡皆華僑」，不久華人亦陸續抵達橫濱。但早期橫演華僑並非倚賴自身力量而來，大部分是應歐美洋商招募，或為買辦，或充雜工，附隨前往。[20]

---

[19] 轉引司馬嘯青，《臺灣五大家族》，頁 159-160。
[20] 伊藤泉美，〈橫濱華僑社會的形成〉，頁 1-2。

圖二　橫濱開港實地調查圖

資料來源：參見橫濱開港資料館，《橫濱と上海—二つ開港都市の近代》，頁 13。

圖三　一八六二年的橫濱居留地

資料來源：參見橫濱開港資料館《橫濱と上海—二つ開港都市の近代》，頁 94-95。

　　1863 年 1 月，橫濱華僑以年租 134.28 圓，租借 135 號地 480 坪，設置「同濟醫院」。它是橫濱僑界最早出現的公共建築物，不僅是華僑醫療治病之所，更是僑界聚會守望扶持的中心。明年 2 月，陳福謙派遣幹部，透過法國領事，以年 145.47 圓，租借 186 號地 521 坪，在此創設「順和棧」，作拓展砂糖貿易的據點。斯時橫濱租界華僑僅百餘人（參見表二），因此福謙之「順和棧」可謂橫濱僑界的先驅；並且「順和棧」

的規模，當時在橫濱租界內亦足與英國 Jardine Matheson 公司、美國太平洋郵船公司媲美，並列為三大公司（參見表一）。

表一：1870 年以前橫濱居留地土地主要租賃人

租借地號	坪數	年租（圓）	最初租借日期	租借人
1 號	1,705	476.96	1860 年	英國 Jardine Matheson 公司（即查甸公司）
甲 4 號	520	145.47	1860 年	美國太平洋郵船公司
135 號	480	134.28	1863 年初	清國同濟醫院
155 號	1174	328.42	1863 年初	英國領事辦處、牢房
186 號	521	145.75	1864 年初	「順和棧」
167 號	683	191.06	1864 年初	美國教堂
111 號 112 號	911	254.85	1864 年	美國海軍置物場
169 號	375	104.90	1867 年	瑞典領事
235 號 237 號	633	177.80	1868 年	日耳曼會餐所
172 號 173 號	1432	400.59	1869 年	英國領事
234 號	627	175.40	1869 年	英國領事

資料來源：橫濱商業會議所，《橫濱開港五十年史》下卷，頁 172-173。

表二：橫演居留地歷年華人數目及華人占外國人總數之比例

年次	A：外國人數	B：華人數	A/B（％）
1864		100 餘	
1867		660	
1870		1,002	
1872		963	
1874	2,400	1,290	57.5
1875	2,496	1,300	53.5

1876	2,427	1,231 男人：1,054 女人：62 小孩：115	50.7
1877	2,404	1,142	47.5
1878	3,085	1,851	59.9
1879	3,626	2,245	61.9
1880	3,937	2,505	63.6
1881	3,773	2,334	61.8
1882	3,512	2,154	61.3
1883	4,642	3,363	72.4
1884	3,688	2,471	67.0
1885	3,753	2,499	66.5
1886	3,904	2,573	65.9
1887	3,837	2,359	61.4
1888	4,494	2,981	66.3
1889	4,562	3,010	65.9
1890	4,601	3,004	65.2
1891	4,933	3,347	67.8
1892	4,929	3,339	67.7
1893	4,946	3,325	67.2
1894	2,804	1,174	41.8
1895	3,532	1,808	51.2
1896	4,100	2,268	55.3
1897	4,728	2,743	58.0
1898	5,369	3,284	61.2
1899	5,088	3,003	59.0

資料來源：伊藤泉美，〈橫濱華僑社會の形成〉，《橫濱開港資料館紀要》第九號，頁5。

在橫濱僑界早期的發展，「同濟醫院」與「順和行」因為是華人在潢濱居留地內較具規模的兩棟建築物，加上「同濟醫院」兼有公共集會性質，所以後來的華僑都儘量環繞兩者而居。兩者成為早期橫濱華僑聚

落的發展中心[21]（參見圖四），其後日益擴大逐漸形成今日橫濱的「中華街」。雖然華僑抵達橫濱日多，華人漸能相互援助，但因中日並未簽訂條約，華僑始終感覺缺乏保障，並常受到日本政府的不平等待遇。例如：前述的「同濟醫院」、「順和棧」並非直接向日方購置土地，而必須透過與日本已締結條約的歐美人購買。

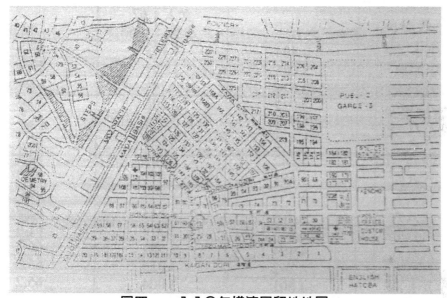

圖四　一八八〇年橫濱居留地地圖

資料來源：*伊藤泉美，〈橫濱華僑社會の形成〉，《橫濱開港資料館紀要》第九號，頁13。*

　華人與日人外貌相似，華僑來日極易衍生許多問題，日本政府原不准華人入境，但歐美洋行之商務、日常生活又亟須華人買辦、雜工協助料理。神奈川知縣知無法杜絕，於是希望制度化管理，於是照會各國領事、洋行，要求其負責管理，但成效不彰。1867年10月，日本政府實施「籍牌規則」，將領受牌的660名華人，區分為店東、技工、雜工三等，徵收人頭稅，不僅可將華僑列冊管理，而且管理經費亦有來源，華僑管理勉強有了法律根據[22]。日本政府此舉使得橫濱僑界意識到須有負責與日方交涉之機關，於是華僑領導人張熙堂、陳玉池、胡達朝等集資，

---

[21] 伊藤泉美，〈橫濱華僑社會の形成〉，頁14。
[22] 參見伊藤泉美，〈橫濱華僑社會の形成〉，頁6-12。

向普魯士人購買五十九號館，改建為「清國人集會所」。1870、1871 年間，再擴大改稱「中華會館」[23]，取代「同濟醫院」成為華僑新的聚會場所。

　　1871 年，中日簽訂《天津條約》，雖將華人畫入條約保障之列，但直至 1873 年，中日雙方換文生效，日本政府始肯實行具體保護措施。次年，日本新頒《在留清國人民籍牌規則》，降低受領籍牌的手續費[24]；並按條約規定，給予華人應享的領事裁判權。但因中國無法派出公使、領事，延遲在日華僑享受此項權利的時間。1877 年，駐日公使何如璋終於赴日履任，次年，橫濱領事館開館辦公，范錫朋奉派為首任領事。當時橫濱華僑達 1,142 人，超過長崎的 566 人，兵庫的 200 餘人、大阪的 101 人、函館的 35 人，後來居上，成為華僑聚集最多之地[25]。

　　橫濱領事館設於「同濟醫院」所在的 135 號地，此處並有創設於 1870 年的「會芳樓」。「會芳樓」為橫濱僑界最重要的娛樂、交際場所，不僅經常表演家鄉戲曲以慰華僑思鄉之情，僑界名流宴請賓客更非選擇此地不可。例如：1877 年，駐日公使何如璋抵日時，橫濱僑界領即於「會芳樓」舉行歡迎會[26]。1874 年，繼 135 號地「同濟醫院」、186 號地「順和棧」、59 號地「中華會館」，橫濱僑界新興起一個新發展中心，此即橫濱僑界信仰中心的 140 號地「關聖帝君君廟」。每年 5 月 13 日關聖帝君誕辰及 8 月 15 日中秋節在關帝廟舉行的祭祀為橫濱僑界最重要的祭典[27]；駐日公使何如璋抵達橫濱，即不忘首先前往關帝廟祭拜[28]。總結而言，「順和棧」所處的橫濱「中華街」，在 1870 年中葉已大致形成，並有半數以上的華僑居住於此。1870 年末期，由於領事館的成立，華僑人數大增，「中華街」開始擔憂人口過剩的問題，「中華街」不僅火

---

[23] 《橫濱市史》第三卷下第四章〈橫濱居留地の中國人〉，（橫濱，該市政府，1981 年 6 月三版），頁 863-864。

[24] 參見伊藤泉美，〈橫濱華僑社會の形成〉，頁 6-12。

[25] 《橫濱市史》第三卷下第四章〈橫濱居留地の中國人〉，頁 889。

[26] 《橫濱市史》第三卷下第四章〈橫濱居留地の中國人〉，頁 888。

[27] 伊藤泉美，〈橫濱華僑社會の形成〉，頁 16、21。

[28] 《橫濱市史》第三卷下第四章〈橫濱居留地の中國人〉，頁 888。

災頻傳，且時有爆發傳染病流行之虞[29]。

　　雖然中日雙方簽訂條約，橫濱僑界亦有領事館，但日本政府始終不能公平對待華僑。例如：當明治政府同意洋商進入日本內地遊覽時，華僑卻仍只能在租界周圍 10 里活動[30]。又如：日本政府對華商在營業設有許多限制，酒、菸即禁止華商經營[31]。更嚴重的是，日本報紙經常醜化華人形象，蔑稱華人為「豬尾」；不斷報導「中華街」環境的污穢不潔；誇大華人好賭、賣淫、吸食鴉片、竊盜、恐嚇、詐欺等犯罪事實；謂稱華人生性狡猾，故犯罪頻起等[32]。上述陋習、犯罪事實雖確實存於橫濱僑界，但據伊藤泉美的研究，1872 至 1876 年間，橫濱租界共有 44,992 件違規事件，其中日人占 41,585 件，為總數的 92%，洋人違規 2,719 件、為總數的 6%；華人占 688 件，僅為數的 2%。華人人口為洋人兩倍，犯罪率卻僅有洋人的 1/6，而日本報紙卻鮮有洋人犯罪的報導[33]。日本報紙不能公正報導，除與日本崇拜進步的洋人，蔑視落後的華人有關外，深入論之，乃是日人對團結意識強烈、敏於觀察商機、採薄利多銷策略、重信用的華商及耐力堅強、工資低廉華工，心存憂懼之故[34]。

　　臺灣的「順和棧」雖為橫濱僑界的先鋒，但並未能導引臺民來橫濱打天下，橫濱僑界始終鮮少臺人。倒是廣東由於人口壓力沉重，加上廣州洋商至橫濱開拓業務者眾，所以廣州、肇慶兩府居民隨洋商來到橫濱謀生者甚多，使得橫濱成為粵民的另一個僑鄉。有關橫濱華僑籍別的統計資料並不多見，今僅有 1899 年《國民新報》的統計，據此，1897 年時，橫濱華僑總 2,143 人，其中廣東人占 1,690 人；浙江人 253 人；江蘇人 105 人；福建人 61 人；安徽人 11 人；直隸人 10 人；湖南人 6 人；江西人 4 人；湖北人 2 人；山東人 1 人[35]，「廣肇幫」占居壓倒性的多數。

---

[29] 伊藤泉美，〈橫濱華僑社會の形成〉，頁 19。

[30] 《橫濱市史》第三卷下第四章〈橫濱居留地の中國人〉，頁 900-901。

[31] 《橫濱市史》第三卷下第四章〈橫濱居留地の中國人〉，頁 910、912。

[32] 參見《橫濱市史》第三卷下第四章〈橫濱居留地の中國人〉，頁 892-895、905；伊藤泉美，〈橫濱華僑社會の形成〉，頁 22。

[33] 伊藤泉美，〈橫濱華僑社會の形成〉，頁 22、23。

[34] 參見《橫濱市史》第三卷下第四章〈橫濱居留地の中國人〉，頁 905-912。

[35] 轉引自伊藤泉美，〈橫濱華僑社會の形成〉，頁 21。

　　由於「廣肇幫」中人數最多，所以「中華會館」大致由其控制。「中華會館」不僅要協助領事館對日交涉的事宜，亦須負責管關帝廟、中華義莊、同濟醫院、傳染病隔離醫院的營運。在 1878 年領事館尚未設立前，甚至華僑婚姻、個人問題也依賴「中華會館」董事處理[36]。「中華會館」雖對團結橫濱僑界貢獻良多，但不少人亦對其淪為少數董事把持表示不滿[37]。占居橫濱僑界第二多的浙江、江蘇人即希望能有自己的同鄉會，因此，於 1887 年成立了「三江公所」[38]，聯絡鄉誼，團結力量。

　　也是由於橫濱僑界以廣東人為主，尤其是香山人頗多，所以當 1895 年孫中山在廣州起義失敗後，即決定逃往橫濱避難，並能找到足夠的支持者，組織「興中會」橫濱分會。同樣地，1898 年康有為、梁啟超在戊戌變法失敗後，亦選擇亡命橫濱，並在此出版《清議報》、《新民叢報》，鼓吹新思想[39]。

　　在橫濱華僑的職業方面，上層多為貿易商、買辦；下層則大部分以裁縫師、廚師、理髮師的「三把刀」謀生[40]。若由籍別觀之，廣東人以職工居多，福建人則多從事商[41]。根據文獻記載，1880 年代，橫濱華僑的商號約有 150～200 家，1890 年代，增為 200～240 家[42]；較具規模的大貿易商，1876 年，根據英國領事的統計資料，列為 Firm 公司者僅 18 家[43]。1880 年以後，根據伊藤泉美統計[44]，已增為 20～30 間。橫濱的海外貿易，輸出以海產為主，輸入商品則以砂糖為大宗[45]。陳福謙的「順

[36] 伊藤泉美，〈橫濱華僑社會の形成〉，頁 20、21。

[37] 《橫濱市史》第三卷下第四章〈橫濱居留地の中國人〉，頁 855、856。

[38] 《橫濱市史》第三卷下第四章〈橫濱居留地の中國人〉，頁 889、890。

[39] 參見橫濱開港資料館，《橫濱と上海—二つ開港都市の近代》（橫濱，橫濱開港資料普及協會，1993 年 10 月），頁 78-80。

[40] 伊藤泉美，〈橫濱居留地における華僑の職業〉，橫濱居留地研究會，《橫濱居流地の諸相》，（橫濱開港資料館，1989 年），頁 31。

[41] 《橫濱市史》第三卷下第四章〈橫濱居留地の中國人〉，頁 865。

[42] 伊藤泉美，〈橫濱居留地の中國人商館〉，橫濱居留地研究會，《橫濱居流地の諸相》，（橫濱，橫濱開港資料館，1989 年 3 月），頁 115。

[43] 《橫濱市史》第三卷下第四章〈橫濱居留地の中國人〉，頁 889。

[44] 伊藤泉美，〈橫濱居留地の中國人商館〉，頁 115。

[45] 《橫濱市史》第三卷下第四章〈橫濱居留地の中國人〉，頁 908。

和棧」，即在橫濱輸入貿易上占居重要地位；「順利棧」的競爭對手，主
要有「大德堂」、「廣萬泰」、「永昌和」、「裕捷號」4 家，前三者壟斷香
港砂糖入貿易，「裕捷號」則以輸入臺灣、菲律賓砂糖為主[46]，分食「順
和棧」一小部份利益。「順和棧」的營業項目並不以砂糖為限，並零星
兼營豆類、棉花、海產、小麥、雜貨貿易[47]，此外代理馬來西亞檳城 Khean
Guan Insurance Co.保險業務[48]。茲再將橫濱僑界其他著名的大貿易商號
及其經營業務列成表三：

表三：橫濱居留地華僑主要貿易商號

位置	商號名	主要經營商品	備註
52 號地	源泰	人參	
52 號地	興泰	棉花	
70 號地	德隆	椎茸、「寒天」	後遷至 141 號地
70 號地	永昌和	砂糖、棉花	後遷至 190 號地
75 號地	昌記	椎茸、「寒天」	後遷至 139 號地
81 號地	採芝林	人參	
129 號地	華生	海產、米穀、棉花	
131 號地	廣生和	椎茸、「寒天」	
132 號地	大德堂	砂糖、米穀、樟腦、茯苓、大黃	
142 號地	東同泰	海產、椎茸、「寒天」、人參	
145 號地	新隆	椎茸、「寒天」	
147 號地	廣萬泰	海產、砂糖、米穀	
149 號地	同順利	樟腦、茯苓、大黃	
166 號地	新南盛	海產、椎茸、「寒天」	
166 號地	明安	米穀	
190 號地	協源泰	海產、棉花	
192 號地	捷裕號	砂糖	
201 號地	福和	海產、人參、米穀、棉花	

---

[46] 伊藤泉美，〈橫濱居留地の中國人商館〉，頁 117。

[47] 《橫濱貿易捷徑》，（橫濱市，橫濱貿易新聞社，1893 年），頁 168；《橫濱貿易新聞》第
2992 號，版五，（1899 年 12 月 21 日）。

[48] Japan Gazette Office, 《The Japan Directory 1896》127 頁。

	萬順	棉花	
	同泰源	棉花	

資料來源：伊藤泉美，〈橫濱居留地の中國人商館〉，橫濱居留地研究會，《橫濱橫濱居留地の諸相》，（橫濱，橫濱開港資料館，1989 年 3 月 25 日）。

　　「順和棧」的經營，在臺灣割讓後有了關鍵性的轉變，臺灣總督府扶助日商積極排擠洋商，砂糖貿易上，三井物產、增田屋漸將「德記」、「怡記」、「慶記」、「美打」、「海興」、「東興」等洋行逐出臺灣[49]。1905年，大阪商船會社復將英國道格拉斯輪船公司從根拔起，控制砂糖的裝卸業務[50]。一向與洋商合作愉快的「順和棧」，必須與日商合作，第一次受到衝擊。

　　1901 年 9 月，新渡戶稻造博士提出《糖業改良意見書》，臺灣總督府開積極補助新式製糖公司，「順和棧」砂糖來源的舊糖廍，或倒閉或遭兼併，經營面臨空前危機。1905 年，臺灣總督府宣布實施「原料採集區域制度」，規定區域內甘蔗，不得任意移出，必須賣給區域內指定糖廠，「順和棧」無法購充足的砂糖，從此一蹶不振。1911、1912 年間，臺灣糖業因兩次暴風雨侵襲而毀滅[51]，陳中和家族受到大環境轉變的壓力，逐漸轉向新式製糖公司發展。1914 年，橫濱「順和棧」即在這背景下結束營業[52]，經營整整半個世紀之久的「順和棧」，從此退出歷史舞臺。

四、小結

　　根據伊藤泉美所提供的資料，可知：陳福謙 1864 年 2 月即已創設橫濱「順和行」，此不僅修正連橫所主張的 1874 年之說，亦接間佐證臺灣「順和行」在 1864 年之前即已創立。陳福謙逝於 1883 年，若據以往

---

[49] 參見涂照彥著，李明俊譯，《日本帝國主義下的臺灣》，（臺北，人間出版社，193 年），頁 284、285。

[50] 東嘉生著，周憲文，《臺灣經濟史概說》，（臺北，帕米爾書店，1985 年），頁 63、215。

[51] 涂照彥著，李明俊譯，《日本帝國主義下的臺灣》，頁 64。

[52] 伊藤泉美，〈橫濱居留地における華僑の職業〉，頁 33。

之說，福謙在 1870 年設立「順和棧」後，事業始興，而砂糖外銷據點更遲至 1874 年方有橫濱「順和棧」之設，福謙於短短十餘年間，即成「擁資百數十萬」之鉅富[53]，其說頗令人懷疑。本文之說，將福謙事業起點提前，其歷經 20 年慘澹經營始戶巨商大賈似較近乎情理。其次，根據橫濱的資料，我們也找到橫濱「順和棧」結束營業年代為 1914 年，這不僅是以往臺灣學者所不知，更可為 1910 年代臺灣本土糖商沒落側面觀察的例子。

伊藤泉美有關橫濱華僑社會研究的論文，亦透露出一些福謙商業眼光前瞻、銳利與經營手腕靈活的證據。首先，福謙知道雖然長崎華商較多、較多保障，但反過來說，亦代表長崎競爭較激烈；而福謙洞悉日本貿易重心，有自長崎逐漸移轉至橫濱的驅勢，故福謙寧捨長崎而就橫濱，此顯示了福謙確實敏於觀察商機。其次，「順和棧」砂糖運銷橫濱初期，對同為砂糖貿易商的「大德堂」，福謙並未忌於同行，反以橫濱僑界「廣肇幫」商人居多，識時務地積極與「大德堂」合作，成功地拓銷臺灣糖產，福謙經營手腕之靈活可見一斑！

再者，本文翻譯整理伊藤泉美有關橫濱「中華街」發展的研究，不僅使我們對橫濱「順和棧」所處的生態環境能有清楚的瞭解，更重要的是，指出「順和棧」曾為橫濱「中華街」早期發展的兩大中心之一，對橫濱「中華街」形成貢獻很大，這層意義是以往學者未曾論述的。

又次，從橫濱的資料，亦可得知：「順和棧」的營業項目，並非如以往學者所知的僅有砂糖而已，「順和棧」亦將豆類、棉花、雜貨輸入橫濱，而將海產、小麥輸出香港、臺灣。貿易地點方面，「順和棧」非僅從事橫濱、臺灣、香港的三角貿易，也與長崎「泰益號」有所聯繫[54]。更重要的是，「順和棧」自 1890 年代起，曾代理馬來西亞檳城 Khean Guan 公司的保險業務，由「順和棧」廣泛地進行臺灣、香港、橫濱、長崎、

[53] 連橫，《臺灣通史》，頁 100。

[54] 市川信愛，〈書簡による泰益號取引先商號名一覽（その 1）〉，《社會科學》第 58 號，（宮崎大學教育學部紀要，1985 年），頁 36；市川信愛，〈長崎華商「泰益號」關係資料の調查研究〉，《書簡目錄》，（宮崎大學教育學部社會經濟研究室，1986 年 3 月），頁 27。

東南亞的多角貿易，可知「順和棧」曾對東亞商貿網絡的整合有所貢獻。

　　但本筆橫濱資料的粗略與有限，並未提供我們「順和棧」在橫濱僑界活動的訊息，「順和棧」的臺商，似乎與「廣肇」、「三江」、「福建」商人甚少往來互動。此若非資料不足，誤導我們的觀察，這是否意味著清季臺商海外貿易時，似未如閩、粵、江浙商人結成商幫，經常是靠己之力單打獨鬥呢？學界對長崎「泰益號」曾給予高度關注，對橫濱「順和棧」則鮮少注意，因此，筆者希望藉由本文拋磚引玉，引發學界對橫濱「順和棧」的重視，更期望橫濱、長崎、神戶等地，甚至香港、東南亞能有「順和棧」發展有關的資料出現，以更清楚釐清臺灣海外貿易先鋒「順和棧」的發展。

甲午戰前李春生的「教戰」思想

一、前言

　　19 世紀西力東漸以來，中國在西方列強船堅砲利的壓迫下，面臨前所未有的大變局，為求生存，國人紛紛思考通變圖強之道；而通變之道在於習人之長，補己之短，亦即要學習中國所無、而致西方富強的西法。通變之道隨時間的演進，不論質與量都發生明顯的變化。

　　就質變而言，如將學習西法分為三個層次：一、器物層面，二、制度層面，三、思想文化層面，大體而言，國人所提的通變之道，由模仿器物開始，隨時間演進，而擴及政治、經濟、社會制度的學習，最後幾經掙扎才接受西方的思想文化。就甲午戰爭以前通變家的代表人物而言，魏源（1794~1857）在道光 22（1842）年完成《海國圖志》時，主張「師夷長技以制夷」[1]，大致是以學習船砲槍械為主；到了咸豐 11（1861）年馮桂芬（1809~1874）著《校邠廬抗議》時，主張「以中國之倫常名教為本原，輔以西方諸國富強之術。」[2]通變的範圍已擴及西技以外的西學西政，唯強將西法比附中法，以古法的形式來學習；同治時期的郭嵩燾（1818~1891）、王韜（1828~1897）與薛福成（1838~1894）除了思索「求強」制度的學習外，也將學習西法的範圍擴展至「求富」制度的追尋；光緒初年，鄭觀應（1842~1923）認為科學是致西方富強的根本，所以更進一步要學習科學，對於西方制度的學習，亦由馮桂芬的以中法形式的學習，轉變為以西法形式的學習。雖然從鴉片戰爭後，中國聰明才智之士思考通變之道的層次日益提高，但在甲午戰爭以前，所有通變家的心中，都有一個「本體」，這個「本體」隨著通變家認知的不同，而各有其範圍。大致而言，這個「中體」的範圍是日益萎縮，而可學的「西用」範圍則日益擴大。但在甲午戰爭以前，通變家至少都認為中國

---

[1] 魏源，《海國圖志》序。
[2] 馮桂芬，《校邠廬抗議》卷下，頁 69。

的「綱常名教」是這個「本體」的底線。「綱常名教」為中國文化賴以存續的關鍵,是不能變更的,甚至表現出一種文化優越感,認為這個「本體」是西方文化所不及。所以甲午戰爭以前的通變家,在文化思想層面上的學習西法,總以「西學源於中國說」、「託古改制」、「中體西用」等口號為掩飾,始終不肯面對現實。但本文所研究的李春生,早在同治末光緒初,就主張器物層面和制度層面的學習並不是最重要的,文化思想層面的學習才是根本。他認為西方文化優於中國文化,駁斥「西學源於中國說」。而西方文化是以基督文化為特色,西方文化之所能夠日新又新、不斷進步是因為基督教。李春生為何會有這種不同於時人、激烈又先進的看法,是本文研究的第一個目的。

就量變而言,甲午戰爭以前的通變家,最初主要是受傳統教育的中國士大夫,甲午戰爭之後,才擴及其他階層,如商人、受新式教育的知識份子等。根據王爾敏教授〈近代中國知識份子應變之自覺〉一文,曾對 19 世紀後半葉提出變局言論的知識份子 66 人,作背景身份分析,66 人扣除 1 名真實姓名不詳,及 5 名身份不詳,共計 60 名,其中主持國政的親王、督撫共 11 名,佔 18.33%;一般京官(包括御史、主事、日講官、員外郎)共 7 人,佔 11.67%;中下層地方官(包括藩臬、道臺、守舍、雜佐)共 11 名,佔百 18.33%;使領參隨共 4 名,佔 6.67%;科甲出身的文士(包舉人、貢生、秀才)共 23 人,佔 38.33%;商人僅 1 名,佔 1.67%;無科名的知識份子 2 名,佔 3.33%[3]。甲午戰爭以前提出變局言論的知識份子,既然以傳統士大夫為多,現今關於清季知識份子變通之道的研究,自然會以此為研究主流,其他非主流份子的變通思想多遭忽略,所以 19 世紀後半通變思想史的研究,實缺乏各個層面人物思想的研究。個別人物的思想研究主要集中於魏源、馮桂芬、曾國藩(1823~1872)、郭嵩燾、王韜、李鴻章(1823~1901)、張之洞(1837~1909)、薛福成、鄭觀應、馬建忠(1845~1900)、黃遵憲(1848~1905)、嚴復(1853~1911)、康有為(1858~1927)、譚嗣同

---

[3] 王爾敏,〈近代中國知識份子應變之自覺〉《中國近代思想史論》(臺北:華世出版社,1977年)頁 38-439。

（1865~1898）、梁啟超（1873~1929）等人的研究，其他次要人物的思想則缺乏探討，難以表現出中國近代思想的複雜性。事實上唯有經由各個層面人物思想的探索，我們才能對近代中國人面臨變局時的思想，作全面性脈絡的掌握，而不會僅侷促於上層「主流」思想的瞭解。再者，次要人物「非主流」思想就真的是次要的嗎？十九世紀後半葉次要人物多屬民間秀異份子，民間秀異份子的思想往往更貼近下層大眾的思想，瞭解民間秀異份子的思想，實際上更能瞭解近代中國思想史的特色。而且由於民間秀異份子沒有傳統士大夫衛道思想的包袱，往往潛藏隱伏著較「主流」人物更敏銳的新思想，這些思想甚至最後反過來領導「主流」思想，例如：革命份子較立憲運動者出身更下層，思想卻更激烈先進。

　　因此本文的第二個研究目的就是希望對近代中國次要人物的「非主流」思想作個案的探索。李春生出身寒微，無科名不屬於傳統士大夫階層，後以從事買辦商崛起，他雖能以富商身份參與官方公共事物，但因無科名，終究不是言論領袖，對決策的影響力也不大，故其思想可列為次要人物的「非主流」思想。再者，基督教徒因接受西方文化較深，思想往往較為先進，如信奉基督新教的王韜和出身天主教家庭的馬建忠在思想上就居於領導時人的地位，因此基督教與中國近代思想的關係也是一個重要的問題。李春生在咸豐3（1853）年信奉耶穌教（基督教）[4]，當時全中國據統計只有350名耶穌教教徒（Protestantism），因此李春生可說是中國的第一批基督教徒[5]。故其思想也是想探究近代中國基督徒思想史者所不能不研究的；而且李春生身份特殊，既是買辦又為基督徒，據研究，近代具有這兩種身份的人，往往有反傳統傾向，李春生兼具這兩種身份，思想自然較一般人更為叛逆，此為研究李春生思想的有趣之處，也是掌握李春生思想的關鍵。

　　李春生在通變之道設計上也許並無突出之處，但李春生「知變」的能力卻足與馮桂芬、王韜、鄭觀應等一流通變家等同，甚至在某些方面

---

[4] 中西牛郎，《泰東哲學家李公小傳》（臺北：臺灣日日新報社，1908年），頁10。
[5] 根據李恩涵，〈咸豐年間反基督教的言論〉，中華文化復興運動委員會主編《國中近代現代史論第四篇：教案與反西教》（臺北：臺灣商務印書館，1985年）頁25。

的認識更為清楚，如李春生明白地駁斥「西學源於中國說」，就較馮、王、鄭先進。甚至可說甲午戰爭以前李春生的思想（本文所分析的資料《主津新集》為李春生在 1895 年以前發表於《教會新報》、《萬國公報》、《圖畫新報》的投書），不僅已具有甲午戰爭以後通變家思想的特徵，亦可看到五四運動時批評禮教吃人的思想，所以本文研究的第三個目的就是要闡明李春生思想的先進性。

本文既然要闡明李春生思想的先進性，所以本研究非常注重其言論提出的時點，《主津新集》於光緒 20（1894）年輯錄完成，文集分為 4 卷，共 97 篇，第 1 卷 28 篇，多為日軍侵臺後至 1877 年期間在新報的投書，內容主要為時務之作；第 2 卷共 24 篇，除〈釋楊象濟謫洋教與格致不符辯〉1890 年 9 月及〈拂塵申義〉1892 年 5 月所作外，也多為 1874 年～1877 年之作，內容多為闡明基督教教義的作品；第 3 卷共 23 篇，只有 7 篇有標明年代，為 1893 年作品外，其餘並未註明年代，按編輯的常例，也應為 1893 年左右的著作，內容主要為時務之作；第 4 卷含零語 1 篇共 22 篇，全未標明年代，內容包括批評儒家消極與缺乏「天道」、禮教束縛人性、及關懷時務之作。

茲將其篇名、發表年代、出處整理列表如下：

篇名	發表年代	出處
卷 1　共 28 篇		
臺事其一	1874.4.26	中外新報
臺事其二	1874.5.13	中外新報
臺事其三	1874.5.19	中外新報
臺事其四	1874.6.6	中外新報
臺事其五	1874.6.11	中外新報
臺事其六	1875.1.13	中外新報
臺事其七	1875.3.26	中外新報
誡訟書後	1874. 7.14	中外新報
洋藥流毒	1875.6.22	萬國公報
誡頌續論	1875.8.12	中外新報
論日報有關時局	1875.8.18	中外新報

通變儲才	1875.10.4	中外新報
論日報功用	1875.10.8	中外新報
天命臆說	1875.11.21	萬國公報
淡水即事	1875.11.26	中外新報
圖治策要	1875.3.16	中外新報
時勢遊說	1874.9.4	萬國公報
變通道務教化	1876.7.8	萬國公報
蘇夷士河	1876.10.29	中外新報
觀感誌要	1876.11.14	中外新報
時事轉機	1876.12.7	中外新報
富強當務	1876.12.17	中外新報
洋藥去留大勢	1877.9.7	萬國公報
循環略說		
說撼		
輕言		
輕言續論		
言腐		
卷 2　共 24 篇		
靈魂繫於教門		
書道相契	1874.10.11	萬國公報
天道滯行	1875.12.5	萬國公報
釋疑書後	1875.12.19	萬國公報
釋癡道人之辯	1875.12.26	萬國公報
應籌相安論	1876.2.16	萬國公報
續論天道滯行	1876.2.23	萬國公報
物各有主	1876.3.28	萬國公報
續論天道滯行	1876.4.27	萬國公報
擇善固執	1876.5.5	萬國公報
稽道追元	1876.10.3	萬國公報
致惑有由	1877.3.1	萬國公報
翻案一則	1877.9.21	萬國公報
崇尚略論	1876.11.22	萬國公報
輪迴徵謬	1875.11.7	萬國公報

日本更約書後	1877.8	圖畫新報
釋楊象濟讁洋教與格致不符辯	1890.9	圖畫新報
拂塵申義	1892.5	圖畫新報
原神		
石言		
間教篇上		
間教篇下		
教事問訊		
權衡倒置		
卷 3　共 23 篇		
說僻	1893.1	萬國公報
底事	1893.2	萬國公報
底事被讁書後	1893 夏	萬國公報未刊
天地人說	1893.5	萬國公報
天賑	1893.9	萬國公報
比權上	1893.11	萬國公報
比權下	1893.12	萬國公報
躬自厚篇		
解誤上		
解誤下		
鴉片大勢		
答客問難		
擬上萬國安策上		
擬上萬國安策中		
擬上萬國安策下		
必上		
必下		
說兆上		
說兆中		
說兆下		
牽制難恃		
時勢盱衡		

多事		
卷 4　共 22 篇		
禮上		
禮下		
俗上		
俗下		
政上		
政中		
政下		
原治		
原古		
富強當務上		
富強當務下		
通病		
時宜		
質弊		
說幸福		
富強津要		
儒書解誤		
讀書要訣		
聽難		
理性		
伉儷		
零語		

　　現今關於李春生的研究，研究最透徹的是國立臺灣師範大學吳文星教授，吳文星早在 1987 年，就以《臺灣日日新報》日本記者中西牛郎所著的《泰東哲學家李公小傳》為綱，綜合整理劉龍岡〈稻江人物小誌〉[6]、郭嘯舟〈哲人李春生翁〉[7]、杜聰明〈李春生先生其人其事〉[8]、及毛一

---

[6] 參見《臺北文物》第二卷第三期，（臺北：臺北文獻委員會，1953 年）。
[7] 同註 6。
[8] 《臺北市耆老會談專集》（臺北：臺北文獻委員會，1980 年）。

波《文史存稿》[9]、王詩琅《臺灣人物誌》上冊中[10]有關李春生生平研究的短文、並參考日治時期日報的資料，在《臺灣近代名人誌》第二冊發表〈白手起家的稻江距商—李春生〉一文[11]，為李春生生平研究及史料的發掘奠立基礎。1992 年吳文星又於「近代中國歷史人物學術研究會」上發表〈清季李春生的自強思想—以臺事議論為中心〉李春生的新思想研究之始，但吳文星此文僅以李春生《主津新集》中 7 篇議論臺事的文章為主，並未對其他 90 篇思想作探討。在這 90 篇中，套用日人中西牛郎的話，李春生有一套以宗教問題為中心，而統攝政治、社會、倫理、學術各層面的「有神哲學」[12]，本文就是希望對李春生的這套「有神哲學」做一解析，以明李春生思想的全貌。

二、生平與思想的形成

李春生，道光 17 年 12 月 17 日報（1831 年 1 月 12 日）出生於福建廈門。父親李德聲，母親林氏，育有四子一女，春生為李德聲老年69 歲生的么子。李德聲操舟為業，故家境甚為貧寒，李春生為了貼補家計，幼年時，常必須與鄰居孩童攜帶糖果，沿街叫賣。李春生雖得父親疼愛，曾入鄉私塾就讀，但不久即因學資無著，不得不中途輟學。道光 22（1842）年中英鴉片戰爭中國戰敗，簽定《南京條約》，中國被迫五口通商，李春生家鄉廈門亦為其中之一。廈門開口通商後，中外貿易勃興，洋商、教士接踵而至，使得出身卑微的李春生有機會接觸先進文明，啟沃新思想。

咸豐 3（1853）年李春生 15 歲，此時正是假借基督教叛變的太平軍攻陷南京之時，中國反基督教情緒方熾，李春生卻隨父親信奉基督教，可見信仰之虔誠。據估計咸豐 3 年時，全中國的耶穌新教（基督教）

9　毛一波，《文史存稿》（臺北：川康渝文物館，1983 年）。

10　王詩琅，《臺灣人物誌》上冊（臺北：德馨室出版社，1979 年）。

11　吳文星，《臺灣近代名人誌》第二冊，〈白手起家的稻江鉅商—李春生〉（臺北：自立晚報社，1987 年）。

12　中西牛郎《泰東哲學家李公小傳》，頁 2。

信徒只有350人左右，因此李春生家族可說是近代中國第一批基督教徒，足見李家思想獨立，敏於接受新事物。與西人接觸後，李春生常偷暇跟隨洋人學英語，並且兼習商務，因為通曉英語、商務，不久即獲洋行買辦的職務。19歲時，李春生得到教會、洋商的資助，先後遊歷上海、香港、寧波、福州、潮州、打狗，眼界乃逐漸開闊，識見也更加敏銳。咸豐9（1859）年李春生21歲，應聘為廈門英商怡記洋行（Elles & Co.）的掌櫃，從事洋貨及茶葉貿易。李春生因為熟諳英語，善於經營，深得店東愛利士（Elles）器重。同治3（1864）年李春生26歲，太平軍攻陷漳州，廈門商業遭受嚴重破壞，李春生多年經營之事業全付之一炬。翌年，店東愛利士將李春生推薦給英商杜德（John Dodd）。同治6（1866）年李春生與約翰·杜德簽約，赴臺至艋舺寶順洋行擔任總辦，主持發展臺北新興的茶業。在李春生苦心推廣茶葉栽培之下，臺北茶業大盛，使得臺北茶葉出口在1868年到1895年，年平均佔臺灣出口總值的53.49％[13]，為臺北創造龐大的財富。李春生除幫杜德經營茶業外，也自製茶葉外銷，後又代理和記洋行的茶葉生意，獲利甚豐。

李春生擔任寶順洋行總辦期間，還發生一件對其事發展有重大影響的大事，此即違法通事邱苟犯罪逃亡，意外在貓裏溪發現煤油，邱苟先以百金將煤油（石油）開採賣給吳姓商人，邱苟貪利，復將油礦以銀千餘兩賣與寶順洋行，遂產生寶順洋行與吳姓商人為爭賣油礦而集眾械鬥，最後淡水同知將邱苟正法，並以外商無內地開礦之權，將煤油礦封閉[14]。寶順洋行雖因而受到損失，但李春生在事件中體認出煤油較傳統以豆油燃燈更有前途，所以日後李春生即爭取代理新企業三達石油公司的煤油，獲利鉅萬，因而崛起成為富豪。李春生眼光銳利，常能洞悉未來趨勢，掌握商機，經營風險大獲利多的新企業，所以日治時期，李家也是最早投資於新式銀行（新高銀行）的臺灣企業家之一。

李春生常與西人來往，平素喜歡涉獵西書與新報，對國家大事世界

---

[13] 林滿紅，《茶、糖、樟腦業與晚清臺灣》（臺北：臺灣銀行經濟研究室編印，1978年），頁3。

[14] 陳培桂，《淡水廳志》卷十二；連橫，《臺灣通史》下冊，頁189-390。

潮流十分關心。又因思想獨立，好抒己見，所以李春生從 1874 年起，即向《中外新報》、《萬國公報》、《圖畫新報》等報紙投書。關心時局的李春生常思有一展心中理想抱負的機遇，惜從未見售。李春生雖無機會直接參與中央全國性自強運動的籌畫，但對地方公共事務則十分積極。光緒 4（1878）年臺北知府陳星聚募資籌建臺北城時，李春生不但捐贈鉅資，並與林維源分任督造工作，達 4 年之久。光緒 13（1887）年劉銘傳計畫修築基隆、新竹間鐵路，鐵路先由大稻埕向基隆興建，李春生也投入鉅資，並參與督工。同年，李春生又響應劉銘傳募商股，率先捐輸修復基隆的八堵煤礦，並奉命督建大稻埕港岸石塢堤防工程。

　　光緒 15（1889）年劉銘傳為整備臺北城市街，指定大稻程為外商居留地，李春生乃與富紳林維源籌組建昌公司，合築建昌、千秋兩街洋樓店鋪，出租給外商居住，促進大稻埕繁榮。此後李春生開始經營大稻埕及臺北城的房地產事業，靠著煤油、茶葉、房地產事業李春生成為臺灣僅次於林本源家族的第二大富翁。稍後，李春生又將商業眼光轉向民生必需品的業，並勸誘林維源投資，在其催促下，官方於光緒 16（1890）年設立蠶桑局，以林維源為總辦，李春生副之。李春生向內地採購苗種，在觀音山一帶栽植桑木，可惜尚未完成，劉銘傳已經去職，致使此項計畫中輟。光緒 17（1891）年李春生以協築臺北鐵路有功，敘五品同知，賞戴藍翎。光緒 20（1894）年第一本文集《主津新集》刊行。

　　李春生在臺灣對外交涉上也有很大的貢獻。李春生深諳英語，並廣結洋商為友，深獲洋人信賴，因此臺北官府每與洋人交涉時，常請李春生提供意見，擔任翻譯。結果李春生總能圓滿完成任務，在官方與洋人兩方面都有良好的信望，所以當時臺北流行一句俗語：「番勢李仔春」，即是說李春生因處理與洋人的關係而獲致極大的聲勢。

　　光緒 21（1895）年馬關條約成立，臺灣割讓日本，日軍登陸基隆後，臺灣民主國旋即瓦解，臺北大亂，散兵游勇、亂民暴徒趁機打劫，臺北紳商集議，決定讓日軍入城維持秩序。但日軍以鎮壓抗日份子為名，常常暴虐良民，騷擾婦女，甚至亂闖紳商宅第，臺北紳商為求自安，7 月 20 日在李春生的領銜下，請設保良局，維護臺北治安。8 月 8 日正

式在大稻埕建昌街之泉興茶館成立保良總局，以泰山堡士紳劉廷玉為主
理，及大稻埕紳葉為圭為副主理，李春生則為眾人推為會辦[15]。明治 29
（1896）年 2 月，李春生以籌辦保良局，維護臺北治安有功，敘勳六等，
授單光旭日章。2 月 24 日，李春生隨臺灣總督樺山資紀赴日遊歷，共
計 64 日。東遊期間參觀日本眾議院、博物館、公立活字印書館、監獄、
帝國大學、郵政總局、電報局、電話局、勸工所、美術館、鑄幣廠、槍
砲製造局、水利發電、新式工廠、勸業博覽會等新穎的西式設施，對日
本積極模仿西法的成就，留下深刻印象，旅途中李春生並且斷髮改著西
服。4 月 26 日，李春生返臺表示，旅日期間對有關國計民生設施感觸
最深者有四：一、男女學堂之盛；二、博物院、勸工所之巧；三、新報
館之繁；四、耶穌教堂與信徒之眾，認為此四者為日本邁向富強的途徑[16]。
是年六月，《東遊六十四日隨筆》刊行。年末，李春生與大稻埕有力紳
商成立大埕工商公會，替代保良局，並任大龍峒公會商議員。明治 30
（1897）年 4 月，李春生獲頒紳章。十月出任臺北縣參事；十二月任臺
北國語傳習所大稻埕分教場學務委員，並捐資 1,000 圓。明治 31（1898）
年，改任臺北廳參事，並刊行《民教冤獄解》。明治 36（1903）年，《民
教冤解篇》出版。明治 38（1905）年，《民教冤獄續篇補遺》發行。明
治 36（1906）年，《耶穌教聖讖闡釋備考》刊行。明治 40（1907）年，
《天演論書後》出版。明治 41（1908）年，《東西哲衡》刊行。明治 43
（1910）年，《宗教五德備考》出版。明治 44（1911）年，《東西哲衡
續篇》刊行。大正 3（1914）年，《聖經闡要講義》出版。大正 11 年（1922
年），任臺灣史科編纂委員會評議員。大正 12（1923）年 4 月，敘從六
位勳五等。大正 13（1924）年 9 月 7 日去世，享壽 88。

　　綜觀李春生一生，影響其思想形成的因素，主要有下列幾項：

　　（一）因為李春生家境貧寒，所以幼年無法學習儒家經典，15 歲
後信奉基督教，李春生始有機會唸書，但所接受的是教會教育，並不是
傳統教育。成年之後，李春生才自修傳統學問，所以受傳統思想的束縛

---

[15]《日本據臺初期重要檔案》，（臺中：臺灣省文獻委員會，1978 年），頁 113-126。
[16] 李春生，《東遊六十四日隨筆》（福州：美華書局，1896 年），頁 168。

較少，易於吸收新思想。再就學習的觀點來看，李春生既然先受西式教育薰陶，自然就會有先入為主的觀念，所以常站在西方的觀點來看中國傳統文化，而較傳統知識份子更易察覺傳統文化中的不合理之處。而且，因李春生不諳八股制藝，並未追求科舉功名，當然也就不會有一般得意於科場的傳統知識份子那種強烈的衛道精神，所以對綱常名教的束縛也就毫不留情的大加撻伐。

（二）因為李春生信奉基督教，所以當李春生窺見西方強盛的關鍵因素不在船堅砲利，也不是西學、西政，而是西方文化高過中國時，基於宗教熱誠，李春生將西方文化進步的因素，歸功於基督教。他認為基督教思想使西方文化充滿「誠懇」，並具有實踐「仁」的力量，基督教才是西方富強關鍵的所在。

（三）由於李春生擔任買辦商人，成為中國社會的邊緣人、吸收西方文化的前鋒，加深李春生思想反傳統的傾向；且與西商接觸頻繁，較無嚴格夷夏之防的民族意識。而且因從商，思想較為務實，所以日後臺灣割讓日本，政權轉移，李春生雖對清朝仍心存義念，但在心理調適上並無太大困難。日人中西牛郎為其作傳，李春生在接受訪問時說：「某於變亂中，能守安遇樂天之操，去者贐之以義，來者接之以道。」[17]唯「望（人）以文明治法治之」[18]

（四）由於李春生通曉英文，可與西人直接往來，接觸較多的西洋近代文化，對歐美文化認識較清。

（五）因為李春生喜好閱讀日報，識見易於擴展。而且可以快速吸收地理知識、西學、西政、自然科學等新知，豐富的地理知識有助於打破傳統知識份子囿於文化環境孤立所形成的天朝上國優越感；而西學西政等新思想的獲得，使李春生瞭解西學西政自有淵源本體，而非源於中國。

---

[17] 中西牛郎《泰東哲學家李公小傳》，頁 41。
[18] 中西牛郎《泰東哲學家李公小傳》，頁 42。

三、主要思想

李春生思想圖表解

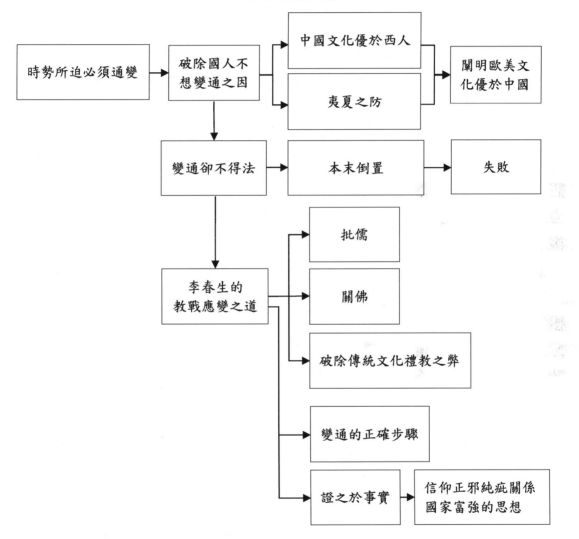

面對前所未有的變局，近代許多觀變的知識份子都已體察到中國的國力不再如同往昔一樣，處於唯我獨尊絕對優勢的地位，世局已轉變成競爭的態勢。馮桂芬在咸豐 11（1861）年，首先以春秋戰國時代來比喻時局[19]，表達出中國在激烈競爭的態勢中，若不進行變革不足以應變

---

[19] 王爾敏，〈十九世紀中國國際觀念之演變〉中華文化復興運動推行委員會《中國近代現代史論集第七篇自強運動（二）外交》（臺北：臺灣商務印會館初版，1985 年）。頁 49。

的看法。李春生在光緒元（1875）年3月也提出類似的意見[20]，李春生
發表這項言論的時間，雖較馮桂芬遲了14年，但比大其10歲的王韜僅
晚4年[21]，與同年紀的薛福成相比則早了16年[22]，可見李春生思想之敏
銳。

在激烈競爭的壓力下，中國知識份子下焉者仍執著於祖宗之法不可
變的思想，上焉者雖能遇變觀變而知變，但知變的知識份子對哪些是可
變的，那些是不變的，也各有不同的看法。他們對於自己心中認為不可
變者，其執著的程度與保守頑固者並無差異。李春生則不同，他對可變
的範圍從未畫地自限，凡事以必須通變的立場立論，試圖說服國人進行
變革。他說：「變者物之極也，通者達之至也，變通之道，為經權旋轉，
圖治當務之首要」[23]，肯定變通為圖治之首務。

李春生認為祖宗成「法」自有其實施的時空環境，但世易時移，祖
宗「法」已多無法實施，他說：「古今之法，言異而典殊，故古之命，多
不通乎今之言者，今之法多不合乎古之法者。」因此祖宗成「法」必須
與「時」俱進，否則縱使是先王之良「法」，此「法」也不可法，甚至有
害。他說：「凡先王立法有要於時也，時不與法俱至，法雖今，而至若不
可法。……」「故治國無法則亂，守法而弗變，則悖悖亂，不可以持國，
世易時移，變法宜矣。譬之若良醫病萬變，藥亦萬變，病變而藥不變，
嚮之壽民，今為殤子。故凡舉事必循法以動，變法者因時而化」[24]。

再者，國人以為遭壓迫變通祖宗成法，而學習西法是可恥的，李春
生認為大丈夫讓妻兒、稼穡遭受他人劫掠，才是真正的可恥。他舉日本
為例，日本因知變通祖法，而能保全祖宗基業，且學習西法有自主之權。
反觀印度、南洋諸國，墨守祖宗成法，不知變通，結果無力抵擋西人侵
略，不僅祖宗基業盡喪，最後還失去學習西法的自主權，必須俯首貼耳，
奉行西人新法。再說，如果說變通會使祖宗蒙羞，何以效法西人軍火、

---

[20] 李春生，《主津新集》卷一，〈變通儲才〉，頁31，〈圖治策要〉，頁40。

[21] 王爾敏〈十九世紀中國國際觀念之演變〉，頁49。

[22] 王爾敏〈十九世紀中國國際觀念之演變〉，頁51。

[23] 李春生，《主津新集》卷一，〈變通首務教化〉，頁45。

[24] 李春生，《主津新集》卷四，〈質弊〉，頁48。

器械、鐵路、電線、製造、礦務這些祖宗所沒有的「法」，就不會使祖宗蒙羞。政教吏治在世界各國都是講求與時俱變的，國際只會恥笑頑固不知變通而導致國弱民貧的國家，而不會恥笑變通求取國家富強者，國際間尤其害怕某國果敢變通[25]。

李春生知道為政者變革時必定會遭遇強大的壓力，所以他以昔日西人變法及當時日本開始變革，都遭受很大阻力，然一旦成功受萬民歌頌為例，勉勵為政者不要懼怕一時的責難，應勇於變革。他說：「向者太西多士，每因變通更政，激民唾罵，甚遭毀第攻宅，視等狗彘不食其餘之者。然一旦觸悟愧悔，愛戴之忱，幾欲結草啣環以報。」……「日廷驟變西法，不顧眼前詆詛，將冀他年歌頌」[26]。

李春生分析國人不願向西人學習的原因，除了不願更動祖宗成法的惰性心理外，更重要的是文化因素。自古以來，中國一直處於文化絕對優勝地位，習慣將四鄰國家鄙為文化落後的夷狄，縱然是在國勢衰頹四夷交侵時，仍認為武力雖不足對抗夷狄，但在文化勝夷狄，憑著優越的中華文化必能反將夷狄征服同化。這種文化優越感並與種族意識結合，產生「非我族類其心必異」的思想，所以根本不願向其他種族低頭學習。19 世紀國人乃迷惘於過去的文化優越感，以為西人只是新生夷狄，遭受西人船堅砲利的巨大壓力後，才體認到此夷狄國力的強盛，已非過去的夷狄所能比擬。然以為只是會運變化，中國正處於另一個國力陵夷期，國人仍然抱著以文化征服西方人悲願，所以抗拒西法，不願向西人學習。

李春生很早就體察出西方文化上高於中國的事實，他認為西人是極講情、極說理、極重義的民族[27]。光緒 3（1877）年他甚至明白地指出，西人的吏治政教、禮義王化不僅不遜於中國，「甚有超乎上古所謂明刑弼教之遺風」[28]。文化高者應稱為「諸夏」，怎反稱西人為「夷狄」[29]。再

---

25 李春生，《主津新集》卷四，〈聽難〉，頁 65。
26 李春生，《主津新集》卷一，〈觀感誌要〉，頁 53。
27 李春生，《主津新集》卷三，〈牽制難持〉，頁 78。
28 李春生，《主津新集》卷二，〈翻案一則〉，頁 42。
29 李春生，《主津新集》卷二，〈權衡倒置〉，頁 87。

說古代聖王舜、周文王等也起於「夷狄」[30]，何必因狹隘的種族意識而不願向他人學習。李春生又從其信仰的觀點來看，認為中國人、西人都是上帝子民，四海之內皆兄弟，何必有華夏夷狄之分[31]。李春生希望點醒西方文化高過中國文化的事實，使國人知不如，而能全力學習西法。

國人迫於西人壓力不得不學習西法，並且隨著壓力的日益增大，學習西法的層次也日益提高，但始終不願面對現實，總以「西學源於中國」、「託古改制」、「中體西用」等論調掩飾學習西法的窘境。李春生既然認定西方文化高於中國，就希望國人能夠真誠虛心的學習西法，因此李春生不顧情面，直接駁斥國人自我陶醉「西學源於中國」之說。他說：「試問苟使西人不以所學為大公，秘而不傳，請某君以百子書，躬為西學，無知其一無所能也。而日竊取吾之成法，是真彼所謂足以駭淺夫，不足以欺識者。」「西學源於中國說」非但對學習西學的合理沒有助益，反而會造成鄙視西學的心態，阻礙學習的熱情[32]。所以李春生頗有從根本學習西法的意味，可說是全盤西化論的先驅。李春生此篇投書並未註明年代，但最晚也在《主津新集》輯錄的 1894 年以前，較譚嗣同、樊錐、易鼐等全盤西化的主張至少早了四、五年[33]！

甲午戰前通變家雖觀變知變，但並非全心全意地學習西法。通變家心中各自有可仿效「西用」的極限，不可變的「中體」範圍雖不斷萎縮，但通變家至少都認為「綱常名教」是絕對不可變的。李春生既然與一般有限度模仿西法的通變家不同，主張從根本徹底模仿西法，故所提出變通的步驟，自然與當時一般通變家的看法不同。李生既非循船堅砲利的「求強」途徑著手，也非向發展民生工業的「求富」方向進行，他認為國人總是在「利權甲兵上作工夫，至何以能致利權甲兵，必利無害，則茫然有所不知」[34]。國人只知「求強」、「求富」，卻對西方獲致富強的關鍵茫然無所知。李春生認為當時主政者變通不得法，通變從軍事開始是

---

[30] 李春生，《主津新集》卷二，〈致惑有由〉，頁 39。
[31] 李春生，《主津新集》卷二，〈問教篇上〉，頁 76。
[32] 李春生，《主津新集》卷三，〈躬自厚篇〉，頁 34。
[33] 參見王爾敏〈十九世紀中國士大夫對中西關係之理解及衍生之新觀念〉，頁 54-55。
[34] 李春生，《主津新集》卷二，〈權衡倒置〉，頁 85。

最大的錯誤，他說「天下萬國所同非者，幾皆曰砲艦軍火為至不仁，獨我中國又嘖嘖稱羨」[35]。軍火為末技，追求軍藝之精湛，是捨本逐末的作法。

那麼李春生的通變之道從何開始呢？他說：「變通一道在於次第有序」[36]，他將西法分為三個層次，一、政教吏治，最為重要。二、西學、日報、鐵路、電線、開礦、工業製造、講求農商之利，次之。三、城池臺壘、砲艦軍火，為末藝。李春生認為當時為政者所經營的富強之道，常「棄本逐末，所言莫非砲艦也，臺壘也，鐵路也，電線也，開礦務也，興商利也，……儲才。」[37]雖然興西學也可以拔真才；講栽植可以收農利；務開挖可以資機政；廣製造可以遏漏巵；築鐵路可以折涉跋；布電線可以周呼吸；置日報可以長耳目。[38]可是對於關係這些事業成敗主腦的「當修宜革之政教吏治」，主政者卻「又不敢稍發一語」[39]。「尚西學者……顛倒取法，輕其所重，重其所輕」[40]。李春生認為這種通變不夠徹底，難期收效。

那麼怎樣的政教吏治才可獲致富強事業的成功呢？李春生認為就是要有「仁愛和平」為根的政教吏治。他認為假定西人改行中國政教，勢必無法如昔一樣富強[41]，也「非有仁愛和平吏治為根」，否則，「雖任有許多軍火藝術，終不能使國底於富強」[42]。李春生認為西人富強之關鍵，還是在精神層面，「民純孚信」、「士盡誠懇」才能使一切興革成功，而要「民純孚信」、「士盡誠懇」必須有西人的「仁愛和平」政教吏治，李春生說：「先哲云：工欲善其事必先利其器，西人之得振興一切難鉅，遂心應願，是先藉有屋漏不愧之孚信，投身成仁之誠懇，胥相佐理。欲有此孚信誠懇之人才，必先藉有仁愛和平之政教吏治，胥相維繫，然後財免監

---

[35] 李春生，《主津新集》卷三，〈說僻〉，頁34。

[36] 李春生，《主津新集》卷一，〈富強當務〉，頁56。

[37] 李春生，《主津新集》卷四，〈聽難〉，頁64。

[38] 李春生，《主津新集》卷三，〈比權下〉，頁29。

[39] 李春生，《主津新集》卷四，〈聽難〉，頁64。

[40] 李春生，《主津新集》卷一，〈輕言〉，頁70。

[41] 李春生，《主津新集》卷三，〈解誤下〉，頁42。

[42] 李春生，《主津新集》卷三，〈解誤下〉，頁42。

守自盜；戰無臨陣退縮，此所以為富強根本也。夫苟不肯稍一致思其所憑藉根本，而徒欲仿傚末，逐其艱鉅，而求其成，無類建屋沙上」[43]。中國如能學習西人的「仁愛和平」政教吏治「兵不必罄國，砲不必盡利，失地皆可復也，域外尤可馳也」[44]。

那麼是什麼因素使得西人所行的政教吏治能「仁愛和平」？李春生從文化思想的層面來思索，認為宗教「天道」是重要的因素，他說：「天下萬國，各有政教，亦各有神道，概無神道，不但不能政政教，亦不能資吏治。何則？政無神不能治，教無神亦不能化，故曰聖神功化，此萬世不易之道也」[45]。「天道教事」是各種事業的準繩，「比之離婁，則教事如規矩……；較之師曠，事如六律」[46]。李春生認為西人以基督「天道」為指導，所以能有「和平仁愛」的政教吏治，中國也必須以基督「天道」為政教吏治「修齊治平之主腦」[47]，才能獲致富強。李春生說：「愚謂中國不欲富強則已，中國而欲富強，非兼修政教，則難以致力，欲兼修政教，非並講神道，則無以為功。欲並講神道，以純修政教，而致富強，非合當世諸大國，併崇獨一真神」，「不能臻富強」[48]。

「天道」既是如此之重要，必須極力宣揚「天道」為眾周知，那宣揚「天道」的最佳管道為何？李春生基於自身知識獲得主要源自新報，所以主張以日報為闡揚「天道」和富強之道的媒介。他呼籲在大都市和碼頭廣設報館，「聘請該地博達精明，善德能文之君子，秉筆幫稿，法效上海《申報》之格，文仿自西徂東之體，專門一家。特論盛衰存亡，達窮榮辱，得失利害，是非邪正，天人物我，變通因革。昔任縱橫著述，指陳議論，末重警惕，告誡鼓勵勸勉，以示木本水源，歸根天道」[49]。

李春生極重視發揮日報的功能，日報除闡釋基督「天道」外，李春

---

43 李春生，《主津新集》卷四，〈時宜〉，頁43。
44 李春生，《主津新集》卷三，〈時勢盱衡〉，頁82。
45 李春生，《主津新集》卷四，〈富強當務下〉，頁37。
46 李春生，《主津新集》卷三，〈底事〉，頁7。
47 李春生，《主津新集》卷一，〈變通首務教化〉，頁46。
48 李春生，《主津新集》卷四，〈富強當務下〉，頁38。
49 李春生，《主津新集》卷三，〈擬上萬國籌安策下〉，頁57。

生還構想了日報很多的作用。首先，聰敏才智之士可在日報上，發表設計的富國強兵方案，供主政者採擇。他說：「設日報於各值省群邑，任民共獻芻蕘，俾得廣覽，天下抒見。……此中自有無限富強之道，任憑采擇，其欲奮發自雄，勵精圖治者捨此則別無良法」[50]。日報更可使下情上達，破除上下隔閡的政治，他說：「夫以太西政治國柄大都君民合操，豈為上下爭權乎？以一人之見有限，兆姓之智難聚，於是藉日報為呼吸，不但之內情之較切，而察外事亦更詳。」[51]

優秀的人才也可經由日報推舉，即使不獲朝廷錄用，也可使閭巷的人才藉日報提高聲望，能在輿論上發揮更大的影響力。他說：「何妨首擇一、二令聞最著者，錄於報中，萬一真有其材而不獲用，亦可稍彰其名於中外後世，從此閭巷之士得藉新報別開生面，何幸如哉」[52]。

日報也有移風易俗的功能，他說：「可端風勵俗，金聲玉振，挽回既倒狂瀾。……可以剛忠之氣日彰；詭誦譌之風日斂；民之趨義；世道蒸蒸日上」[53]。

李春生也舉英美衝突為例，認為日報具有調停國際紛爭的功效，各國可在日報上剖析紛爭利害的情勢，化干戈為玉帛。他說：「英美數次爭競，幾於構釁，嗣幸彼都人士洞悉時勢，因合舟之關，一時踴躍雲起，以利害情形書於日報，交相勸責，庶幾解兵戎為玉帛」[54]。

至於推行日報所須的經費，李春生認為如果民眾必需花錢才能閱讀日報，自然傳行不廣，所以李春生希望經費能由公家支付。

李春生由文化思想層面來探討西人富強的原因，認為西人文化的特色在於擁有基督教文化，所以在李春生心中，基督教是可以統攝解決政治、經濟、社會諸方面問題的靈藥妙方[55]。學習西法應從學習基督教「天道」開始，這種從文化思想層面學習西法的看法，李春生在光緒元～2

---

[50] 李春生，《主津新集》卷一，〈圖治策要〉，頁42
[51] 李春生，《主津新集》卷一，〈論日報之功用〉，頁34-35。
[52] 李春生，《主津新集》卷一，〈觀感誌要〉，頁53。
[53] 李春生，《主津新集》卷一，〈論日報之功用〉，頁32。
[54] 李春生，《主津新集》卷一，〈論日報之功用〉，頁33-34。
[55] 中西牛郎，《泰東哲學家李公小傳》，頁2。

年間（1875-1876 年）就已形成。光緒 19（1893）年李春生更發展出「教戰」的概念。李春生提出「教戰」這個名詞，可能是受到同治元（1862）年曾國藩所創之「商戰」觀念的影響而產生[56]。過去的研究只注意光緒 23（1897）年湖南龍南致所提的「學戰」觀念[57]，現筆者又發現李春生可能也是基於「商戰」的概念，提出「教戰」一詞；而李春生倡導「教戰」甚至較「學戰」早了四年。「商戰」、「學戰」提倡在利權、學識與西人競爭，李春生則認為宗教信仰的純疵，才是國家富強的真正關鍵，西人因信奉純正信仰的基督教，而能統馭五洲，所以「教戰」比「兵戰」、「商戰」更為重要。他說：

> 耶穌「道亦教戰也，惟戰道不戰兵，……苟有其道，所向必克，苟其無道，雖堅必破。」「西人之出歐海，而馭五洲者，未始不深明此義。……（我）異其人，而嫉其道，不問是非，不察邪正，一味奮臂迎車，其能不為摧殘，而糜爛者得乎？」……「西人得縱橫寰宇者，無非憑藉斯教」[58]「爭利（商戰）事淡，戰教事厄」[59]。

但李春生並不認為「教戰」是要提倡本土的「儒教」或已本土化的「佛教」，來和西人作宗教競爭；相反地李春生主張放棄缺乏「天道」指導的「儒教」、「佛教」，而學習西人的基督教，來改造中國文化。

深一層而論，我們可以將李春生的「教戰」與張之洞「保教」加以比較來探討。「中國西用論」從此論的先驅馮桂芬開始，「中體」的範圍就不斷萎縮，而「西用」的範圍則不斷擴大。到張之洞光緒 24（1898）年 3 月著〈勸學篇〉，已推向最深層的文化思想層面，〈勸學篇〉即是攻防的最後決戰。張之洞在內篇同心第一中提出「保教」的觀念，他說：「保種必先保教，保教必先保國。種何以存，有智則存，智者之謂也；教何以行，有力則行，力者兵之謂也」[60]，主張為儒教而戰。李春生則

---

56 王爾敏，〈商戰觀念與重商思想〉，《中國近代思想史論》（臺北：華世出版社，1977 年），頁 238-260。

57 王爾敏，〈商戰觀念與重商思想〉，頁 247。

58 李春生，《主津新集》卷三，〈比權下〉，頁 30。

59 李春生，《主津新集》卷三，〈擬上萬國籌安策上〉，頁 52。

60 張之洞，《張文襄公全集》卷 202，頁 1 上至頁 4 上，勸學篇上，內篇同心第一。

認為西洋文化高過中國文化，乃因有優勢的基督教之故，所以應放棄儒教學習基督教。由上觀之，李春生的「教戰」與張之洞的「保教」觀念，提倡「教」的競爭，似乎都不光純為基督教、儒教的宗教而戰，而是為「教」所培育的文化而戰。

西人既是為通商傳教而來中國，所以近代中國在思想文化層面的西化，表面最先爆發的衝突，並不是知識份子各種中西思想論戰，而是代表中西文化特徵差異最明顯的宗教衝突。在張之洞、李春生之前，知識份子雖對儒教與基督教的義理衝突有所探討，但其論述盡斥責基督教的荒謬，突顯儒家的合理性與優越性，所以並不感覺有文化危機。但到李春生、張之洞關於的「教」之競爭的討論，則已有明顯的危機意識。1900年中西文化的衝突，甚至以義和團滅洋「教」的宗教仇外形式揭發。這似乎代表 1890-1900 年間，中國西化的大勢已趨向文化思想層面，而「教」為此之導火線。

李春生從思想文化層面思考中國近代化的問題，體認出西洋文化優勝中國是因崇奉良善「天道」的基督教，既然要提倡基督教，自然就必須貶抑中國「教」的兩大勢力：佛教與儒教。

李春生對佛教的批判主要是採實證的方法，他不斷在文章中，舉證信佛的印度、南洋的諸國都是教化幽僻，政治乖張，遭西人宰制的弱國[61]，而「教士者所到化行俗美，民富國強；和尚者入疆則土地荒蕪，民無寧歲」[62]，證實信佛有礙國家之富強。理論方面，李春生對於佛教教義的研究似乎非常淺薄，因此李春生無法對佛教做深入的批判，只能批評佛教崇拜偶像的不智和輪迴之說的不合理。他認為偶像再如何珍貴，也是人所創造出來的，人才是偶像的主人，反事物為主，豈不愚哉[63]！而輪迴之說如果成立，必當一死必有一生，一生必有一死，互相取代才合理，「如此人類物命，亙古於茲自當無稍增減，方符輪迴之道，何前此之物類，如是其少，乃今日之蒼生也，而更有若是其多，於此豈不足以證輪

---

[61] 李春生，《主津新集》卷三，〈說僻〉，頁 2。

[62] 李春生，《主津新集》卷三，〈答客問難〉，頁 48。

[63] 李春生，《主津新集》卷二，〈物各有主〉，頁 25。

迴之道謬哉！」[64]

　　對於儒家的批判，李春生首先批評儒教缺乏進取精神，教人怯懦，所以欲求國人見危授命，根本不可能，當然對於治道也不能有所貢獻。他說：「孔子教人避世、避地、避言、避色，有道現，無道隱，危邦不入，亂邦不居。……內容教人委靡懦怯，……求其不趨生避死，見危受命得乎？……教賢避世，教聖隱身，是教病莫醫，教亂莫治」[65]。

　　更重要的是，儒教未闡揚神聖的「天道」和昭明維皇的上帝，所以無法明瞭萬物根本的道理。他說：「儒非不美也，惜乎神道未詳，且言不及造化之始，識不至幽冥之終」[66]。「以往學者將帝天人道，皆地解為理氣虛無」[67]、「儒家天地人之說，人勝過天」[68]都是錯誤的。再者，儒教雖以道德仁義、禮樂綱常來約束人的行為，但儒教無天堂地獄為善惡的最終獎懲，加上儒家經典中顏回為善卻不得善終，為惡卻得壽考，所以「雖任痛哭疾呼勸人朝聞夕死，殺身成仁，人將哂之以鼻。」儒者喃喃勸勉讀書，也是為了追逐名利，因為「今朝不爾，明日已矣」[69]。

　　儒教、基督教都強調仁義，但儒教因未以「天道」為五常仁義之主腦[70]，缺乏天道為綱，所以不像基督教具有實踐仁義的力量。他說：「儒家亦知仁之胞與無量，惜未能若耶穌所教者，務使此胞與之仁，莫論巨細咸得其位。所以儒雖動言仁義，要未知仁義實在定位，因是口言仁義，而仁義未底於行，其故皆因教失天道之學。人昧神理之明，為政者不得不切重尊卑法度，以攝服人心」[71]。

　　李春生對基於「儒教」訓示所形成的傳統文化批評尤其激烈，他認為傳統文化中有許多不良的因子，造成一種化橘為枳的文化環境。往往

[64] 李春生，《主津新集》卷二，〈輪迴微謬〉，頁47。

[65] 李春生，《主津新集》卷一，〈言腐〉，頁76。

[66] 李春生，《主津新集》卷二，〈靈魂繫於教門〉，頁3。

[67] 李春生，《主津新集》卷四，〈儒書解誤〉，頁55。

[68] 李春生，《主津新集》卷三，〈天地人說〉，頁16。

[69] 李春生，《主津新集》卷二，〈靈魂繫於教門〉，頁3。

[70] 李春生，《主津新集》卷二，〈擇善固執〉，頁30。

[71] 李春生，《主津新集》卷二，〈問教篇上〉，頁75。

在西方為良法者，一旦行諸中國黃金就忽成冀土[72]。他舉日報為例，日報在西方本意在對興利除弊有所建議，但日報一實行於中國則「行文徒取悅，不恤合舟關繫，恣意妄談，虛演故事，偶有一、二憂時痛世者，諍以藥石，反遭毀斥謗詛。……日報之設不為扶時匡世，而特為阿諛逢迎」[73]。「是人因日報取益，我因日報搆禍」[74]。電報亦同，「外國設電報以寄耳目長呼吸，一經中國傚行，則反為敵人傳消息」[75]。李春生認為造成化橘為枳文化環境的原因，是因缺乏基督教教化之故，在基督教的文化環境中，人受宗教感化自然會歸於孚信誠懇，所以仿效西法非必兼修基督教政教不可[76]。

　　「儒教」最受李春生批評的是儒家以禮教束縛人性，箝制民心，《主津新集》第四卷的半數篇幅都是對此大加撻伐。李春生認為儒教假倫理之名束縛人性，不恤天性，受束縛者不得已委屈承從，只有虛名而已。他說：「世言君臣義，父子親，夫婦順，道誠有之，要惟相義、相親、相順、相弗以感召，而後能有仁義親順之實效，若必挾吾一己之尊，必人仁義親順吾奉，雖不得已委曲承從，亦只虛有其名」[77]。禮教吃人也常產生倫理悲劇，父假孝之禮教待子，「求其凡百俱順，唯命是聽，又不問其情之能受，欲之可遏。於是有忤必懲，無犯不撻，杖且及斃，又曰自生自殺」[78]。再者，李春生也批評儒家過苛的禮教使人失去天真漫爛的本性，他認為人原本就有飲食男女的欲求，「有欲必濟，不濟則惱，施因有餘，盜由不給，氾從堵生」，天地「種種設施無非恣吾情性之所欲」[79]，可是儒家禮法不合理束縛，使人心失卻天真爛漫之性，李春生呼籲回顧自然天性。受基督教一夫一妻制訓示的影響，李春生也批評傳統社會富貴者隨意置妾的陋習，夫婦之道也關係個人國家社會的修齊治

---

[72] 李春生，《主津新集》卷一，〈輕言續篇〉，頁74。

[73] 李春生，《主津新集》卷一，〈輕言〉，頁67。

[74] 李春生，《主津新集》卷四，〈富強當務上〉，頁40。

[75] 李春生，《主津新集》卷四，〈富強當務上〉，頁40。

[76] 李春生，《主津新集》卷四，〈富強當務上〉，頁40。

[77] 李春生，《主津新集》卷四，〈禮下〉，頁8。

[78] 李春生，《主津新集》卷四，〈禮下〉，頁7。

[79] 李春生，《主津新集》卷四，〈理性〉，頁68。

平。他：「君子之道造端始自夫婦」……「夫婦之道貴在男女敵體，然後陰陽和，綱紀序，伉儷敦，內外理，上下齊，以是行之於身，何身不修；以是行之於家，何家不齊；以是行之於國，何國不治；推而行之於天下，何天下之有不平哉」[80]。

在儒教箝制民心的批評方面，李春生說：「禮之外觀似有絕大斯文，……禮之實用，無非為籠絡牽制」[81]。五常十義不過是籠絡、箝制民心的工具，為政者利用此「嚴肅其倫禮，猛烈其法度」，使得「犯者方且痛苦萬狀，有冤莫伸，觀者復不恤是非，不顧狐兔。……是速其怨慕背叛，疏遠亂亡，安望其能相睦親愛，至於家國胥安」[82]。又說：「徒用倫常虛名，以籠絡牽制，而獨不思，人情既厭拘繫，一朝遭抑，勢必遽生怨慕背叛之心。……奚怪民之不思忠君愛國，用命父母之邦，反以一遇警變，乃振臂狂呼，相率圖為不軌，頓忘誅連之禍，推原其故，皆由上下壅隔，民生自主之榮」[83]。所以當局勢擾攘，面臨外患強敵時，欲求國人毀家紓難，捐軀報國無異緣木求魚[84]。

李春生認為禮教寬大，民自然會親愛和睦，他說：「禮法宜煞，倫理必寬，蓋煞所以邀聚，寬所以致密，緊密者，親睦也，此自然之道，毋事他求。百姓之得守望相助，疾病扶持，要必動之以義，無奪其情，而人自然踴躍繼起，無能或問」[85]。西人政教正好符合李春生主張，基督教文化教人仁愛和平，政治上任民自主，雖無五常十義籠絡箝制，而人民反較中國更能以至誠衛國，為國犧牲。西人父不必強迫子必孝，但求自己有仁，慈愛子女，子女也不必求父慈，反求自己有仁，孝順父母，如此自然父慈子孝。其他君臣、兄弟、夫婦、朋友、與國人交關係也都是反求諸己[86]。李春生認為當時儒家禮教的詩書禮樂已無法誠懇孚信[87]，

[80] 李春生，《主津新集》卷四，〈伉儷〉，頁71。
[81] 李春生，《主津新集》卷四，〈俗上〉，頁10。
[82] 李春生，《主津新集》卷四，〈禮下〉，頁7。
[83] 李春生，《主津新集》卷四，〈政上〉，頁17。
[84] 李春生，《主津新集》卷四，〈富強當務上〉，頁36。
[85] 李春生，《主津新集》卷四，〈禮下〉，頁8。
[86] 李春生，《主津新集》卷四，〈當強津要〉，頁53。
[87] 李春生，《主津新集》卷四，〈富強當務下〉，頁39。

而西人基督教文化正好可救此弊。李春生並將儒教與基督教加以比較說：「中法內用五常十義，外用威力權勢，所以名示即，而實離，西法內用仁愛和平，外用率性自主，所以名示離，而實即也」[88]。

綱常名教可以說是儒家文化的本體，甲午戰前即使是最先進通變家也認為這個「中體」是不可變的。大體而言，國人對儒家綱常名教的挑戰始於甲午戰後，而五四運動時儒家綱常名教才告崩潰。但李春生在甲午戰前即直攻「中體西用」論者的最後防線—綱常名教，對儒家綱常名教做如此嚴厲的批判，足見其思想之領先時代，甚至可以看到五四運動時期知識份子批評儒家禮教吃人的思想原型。

李春生 1890 年代攻擊儒家禮教過苛，民失自主之權的想法，是其來有自的。我們可以在李春生 1870 年代對政治、司法的主張看出端倪；而由李春生在登用人才方面的主張，也可察覺李春生對實行禮教之工具—詩書禮樂的不滿。

近代中國知聞民主政治始於梁廷枏 1844 年所著的《合省國說》（美國），書中即對民主政治頗為心儀。此後魏源、馮桂芬、王韜、鄭觀應等人都對民主政治可使下情上達，打破上下隔閡的情況，頗加以讚許[89]。李春生也有類似的看法，他認為政治情況若上下壅隔，欲達國家富強是不可能的[90]。國家不應以法律限制人民的言論自由，因為人既有口，不能無言，言論是無法二分為分內應言和分外不應言，不可用法律強制人只言分內之言。李春生認言分內應言之言，只對分內少數人有利，言分外不應言之言，則往往對天下有公利，禁止言論自由將造成為政者孤陋寡聞而自害[91]。因此更應有日報、議院等設施，「以啟人之智慧，造人之辦識，示人之廉恥，勉人之志氣」[92]。

---

[88] 李春生，《主津新集》卷四，〈富強津要〉，頁 54。

[89] 孫會文，〈晚清前期「變法」論者對西方議會制度的態度和「君主立憲」主張的形成〉中華文化復興運動委員會主編《中國近代現代史論第十二篇：戊戌變法》臺灣商務印書館，1986年，頁 13-146。

[90] 李春生，《主津新集》卷一，〈觀感誌要〉，頁 53。

[91] 李春生，《主津新集》卷四，〈零語〉，頁 80。

[92] 李春生，《主津新集》卷三，〈擬上萬籌安策中〉，頁 56。

　　更可貴的是，李春生在光緒元（1875）年即體認到民主為天命所趨的潮流，無法抗拒。他認為自從有國家以來，最初政權完全是由國君獨操獨享；繼則演變為民分君權，政治由君民聯合治理；最後將轉化為國號民主，政權由人民掌握。未來這種民主國將不僅只限於美、法兩國，因為天命的趨向，已與往昔不同[93]。李春生這種民主觀念，必使李春生在臺灣割日後，對殖民政府的種種不民主行徑，充滿矛盾與憂愁。可惜在日人統治下李春生所遺留的文集尚未發現這方面的論述，也許李春生晚年著作多為傾向宗教哲學之作，不再多論時務，即是對現實政治的逃避，而希望假藉宗教哲學來尋求解脫吧！李春生在政治上其他的主張，較值得稱述的是主張不依賴人治的政治。李春生反對人治的政治，他認為西人為政，但知有政，不知有人；政治情勢的良窳不因政治人物的在位或去職，而有所改變，政治不斷蒸蒸日上。但李春生之意並非推崇西人的法治政治，而是主張以「天道」教化，如此政治自然可以不隨人事更迭，而改變政治措施，導致政治因人興廢。西人即是因有基督教教化，所以政治興革能不靠人事，就能步上軌道，行之久遠[94]。

　　在司法主張方面，李春生批評清廷以嚴苛的司法箝制民心，民失自主之權。李春生自有一套仁愛民主的司法觀，他認為司法不要只知一味講求嚴格執行律令，不知以愛眾、親仁教化人民。司法應借重宗教道德的力量，教育約束兒童的初心本衷，使兒童長大後，不會稍受誘惑就輕易為惡。更重要的是，要以鼓勵代替懲罰，即是要在法律的範圍內盡量「縱民自主」，給予人民自主，以自主之權獎勵人民循蹈教化。如此人民不須嚴刑峻罰，自然待人接物不會逾越本分，也知道忠君愛國；而刑罰只不過是為了人民違背教化時示辱而設，所以刑罰宜輕[95]。而李春生最批評的是傳統政治鼓勵人民息訟的錯誤教訓，他認為息訟使是非不分，公理無法伸張。人民飲恨含冤，所以往背地裏自尋報復，初則私毆，繼而結黨械鬥，終則導致連鄉拒捕的民變。民殺害官兵，奪佔城池，官

---

[93] 李春生，《主津新集》卷一，〈時勢遊說〉，頁45。
[94] 李春生，《主津新集》卷四，〈零語〉，頁79。
[95] 李春生，《主津新集》卷四，〈政上〉，頁16-17。

方嚴剿，最後使人民與圍剿軍隊玉石俱焚[96]。

關於人才登用方面，光緒元（1875）年李春生即反對科舉取士。他認為詩書禮樂、科舉八股之法當行於盛平之世；處於競爭態勢的時局中，國家應講求振作百藝。八股科舉只會使天下英雄受困詩書禮樂，國家百藝不振，而無法與他國競爭[97]。政府應不分畛域，不拘成法，破格錄用平民中的各色賢才，才能使國家臻至富強[98]。此項建議似乎也可以看出平民出身的李春生，希望朝廷有朝一日能破格錄用像他這種能振興百藝的實際人才，使他有一展抱負的機會，可惜李春生從未為朝廷破格採用。另外，也清楚顯示李春生攻擊詩書禮樂的不實際，講求詩書禮樂也許有助於民風純美，但對主政者而言，詩書禮樂更重要的功能，似乎是在國家富強後，消磨知識份子精力的工具。因此日後李春生會攻擊綱常名教，為不合理的束縛，也就不足為奇了！

李春生也基於其宗教文化觀，發展出一套信教純疵關係國家富強的國際外交觀。他認為：「方今天下之言耶穌者，無一不為富強鼎盛之雄國」，如英美等國。而「恥言耶穌者，亦無一不為阨窮削辱之小邦」，如印度、南洋諸國[99]。「教分數門，天亦不得不以盛衰榮辱，徵教之純疵邪正。」所以「有國家者要當統觀全局，比較興衰，夫然後知執者因何而強盛，因何而衰滅」[100]。

除了宗教因素外，李春生親英國的立場，也是形成這套國際外交觀的另一個因素。由於李春生早年無論在信仰或事業上都受惠於英國人，而且在李春生心中當時信教最純、國勢最強的就是英國，所以李春生往往不自覺地站在英人的立場，來論述國際局勢。因此英國在巴爾幹半島、土耳其問題上與俄交惡，視俄人為第一號仇敵，李春生也視俄國為中國最危險的敵人。

在李春生心中，因崇奉天道而富強的國家有英、美、德，而法國因

---

96 李春生，《主津新集》卷一，〈誡訟書後〉，頁21。
97 李春生，《主津新集》卷一，〈變通儲才〉，頁31。
98 李春生，《主津新集》卷一，〈變通儲才〉，頁30。
99 李春生，《主津新集》卷三，〈比權下〉，頁31。
100 李春生，《主津新集》卷三，〈比權下〉，頁29。

信奉舊教天主教，李認為信教稍有瑕疵；土耳其信仰回教，印度、南洋諸國信奉佛教，非洲信奉多神教，不信奉基督教所以導致國弱民貧。而日本原本信奉佛教，為學習西法毅然毀佛改信基督教，頗得學習西法之堂奧，所以國勢能驟強。

論英國，李春生說：「英國者素稱首善之邦」[101]，為「純行王化真富強者」[102]。李春生甚至因此為英國的鴉片貿易辯護，他說：「英乃服化之邦，豈肯於光天化日之下橫行不義，而藉洋藥稅利以資利國」[103]，乃是上帝希望假英國之手，懲罰中國人不信基督教。

論美國，李春生也認為美國「純行王富強者」[104]，而且李春生對實行民主制度的美國不禁流露出欽羨之情。他說：「國之順天命，純制度者，莫善於合眾部之美國，因其樹天道為藩，聯眾志為城，內無雄兵之蓄，威足以自衛，外無餘舟航海，勢堪正己及人，巍巍自立」[105]。

論德國，李春生說：「純行王化真富強者」[106]，普法戰爭新普魯士所以勝，是因為普國信奉較為純正的基督教，而法所以敗，是因為信仰較不純的舊教天主教，他說：「夫普與法均一崇奉天道者，只爭法天主，而普奉耶穌，道同教異，前此之挫其或天以勝敗，寓為懲勸，以證教之醇疵」[107]。

論土耳其，李春生認為國因信回教而國亂，「受化未全者」[108]；論印度、安南、錫金、緬甸與兆墨兩洲時，李春生說：「皆由教化幽僻，政治乖張，而傾覆社稷邦家」[109]。又說：「試觀阿非利加一洲、印度諸部、南洋群島其能幸存，而未徙於滅者，亦幾皆北面稱藩於歐之列雄矣，

---

[101] 李春生，《主津新集》卷一，〈洋藥流毒〉，頁23。
[102] 李春生，《主津新集》卷三，〈說兆上〉，頁70。
[103] 李春生，《主津新集》卷一，〈洋藥流毒〉，頁24。
[104] 李春生，《主津新集》卷三，〈說兆上〉，頁70。
[105] 李春生，《主津新集》卷一，〈時勢遊說〉，頁44。
[106] 李春生，《主津新集》卷三，〈說兆上〉，頁70。
[107] 李春生，《主津新集》卷一，〈輕言續論〉，頁72。
[108] 李春生，《主津新集》卷三，〈說兆上〉，頁70。
[109] 李春生，《主津新集》卷三，〈說僻〉，頁2。

其故皆因政教狼藉，民尚邪僻，拜獸事佛，昧理逆天」[110]。

　　光緒初年，李春生因日本毀佛改信基督教，已認為日本為知機的智者，甚至認為日本是後生可畏，他說：「日本自神戶一敗，日興西學，傾向毀佛，可謂智矣，其所以移俗易制，豈在好新喜異」[111]。「乃若日本之知機者，能驟然棄佛，決然而崇天，甚至變偶像，鑄銅錢，改佛殿，為禱室，無怪國雖小，亦足以自強」[112]。「鄰國之傷其弓，效其法，欲自雄如日本者，亦足謂後生可畏」[113]。「日本步武西法，兼事政教，可謂大得聖人之奧」[114]。

　　1890 年代李春生逐漸發展出聯日抗俄的外交政策，李春生認為中日在朝鮮的爭奪，為鷸蚌相爭，徒為俄國製造東侵的機會。俄土戰爭俄國既然無法擊垮英法等國支持的土耳其，將勢力伸入黑海，那麼俄國必定會入侵朝鮮。如果俄國控制朝鮮，如同狼入羊群，中國日本將同遭侵略，亞洲局勢也會陷入不安的情勢。中國疆土較廣，面對這種態勢仍可沒有什麼反應，但日本國小，遠近皆無可靠的盟友，所以戰慄恐懼，害怕稍不小心將有亡國之憂。因此非取朝鮮擴充疆土不可，日本只是希望以朝鮮來防俄，不致於進一步利用來侵略中國。朝鮮雖為中國藩屬，但中國不願干涉朝鮮的政治吏治，放任朝鮮萎靡不振，如此朝鮮怎可能成為中國國防的金湯門戶，還不如早點將朝鮮送給日本。中國可早日將日本勢力引進朝鮮，抗衡俄國勢力，中、日聯合，東三省既可獲安全，甚至沿海亦可得鞏固。

　　李春生說：「蓋局勢轉移，毫釐千里，先鞭捷足，刻不容緩。是今日之效蚌鬥高麗者，雖然亦為防俄計，然而巧則巧矣，以若所為是速急得漁人之便利。何則？俄既不得申於黑海，勢必折而高麗，使俄得志高麗，猶豺狼入羊群，東侵日本，西攘中華，隨意擇噬。行見亞洲一局將為鯨吞殆遍，斯情斯勢中國莫然也。……日本即不然，因自知小固不足

---

[110] 李春生，《主津新集》卷一，〈循環略說〉，頁63。
[111] 李春生，《主津新集》卷一，〈循環略說〉，頁63。
[112] 李春生，《主津新集》卷一，〈輕言〉，頁70。
[113] 李春生，《主津新集》卷一，〈圖治策要〉，頁41。
[114] 李春生，《主津新集》卷一，〈富強當務〉，頁56。

以敵人，戰慄恐懼，慮社稷將墜於強俄……其限於地，促乎勢，既無遠交可援，復無近鄰可靠，徘徊四顧，欲得磐立奠安，非取高麗擴充其區宇，勢不能也。無他，為拒俄地步，豈敢謂得隴而將望蜀之侈念哉！斯其困苦難言之情，非等間可知也，今茲不幸，而與吾國構兵，錯其在不能預以隱衷利害，秘請當道，疏讓高麗，以恢廓其版圖，復仿普魯士，與日爾蔓之局。……中國讓高麗在一席話已焉，何至兵戎相見，而不顧俄將乘日之後耶，說者曰高麗迫處近畿，為東三省屏藩重地，豈肯輕易讓人。曰斯誠迂論也，夫中國既不自知蹈險，又不恤他人履危，是故高麗一局，名為藩封，實等贅瘤，既不肯干其政教，又不肯涉其吏治，任委靡顛連，勢同喪家之犬。嗚乎！此等屬國，安望渠作我崢嶸藩籬，顧我金湯門戶。……是高麗早一日贈之日本，則中國早一日得一臂助。蓋俄無南犯則已，使俄而有南犯，當斯之時，不但日應出兵捍禦，其為東三省計者，益當分兵以援，其後，中日連衡，於是乎東三省與沿海一帶藉以稍固。是今日之爭無謂也許！」[115]

李春生認為國際公法也與基督教有關，為一種「天法」，所以信教的國家可以享受公法的利益，中國受侵略得不到國際的援助原因，即是因為中國為非基督教國家，所以各國不願出面調解。他說：「或曰：太西列邦交涉之件，繫諸公法，吾國雖然兵力單薄，器械鈍劣，設或有事亦可盟請有邦，出為調劑彌和，自可恆保疆宇。獨不知公法之為法也，又曰天法、性法、理法，……凡野番遊牧與夫國之受化未全者，皆未能與沾其利。……吾國與外邦交際，則僅立約通商，至於公法之利，則未能與治也」[116]。李春生似乎認為西人是以信教區別敵友，所以中國若改奉基督教就進入為西人朋友之列，而得西人的救援。

四、結論

李春生的思想的在 35 歲～40 歲定形，其思想形成，考諸李春生思

---

[115] 李春生，《主津新集》卷三，〈時勢盱衡〉，頁 80-82。

[116] 李春生，《主津新集》卷一，〈圖治策要〉，頁 41。

想的成長過程，與傳統關係較薄，而與反傳統關聯較厚。就李春生個人的境遇而言，李春生出身寒門，幼年無力接受教育，未能接受完整的儒家教育，所以受傳統思想的影響甚薄。15 歲信奉耶穌教後，得受教之機會，但所受的教育為具有反傳統傾向的教會教育。19 歲起，從事買辦，受惠於西人，更加深了反傳統的傾向。而李春生因諳英言，可與西人直接往來，接觸近代西洋文明；喜好閱讀新報，又有助於吸納新思想。新報、西學堂、學會為西學傳播的三大媒介，李春生有其二，所以李春生與新思想關係甚密。

　　27 歲以後，李春生大致在臺灣活動，臺灣為儒家文化傳播的邊陲區，傳統包袱較淺；而且臺灣人富企業精神[117]，有濃厚的重利傾向，思想較為務實；許多在內地無法推行自強新政，都能在臺灣順利推動，為中國最早近代化的省份之一。

　　所以李春生思想的兩大特色就是具有先進性與反傳統。李春生在光緒元（1874）年即以春秋戰國比喻時局，呼籲中國變革應變。李春生駁斥國人祖宗之法不可變及中國文化時優越感，李春生認為西人文化高於中國，國人不可畫地自限，應全力虛心學習西法。李春生認為當時主政者雖知「求強」、「求富」，但對西人何以能致富強則茫然無知，因此他提出了一套通變的正確步驟。李春生超脫時人由器械、制度學習西法的層次，約在 1874 年～1877 年即已逕入思想文化層面，思索富強之道，較先進的通變家更前進。他認為中國所以衰弱，西人之所以富強，最大的原因在於中西文化不同。中國儒家文化缺乏進取精神，以禮教束縛人性，箝制民心，儒教影響所及政治、司法過於嚴苛，有礙愛國心的形成；以詩書禮樂、八股科舉取士不切實際，所以中國積弱不振。西人因有基督教文化薰陶，所以「民純孚信」、「士盡誠愨」，自然會有「和平仁愛」的政治吏治。國家有此精神，縱使甲兵、砲艦不多，也可強盛。李春生也發展出一套國際外交觀，來證實他信教純疵關係國家富強的想法，他認為凡是信「天道」基督教者都國強民富，不信者都為政治幽僻，窮陋

---

117 溫振華，〈臺灣漢人的企業精神〉，《師大歷史學報》第 9 期（臺北：國立臺灣師範大學，1981 年 5 月）。

削辱的弱國。外交上也必須立於信「天道」的國家這一方，所以李春生立場親英仇俄，光緒 10（1884）年後中、日、俄在朝鮮的競爭，李春生即基於此想法，認為必須聯合毀佛信「天道」的日本，對抗俄國。總之，李春生相信有了基督教淳美文化，政治、經濟、社會上的各種問題都可迎刃解決。

李春生這種從根本的文化層面學習西法的看法，發展至 1890 年代初，已見全盤西化論的端倪。他直率地批評「西學源於中國說」的論調，1896 年東游日本六十四日時，李春生已成為不折不扣的全盤西化論者了，看到日本一些好的制度，總是脫口而出：「悉從西制」，似乎悉從西制就是好的。

但李春生終究未與傳統完全切斷關係。成年後，李春生基於興趣，自修傳統儒家經典，對儒家經典也有相當的認識，因此李春生雖對儒家教化不滿，但思想上也有傳統與近代交綏之處。如前所述，李春生以文化思想層面解釋，西人在器械、學識、道德上超過中國之因。李春生思索中西文化差異時，基於宗教的熱誠，認為塑造西方文化最大的力量為基督教。但李春生對於儒家、基督教在文化塑造的影響力所知仍然模糊，他的基督教文化強調「仁」與「誠愨」，與傳統儒家所重視的並無不同，李春生的基督教文化精神上是儒家的，只是李春生認為儒家喪失了實踐力，而基督教卻真正能行仁！

李春生批評儒家以禮教束縛人，禮樂詩書宜古不宜今，就是希望儒家能夠革新，因此李春生內心中似乎有寄望以基督教精神改儒家的意味，果其如此，李春生又為近代儒家倡導改革的先驅。

另外，李春生以天命所趨說明民主為無法抗拒的潮流，鴉片流毒中國也是基督天命懲罰；李春生心中仍認為三代為理想社會；著《宗教終始備考》以終始、道理、經權、異蹟、讖語等新五德取代儒家傳統的五德；將子不語怪、力、亂、神，解釋為子不語非力之力的怪力，及非神之神的亂神等，都可看到李春生也是希望從傳統尋求支持的力量。

李春生的思想有傳統與近代交綏之處，也有一些侷限性。例如：他對西人的想法過份天真，西人的鴉片貿易毒害中國，李春生仍認為是上

帝欲假西人之手，作為中國不信「天道」之懲處，不願相信信奉基督教
的西人是真的想要以鴉片來毒害中國。再如：李春生不斷強調閱讀新報
的重要，但閱讀新報不只是經費的問題，識字問題更重要，若是文盲如
何閱讀日報，但李春生卻從未提及普及教育的問題。再者，李春生因離
變革運動的核心太遠，無法接觸變革實務，所以除 1874～1875 年著臺
事七篇，為較具實際感的富強方案外，只作變革原則性鼓吹。逮入文化
思想層面探討富強之道的看法，雖在 1874～1877 年就已形成，但至 1890
年代思想未見更加豐富，處於停滯狀態。

　　最後，想借李春生的研究提出臺灣儒化程度的問題。過去學者認為
臺灣位處於新闢的邊陲區，傳統包袱較小，有助於新事物的傳入，所以
許多在內地無法推動的自強新政，在臺灣都能得順利的推行，而推論臺
灣儒化程度較淺，但証據畢竟薄弱。本研究也面臨臺灣儒化程度究竟如
何的問題李春生的思想已經乎大逆不道，臺灣紳商對李春生這種激烈言
論，究竟抱持何種態度呢？若是一點也不訝異，顯示臺灣儒化的程度較
淺，也表示臺灣對思想的吸收較為快速。但當時臺灣流行一句話：「番
勢李仔春」，似乎有貶李春生依靠洋人勢力之意。若是如此，便表示臺
灣輿論界對李的言論不表贊同，那麼李春生如何立足臺灣呢？又如何能
成功的經商致富呢？所以必須尋找更多的證據。再者，李春生為虔誠基
督徒，按照教理不可參與地方鄉土神的祭祀及各種迎神賽會的活動，但
鄉土神的祭祀在臺灣尤有團結同業商人之意，是商界最重要的社交活
動，李春生若是拒絕，他如何在商界立足？李春生是否以尋求其他管道
代替此社交活動？是否是以積極參與造橋鋪路等官方公共事務代替？
反過來說，如果參加鄉土神的祭祀，似乎顯得李春生言行不一，代表其
刻意隱瞞基督教徒的身份，所以其言論未在臺灣發生影響力也是應該
的。中西牛郎在李春生傳記說：「李公耶穌教中人也，而其所交乃少教
中人，多教外人」[118]，是否意味李春生因懼怕衛道之士攻擊，而刻意隱
瞞教徒的身份？李春生在《主津新集》中也曾感嘆不能祭祀鄉土神是基

---

[118] 中西牛郎，《泰東哲學家李公小傳》，頁 68。

督教無法大盛的原因之一，似乎是在說李春生自己的困境。由於正反兩
面的證據都有，所以希望能有其他學者蒐集更多的史料，解決此一臺灣
思想史的重要問題。

連橫《臺灣通史》的史學思想之研究
——以「國史」之體作臺灣漢族之史

一、前言

　　《臺灣通史》自 1920 年出版以後，學界時褒時貶，評價頗殊，最初較受冷淡，甚至遭到貶抑，如：黃玉齋即批評連著以舊眼光、舊方法編成；又說連氏不諳西文，敘述臺灣與外國關係，往往謬誤；並譏其對割臺以後的史實，隻字未提[1]；在當時，只有章太炎認為《臺灣通史》宣揚民族精神，為必傳之作[2]。後來，隨著臺灣即將歸還中國，人們對臺灣求知若渴，《臺灣通史》一時洛陽紙貴，評價也就水漲船高，如：張繼即誇讚連橫以子長、孟堅之識，為船山、亭林之文，《臺灣通史》洵為近世中國史學之偉作[3]；徐炳昶亦言：臺人若不願將祖先慘澹經營置諸腦後，宜人手一部《臺灣通史》[4]。戰後，張其昀更說：一部《臺灣通史》，其勢力超過日本全部陸海空軍，雅堂先生的大著，發揚愛國思想，喚醒民族靈魂，⋯使革命的火炬，輝煌照耀著[5]。但近來隨著臺灣史研究水準的提升，《臺灣通史》的地位又開始動搖，如：楊雲萍即表示已不必再推崇《臺灣通史》，而是應該批判它了![6]大陸學者鄧孔昭更利用檔案，奏疏、實錄等資料，校訂出 600 多處的錯誤[7]，吳密察甚至說：從純粹「科學」或「學院」的角度來看，《臺灣通史》應屬下乘

---

[1] 方豪，〈連氏「臺灣通史新探」〉，《方豪六十自定稿》上冊（臺北，作者自刊，1969 年），頁 1055。

[2] 轉引自鄧孔昭，《臺灣通史辨誤（增訂本）》（臺北，自立晚報社文化出 1991 年 7 月），頁 414。

[3] 張繼，〈張序〉，連橫，《臺灣通史》（臺北，眾文書局，1979 年影印版），頁 13。

[4] 徐炳昶，〈徐序〉，連橫《臺灣通史》，頁 10。

[5] 轉引自盧修一，〈連雅堂民族思想之研究〉，《臺灣文獻》第 18 卷 4 期（臺中，臺灣省文獻委員會，1967 年 12 月），頁 98。

[6] 吳密察，〈序〉，鄧孔昭，《臺灣通史辨誤（增訂本）》，頁 1。

[7] 參見鄧孔昭，《臺灣通史辨誤（增訂本）》的前言。

之作[8]。究竟連橫的《臺灣通史》是藏諸名山的經典,還是過時落伍的劣著,頗耐人深入探究!

過去學者研究連橫《臺灣通史》的史學思想,焦點多只侷限在「民族史觀」上,自方豪、毛一波、曾迺碩、盧修一以降,都盡力從《臺灣通史》中,檢出一條條連橫闡揚漢族民族精神的論述[9],但很少有學者能將《臺灣通史》和舊方志比較,指出在「民族史觀」底下,連橫的《臺灣通史》究竟拓展了哪些新的論述面向;再者,學者研究連橫的史學思想,僅將焦點對準「民族史觀」,事實上也只對了一半,連橫《臺灣通史》以「國史」之體作史,其實才是更為大膽的突破,但學者在這方面的研究仍然闕如。職是之故,本文希望透過與舊方志的比較,檢視《臺灣通史》因史體、史觀的改變,而有那些新的發展。

二、連橫與《臺灣通史》的纂成

連橫,字武公,號雅堂,又號劍花,1878 年生於臺南一個商人家庭。連家向以漢族氣節自許,自連橫的七世祖悲痛明朝覆亡來臺後,歷代都堅持「生不應科試,死著明服入殮」[10],在這種家風的濡染下,連橫自幼即漢族思想十分強烈。

13 歲時,連橫的父親買了一部余文儀的《續修臺灣府志》給他,並勉勵他說:「汝為臺灣人,不可不知臺灣事。」連橫讀過後,頗病余書的疏漏,於是,「發誓述作,冀補舊志之缺」[11],這是連橫立志撰寫《臺灣通史》的開始。

---

8 同註6。
9 參見方豪,〈連氏「臺灣通史」新探〉、〈連雅堂先生之民族思想〉、〈連雅堂先生的新認知〉,《方豪六十自定稿》上冊(臺北,作者自刊,1969 年);毛一波,〈《臺灣通史》新探〉,《臺北文物》第 10 卷 2 期(臺北,臺北文獻委員會,1961 年 9 月);曾迺碩,〈連橫的生平思想與事業〉,《臺灣文獻》第 28 卷 3 期(臺中,臺灣省文獻委員會,1977 年 9 月);盧修一,〈連雅堂民族思想之研究〉,《臺灣文獻》第 18 卷 4 期(臺中,臺灣省文獻委員會,1967 年 12 月)等文。
10 連橫,《臺灣通史》卷 29,列傳一〈諸老〉論贊。
11 連橫,《臺灣通史》卷 35,列傳七〈孝義〉。

　　1895 年，臺灣割讓，臺灣士紳成立「臺灣民主國」，當時年僅 18 歲的連橫，不僅關心時局的發展，也注意蒐集「臺灣民主國」的文告，這成為他日後修史的珍貴材料。又，日人佔臺灣不久，即在連家附近興築法院，連父生前艱辛擴建的居所，橫遭日人粗暴拆毀，連橫既痛國仇，亦傷家恨。

　　1897 年春，連橫遊學上海，不久，奉母命返臺完婚，同年，並與陳渭川等人結成「浪吟詩社」。1898～1901 年，進入「台澎日報社」、「臺南新報社」，擔任漢文部的主編。

　　1905 年，日俄戰後，連橫憤清廷腐敗，於是在廈門創立《福建日日新報》，鼓吹排漢。同盟會同志頗為欣賞該報，曾經派人聯絡，商議改為機關報，但不久清吏即向日本領事館抗議，該報於是在 1906 年遭到封閉，連橫被迫返臺。

　　1908 年，連橫舉家遷居臺中，進入「臺灣新聞社」漢文部工作，並開始著手撰寫《臺灣通史》。1909 年，加入「櫟社」，與林癡仙、林幼春等，以道德文章相尚。

　　1911 年，辛亥革命成功，連橫深受激勵，大病初癒的他，於是計畫遠遊大陸。次年，取道日本，在神戶發表演說，倡言改革中國及經營福建之策，並當選福建省議會的華僑議員，但因行程已定，辭卻不就。連橫的大陸之行，足跡遍及大江南北、長城內外，所到之處，飽覽風光，憑弔古蹟，研討時事，寫下大量詩文，後來輯成《大陸遊記》，《大陸詩草》。

　　1913 年，連橫先後在《新吉林報》、《邊聲報》任職，但不久都遭北洋政府查禁。1914 年，清史館成立，連橫獲聘為名譽協修，因此，得以盡閱館中所藏有關臺灣檔案，並大事蒐羅修纂《臺灣通史》的史料，但因與館長趙爾巽在臧否人物方面意見不同，心中常感不快，於是在當年 10 月回臺。

　　倦遊歸來，連橫重返「臺南新報社」。此時，他心中更加牽掛《臺灣通史》的著述，曾多次對夫人說：「吾平生有兩大事，其一已成，而

通史未就，吾其何以對我臺灣[12]？」於是，他加緊《臺灣通史》的修纂，工作每至夜闌始息。1918 年，連橫終於完成《臺灣通史》，又過兩年正式出版。

三、《臺灣通史》的國史體例

連橫的《臺灣通史》在體例上，最匠心獨運的變革，就是以「通史」的體例，提昇臺灣的地位。在連橫以前，清代官府至少就修纂了 6 部「府志」、7 部「縣志」及 6 部「廳志」（參見表一），但連橫卻在《臺灣通史》的自序中聲稱：「臺灣固無『史』也」，在凡例中又言：「顧臺灣前既無『史』」，對清代編修的方志視而不見，既然方志尚不足位列為「史」，顯見連氏所稱的「史」，是指「郡有志，國有史」的「史」。

章太炎在《臺灣通史》的序言中說：「志其事者，不視以郡縣，而視以封建之國，故署曰通史，蓋華陽國志之例也」；再者，《臺灣通史》內有紀四、志二十四，列傳六十，既有「紀」，顯然連橫確是將《臺灣通史》以「國史」看待。

表一：清代臺灣官府編修方志的概要

方志名稱	主編者	編纂時期	首次刊印
臺灣府志	蔣毓英	康熙 24 年	
臺灣府志	高拱乾	康熙 33—34 年	康熙 35 年
重修臺灣府志	周元文	康熙 51 年	
重修福建臺灣府志	劉良璧	乾隆 5—6 年	乾隆 7 年
重修臺灣府志	范咸	乾隆 9—11 年	乾隆 12 年
續修臺灣府志	余文儀	乾隆 25—29 年	乾隆 30 年
臺灣縣志	陳文達	康熙 58—59 年	
重修臺灣縣志	王必昌	乾隆 17 年	
續修臺灣縣志	謝金鑾	嘉慶 12 年	
鳳山縣志	陳文達	康熙 58 年	

---

[12] 沈璇，〈後序〉，連橫，《臺灣通史》，頁 1049。

重修鳳山縣志	王瑛曾	乾隆 27 年	
諸羅縣志	周鍾瑄	康熙 55—56 年	康熙 56 年
彰化縣志	周璽	道光 11—12 年	道光 16 年
噶瑪蘭志略	柯培元	道光 15 年	
噶瑪蘭廳志	陳淑均	道光 11—12 年	咸豐 3 年
淡水廳志	陳培桂	同治 9 年	同治 10 年
澎湖紀略	胡建偉	乾隆 34 年	
澎湖續編	蔣鏞	道光 9 年	
澎湖廳志	林豪	光緒 18 年	光緒 20 年

　　連橫藉「通史」之義，將臺灣暗升為「國」，一則，係因痛恨滿清政府輕易斷送臺灣，為了反滿，他刻意抑滿揚漢，將鄭成功所建的漢族政權，標為〈建國紀〉；再則，臺灣既已淪為殖民地，為了抗日，他特將「臺灣民生國」事跡，列為〈獨立紀〉，用以激勵孤立無援的同胞。

　　連橫採用「通史」之體，除了寓有「國史」之義外，也是為了追求時間上的宏觀。他在《臺灣通史》的自序中，批評舊志「僅隸有清一朝，荷人、鄭氏之事闕而弗錄……」，為救此弊，他在凡例中說：「此書始於隋大業元年，終於清光緒二十一年，凡千二百九十年之事，網羅舊籍，博採遺聞，旁及西書，參以檔案，而追溯於秦漢之際，故曰『通史』」。再者，連橫最尊崇的史家就是司馬遷，他在凡例中即明白地說《臺灣通史》是模仿「龍門之法」編成的，所以太史公的《史記》既為「通史」[13]，連橫當然也要採用「通史」之體，以求「通古今之變」。

　　連橫特意以「通史」加長時間縱深，也是有意抗衡日人「倭寇最早占有臺灣本島」的說法。日治之初，日本學者為了從學術上支持臺灣的佔領，刻意宣揚倭寇最早在臺活動之說，如：1895 年民友社編輯的《臺灣》即說：元代中國雖已在澎湖設治，但最早佔有臺灣本島的其實是日本人[14]；1896 年土居通豫修纂的《臺灣島》也說：臺灣本島的交通，以明

[13] 《臺灣通史》的列傳部份，尤可看到連橫受司馬遷《史記》影響之深，例如：《臺灣通史》的「諸老列傳」即相當於《史記》「伯夷叔齊列傳」，〈勇士列傳〉則是〈遊俠列傳〉或〈刺客列傳〉，〈貨殖列傳〉更是名稱直抄。
[14] 民友社編，《臺灣》（東京，該社，1895 年），頁 70，據 1985 年成文出版社，中國方志叢

代中葉倭寇自澎湖退據安平最早[15]；1897 年松島剛撰寫《臺灣事情》亦言：有記錄以降，首先佔有臺灣的美譽非歸我日本人不可，足利幕府末年，倭寇已出沒澎湖，而略有臺灣[16]。面對這些甚囂塵上的謬說，連橫在〈開闢紀〉中，特將各民族經營臺灣的先後做一排比（參見表二），他明確地指出中國人最早經營臺灣，證明了「臺灣固我族所開闢」的事實。

表二：《臺灣通史》中各民族經營臺灣的先後

民族	時間	史實
中國人	隋開皇年間	曾遣虎賁陳稜略澎湖地，……是為中國經營澎湖之始，而亦東入臺灣之機也。
馬來人	唐貞觀年間	馬來群島洪水，不獲安處，各駕竹筏避難，漂泊而至臺灣，……是為外族侵入臺灣之始。
日本人	唐宣宗大中7 年8 月	商人欽良暉歸自日本，與倭僧圓珍同船，為北風漂至琉球，……是日人發見臺灣之始，其後遂不往來也。
中國人	元世祖至元29 年	高興遣省都鎮撫張浩、福州新軍萬戶張進赴琉求國，擒生口一百三十餘人而還，是為中國再略臺灣之事。
歐洲人	明神宗萬曆初	有葡萄牙船航東海，途過臺灣之北，自外望之，山嶽如畫，樹木青蔥，名曰科摩沙，譯言美麗，是為歐人發見臺灣之始。
日本人	明神宗萬曆21 年	（豐臣秀吉）命使者原田孫七郎至呂宋，途次賜書高山國，勸其入貢，……是為日本經略臺灣之始。

再就內容言之，連橫既將《臺灣通史》提升到「國史」的地位，故其也就能以「國史」的架構，突破方志體例的限制，增添新的綱目。將《臺灣通史》與舊方志相較（參見表三），可以發現〈外交志〉、〈刑法志〉即是此架構下的新設計，很明顯地，《臺灣通史》因具有「國史」的地位，才能將此二志納入。至於連橫何以特別增添此二志，可能與他曾獲聘為清史館名譽協修有關，當時修纂中的《清史》即編有此二志，

書，臺灣地區第 106 號。

[15] 土居通豫，《臺灣島》（東京，青木嵩山堂，1896 年），頁 1，據 1985 年成文出版社，中國方志叢書，臺灣地區第 110 號。

[16] 松島剛，《臺灣事情》（東京，春陽堂，1897 年），頁 3，據 1985 年成文出版社，中國方志叢書，臺灣地區第 114 號。

是故，連橫進入清史館，除了獲睹臺灣相關檔案的機會，也增補了他修纂「國史」的知識。

同時，也因為《臺灣通史》具有「國史」之尊，所以連橫在綱目上，追求分類更加專精，如：他將舊志中的〈賦役志〉，析分〈戶役志〉、〈田賦志〉、〈度支志〉、〈關征志〉、〈榷賣〉五志（參見表三）。或將意義擴大，如：他將學校、書院、選舉等項合併，加上番學堂、西學堂，擴大為〈教育志〉；又如：他將寺廟，增添民間信仰、道教、佛教、基督教、天主教、回教，成為〈宗教志〉；再如：他將遞鋪、里道，擴大為陸運、海運、郵電、燈臺，而有〈郵傳志〉；再如：他將水利、物產合併，擴大成〈農業志〉等。

再者，由於連橫對於「國家」的定義，已有新的體認，在其心中「國家」已非王朝之「國」，而是民國之「國」[17]，這促使他在凡例中說：「前人作史，多詳禮樂兵刑，而於民生之豐嗇、民德之隆污，每置缺如，夫國以民為本，無民何以立國？故此書各志，自鄉治以下尤多民事」。其於這種進步的認識，他特別加強論述鄉治、宗教、風俗、藝文、商務、工藝、農業、虞衡等志。至於《臺灣通史》較舊方志增加撫墾、糧運二志（參見表三），連橫雖未明白指出，顯然也是在重視民事的歷史理念下發展出來的。

四、《臺灣通史》的民族史觀

連橫生於漢族思想濃烈的家庭，故在孩提時代即深染反滿思想；青少年時代又遭逢臺灣割讓的巨變，對滿清政權的腐敗更加深惡痛絕；中年時代再受辛亥革命成功的激勵，在反滿的思潮中，連橫的「民族史觀」於焉形成。

連橫「民族史觀」的大要，可以參見《臺灣通史》的序，他說：「夫史者，民族之精神，而人群之龜鑑也。代之盛衰，俗之文野，政之得失，

---

[17] 連橫在〈戶役志〉中即說：國者，民之國也，與民治之。

物之盈虛，均於是乎在。故凡文化之國，未有不重其史者也。」又說：
「洪維我祖宗渡大海，入荒陬，以拓殖斯土，為子孫萬年之業者，其功
偉矣。追懷先德，眷顧前途，若涉深淵，彌自儆惕。烏乎念哉！凡我多
士及我友朋，惟仁惟孝，義勇奉公，以發揚種性，此則不侫之幟也。婆
娑之洋，美麗之島，我先王先民之景命，實式憑之。」換言之，連橫認
為歷史修纂就是民族精神闡揚，他編撰《臺灣通史》的目的即在於「發
揚種性」。

　　連橫在「民族史觀」底下，與舊有的方志相較，他拓展了四個新的
論述面向。首先，是關於明鄭的事跡，他高度不滿舊志每將鄭氏視為海
寇，汙蔑延平大義[18]，故不僅詳述鄭成功、陳永華闢臺抗清的事跡，更
給予他們最高的評價。連橫推崇鄭成功是「我臺建國之大神」[19]、「為臺
之烈祖」[20]，並至少還在 9 個志、1 個列傳中，明白盛讚鄭成功的功業
（參見表四）。對於陳永華，他也稱許永華可以媲美諸葛武侯，是臺灣
300 年兩大吏才之一（另一人為劉銘傳），並且至少還在 6 個志、3 個列
傳中，誇耀陳永華的事功（參見表五）。

表四：《臺灣通史》

篇名	記載
職官志	延平郡王…一鼓而下，荷人伏降，送之歸國，而臺灣復始為我族有也。夫臺灣固我族開闢之土，延平既至，析疆行政，撫育元元，而我顛沛流離之民，乃得憑藉威靈，安生樂業，此天之默相黃冑，而故留此海外乾坤，以存明朔也。…綱紀振飭，制度修明，泱泱乎大國之風也，延平立法嚴，而愛民如子，勸之以忠，勵之以勇，使之以義，綏之以和。
度支志	鄭氏志恢復，…徵賦甚輕，故民皆樂業，先公而後私，跡其所以治國治民者，猶有西周遺法。天不祚明，三世而隕，此則無可如何者也。
典禮志	臺灣為海上荒報服，我延平郡王闢而治之，文德武功，震鑠區宇，其禮皆先王之禮也。至今二百數十年，而秉彝之性，歷劫不沒，此則禮意之存也。

---

18 連橫，《臺灣通史》，〈自序〉、〈諸臣列傳〉。
19 連橫，《臺灣通史》卷二，〈建國記〉。
20 連橫，《臺灣通史》卷十，〈典禮志〉。

刑法志	延平郡王克臺後，任賢使能，詢民疾苦，民亦守法奉公，上下輯睦，奸宄不生，而頌獄幾息矣。
軍備志	延平入臺之後，亦時造巨艦，販運東南洋而攬其利，使鄭氏不亡，整軍經武，則已為海軍之強國矣，而至於亡者，天也。
外交志	臺灣當鄭氏之時，彈丸孤島，抗拮中原，玉帛周旋，蔚為上國，東通日本，西攝荷蘭，北結三藩，南徠呂宋，蕩蕩乎！洪洪乎！直軼春秋之鄭矣。
鄉治志	臺灣當鄭氏之時，草昧初啟，萬庶偕來，廣土眾民，蔚為上國，此則鄉治之效也。當是時，布屯田之法，勵墾土之令，徠避難之民，拓通海之利。故能以彈丸之島，收亡國，擁諸王，奏群賢，建幕府，以與清人為難，此固已得霸王之道矣。
宗教志	延平郡王入臺後，闢土田，與教養，存明朔，抗滿人，精忠大義，震曜古今。
農業志	鄭氏…屯田之制，漳泉惠潮之民望風而至，拓地遠及兩鄙，所產愈豐，…故能以彈丸之島，拮抗中原也。
諸老列傳	而我延平郡王獨伸大義於天下，開府思明，經略閩粵，一時熊羆之士、不二心之臣，奔走疏附，爭趨國難。雖北伐無績，師沮金陵，而闢地東都，以綿明朔，謂非正義之存乎？

表五：《臺灣通史》中對於陳永華事功的頌美

篇名	記載
職官志	永華為政儒雅，與民休息。
田賦志	永華善治國，分諸鎮土地，復行屯田之制。
度支志	諮議參軍陳永華又整飭之，內興土宜而外張貿易，販洋之利歲率數十萬圓，故無竭蹶之患。
刑法志	克臧明毅果斷，親貴畏憚，而永華又輔相之，興利祛弊，民歸其德，臺灣之人，以是大集。
關征志	夫自延平入臺以來，與民休息，而永華又咻嘔之，道之以政，閑之以誼，教之以務，使之以和，漸之以忠，厲之以勇，勸之以利，嚴之以刑，民於是乎可任也。二十年間，臺灣大有，取其有餘，以供國用，民亦樂輸不怠。善乎德化之入人深也！洎永華亡，政教偷薄，而雜稅之徵濫矣。
商務志	諮議參軍陳永華又行屯田之制，內興殖產，而外飭軍實，故無患。
諸臣列傳	永華以王佐之才，當艱危之局，其行事若諸葛武侯，而能輔佐英主，以光復舊物，天也。然而開物成務，締造海邦，至今猶受其賜，偉矣。
陳永華列傳	永華器識功業與武侯等，而不能輔英主以光復明室，徬徨於絕海之上，天也。然而開鎮成務，體仁長人，至今猶受其賜，澤深哉！

劉銘傳列傳	臺灣三百年間,吏才不少,而能立長治之策者,厥維兩人:曰陳參軍永華,曰劉巡撫銘傳,是皆有大勳勞於國家者也。永華以王佐之才,當艱危之局,其行事若諸葛武侯;而銘傳則管商之流亞也。

　　第二個新的論述面向,是關於清代的民變領袖。連橫基於「民族史觀」,對於舊志鮮少記載清代民變的領袖,也深表不滿,他在《臺灣通史》的自序中說:「草澤群雄,後先崛起,朱、林以下,輒起兵戎,喋血山河,藉言恢復,而舊志亦不備載也」。所以連橫不僅在 60 篇列傳中,特別用了 11 篇來記述民變的領袖[21],而且對於清廷眼中的「逆賊」,他也重新給予中性甚或正面評價。在〈吳球、劉卻列傳〉中,他說:吳、劉二人「以編戶之細民,抱宗邦之隱痛,奮身而起,前後就屠,人笑其愚,我欽其勇。」在〈朱一貴列傳〉中,他論贊道:「顧吾觀舊志,以一貴為盜賊者矣!夫中國史家,原無定見,成則王而敗則寇,漢高唐太,亦自幸爾,彼豈能賢於陳涉、李密!然則一貴特不幸爾!追翻前案,直筆昭彰,公道在人,千秋不泯。」在〈林爽文列傳〉中,他評論說:「若夫爽文,固一方之豪也,力田致富,結會自全,乃以莊民之怨,起而誅殘,喋血郊原,竄身荒谷,揣其心固有不忍人之心也。善乎鄭兼才之言曰:『林爽文之變,實激之使起。』則此後張丙之變,戴潮春之變,又孰非之使起哉?而論者乃輒為臺人好亂,何其慎也。」在〈郭洸侯、施九緞列傳〉中,他說:「郭、施二人皆鄉曲之細民,手無寸柄,而為義所迫,不顧利害,此則士大夫所不敢為,而彼肯為之,何其烈耶!」

　　第三新的論述面向,是關於「乙未之役」的英雄。基於「民族史觀」的強烈使命感,連橫即使身處日人的統治下,亦秉持良知,用了 2 卷的篇幅,來記載「乙未之役」臺人英勇抗日的史實。在「紀」中,他特以

---

21 即「吳球、劉卻列傳」、「朱一貴列傳」、「吳福生、黃教列傳」、「林爽文列傳」、「陳周全、高夔列傳」、「海寇列傳」、「許尚、楊良斌列傳」、「張丙列傳」、「李石、林恭列傳」、「郭洸侯、施九緞列傳」、「戴潮春列傳」等十一篇。其他列傳與朱一貴事變相關者,尚有「歐陽凱列傳」、「藍廷珍列傳」;與林爽文事變相關者,還有「孫景燧列傳」、「福康安列傳」、「楊廷理列傳」、「鄭其仁、李安善列傳」;與蔡牽事變相關者,有「王得祿列傳」、「謝、鄭列傳」;張丙事變相關者,有「方振聲列傳」;與戴潮春事變相關者,有「林文察列傳」、「丁曰健列傳」、「林奠國列傳」、「林占梅列傳」、「羅、陳列傳」,共計 14 篇。

「獨立」為篇名，以示臺灣的不可侵佔；在「列傳」中，他高度嘉許在「乙未之役」中，為保鄉衛國英勇殉難的吳湯興、徐驤、姜紹祖、林崑岡等人，在〈吳彭年列傳〉中，他更敬地說：「如彭年者，豈非所謂義士哉？見危授命，皙死不移，其志固可以薄雲漢而光日月。吾望八卦山，猶見短衣匹馬之少年，提刀向天而笑也。烏乎壯矣！」對於捐軀沙場的無名英雄，他也深深感歎說：「乙未之役，蒼頭特起，執戈制梃，受命疆場，不知幾何人。」至於臨陣脫逃的唐景崧，捲款潛逃的邱逢甲，抗日不成而離去的劉永福，則給予貶抑。

　　第四個新的論述面向，是關於拓殖臺灣各地的功勞者。過去舊志偏重官方人物的記載，對於開墾各地的英雄頗為忽略，連橫在「民族史觀」的指引下，一反過去舊志之缺，大力頌揚堅韌不拔開墾各地的英雄。在60篇列傳之首——〈顏、鄭列傳〉，他即刻意表彰率先開台的顏思齊、鄭芝龍。除此之外，他又用了8個列傳，來記述各地開拓的首功人物。即在〈林杞、林鳳列傳〉，表揚林杞開墾雲林，林鳳開發曾文溪流域；在〈王世傑列傳〉，表彰施世榜、楊志申、吳洛、張振萬等開拓臺中、彰化；在〈林、胡、張、郭列傳〉，表彰林成祖、胡焯猷、張必榮、郭元汾開發臺北；在〈臺東拓殖列傳〉，表楊陳文，賴科、吳全、黃阿鳳、鄭尚等開拓臺東、花蓮；在〈吳沙列傳〉，表彰吳沙、陳奠邦等開墾宜蘭；在〈姜、周列傳〉，表揚姜秀鑾、周邦正開闢新竹東南山區；在〈鄭勒先列傳〉，表彰鄭勒先開發埔里等。其他連橫籠統讚佩先民篳路藍縷，艱苦締造之功，在《臺灣通史》中至少有10處（參見表六），而且他更在〈疆域志〉，指出各縣、廳的利弊以及他的期望（參見表七）。

表六：《臺灣通史》歌頌先民艱苦締造之功的記述

篇名	記載
開闢紀	我民族生斯長斯，聚族於斯。……是則我民族所肇造，而保守忽替者。然則我臺人當溯其本，右啟後人，以毋忘篳路藍縷之功也。

田賦志	臺灣為海上荒土，其田皆民之所自墾，手耒耜，腰刀槍，以與生番猛哭相爭逐。篳路藍縷，以啟山林，用能宏大其族，至於今是賴。艱苦締造之功，亦足良苦矣。 臺灣⋯⋯我民族拓而墾之，以長育子姓，至於今是利。然其成也，固非一朝一夕之故；胼手胝足，出生入死，而後得此尺寸地，如之何而不惜也。
撫墾志	臺灣固土番之地，我先民入而拓之，以長育子姓，至於今是賴。我先民仍冒險而進，剪除荊棘，備嘗辛苦，以開田疇，成都聚，為子孫百年大計者，其功業豈可泯哉！
風俗志	緬懷在昔，我祖我宗，橫大海，入荒陬，臨危禦難，以長殖此土，其猶清教徒之遠拓美洲，而不為之輿隸也。
藝文志	我先民非不能以文鳴也，我先民之拓斯土也，手耒耜、腰刀銃，以與生番猛獸相爭逐，篳路藍縷，以啟山林，用能宏大其族；艱難締造之功，亦良苦矣。我先民非一以文鳴，且不忍以文鳴也。⋯先民固不忍以文鳴，且無暇以文鳴也。
輿衡志	洪維我先民渡大海、入荒陬，以拓殖斯土，為子孫立萬年之業，厥功偉矣。
鄭顏列傳	臺灣固海上荒島，我先民入而拓之，以長育子孫，至於今是賴。故自開闢以來，我族我宗之衣食於茲者，不知其幾何年。
文苑列傳	美哉臺灣，我宗啟之，我族居之。
勇士列傳	臺灣為海上荒島，我先民之來相宅者，皆抱堅毅之氣，懷必死之心，故能闢地千里，以長育子姓。
貨殖列傳	臺灣為農業之國，我先民之來者，莫不盡力畎畝，以長育子孫，至今猶食其澤。

表七：〈疆域志〉中連橫對各縣廳的利弊及期望的記述

縣名	記載
安平縣	土尚膏腴，人懷禮義，士遊於庠，農歌於野，商勉於廛，工集於肆，喬木之思，尚足起後人之感，況於古都舊邑乎。生斯土者，能不葆而愛之歟！
嘉義縣	為山海奧區，物產殷富，士慕忠貞，女懷節烈，風俗之美，與南郡同。此則教化之功，而一道同風，日臻於善也。
鳳山縣	深山大海，物力充仞，然以閩粵分居，踞地相長，一言不合，輒起干戈，而今乃稍息。兄弟鬩牆，外禦其侮，急公義而棄私仇，尤有望於鳳人士焉。
恆春縣	苟勤撫字以化之，徠人民以墾之，闢水利以溉之，開道路以通之，開物成務，教養併行，不數十年而炎風瘴雨之地，皆稱樂土矣。
澎湖廳	顧其人習水，冒險耐勞，頗有堅毅之氣。生聚教訓，剋日並行，則此帕頭短褲之民，皆海國干城之選也。君子於此知所務矣。

淡水縣	鄭氏之時，以流罪人，康雍之際，尚苦瘴癘，至於今繁華靡麗，冠於全臺，此則人治之效也。然以冠蓋遨遊，五方雜處，士慕虛文，女習歌舞，驕奢淫佚，亦冠於全臺，則又末俗之弊也。移風易化，綱紀是張，是所望於淡人焉。
新竹縣	山川鍾秀，人物效靈，發揚光大，尚有待於此邦君子。
宜蘭縣	然以水利之豐，物土之宜，讀書力田，饒有堅強之氣。蘭雖一隅，富庶之興，尤將有所發洩也。
基隆廳	梯山航海，百事俱興，締造經營，與時駢進，則此一市一廛，不特為臺灣之大埠，且為東洋之巨會。

五、結語

　　遭逢臺灣割讓的世變，連橫激發出反滿、抗日的思想，這使得他的史學也有了新的蛻變。在史體上，連橫改用「國史」體例修史，這既便於他頌美鄭成功的漢人建國，彰顯抑滿揚漢之思想，也利於他歌詠民主國的抗日獨立，宣揚臺灣不屬日本之義。其次，連橫最崇敬的史家，即是太史公司馬遷，故以「通史」命名，不僅諧合《史記》的「通史」之義，也可內寓「國史」之體。至於連橫從何而補充修纂「國史」的知識，這可能與他曾經備員清史館有關。進入清史館不僅使他能夠盡覽臺灣時相關檔案，更使其得以參考《清史》的「國史」體例。

　　在「國史」的新架構下，連橫發揮的空間大增，《臺灣通史》的內容，因為綱目的精細、健全，而更加豐富、充實。再者，由於連橫對國家之義，另有新的體認，在他心中，民治之國已取代專制之國，這促使他發展出「重視民事」的歷史理念，並從而加強這方面的記述。

　　在史觀上，連橫改以「民族史觀」解釋史實，這雖然使他經常蔽於「民族史觀」，肆意神話、美化鄭成功部將、清代臺灣民變，致多謬誤，同時，也令其輕蔑原住民族的「大漢沙文主義」較為強烈，甚至產生竄改引文、杜撰文獻的嚴重弊病[22]。但在史觀改變下，連橫拓展出新的視

---

[22] 將清代民變附上民族大義致多謬誤，參見劉妮玲，〈連橫民族史觀的價值與限制———以清代民變為例說明〉，《臺北文獻》直61、62期（臺北，臺北文獻委員會，1983年3月），頁245-266；在杜撰文獻方面，《臺灣通史》中，連橫所杜撰最有名者為「鄭成功致荷蘭守將書」、「朱一貴起事檄」二文。

野,《臺灣通史》刻意偏重「明末鄭氏抗清」、「清代民變領袖」、「乙末抗日英雄」、「開墾有功人物」的記載,而這正是舊方志所最欠缺者!

日治時期臺灣的商工會與商業經營手法的革新（1895—1937）——以「拍賣」、「廣告」技術為例

一、前言

　　「商會」，這種有別於傳統商工團體的組織，傳入中國已經將近 120 年的歷史[1]，臺灣之有商會似較大陸更早，關於戰前商會的研究卻僅有筆者 1994 年發表的〈臺、日實業家與臺灣總督府的分合關係（1895~1937）—以商工會為中心之研究〉一文[2]。

　　過去有關臺灣商工團體的歷史研究，多集中於清代「郊」的研究，與戰後商工團體有直接承繼關係的日治時期商工會，反遭冷落忽略。事實上，自 1895 年 10 月，居住於臺北的日商創立臺灣第一個商工會後[3]，至 1937 年中日戰爭爆發商工會實質瓦解為止，先後至少成立了 150 個商工會，全臺共有 53 個「街」（行政單位）曾經設立商工會，佔街總數的八成以上，九大都市甚至出現多個商工會並存的熱鬧景況（臺北市即曾 6 個商工會並存），商工會成為「街」、「市」級以上城市普遍成立的商工團體，比今日商會僅止於縣，力量更深入基層，對地方影響甚鉅。戰後，商工會系統為「全國商業總會」所繼承[4]，與「商工協進會」、「全國工業總會」曾併列為臺灣最有勢力的三大實業團體，故商工會不僅大幅改變傳統商工團體的面貌，亦為今日實業團體奠下基石，甚具研究意義。

　　關於商工會的「創設傳播」、「組織功能」、「臺日商工會與殖民政府

---

[1] 趙洪寶，〈近幾年大陸學者關於中國商會史研究綜述〉，《近代中國史研究通訊》第 16 期，（臺北，中央研究近代史研究所，民國 82 年 9 月），頁 149。

[2] 趙祐志，〈臺、日實業家與臺灣總督府的分合關係（1895~1937）--以商工會為中心之研究〉，《歷史學報》第 22 期，（臺北，國立臺灣師範大學歷史系，民國 83 年 6 月），頁 267~313。

[3] 《臺灣日日新報》6423 號，大正 7 年 5 月 10 日。

[4] 都市的商工會 1937 年改組為商工會議所，1944 年再由商工經濟會取代，光復後又由臺灣省商業總會、縣市商會直接繼承。

間的分合關係」、「商工會與臺人商工領導階層的凝塑」等問題的研究，筆者已於碩士論文《日治時期臺灣商工會的發展（1895~1945）》中詳述，本文僅以日治時期臺灣商工會在「拍賣」、「廣告」技術的革新為例，討論互為敵體的臺、日商人在爭奪商權時，技術上所採行的競爭策略，及雙方如何相互模仿、交流，甚至緊密合作，以共度經濟不景氣的危局，尤其注重臺商如何結合傳統與新進商賣手法，巧妙推陳出新商業經營技術。

其次，延伸陳秋坤、林滿紅、溫振華等人對臺灣經濟開發中臺民富具資本主義精神的探討，陳秋坤於《十八世紀上半葉臺灣的開發》中，提及漢人移墾時的「功利精神」[5]，林滿紅在《茶、糖、樟腦業與晚清臺灣經濟社會變遷》中，指出清末臺灣貿易大幅發展的直接動因之一，在於臺人具有高度的「市場取向」（Market Orientation）[6]，溫振華〈清代臺灣漢人的企業精神〉一文，則土地開墾、水利投資、經濟作物種植、商業發達等，指陳漢人的謀利、冒險「企業精神」[7]，本文則擬由拍賣、廣告技術的革新，討論其中所透露的資本主義精神。

再者，本文亦將探討商業發展與地方文化塑造的關係[8]，關於臺灣廟會活動與商業發展結合的研究，以宋光宇的《霞海城隍廟祭典與大稻埕商業發展的關係》最為深刻、最有貢獻，惜其以 1920 年為研究下限[9]。事實上，1920 年以後，臺灣商人因面臨接踵不斷的經濟不景氣危機，更須利用迎神賽會吸引顧客，刺激振興商況，故商賣結合廟會的技術於 1930 年代運用似更成熟、更興盛，因此，本文以 1937 年為斷限以可補

---

5 參見陳秋坤，《十八世紀上半葉臺灣的開發》，國立臺灣大學歷史研究所民國 64 年碩士論文。
6 參見林滿紅，《茶、糖、樟腦業與晚清臺灣經濟社會變遷》，國立臺灣大學歷史研究所民國 65 年碩士論文。
7 溫振華，〈清代臺灣漢人的企業精神〉，《歷史學報》第 9 期，（臺北，國立臺灣師範大學歷史系，民國 70 年 6 月），頁 111~139。
8 蔣竹山，〈「商人與地方文化」研討會〉，《近代中國史研究通訊》第 18 期，（臺北，中央研究近代史研究所，民國 83 年 9 月），頁 27~41，言關於商人與地方文化的討論一向缺乏深入的討論。
9 宋光宇，《霞海城隍廟祭典與大稻埕商業發展的關係（1860~1920）》，國科會研究計畫，稿本，1990 年。

宋文之不足。

　　至於本文以 1937 年為斷限，係因本年中日戰爭爆發後，不僅使得商業活動陷於停頓，而且殖民政府為節約物資，對商工會舉辦拍賣會多所限制，即使有廉賣活動亦以控制物價為優先考慮，大失拍賣會追求利潤的功能，而廣告更轉為宣傳統制經濟作服務，亦喪盡本意之故。

　　為節省篇幅，本文表格資料來源欄，皆以：

　　「日」代表《臺灣日日新報》

　　「新民」代表《臺灣新民報》

　　「日夕」代表《臺灣日日新報》夕刊

二、革新的背景：臺、日商戰日人失利

　　過去由於缺乏日治時期臺灣經濟史的研究，常使人誤以為割臺後，臺商即淪為日商附庸，事實上，日人除少數巨商能憑雄厚資本或特權壟斷佔居優勢外，一般中小商工業者在商業競爭上始終居於劣勢，無力與臺人相抗。1898 年 10 月，日人臺北商工會創立主旨書言：「雖謂政治上領有臺灣，但實利上卻受其兼併，內地商人痛苦不堪，……故為與臺人商戰乃發起創立該會[10]」，即是明證。

　　這是因為日人在臺人數有限，從事商業者為數甚少之故，據 1905 年第一次臨時戶口調查資料，在臺日人總數不過 6 萬人，且近半數為各級公職人員，本業從事商業的日人僅 12,762 人，而臺籍人口 305 萬，約為日人 51.3 倍，本業從事商業的臺人為 118,314 人，約日人 9.3 倍，其後，倍數雖有縮減，亦恆約在 5.4 倍以上（參見表一）；再就平均顧客數計算，以臺、日人多習慣於向同籍商人購物觀之（日人中低收入者亦常向臺商購物），1905 年，臺商平均分得的顧客數約為日商的 5.5 倍，其後差距雖有縮減，也在 2.6 倍以上。

10　《臺灣日日新報》139 號，明治 31 年 10 月 19 日。

表一　1905~1943年臺灣人日本人的人口、商人的總數、倍數

年代	臺人		日人		①/③ A	②/④ B	平均顧客數比 A/B
	人口總數①	商人數②	人口總數③	商人數④			
1905	3,055,461	118,314	59,618	12,726	51.3	9.3	5.5
1915	3,414,338	148,194	137,229	25,674	24.9	5.8	4.2
1920	3,566,381	140,468	166,621	26,031	21.4	5.4	3.9
1925	3,924,574	--	189,630	--	20.7	--	--
1930	4,400,076	225,627	232,299	31,284	18.9	7.2	2.6
1935	4,990,131	--	269,798	--	18.5	--	--
1940	5,682,233	--	346,663	--	16.4	--	--
1943	6,133,867	--	397,090	--	15.5	--	--

資料來源：《臺灣省五十一年來統計提要》，（臺北，臺灣省行政長官公署統計室，民國35年12月），頁76、132~139。

說明：商工業人數係指本業從事商業、交通業、自由業、遊藝業、娛樂業、醫療業、賴不動產收入者等。

　　再者，日商的素質也遠不及臺人，日人佐佐英彥於《臺灣產業評論》即指出，臺商殆集中了臺人中的諸多秀異份子，而且中國商人向以敏於觀察商機與刻苦耐勞著稱，反觀日人因向來有輕視町人的風氣，至臺者又多為投機份子，從事商業者實非一流人才，資質無法與臺商相提並論[11]。再據臨時臺灣舊慣調查會編纂的《臺灣私法》，該書亦言：割臺後，為官者與讀書人大都返回大陸，只有少數讀書人留臺擔任殖民政府的下級官員，士之階級消失，臺商在社會上的地位遂超過士人，躍升為第一位[12]，故日治時期臺灣社會菁英可以說是非常集中於商業。

　　再加上日商為外來客，無臺人根基穩固的商業據點與銷售網，顧客僅侷促於在臺日人，日商既然缺乏土著地盤，經營耗費自然亦較為鉅。據估計日商於成本之外，必須多耗費一成的開銷，臺籍商人則額外開支

---

[11] 佐佐英彥，《臺灣產業評論》，（臺北，臺南新報社臺北支局，大正14年12月20日），頁575~591。

[12] 臺灣總督府臨時舊慣調查會編，陳金田譯，《臨時舊慣調查會第一步調查第三回報告書--臺灣私法第三卷》，（南投，臺灣省文獻委員會，民國82年6月），頁125。

甚少，生活水準又較日商為低，故能獲致更多的盈餘[13]。

　　這種情況其後雖因日商人數、資金的增加，稍有改善，但事實上，日人中小商工業者競爭力不如臺商的情況，終日人治臺時期未曾改變，在佐佐英彥著書的 1925 年如此，其後依然，1927 年，大園市藏的《臺灣產業の批判（第壹卷）》亦言：臺商營業費用僅須日商之半，故能以低於日商三成的售價廉銷商品[14]。1928~1929 年任臺灣總督的川村竹治，1930 年記述《臺灣の一年》，回憶其任職臺灣的經歷，亦嚴厲批評日商因特權而腐化，多半為扶不起的阿斗，反而盛讚臺商的敬業態度[15]。再如：1934 年，標榜促進臺北中小商工者利益的「臺北社會問題研究會」提出〈臺灣問題概要〉，日商獲利不如臺商依舊沒有改變[16]。1937 年，高雄商工會發表〈內地人小賣商の將來と其の對策〉，報告中亦感嘆日人自負為「東洋白人」，對臺人抱持優越感，但中小商人卻陷於窮困，無法在臺人面前直立[17]。1940 年，大阪每日新聞社舉辦座談會，臺北商工會議所會長後宮信太郎、臺銀總經理水津彌吉等亦均言臺日商戰，日商遠非臺商敵手[18]。

[13] 同註 11。

[14] 大園市藏，《臺灣產業 批判》第壹卷，（福岡，臺灣產業批判社，昭和 2 年 12 月 28 日），頁 338~358。

[15] 川村竹治，《臺灣 一年》，（東京，時事研究會，昭和 5 年），頁 19。

[16] 翁佳音譯註，《臺灣社會運動史-勞工運動、右派運動（原題臺灣總督府警察沿革誌第二篇中卷）》，（臺北，稻鄉出版社，民國 81 年 2 月），頁 248~250。

[17] 高雄商工會編，《高雄商工會會報》昭和 12 年 7 月號，（高雄，該會，1937 年 7 月 27 日），頁 15。

[18] 黃昭堂著，黃英哲譯，《臺灣總督府》，（臺北，自由時代出版社，1989 年 5 月），頁 237~239。

圖一　1917 年 11 月 1 日《臺灣日日新報》刊登巨幅諷刺漫畫，漫畫中日商人著圍巾，身穿厚重的棉襖，仍不停咳嗽，臺商打赤腳，僅著薄衫卻十分健康，諷刺日商即使受到殖民政府嚴密的保護，卻仍無力與臺商競爭。

資料來源：《臺灣日日新報》6233 號，大正 06 年 11 月 01 日。

　　日治時期，日人中、小商工業者既在人數、顧客數、經營成本、商業據點等條件遠不如臺商，故日人商工領導階層除亟望殖民政府給予特權支援，亦思引進新穎的商業技術，增強競爭能力。而臺商面對殖民政府給予日商補助、技術指導、行政協助等差別待遇，除咸感不滿，亦產生強烈的危機意識，對日商所採行的新式商業技術均努力仿效，並結合傳統形式創新商賣技術，即在這種濃厚的競爭氣氛下，臺日商人不斷革新、交流商術，其中尤以「拍賣」、「廣告」技術的創新最為重要。

三、拍賣技術

據宋巴特（Werner Sombart）的《現代資本主義》（DerMor derne Capitalism）一書言，「拍賣會」在 18 世紀已是西方商人廣泛使用的商賣技術[19]，臺灣則約在 1900 年代才出現拍賣活動[20]，1910 年代，臺、日商人商戰日益激烈，日人商工會為增強競爭力，亦開始舉辦聯合廉賣會，至遲在 1911 年，日人的嘉義商工會已經舉辦「歲末聯合廉賣會」[21]；明年底，臺北商工會鑑於經濟不景氣，亦決定積極協助臺北日商舉行聯合廉賣活動[22]；1914 年，臺南商工會繼之[23]，於是拍賣制度逐漸流傳開來。

臺人商工會最早仿效日商舉辦聯合廉賣活動的是嘉義商業協會，嘉義臺商原本每年參加日商嘉義商工會所舉辦的歲末聯合廉賣活動，但可能由於臺商商品售價低廉、服務親切，日商不敵臺商競爭之故。1916 年，嘉義商工會決議排斥臺商加入，嘉義臺商受此刺激，遂集會自創商業協會，並於當年底舉辦臺人商工會的第一次歲末聯合廉賣會[24]。

但 1910 年代聯合廉賣會活動並未立即普及，直至 1920 年代，因臺灣屢受經濟不景氣侵襲，各商工會為振興市況，始紛紛舉辦聯合廉賣活動。彰化商工會於 1920 年首先舉辦，其後高雄、臺中、基隆、斗六、澎湖、新竹、南投、大溪、鹿港、田中、北港、豐原、大甲、臺東等地商工會亦陸續舉辦（參見表二）。

表二：各商工會首次舉辦聯合廉賣會的年代

會名	創會年代	籍別	第一次舉辦歲末廉賣會時間	第一次舉辦歲中廉賣會時間
嘉義商工會	1905	日	1911	1923.10

---

[19] 宋巴特（Werner Sombart）著，季子譯，《現代資本主義》第 2 卷，（DerMorderne Capitalism），（臺北，1991 年 12 月，唐山出版社據 1936 年上海商務印書館版本重印），頁 378。

[20] 《臺灣日日新報》1701 號，明治 37 年 1 月 1 日，已刊登歲末聯合廉賣會的廣告。

[21] 《臺灣日日新報》4174 號，明治 45 年 1 月 11 日。

[22] 《臺灣日日新報》4476 號，大正 1 年 11 月 17 日。

[23] 《臺灣日日新報》4876 號，大正 3 年 1 月 7 日。

[24] 《臺灣日日新報》5904 號，大正 5 年 12 月 8 日。

臺北商工會	1909	日	1912	1916.4
臺南商工會	1905	日	1914	1925.10
嘉義商業協會	1916	臺	1916	1917.9
嘉義實業園	1917	日	1917	--
彰化商工會	1917	臺日	1924	1920.12
臺南實業協和會	1923	日	1924	1924.7
高雄商工會	1912	日	1929	1925.4
臺中商交會	1924	日	1925	1925.5
臺中實業協會	1910	日	1933	1925.5
臺北實業會	1924	日	1925	1927.6
基隆商和會	1926	日	1926	1926.7
斗六商工會	1924	臺	1926	1932.3
澎湖商工會	1921	日	--	1927.6
新竹貿易商會	1925	臺	--	1927.7
臺南商工協會	1927	臺	1927	1927.9
南投商工會	1918	臺日	1927	1932.7
大溪商工會	1927	臺日	1927	--
鹿港商工會	1927	臺	1927	1936.8
田中商工協會	1927	臺	1927	--
澎湖臺廈郊實業會	1900	臺	--	1928.6
北港商工協會	1928	臺	1928	--
臺中商工協會	1925	臺	1928	1929.6
臺北商業會	1928	臺	1928	1934.7
豐原商工會	1928	臺	1928	--
大甲商工會	1929	臺	1929	--
臺東商工協會	1929	日	1929	--
臺北總商會	1930	臺	1930	1930.6
虎尾商工會	1928	臺日	1930	--
臺南總商會	1930	臺	1932	1931.5
基隆總商會	1931	臺	1931	1933.6
屏東商工會	1916	臺日	1931	1934.7
朴子商工會	1930	臺	1931	1935.4
彰化實業協會	1931	臺	1933	1932.6

員林商工會	1932	臺	1935	1932.10
二林實業協會	1930	臺	1933	1932.11
豐水商工會	1926	臺	1932	1933.4
新竹商工會	1918	日	1932	1933.6
臺北商工協會	1933	臺	1933	1933.5
新竹商工協會	1929	臺	--	1933.6
宜蘭實業協會	1932	臺	1933	1933.8
臺東商友會	1931	日	--	1933.8
板橋商工會	1933	臺	1933	1934.7
竹東商工會	1927	臺	1933	--
斗六實業協會	1933	臺	1933	--
高雄實業新興	1933	日	1933	1935.6
北斗實業協會	1926	臺	--	1934.5
溪湖商工會	1933	臺	--	1934.10
彰化商工協會	1934	臺日	1934	1935.10
苗栗商工會	1934	臺	1934	--
斗南商工會	1934	日	1934	--
新竹商工會議所	1934	臺	1934	1936.7
鳳山商工會	1934	臺	1934	--
臺東實業協會	1928	臺	--	1935.7
佳里商工會	1927	臺	--	1935.9
東港商工會	1928	日	1935	1935.10
白河商工會	1930	臺	1935	
旗山商工協會	1931	臺	1935	--
花蓮商榮會	1932	臺	1935	--
中壢商工會	1929	臺	1936	1936.9
新營商工協會	1936		1936	--
羅東實業協會	1936		1936	--
大稻埕實業會	1937		1937	1938.4

　　必須說明的是，各地的聯合廉賣活動，雖不一定是商工會商人首創，但將拍賣會制度化、擴大規模的，無疑多為各商工會之功。商工會所舉辦聯合廉賣活動主要可以分為三類，即：（一）「歲末聯合廉賣會」；

（二）「歲中聯合廉賣會」；（三）「特定商展廉賣會」，分述於下。

（一）歲末聯合廉賣會

日治時期，一般人民經濟狀況不佳，平日省吃儉用，甚少新購衣物或器具，多半僅於歲暮添置生活用品，故每逢歲末年節即為市況最熱絡之時，商家為提升競爭力，遂採減價以吸引顧客。但時有惡性競爭發生，且因實施減價的商家過於零散，宣傳廣告效果不彰，直至各地商工會成立後，始漸有統籌主辦的中心[25]。

當商工會決定舉辦歲末聯合廉賣會後，通常即由會員推舉執行委員，負責籌畫，並開始接受商家申請。然後決定減價折扣，一般多訂為二成，但亦給予商家若干自由折價的空間，商家則必須遵守商工會的規定，否則將遭受處罰。

歲末聯合廉賣會另一項吸引顧客賣點，即為摸彩贈獎活動。通常先由商工會執行委員預估商品銷售總額，然後提撥約總額的 5~10%，作為獎品或獎金，公開陳列於抽籤會場，警察單位亦派員貼上封條，慎重其事。為收廣告之效，特等獎品多為新穎時髦的商品，例如：基隆商和會曾提供價值 2,000 圓的摩托汽艇及 500 圓的摩托車作為贈品[26]；基隆總商會以金碗洋服、廚具、西洋眠床為特獎，以吸引顧客[27]；朴子商工會贈送腳踏車、大時鐘等[28]；亦有商工會以巨額的現金、商品券或公債作為特獎，例如：臺北商業會、臺北總商會、臺北商工協會 1933 年起合辦的「臺北歲末聯合廉賣會」，即以 1,000 圓鉅款作為特獎[29]，當時臺北臺人普通工資一天約僅 1~2 圓[30]，因此，對顧客可說甚具吸引力。

---

[25] 雖亦有專門舉辦歲末聯合廉賣的團體，如臺北永樂會、太平會、新竹大同會、宜蘭協和會等，但一般多由商工會主辦。

[26] 《臺灣日日新報》9529 號，大正 15 年 11 月 12 日；《臺灣日日新報》10628 號，昭和 4 年 11 月 12 日。

[27] 《臺灣日日新報》11364 號，昭和 6 年 11 月 30 日；《臺灣日日新報》12824 號，昭和 10 年 12 月 11 日。

[28] 《臺灣日日新報》11403 號，昭和 7 年 1 月 9 日。

[29] 《臺灣日日新報》12050 號，昭和 8 年 10 月 22 日。

[30] 《臺灣省五十一年來統計提要》，（臺北，臺灣行政長官公署統計室，民國 35 年 12 月），

　　顧客一般僅須消費 5 角~1 元，即可獲贈摸彩券一張，中獎率約 5~10%。當聯合廉賣活動結束後，商工會依照規定，必須邀請警察、地方官員、新聞記者等公正人士出席，始准抽籤。抽獎技術先進者如：臺北商業會甚至備有輪機抽獎機[31]，中獎名單則公布於次日的報紙，以召公信。

　　歲末聯合廉賣會活動期間頗長，通常長達一個月以上。臺、日商工會稍有差異，日人生活因以新曆年為準，故日人商工會大致由新曆 12 月 1 日起，至月底結束。臺人商工會則配合臺人習俗，至農曆除夕才停止。在這麼長的營業期間，商工會必須負責會場的布置、美化、清潔，叮囑商家充實商品，注意商人有否違規，交涉協調地方政府、電力公司配合，考驗各商工會的能力。

　　以活動成效觀之，首先是商家、合辦團體的逐年增加，例如：臺北商業會，1928 年初僅與永樂會合辦[32]，1931 年，擴大聯合棉布商、雜貨商同業公會舉辦[33]。1933 年，在臺北商工協會會長陳清波（陳天來之子）、幹部劉鼎基的協調下，臺北商業會、臺北總商會、臺北商工協會、永樂會、太平會五會更開始合辦「臺北歲末聯合廉賣會」[34]，成為全臺規模最大的歲末聯合廉賣會。又如：臺南商工會初僅與同為日商的實業協和會合辦，但 1920 年代末期遭逢經濟不景氣侵襲，臺日商人同感痛苦，日人商工會為擴大規模，吸引更多顧客，遂突破民族界線，聯合臺人的商工協會一同主辦。1932 年，另一臺人商工會——臺南總商會亦獲准加入，成為臺、日商工會緊密合作的聯合廉賣活動（參見表三）。

　　再者，各商工會的銷售金額亦不斷增加，以贈品金額約為銷售總額 5~10%計，都市型商工會，大者如：臺北、基隆、臺中、嘉義、臺南、高雄等，每年消費總額約為 20 餘萬圓，小者如：彰化、新竹、屏東亦近 10 萬圓；街庄商工會，大者如：宜蘭、北港、臺東約為 5、6 萬圓，

　　頁 846。

31　《臺灣日日新報》10353 號，昭和 4 年 2 月 14 日。

32　《臺灣日日新報》10276 號，昭和 3 年 11 月 28 日。

33　《臺灣日日新報》11331 號，昭和 6 年 10 月 28 日。

34　《臺灣日日新報》12050 號，昭和 8 年 10 月 22 日。

中者如：鹿港、斗六、虎尾、朴子、旗山約有 2、3 萬圓；小者如：鳳山、白河等亦有萬餘圓，成績可稱斐然，為商家獲取不少利益。

表三：商工會舉辦的歲暮聯合廉賣會

會名	初次舉辦時間	是否固定舉辦	合辦團體	發行摸彩券數	贈品總額		參加商家數目	備註	資料來源
					頭等獎品				
臺北商工會	1912		無						日，4476 號大 1.11.17
臺北實業會	1925		無						日，9574 號昭 1.12.26
臺北商業會	1928	○	1928 年與永樂會合辦		200 圓		百餘家	預定鋪銷售 60 萬圓	日，10276、10353 號
			1931 年與棉布商、雜貨商合辦	13萬張			50 餘家		日、11331、11345、11370 諸號
臺北實業會	1930	○	1930 年起與織物商、雜貨商同業公會合辦	30萬張	500 圓公債		百餘家	1929 年聯合廉賣會的成功促成該會的組成分南北兩區舉辦	日，10988、10994、11084、11339、11372 新民，390、394 諸號
臺北商業會臺北總商會臺北商工協會	1933	○	1933 年起商業會、總商會、商工協會永樂會、太平會五會合辦	45萬張	約 15,000圓				日，12050、12102、12169、12416、12450、12452、12829 諸號
					千圓現金				
大稻埕實業會	1937	○	無						日，13664 號昭 13.4.6
板橋商工會	1933	○	無	4萬張			40 餘家	1932 年聯合廉賣會的成功為該會成立的基礎	日，12069 號昭 8.11.10 日，12456 號昭 9.12.5
基隆商和會	1926	○	無	20萬張	約萬圓			創立前該地已有聯合廉賣會的活動。1929 年	日，9529、10628、13909 諸號
					摩托汽艇2,000 圓				

					摩托車 500圓		廉賣活動預 計商品銷售 額為18萬圓	
基隆總 商會	1931	○	無	5~ 10 萬 張	金碗、洋 服、廚具、 西洋眠床		1928年基隆 臺人舉辦第 一次廉賣會	日，10300、 11346、 11364、 11682、 12799、 12824、 13523諸號
中壢商 工會	1936		無					日，12985 號昭11.5.22
大溪商 工會	1927		配合建醮 活動		特等500 圓公債			日，9913號 昭2.11.30
新竹商 工會	1932		無			30餘家		日，11728 昭7.12.1
新竹商 工會議 所	1934	○	配合新竹 城隍廟建 醮活動		特等百圓 債券	200餘 家	新竹地區的 聯合廉賣活 動臺人由大 同會主辦， 日人由街聯 合廉賣會主 辦，1927年 起開始舉辦	日，12431、 12453號 日，9958、 10278、 10275、 10658諸號
竹東商 工會	1933	○	無		贈送衣服			日，11945、 12917號
苗栗商 工會	1934	○	無	約2 萬 張				日，12090 號
臺中實 業協會	1933	○	與商工協 會合辦但 分設攤位	40~ 47 萬5 千 張	13,000圓 50~100圓 贈品			日，12071、 12451、 12463、 13189諸號
臺中商 交會	1925	○	無	40 萬 張	20,000圓 300圓贈品			日，9170、 10253、 10275、 10621諸號
臺中商 工協會	1928	○	與實業協 會合辦但 分設攤位	15~ 20 萬 張	5千~1萬 圓 百圓贈品			日，10296、 10988、 11672、 11686、 12054、 12087、

							12818、13201 諸號
豐原商工會	1928		無				日，10275號昭3.11.27
大甲商工會	1929		無				新民，289號昭4.12.1
南投商工會	1927		無				日，9919號昭2.12.6
彰化商工會	1924	○	無	20萬張	6,000 圓		日，9186、10278、10628、11370 諸號
彰化實業協會	1933		無				□，11712號昭7.11.15
彰化商工協會	1934	○	無	15萬張	4,500 圓		日，12452、12818 號
					百圓贈品		
員林商工會	1935		無				日，12824號昭10.12.11
鹿港商工會	1927	○	無	5、6萬張	1,000 圓	30餘家	日，10639、11385、11743 諸號
斗六商工會	1926	○	斗六實業協會	1~4萬張	1,200 圓		日，9564、10681、11791、12090、12091、12173、12446、12871、13205 諸號
					200圓商品券		
斗六實業協會	1933	○	斗六商工會	1~4萬張	1,200 圓		日，12193、12499 號
虎尾商工會	1930		無				日，12844號昭10.12.31
田中商工協會	1927		無		2,800 圓		新民，186號昭2.12.11
北港商工協會	1928		無	9萬5千	3,800 圓	1928年前該地舉辦聯合	日，10292、10328 號

名稱	年		合辦	張數	商品券／贈品	家數	廉賣會	日號
				張	100圓商品券		廉賣會的組織為該會成立的基礎	
斗南商工會	1934		無					日，12474號昭9.12.23
嘉義商工會	1911	○	與商業協會合辦但分設攤位	30餘萬張	8千~1萬2千圓 ／ 100~200圓贈品	約100家		日，4174、5210、5544、6250、6253、8433、10257、11727、11729、11743、12085、12089、12449諸號
嘉義商業協會	1916	○	與商工會合辦但獨立設攤位	20~30萬張	5千~7千圓 ／ 100~500圓贈品	110~150家		日，5904、6265、8444、8829、9160、9537、10280、10284、10300、10989、11030、11352、11370、12079、12451、12452、12816諸號
嘉義實業團	1917		無	20萬張	6,600圓	70餘家		日，6250號 大6.11.19
朴子商工會	1931	○	無	4、5萬張	1,000圓 ／ 腳踏車			日，11053、11057、11403、11721諸號
臺南商工會	1914	○	臺南實業協會和會主辦，臺南商工會、臺	30餘萬張	1萬2千圓	百餘家，最多曾至240、	1927年起始經常舉辦	日，4876號 大3.1.7
臺南實業協和	1924	○			500圓贈品			日，9891、9169、

會名	年		協辦	張數	金額/贈品	家數	備考	日刊號
會			南商工協會協辦，後台南'總商會、吳服商同業公會亦加入。			250家		9232、9541、10277、10625、11000、11721、11364
臺南商工協會	1927	○						
臺南總商會	1932	○						
新營商工協會	1936		無		1,500圓			日，13190號昭11.12.14
					100圓贈品			
鹽水商工會	1932		無		特等獎100圓			日，11748號昭7.12.21
白河商工會	1935		無	3萬張	650圓			日，12835號昭10.12.22
					50圓贈品			
高雄商工會	1929	○	無	25~30萬張				日，10667、11733號
高雄實業新興會	1933		無	30萬張	6,000圓		預計銷售總額為15萬圓	日，12048、12087號
					100圓贈品			
旗山商工協會	1935		無		1,000圓	70餘家		日，12817號昭10.11.4
鳳山商工會	1934		無		2,500圓			日，12472號昭9.12.21
屏東商工會	1931	○	與店主聯合會合辦	9~15萬張	4,500圓	120餘家		日，11364、12069、12090、12434、12445諸號
					300圓贈品			
東港商工會	1935		無					日，12827號昭10.12.14
宜蘭實業協會	1933	○	無		2,500圓	50餘家		日，10266、12068、12079、12447、12450諸號
					300圓商品券			
羅東實業協會	1936		無		100圓現金		成立前該地已有聯合廉賣的活動。每日顧客二千餘人	日，13207號昭11.12.31

花蓮商榮會	1935	無			日，12820號昭 10.12.7
台東商工協會	1929	無	3,300 圓		日，10646號昭 4.11.30
			100圓商品券		

圖二・1

【說明】1931 年，臺北商業會主辦歲末聯合廉賣會，於《臺灣日日新報》上刊登廣告。頭獎現金 50 圓共 6 張，並強調贈品豐富，無銘謝惠顧的空籤，最少可獲贈火柴一盒。

資料來源：《臺灣日日新報》11374 號，昭和 6 年 12 月 10 日。

圖二‧2

【說明】1933 年，高雄商工會主辦歲末聯合廉賣會，於《臺灣日日新報》上刊登廣告，由廣告可知當年發行摸彩券數達 45 萬張，該廣告強調贈品總額為一萬圓。

資料來源：《臺灣日日新報》12091 號，昭和 8 年 12 月 2 日。

（二）歲中聯合廉賣會

　　商工會舉辦的歲中聯合廉賣會就性質言，大致可分為三種：一為「夏季納涼聯合廉賣會」；二為「迎神賽會聯合廉賣會」；三為「慶祝活動聯合廉賣會」（參見表四）。

　　第一種「納涼聯合廉賣會」大多於六、七月舉辦，由於夏季正處農忙時期，臺灣溽暑氣溫又高，大眾購物意願甚低，故市況多買賣閑散，商業資金難得潤澤，一般中小商人深為所苦[35]。再者，地方政府為消暑意、提供正當娛樂[36]，亦多願意協助商工會舉辦。加上時間上適逢 6 月 17 日「始政紀念日」前後，正須創造人潮，來配合一連串的慶祝活動，

---

[35]　《臺灣日日新報》11892 號，昭和 8 年 5 月 16 日。

[36]　《臺灣日日新報》11574 號，昭和 7 年 6 月 29 日。

誇耀殖民政府建設的成果。

「納涼聯合廉賣會」日係日商所引進，日本味濃厚，故多於日人較多的街市舉辦。如：臺北、新竹、臺中、南投、嘉義、臺南、高雄、屏東、花蓮等地的商工會，每逢盛暑都會固定舉辦此類的聯合廉賣活動。

至於舉辦期間的長短，因為本類廉賣會多舉辦於較現代的都市，商工會經費較為充裕，居民購買力亦較強，故常能舉辦較長時間的廉賣會，短者 5 天~一週，長者 10~20 天，甚或超過一個月。

第二種「廟會聯合廉賣會」，係由臺商改良傳統廟會商賣技術而成。商工會利用地方迎神賽會創造大量人潮之機，配合舉辦聯合廉賣活動。廟會出多由地方士紳舉辦，後因廟會活動對振興商況甚有助益，商工會遂加強參與，漸成為各地廟會祭典的主辦者，及地方小傳統文化的主要贊助人。

「廟會聯合廉賣會」大致可以分為三大系統：一為「迎媽祖系統」，二為「迎城隍系統」，三為「中元祭系統」。第一類多為臺人商工會所舉辦，第二、三類則多產生於臺、日商工會並存的地區，係日商受臺人商業技術影響者。舉辦的時間因祭祀主神系統的不同而有差異，第一類迎媽祖系統因為大部分位於臺人區，故多擇於夏耘前或秋收後的農閒時期舉辦；第二、三類迎城隍、中元祭系統則因大部分位於臺、日人並存區，故仍選擇夏季舉辦，配合納涼廉賣會，再以廟會吸引臺人顧客。

在迎媽祖系統中，以配合農曆 3 月 23 日媽祖聖誕舉辦聯合廉賣活動最多，有：基隆總商會（慶安宮）、北斗實業協會（奠安宮）、虎尾商工會（迎北港媽祖）、朴子商工會（配天宮）、臺南總商會（大天后媽祖廟）、鹽水商工會（庇護宮）等；斗六商工會、斗六實業協會則稍提早，於 2 月下旬即已舉辦。其次，為利用重陽節舉辦者，其多為彰化平原上的臺人商工會，有：彰化商工會、彰化商工協會（天后宮媽祖廟）、二林實業協會（仁和宮）、溪湖商工會（福安宮）等；員林商工會（福寧宮）則稍提前於農曆 9 月初 2、3 舉辦。

在迎城隍系統中，6 月中旬舉辦者有臺北實業會、臺北商業會、臺北總商會、臺北商工協會（霞海城隍廟）、臺中商工協會、臺中實業協

會（臺中城隍廟）、南投商工會（指南宮城隍廟）、高雄商工會、高雄實業新興會、高雄實業協會（福海城隍廟）等；嘉義則因臺人顧客較重要，故嘉義商工會、嘉義商業協會（綏靖侯城隍廟）擇於稍後的中秋節舉辦。

中元祭典系統，固定舉辦者較少，僅有：基隆商和會、板橋商工會（接雲寺）、中壢商工會等。其亦多配合納涼聯合廉賣會進行。

迎城隍系統的廉賣活動，都市日商與臺商的合作日深，已可窺見日人商工會仿效臺商配合迎神賽會舉辦廉賣會的痕跡。其後日人或與日人關係較密切的商工會更漸知利用神社祭典，舉辦日式的祭典聯合廉賣會活動，這更是日人商工會深受臺人商賣技術影響的明証。例如：基隆總商會、彰化商工會、臺南實業協和會、岡山商工會、東港商工會均曾利用當地神社安座（或遷座）典禮、例祭舉辦聯合廉賣活動（參見表四）。

至於「廟會型聯合廉賣會」舉辦的期間，顯然較「納涼型廉賣會」為短，尤以迎媽祖系統廉賣會為最，多半僅舉行 2、3 天即結束。第二、三類則因感染「納涼型廉賣會」的色彩，期間稍長，約為 5~7 天。

而各商工會何以會不約而同的選擇媽祖、城隍、中元祭典時，舉辦聯合廉賣會，而非利用奉迎其他神明的機會？媽祖為全臺最普遍的神明，為所有籍別（指泉、漳、客屬等）的人群所供奉，中元祭典性質亦同，甚至日人也有「中元盆會」，而城隍爺據稱並非單指一神，而為許多神明的總稱[37]，故三者均具有超越「鄉土神」、「行業神」限制的特性，可為不同祖籍別、不同行業的人群所接受，有助吸引更多的顧客。而經由這種跨族群、跨區域聯合廉賣會活動的進行，亦促進了臺灣不同族群、地域人群的融合。

第三種為「慶祝聯合廉賣會」，其經常利用者為重要公共工程的竣工、大型會議的召開或重要紀念日等[38]，利用重要建築完工者，如：基隆商和會曾配合義重町道路鋪設完工；中壢商工會利用街市場落成；臺

---

[37] 鍾華操，《臺灣地區神明的由來》，（臺中，臺灣省文獻委員會，民國 77 年 4 月三版），頁 203。

[38] 宋光宇，〈蜈蚣閣・藝閣・電子花車--一個歷史的觀察〉，《歷史月刊》第 82 期，（臺北，聯經出版公司，民國 83 年 11 月），頁 78~82，已提出這樣的看法。

中實業協會、臺中商交會乘縱貫鐵路雙軌工程完工之機；鹿港商工會配合街公所新廳舍落成；嘉義商工會、嘉義商業協會利用嘉義車站啟用、嘉南大圳竣工；臺南四大商工會配合西市場落成；宜蘭商工會利用鐵路通車等舉辦聯合廉賣會（參見表四）。

乘大型會議召開舉辦者「始政四十年臺灣博覽會」之機；宜蘭實業協會配合「全島產業組合大會」的召開；嘉義商工會、嘉義商業協會利用「農產品評會」、「全島產業組合大會」的召開等，舉辦聯合廉賣會（參見表四）。

配合重要紀念日，除各地商工會利用「始政紀念日」舉辦外，尚有：新竹商工會乘慶祝新竹升格為市之機、中壢商工會配合街制實施五週年；彰化實業協會慶祝創立週年；嘉義商工會配合嘉義實施市制；高雄商工會利用慶祝高雄橫濱定期航線首航之機；屏東商工會慶祝成立 20 週年；澎湖商工會、澎湖實業會慶祝恢復市制等舉辦聯合廉賣活動（參見表四）。

當然若「納涼」、「廟會」、「慶祝活動」時間上能夠配合，則更為理想，可吸引更多的顧客。例如：臺北、臺中地區的商工會、板橋商工會、基隆總商會、南投商工會等聯合廉賣會的主題經常是「納涼」加上「廟會」。嘉義商工會、嘉義商業會則往往是「納涼」配合「慶祝活動」的。高雄商工會則初以「納涼」為主，後先結合「港灣祭」，再配合「城隍廟祭典」，發展成為兼具三者的大型聯合廉賣會。

表四：商工會舉辦歲中聯合廉賣會的概況

會名	舉辦時間	合辦團體	相關配合活動	聯合廉賣活動類型	發行摸彩券數 / 贈品總金額	參加商家數目	餘興活動	吸引顧客數 / 商品銷售總額	資料來源
臺北商工會	1916.4	獨辦	臺北共進會	III	30萬張				日，5614號 大 05.02.13

臺北業實會	1927.6.12 起 2 週	獨辦	霞海城隍廟祭典、博物館發明展	I+II	彩券 1.5 萬張		萬華妓女手舞、世界館電影、煙火、三十尺假瀑布、大稻埕平樂社共樂軒音樂團表演、角力、曲藝等	首日吸引 25,000 人入場	日，9709、9738、9746、9747、9749 諸號
	1930.9.1 起 15 天	臺北市府		I			電影、手舞、戲劇		日，10905 號昭 5.8.24
臺北業實會 臺北商總會 臺北商工協會	1934.7.26 起 6 天	三商工會、永樂會、太平會、織物商組合		I			電影、花車遊行、曲盤演奏、藝妓表演、大屯咖啡女侍舞蹈、化裝搜索、新舞社表演		日，12323 號昭 9.7.24
臺北商總會	1930.6.8~6.27	獨辦	始政紀念日、城隍廟祭典	I+II		百餘家	電影、舞龍、尋寶、化裝搜索、廣東煙火、角力、歌仔戲、煙火內附贈品、靈安社表演	共 7、80 萬人次	日，10821、10828、10840 諸號
	1932.6	獨辦	城隍廟祭典、始政紀念日			50 餘家			日，11547 號昭 7.6.2
臺北商工協會	1933.5.12 起 1 個月	獨辦	城隍廟祭典	II	15 萬張 1,500 圓	50 餘家	煙火、電影、尋寶、化裝搜索、舞龍		日，11871、11875、11880、11885、11887、11892、11898、11899、11900 諸號
臺北商工會 臺北	1935.10.1~11.28	五會合辦	臺灣博覽會	III				商品銷售金額達 200 餘萬圓	日，12603、12740、12751、12829 諸號

臺北商業實業會 臺北商業總會 臺北商工協會								
大稻埕實業會	1938.4.20~5.20	獨辦		I	30萬張 3,000圓			日，13664號昭13.4.6
板橋商工會	1934.7一週	獨辦	接雲寺中元祭	I+II				日，12320號昭9.7.21
基隆商會	1926.7	獨辦	中元節祭典	II		化裝搜索		日，9408號大15.7.13
	1932.6底	獨辦	義重町道路鋪設完工	III				日，1576號昭7.7.1
基隆商業總會	1933.6	獨辦		I				日，11880號昭8.5.4
	1936.6.10~7.20	獨辦	媽祖廟、基隆神社祭典	I+III		新聲館演戲		日，12969、12997、13002諸號
中壢商工會	1934.5.25	街公所	實施街制五週年、街市場落成、國際無線電話開通	III		化裝搜索、尋寶等		日，12263號昭9.5.25
	1936.9.7	獨辦	中元節祭典	II		煙火		日，13041、13095號

新竹商工會	1930.1	獨辦	新竹升格為市慶祝	III			商店早回比賽		日,10692號昭5.1.22
新竹貿易商會 新竹實業會	1927.7.8~7.17	二會合辦		I	8萬張	新竹街八成商店加入	舞蹈、電影、演劇、尋寶、歌仔戲、魔術等		日,9763號昭2.7.3 新民,167號昭2.8.1
新竹商工會 新竹商工協會	1933.6.4~6.25	二會合辦		I	16萬張	200餘家	天華劇團表演		日,11892號昭8.5.16
新竹商工會議	1936.7.11~7.15	獨辦		I	10萬張		歌仔戲、尋寶、美人表演		日,13026號昭11.7.2
臺中實業協會 臺中商交會	1925.5.1~5.10	二會合辦	慶祝鐵路複線、海線改經過臺臺	III					日,8958號 大14.4.19
臺中實業協會 臺中商交會	1929.6.25~7.15	三會、週市政府合辦		I			施放煙火、滑稽萬歲、藝妓舞蹈、歌仔戲、插花展、角力比賽、日月潭原住民杵音、魔術、亂彈戲等		日,10464、10471、10482、10484號
臺中商工協會	1930.7.6~7.15	三會合辦					化裝搜索、施放煙火、歌仔戲		日,10849號昭5.6.29
臺中實業協會	1932.7.14起十天	二會合辦	城隍廟祭典	I+II		110家			日,11576、11597號
臺中商工協會	1935.7.20~8.12	二會合辦	城隍廟祭典						日,12671號昭10.7.10

	日期	主辦	名目		家數	人數	活動	出處
南投商工會	1932.7.15~7.18	獨辦	城隍廟祭典	I+II			藝閣評比、獅陣、音樂團、化裝搜索、子弟戲	日，11590、11591、11595諸號
	1933.8.2~8.6	獨辦	城隍廟祭典				話劇、兒童相撲、化裝搜索、換寶	日，11964號昭8.7.27
	1934.7.22~7.26	獨辦	城隍廟祭典				少年角力、音樂會、化裝搜索、電影、換寶	日，12323號昭9.7.24
	1935.7.10~7.14	獨辦	城隍廟祭典		20餘家		藝閣評比、獅陣、軒圍音樂團、電影、少年角力	日，12671號昭10.7.10
彰化商工會	1920.12	獨辦	迎媽祖			4萬餘人	藝閣評比、十三音北管	日，7375號大9.12.18
	1927.7	獨辦	彰化神社安座				煙火施放、化裝搜索、腳踏車競速、電影	日，9760、9772號
	1930.11	獨辦	媽祖祭典重陽節				藝閣40餘台、集樂軒子弟戲	日，10969號昭5.10.28
	1932.10.8、9	獨辦	媽祖祭典	II			藝閣評比、廣告旗評比、十鶴陣、十三腔、北管、洋樂、落地掃、太平龍、六將、化裝搜索	日，11674、11676號
	1933.10.27、28	獨辦	媽祖祭典				藝閣評比、化裝搜索	日，12054號昭8.10.26
	1934.10.16、17	獨辦	媽祖祭典				藝閣50餘台、舞龍、獨陣、音樂隊、施放煙火	日，12406號昭9.10.15
彰化實業協會	1932.6	街公所		I	200餘名商人		電影	日，11545、11549號
	1932.10.8起三天	獨辦	創立週年紀念	III				日，11672號昭7.10.6

團體	時間		名目		參加	活動	人數消費	出處
	1934.6	獨辦		I				日，12295號昭9.6.26
彰化商工協會	1935.10.6、7	獨辦	媽祖祭典			藝閣50餘台、華僑舞龍、音樂團、日本煙火等		日，12757號昭10.10.5
	1936.3	獨辦	媽祖祭典	II				日，12922號昭11.3.19
	1936.10	獨辦	媽祖祭典					日，13121號昭11.10.5
鹿港商工會	1932.7.12起十天	獨辦		I		演戲		日，11590號昭7.7.15
	1933.8	獨辦			30餘家	富春社歌仔戲		日，11973號昭8.8.5
	1936.8	獨辦		I				日，13044號昭11.7.20
	1935.9	獨辦	街公所新廳舍落成	III				日，12411號昭10.9.18
員林商工會	1932.10初	獨辦	福寧宮媽祖祭典			藝閣30餘台、獅陣十餘團	10餘萬人消費額達三萬餘圓	日，11662、11670號
	1933.5	獨辦				藝閣評比		日，11868號昭8.4.22
	1934.10.22、23	獨辦	福寧宮媽祖祭典	II		藝閣評比		日，12400、12405、12406、12416諸號
	1935.10.12、13	獨辦	媽祖、王爺祭典			藝閣30餘台、陣隊、豐原軒團曲、子弟戲、歌仔戲	約10萬人	日，12767號昭10.10.15
	1936.10	獨辦	媽祖、臺灣神社祭			藝閣評比		日，13103號昭11.9.17
北斗實業協會	1934.5	獨辦	迎彰化、鹿港、北港媽祖	II		藝閣評比		日，12246號昭9.5.8

會名	時間	辦理	迎神活動				活動內容	人數	出處
			駐駕奠安宮						
	1935.6	獨辦	迎彰化、鹿港、北港媽祖駐駕奠安宮				藝閣20餘台、舞龍、獅陣、音樂團、子弟戲、布袋戲、紙馬、落地掃、南北管	4、5萬人	日，12632、12635號
二林實業協會	1932	獨辦	迎鹿港、北港媽祖駐駕仁和宮	II			藝閣評比、落地掃、獅陣、音樂陣、玉琴軒子弟戲	10餘萬人	日，11719號昭7.11.22
溪湖商工會	1934.10	獨辦	媽祖祭典	II					日，12255號昭9.5.17
	1935.12.14、12.15	獨辦	媽祖祭典				藝閣20餘團、獅陣、錦華鼓	5萬餘人	日，12831號昭10.12.18
斗六商工會	1931.8	獨辦		I					日，11264號昭6.8.21
	1932.3.21	獨辦	迎鹿港、北港、新港媽祖、湖山岩觀音佛祖	II			藝閣評比、南北管、獅陣		日，11468號昭7.3.14
	1934.3	獨辦	迎媽祖						日，12198號昭9.3.20
	1935.3	獨辦	迎媽祖				藝閣評比、獅陣		日，12545號昭10.3.5
虎尾商工會	1934.5.26起三天	街公所	虎尾升格為街、迎北港媽祖	III			藝閣評比、南北管、火龍、歌仔戲、角力、插花展、煙火等		日，12253號昭9.5.15
北港商工協會	1930.5.2起一週	獨辦		I					新民，313號昭5.5.17
	1938.7下旬	獨辦		I					日，13755號昭13.7.6
嘉義商工會	1923.10.25~10.31	兩會合辦							日，8422號大12.10.31

嘉義商業協會	1927.6.16起三天	兩會合辦	施政紀念日	I			歌仔戲、棒球、化裝比賽、插花展、攝影展、施放煙火、藝妓舞蹈、童謠、收音機放送、筑前琵琶表演		日，9737、9738、9741號
	1928.3.17起一週	兩會合辦	農產品評會、甘蔗競作頒獎	III		商工會25家			日，10004、10023、10029號
	1930.9	兩會合辦	城隍廟祭典	II		30餘家	弟子戲、布袋戲、文士劇		日，10915、10931、10934號
	1931.7.25起三天	兩會合辦		I		38家			日，11238號昭6.7.26
	1931.10.21起三天	兩會合辦		I		44家	電影		日，11322號昭6.10.19
	1933.7.30	兩會合辦	慶祝新嘉義車站落成啟用	I+III			藝妓表演、施放煙火、阿里山攝影展、滿洲歌曲、嘉義小調、少女盆舞、深川舞		日，11969號昭8.8.1
	1937.10.1起十天	兩會合辦	慶祝皇軍戰勝	III					日，13479號昭12.10.1
嘉義商工會	1929.7	獨辦	慶祝實施市制	III					日，10449號
	1930.4.25起三天	獨辦	嘉南大圳竣工	III					日，10780號昭8.4.21
	1932.6	獨辦		I					日，11568號昭7.6.23
嘉義商業協會	1917.9.15~9.21	獨辦	城隍廟祭典，並迎奉天宮新港五媽駐駕三山國王廟	II	4萬張		藝閣50餘台		日，6070、6147、6176諸號

	1918.9	獨辦	奉迎媽祖				藝閣遊行		日，6533號大7.8.29
	1919.10	獨辦	城隍廟會奉迎嘉義溫陵媽、南北港溪北媽祖				義興軒子弟戲		日，6936號大8.10.6
	1930.11.23、24	獨辦	產業組合大會	III					日，10976號昭5.11.4
	1932.9一週	獨辦	城隍廟祭典	II			藝閣58台		日，11619、11627號
	1934.9	獨辦	城隍廟祭典	II			藝閣評比		日，12366號昭9.9.5
朴子商工會	1933.4	街公所	配天宮媽祖祭典				詩意藝閣評比、音樂團表演、獅陣、陣頭	4萬人	日，11866號昭8.4.20
	1935.4底	街公所	配天宮媽祖祭典	II					日，12596號昭10.4.26
	1936.4	街公所	配天宮媽祖祭典				詩意藝閣評比、音樂團表演、獅陣、陣頭		日，12941號昭11.4.8
臺南實業和協會	1924.7.9~7.13	獨辦		I			化裝搜尋、電影、歌仔戲		日，8861、8679號
	1925.1.24	獨辦	店員慰勞運動會	III					日，9232號大14.1.18
	1925.4	獨辦	澎湖三十年招魂祭	II					日，8946號大14.4.7
	1926.9一週	獨辦	臺南神社例祭						日夕，9446號大15.8.20
	1927.6.15~6.24	州市政府、共勵會	衛生展、始政紀念日	I		30餘家	乘船遊運河、盆栽、電影、角力、圍棋、棒球、煙火、划龍船比賽	15萬人次、消費額20,000餘圓	日，9746、9747、9759諸號
臺南商工	1925.10.27	二會合辦	臺南神社三十	II			古董、插花展		日，9153號大

團體	日期	方式	名目	類別	彩票／獎金	家數	活動	出處
會　臺南實業協和會	起五天		年祭					14.10.31
臺南商工協會　臺南實業協和會	1927.9.10起一週	兩會合辦	創立紀念廉賣會	III			假山佈置評比、南華團藝妓劇	日，9825、9825號
臺南商工會　臺南實業協和會	1928.6	三會合辦	始政紀念日	I				日，10090號、10092號
臺南實業協和會　臺南商工協會	1929.7.10~7.25	三商工會、物產協會、市府	中元節祭典	II	6萬張 / 1,200圓，頭獎50圓		音樂團表演	日夕，10481、日，10492號
臺南商工會　臺南實業協和會	1932.7.10~7.24	四商工會、市府	西市場新館落成	III	6萬張 / 1,000圓	400餘家	划龍船比賽、竹筏鬥撐、電影、演劇、花卉展、高等馬術	日，11574號昭7.6.29 日，11577號昭7.7.2
臺南商工協會　臺南商總會	1934.7.14~7月底	四會合辦	龍船競渡	I				日，12323號昭，9.7.24
臺南商總會	1931.5.9、5.10	獨辦	大天后宮例祭	II			藝閣評比	日，11160號昭6.5.9
	1933.4.28、29、30	獨辦	大天后宮例祭				藝閣評比	日，11866號昭8.4.20

組織	日期	方式	祭典名		獎		活動	人數	資料
水工鹽商會	1933.4	獨辦	護庇宮媽祖祭典				藝閣評比		日，11860號昭8.4.14
	1934.2	獨辦	元宵節關聖帝君祭典				陣頭評比、鹽水爆竹、化裝遊行		日，12179號昭9.2.27
	1934.5.1起二天	獨辦	護庇宮媽祖祭典				藝閣評比、宋江獅陣、化裝遊行、音樂團	數萬人	日，12235、12246號
	1934.10.15起三天	街公所	划龍船比賽大會	III					日，12402號昭9.10.11
佳里商工會	1935.9	獨辦		I			藝閣評比		日，12736號昭10.9.13
高雄商工會	1925.4.5~5.9	獨辦	高雄橫濱定期航線首航	III					日，8946號，大14.4.7
	1927.7.1	州市政府	衛生展覽會、保安館展等		頭獎200圓		少年角力等		日，9762、9773號
	1929.7.1	獨辦		I		20餘間			日，10490號昭4.7.2
	1930.6.21~7.10	獨辦			17萬張，特獎3000圓商品券		藝妓舞蹈、美人表演、弄盆、電影等		日10826、10840號
	1931.5	獨辦	高雄港祭	III			華南南洋特產		日，11092號昭6.3.1
	1932.6	獨辦		I					日，11570號昭7.6.25
	1933.6.1~6.10	獨辦	城隍廟祭典	II			西子灣拾蛤、尋寶、美人表演		日，11899號昭8.5.23
	1934.6.1~6.30	獨辦	城隍廟祭典				藝妓商店訪問賽跑、煙火		日，12265號昭9.5.27
高雄商工會 高雄實業	1935.6.8	三會合辦	高雄港祭、城隍廟祭典	I+II+I+II		50餘家	迎金刀比羅神、海水游泳比賽、施放彰化煙火、藝旦短艇比賽、土產品展、攝影		日，12562、12602、12603

團體	日期	主辦	活動名稱	等級	數量／經費	參加	活動內容		資料來源
新興會								展	
高雄實業協會	1937.3.17~3.31	三會合辦	高雄港祭	III	12萬張 1400圓 特獎現金500圓				日，13281號 昭12.3.16
岡山商工會	1935.12	獨辦	岡山神社安座慶典	II			商店訪問賽跑		日，12753、12825號
屏東商工會	1934.7.1-7.14	獨辦		I			藝妓酌婦美人投票、化裝搜索、藝妓手舞、歌仔戲		日，12282、12292、12297、12306、12309諸號
	1935.6.20~7.3	市府			2,000圓	17家	彩色電燈、假瀑布、大蛇觀賞、化裝搜索、尋寶、藝旦唱		日，12644號 昭10.6.13
	1936.4	獨辦	慶祝商工會成立二週年	III					日，12933號 昭11.3.30
	1937.6.25起五天	獨辦		I					日，13376號 昭12.6.20
東港商工會	1935.10	獨辦	東港神社遷座	II			最受歡迎藝妓酌婦票選		日，12755、12820號
宜蘭商工會	1924.11.30	獨辦	鐵路通車	III					日，8800號 大13.11.12
宜蘭實業協會	1933.8.26起四十天	宜蘭信組、街公所	全島產組大會、中元祭典	III	1450圓				日，11895、11957、11967、11985、11996、12006號
花蓮榮商會	1937.7	獨辦		I			藝妓女侍舞蹈表演		日，12820號 昭10.12.7
台東實業協會	1935.7.15、7.16	街公所、兩會合辦		I			藝妓表演、馬蘭、加路蘭女子青年團表演		日，12676號 昭10.7.15

台東商會	東友會	日期	備註				出處
台商會	東友	1933.8.5、6	街公所	I		藝妓女侍手舞、古董盆栽展	日，11974號昭8.8.6
澎湖商工會		1927.6	慶祝恢復廟制	III			日，9728號昭2.5.29
		1929.7.1~7		I			日，10477號昭4.6.19
澎台郊實 湖廈實 澎湖商工會		1928.6	兩會合辦	I	30餘家		日，10121號昭3.6.25

【說明】I 代表「納涼聯合廉賣會」。**II** 代表「廟會聯合廉賣會」。**III** 代表「慶祝聯合廉賣會」。

值得注意的是，商工會舉辦的聯合廉賣會，漸能將「農業行事」、「居民作息」、「宗教祭典」、「商業活動」緊密結合，因此，每回聯合廉賣會的舉辦均是一次經濟、宗教、文化綜合活動，具有多重意義（參見表五）。

表五：商工會聯合廉賣活動配合農業曆、宗教曆的概況

農曆月分	農業行事曆		宗教行事曆	商賣行事曆	
	忙碌程度	農事概況		街庄	都市
一月	不甚忙碌	收穫第三季作物	新年、上元	一般商賣	一般商賣
二月	忙碌	弄好農地 第一熟稻農作播秧		一般商賣	一般商賣
三月	農閒	僅需除草	清明節 媽祖誕	迎媽祖廟會聯合廉賣會	
四月	非常空閒	僅需巡視、灌溉		一般商賣	

五月 六月	非常 忙碌	第一熟稻作收割 準備第二熟稻作 播秧			迎城隍廟會 或納涼聯合 廉賣會
七月	農閒	僅需除草	中元節	中元祭廟會 聯合廉賣會	一般商賣
八月 九月上旬	非常 空閒	僅需巡視、灌溉	中秋節 重陽節	迎城隍或媽 祖聯合廉賣 會	
九月下旬 十月上旬	非常 忙碌	第二熟稻作收割 準備第三熟耕作 的土地及作物		一般商賣	
十月下旬 十一月 十二月	農閒	田裡沒有工作 農民修繕房子及 農具	做平安 冬至 新年	歲末聯合廉 賣活動	神社例祭聯 合廉賣會歲 末聯合廉賣 會

說明：商賣行事曆部分另有日期經常不定的慶祝型聯合廉賣活動。
資料來源：農曆行事部分參考葛伯納（Bernard Gallin）著，蘇兆堂譯，《小龍村》，
（臺北，聯經出版公司，民國 68 年 5 月初版），頁 282。

　　在吸引顧客的技術方面，前述的歲末聯合廉賣會，民眾因原本即有購買需求，故商家僅在以豐富的摸彩贈品、折扣優惠，增強民眾的購物慾。歲中聯合廉賣活動因民眾消費迫切性較低，雖巨額的贈品亦難吸引顧客，故除仍有摸彩活動、折扣優惠外，商家亦利用民眾「喜看熱鬧」的好奇心理，以精采的餘興節目吸引顧客。通常僅須購買 30~50 錢的商品即可獲贈餘興表演場的入場券。

　　都市商工會的餘興節目，以日人顧客為主的有：藝妓、咖啡屋女侍舞蹈，少年相撲角力，日式滑稽劇，魔術表演、古董插花展覽、馬術表演、票選最受歡迎藝妓、女侍等、西洋樂演奏等；為臺人顧客準備的有：歌仔戲、子弟戲、南北管、十三腔傳統音樂等；利用現代科技產物製造噱頭的則有：電影放映、施放煙火、攝影展、留聲機、收音機放送等；亦有顧客可以親自參與的活動，如：尋寶、搜索化裝者、商店訪問賽跑、棒球比賽、網球比賽、腳踏車競速、龍舟競渡、竹筏鬥撐等。

　　街庄臺人商工會則傳統味濃厚，多以藝閣遊行評比為主，配合歌仔戲、子弟戲、布袋戲、舞龍、宋江陣、錦華鼓、落地掃、太平龍、六將、什錦陣、北管、南管、十三腔、亂彈等。

　　就商工會廉賣活動的餘興節目意義言，其將小傳統文化與商業結合，不僅對當時的促銷活動頗有幫助。再者，就都市商工會言，對提升市民娛樂、吸收現代文明助益亦大；而就街庄商工會言，除對傳統民俗文化的保存貢獻甚鉅，亦逐漸塑造了地方文化特色，例如：著名的「鹽水蜂炮」、臺南運河「龍舟競渡」，日治時期即是當地商工會舉辦廉賣會時的重要活動[39]。

　　聯合廉賣會的會場亦甚精心設計，賣場規模均十分壯觀，以 1930年 6 月，臺北總商會舉辦納涼廉賣會的會場為例，據《臺灣日日新報》的報導：

> （總商會幹部）督勵建築工人，徹夜趕造，……其廣大之建物，佔全坪數千坪的三分之二，會場正面為商船（船運公司）所構建，兩側面由郵船（船運公司）所構造，左折入口，兩側有市內商人賣店五十軒，賣店盡處，左折有一大餘興場及活動寫真（電影）、奏樂場；右折正面，為喫茶店，左有蓬萊閣，右有龍門冷水即賣場，左折入口，仍有賣店五十軒，陳列兩側。[40]

　　1933 年 5 月，臺北商工協會主辦的納涼廉賣會會場大門，亦為《臺灣日日新報》稱讚不已，其載：

> （臺北商工協會於）太平町一丁目大路，……樹一古式綠門，長二丈四尺，柱直徑尺半飾以龍形，高懸聯合大賣出彩燈[41]。

---

[39] 鹽水蜂炮《臺灣日日新報》12179 號，昭和 9 年 2 月 27 日；臺南運河龍舟競渡《臺灣日日新報》11591 號，昭和 7 年 7 月 16 日。

[40] 《臺灣日日新報》10828 號，昭和 5 年 6 月 8 日。

[41] 《臺灣日日新報》11887 號，昭和 8 年 5 月 11 日。

圖三

【說明】1933 年，臺北商工協會主辦納涼聯合廉賣會，於永樂派出所前建的巨型會場大門。

資料來源：《臺灣日日新報》111905 號，昭和 8 年 5 月 29 日。

　　由於歲中廉賣會的活動內容往往較歲末廉賣會更為複雜、多樣，所須動員的人力、經費亦較為龐大，如：1927 年，臺北實業會舉辦納涼廉賣會，耗費即高達 17,000 圓[42]，約為其年會務支出的 5 倍之多[43]！因此，勢須有縝密周詳的計畫，以 1935 年臺中實業協會、商工協會主辦的「臺中納涼市」為例，其籌畫除有正副委員長、6 名理事、2 名顧問領導外，下更分由演藝、庶務、廉賣、臺灣戲劇、煙火、化妝搜索、電飾、納涼、陳列窗競賽、廣告化裝、會計等 11 股幹部負責[44]，分工之細

---

[42] 《臺灣日日新報》9749 號，昭和 2 年 6 月 19 日。

[43] 據《臺灣日日新報》11854 號，昭和 8 年 4 月 8 日報導，臺北實業會 1932 年經費總額僅為 3,374 圓。

[44] 《臺灣日日新報》12671 號，昭和 10 年 7 月 10 日。

可見一般！

圖四

【說明】1929 年 6 月，臺中實業協會、商文會、商工協會合辦納涼聯廉賣會，主辦單位於《臺灣日日新報》上刊登每日節目表，密密麻麻顯示活動的豐富多彩。

資料來源：《臺灣日日新報》110484 號，昭和 4 年 6 月 26 日。

　　雖然日人商工會舉辦歲中聯合廉賣會的經費較為充裕，但因價格、服務態度不如臺商，故在競爭力和時效上常不敵臺商。例如：1930 年 7 月，臺北臺、日商同時舉行「納涼聯合廉賣會」，臺商廉賣會每日人海雜遝，致使城內日商廉賣會遭受嚴重打擊，日商乃壓迫市府，強令停止臺人的廉賣會，至 15 日，日商廉賣會結束，始准臺商重新開張[45]。又如：1932 年 6 月，嘉義商工會已舉辦過聯合廉賣會，但嘉義商人咸認為「有名無實」，商界仍疲困莫名，希望臺人的商業協會再開納涼廉賣會，以

---

[45] 《臺灣新民報》323 號，昭和 5 年 7 月 26 日。

「蘇生瀕死之商界」[46]等，皆可為明證。

　　聯合廉賣會不僅是臺、日商人間的競爭，亦常隱含有區域商工會商戰的意味。1931 年，臺南市商況不振的原因，除因當年經濟不景氣，更重要的即是因高雄商工會舉辦盛大的「港勢展覽廉賣會」吸走大量顧客所致。故南市臺商紛紛要求臺南總商會舉辦迎媽祖賽會廉賣會，以為對抗[47]，即為佳例。

（三）特定商展廉賣會

　　各地商工會累積了 1920 年代舉辦「歲暮」、「歲中」聯合廉賣會的經驗，至 1930 年代，亦逐漸開始舉辦具有特定主題的商展，這些商展依其主題大致可以分為三類：第一類強調地方特色，其中以「土產品商展」最為普遍；第二類以配合官方政策或活動為目標，以「愛用國貨商展」最多；第三類以整個「商工」為主題，刻意突顯商人地位，以臺北商工會首創的「商工祭，最為重要。

　　第一類商展，以地方特色為主，其中以宣揚當地特產的商展最為重要。例如：1933 年，嘉義商工會、商業協會聯合舉辦「木工特產陳列現賣會」，邀集商工專修學校、方面委員授產會、刑務所、室內家俱商、竹器商、藤具商、山產店等 50 餘家商家參加，參展商品達千餘件[48]。又如：1935 年，彰化商工協會乘「臺灣始政四十年紀念博覽會」召開之機，舉辦「土產品展覽會」，募集 185 件土產參展，並請專家評比，推選優良土產品，彰化木瓜蜜餞、八卦饅頭分獲頭、二等獎[49]，使得這兩項土產的知名度更加遠播。其他如臺南、埔里、花蓮等地也都曾經舉辦過類似的特產產品商展（參見表五）。

　　另有些商工會更為積極進取，經過考察研究，改良製造技術成功

---

[46]　《臺灣日日新報》11595 號，昭和 7 年 7 月 20 日。

[47]　《臺灣日日新報》11160 號，昭和 6 年 5 月 9 日。

[48]　《臺灣日日新報》12019 號，昭和 8 年 9 月 20 日；該商展並有書畫展，展出陳澄波遊歷上海名勝的作品 70 餘件。

[49]　《臺灣日日新報》12598 號，昭和 10 年 4 月 28 日。

後，始舉辦土產特展。例如：1934 年，高雄商工會鑑於當地牡蠣年產
36 萬斤，乃設置委員調查研究，培養技術員，創造出「時雨煮」、「佃
煮」、「飴煮」等新土產後，始舉辦「土產宣傳會」，使得牡蠣成為高雄
的新名產[50]。又如：1936 年，鹿港商工會不以當地家俱向以「品質堅牢、
塗裝不變、價格低廉」著稱自滿。為順應潮流，翻新花樣，更組織考察
團，舉辦工藝講習班，吸收新智識，利用新技術製成新式家俱、雕刻品
600 餘件後[51]，舉辦「鹿港工藝品展」，於是「式樣新穎」又成為鹿港家
俱的一項新特色。

有些特產品商展並不局限於當地的土產。例如：1930 年，臺中實
業協會、商交會、商工協會舉辦的土產商展，範圍即包括全臺及日本。
又如：1931 年，臺北總商會郭廷俊、蔣渭川等人主辦「產業展覽會」，
不僅發函日本內地縣市政府，請託代為邀集商品參展，並派專員親赴日
本，勸誘商工業者參展；臺灣方面亦利用全島實業大會鼓勵商家加入，
終募得商家二百餘家，順利舉辦「全國百貨商品展」，對臺日商品的觀
摩、促進臺日貿易甚有助益[52]。

另亦有些商工會配合當地特殊的人文、地理特色舉辦特展。例如：
1930 年，臺南商工會、實業協和會、商工協會以臺南在臺灣文化發展
上的特殊地位為主題，舉辦「臺南三百年文化會」，其特展主旨言：臺
灣文化發祥於澎湖島，渡海而入臺南，更普及於全島，乃歷史所證明
者，……臺灣主權者不問和（荷）蘭、清國、日本，遠自 300 年前至今，
文化永續，捨臺南不得他求[53]。該展分成史料、衛生，教育、產業四館
展出。史料展，蒐羅督府、臺北帝大、私人珍藏等史料 3,000 餘件；產
業展，陳列臺灣產業模型、統計圖表、工業品、化學、紡織品等 5,000
餘件；教育展，展出州下教育概況的圖表、學生手工藝品、標本、理科

[50] 《臺灣日日新報》12232 號，昭和 9 年 4 月 24 日。
[51] 《臺灣日日新報》13060 號，昭和 11 年 8 月 5 日。
[52] 《臺灣日日新報》11160 號，昭和 06 年 05 月 09 日；《臺灣新民報》370 號，昭和 06 年 06 月 27 日。
[53] 《臺灣日日新報》10821 號，昭和 05 年 06 月 01 日。

實驗器材等；衛生展，陳設衛生統計圖表、人體疾病模型、防疫常識等[54]。
又如：高雄商工會以該地港灣的特殊地理位置，1931 年起，每年舉辦
「港灣祭」，祭祀日人港灣守護神--「金比羅」、追悼殉難者亡靈、表揚
港灣有功人員，並舉辦大型聯合廉賣活動[55]。

　　第二類商展，以配合官方政策或活動為目標，1930 年代官方介入
商工會發展日深，此類商展逐漸增多，其中以宣揚愛用國貨觀念的「優
良國產品展覽會」最多。例如：1930 年 6 月、9 月，臺北商業會，基隆
公益社、商和會即曾分別舉辦，此類商展極力宣揚「國貨」品質、價格
不遜於外國商品的觀念，張貼愛用國貨的標語、日本國旗，並請官署職
員佩掛代表愛用國貨的「日章旗胸章」，涵養愛用國貨的精神[56]。

　　1933 年，桃園商工會配合郡公所舉辦的「自治展覽會」，亦為此類
商展的子例，該展分自治、衛生、教育、產業四館，商工會負責店鋪陳
列裝飾競賽、廣告遊行比賽、聯合廉賣會及大部分餘興節目[57]。

　　第三類商展，以 1936 年 5 月臺北商工會首創的「商工祭」為代表，
其自訂屬於商人的節日，並配合舉辦大規模的商展，不僅突顯了商人自
身地位，規模之大、商業經營手法之新穎，更可謂及當時聯合廉賣會技
術之大成。

　　舉辦「商工祭」的構想源自基隆、高雄的「港灣祭」[58]，再由臺北
商工會內附屬的「商工會研究會」創新設計、擴大規模、豐富內容而成。
其靈感雖得自「港灣祭」，但其內容則明顯受到大稻埕臺商每年配合「霞
海城隍廟」迎神賽會舉辦商展的影響，因為「商工祭」亦如臺商設定商
業主神，利用迎神機會舉辦商展，其自神戶惠比須神社，奉迎日商最信
仰的「世代主命」、「大國主命」（俗稱大黑天）、「織姬吳旗織」（染色服

[54] 《臺灣日日新報》10966 號，昭和 05 年 10 月 26 日。

[55] 高雄商工會編，《高雄商工會會報》昭和 10 年 6 月、昭和 12 年 3 月號，（高雄，該會，昭
　　和 10 年 6 月、昭和 12 年 3 月），頁 6~21、33~49。

[56] 《臺灣日日新報》10906 號，昭和 05 年 08 月 25 日。

[57] 《臺灣日日新報》12087 號、12090 號，昭和 08 年 11 月 28 日、12 月 01 日。

[58] 臺北商工會編，《臺北商工會會報》第 13 號，（臺北，該會，昭和 12 年 7 月），頁 1。

裝之神）三神[59]；並要求「霞海城隍廟」迎神活動提前，一方面將臺人商業神日化，另方面亦巧妙地將臺商的「廟會型廉賣會」融入日商的「納涼型廉賣會」；再者，「商工祭」中的四大遊行：「祭典遊行」、「時代遊行」、「廣告遊行」、「藝閣遊行」[60]，顯然就是彼此融合的結果，因此，「商工祭」不僅代表商業技術的創新外，亦為臺、日商業技術交流的結果。

就「商工祭」籌備的經過言，其繁複為以前商展所無，以 1937 年第二屆「商工祭」為例，其籌備會分為祭典委員會、總務委員會兩大部分，前者由市長親任祭典委員長、市主任秘書（助役）任副委員長，下有祭典委員，分總務、設備、招待、場地四股；後者分正、副總務委員長、顧問、總務、祭事、庶務、預算、會計、招待、宣傳、商工祭主題曲審查委員、餘興、時代風俗表演、詩藝閣遊行、廣告遊行、新公園手舞、煙火、飾窗競賽等股，委員近 400 人，籌備期間長達兩個月[61]！

活動規模之大、內容之豐富，亦屬空前。以第一屆「商工祭」聯合廉賣會言，其預定消費額為 60 萬圓之巨，籌備多時、為期 40 天的「臺灣博覽會」，銷售額亦不過 230 餘萬圓，短短一週的「商工祭」廉賣會竟以 60 萬圓為目標，規模可想而知[62]。其他主要活動尚有祭典、商品陳列窗裝飾比賽、祭典遊行、時代遊行、藝閣遊行、廣告遊行、范謝將軍遊行、藝妓手舞、日本內地民俗舞蹈表演、施放煙火、奉納相撲大賽等，舉辦期間《臺灣日日新報》每日幾乎以頭條新聞報導。第二屆「商工祭」活動規模又更廣大，甚至有了祭典本身的主題曲、紀念徽章[63]。

「商工祭」連續兩年舉辦，原本可能成為臺北市商業活動的一項傳統，雖因日本侵略戰爭爆發，進入統制經濟而中輟，但其已快速向外傳播，成為新型時髦商展的代表。例如：第一屆「臺北商工祭」後的七個月，嘉義商工會、商業協會即已模仿舉辦小型的「商工祭」[64]；1938 年

[59] 臺北商工會編，《臺北商工會會報》第 13 號，頁 36。
[60] 臺北商工會編，《臺北商工會會報》第 13 號，頁 23~30。
[61] 臺北商工會編，《臺北商工會會報》第 13 號，頁 1~10。
[62] 《臺灣實業界》8 年 6 月號，（臺北，該社，昭和 11 年 06 月 01 日），頁 50。
[63] 臺北商工會編，《臺北商工會會報》第 13 號，頁 11~35。
[64] 《臺灣日日新報》13127 號，昭和 11 年 10 月 11 日。

4 月，朴子商工會亦將以前的配天宮迎媽祖廉賣會，轉變為臺日合璧的「商工祭」[65]。

表六：商工會舉辦的特定主題商展

會名	舉辦時間	合辦團體	配合活動	商展名稱	參展商品或商家數	吸引觀眾數目	資料來源
臺北商工會	1936.5.23 起一週	臺北商工會主辦、臺北實業會、商業會、總商會、商工協會、臺北市府		商工祭	預計賣出 60 萬圓的商品 / 經費 18,000 圓		日，12979、12982、12983、12984、12986、12997、12998、12999 諸號
	1937.5.11 起 3 天	臺北商工會主辦、臺北實業會、商業會、總商會、商工協會、臺北市府		商工祭			日，13293、13335、13336、13337、13338 諸號
臺北商業會	1930.6.6~6.19	殖產局商工課、國產振興會、實業會、商工會協辦	始政紀念日、城隍廟祭典	優良國產品覽會			日，10822 號昭 5.6.2 日，10835 號昭 5.6.15
臺北總商會	1931.6.20~7.20	殖產局商工課、臺北市府勸業課協辦	始政紀念日、城隍廟祭典	產業展覽會	參展商家 200 餘家舉辦經費預算 2 萬圓		日，11046、11150、11159、11160、11188、11198、11203 新民，365、369、370、374 諸號

65　《臺灣日日新報》13674 號，昭和 13 年 04 月 16 日。

基隆公益社　基隆商和會	1930.9.10起一週	兩商工會、基隆市府		優良國產品展覽會		日，10837、10904、10906諸號
基隆公益社	1933.7.15、16	基隆總商會、商和會		港灣祭		日，11892號昭8.5.16
桃園商工會	1933.12.1起5天	郡公所主辦，商工會負責產業館商展		自治展覽會		日，12069、12087、12090諸號
臺中實業協會　臺中商交會　臺中商工協會	1930.7.11	臺中市政府、三商工會合辦		全國土產品展覽會		日，10894號昭5.6.29
埔里商工會　埔里實業協會	1935.4	兩商工會、能高郡公所	臺灣博覽會	臺灣博覽會埔里土產展		日，12541號昭10.3.1
彰化商工協會	1935.4.24起3天	彰化市府	臺灣博覽會	臺灣博覽會彰化土產展覽會	參展商家38家，商品185件	日，12547、12582、12594、12597、12598諸號
鹿港商工會	1936.8.7	街公所		傢俱工藝品展	參展新式傢俱600餘件	日，13044、13060號

嘉義商工會	1933.9.20 起 5 天	兩商工會、嘉義市府、各製糖廠	城隍廟祭典	特產品展覽會	商家 50 餘商品 1,000 餘件	十萬餘人	日，12009、12010、12019、12021、12023 諸號
嘉義商業協會	1936.12	嘉義市府及兩會合辦	歲末聯合廉賣會	商工祭			日，13127 號 昭 11.10.11
朴子商工會	1938.4.23 、24	街公所	配天宮媽祖祭典	商工祭			日，13674 號 昭 13.4.16
臺南商工會 臺南實業協和會	1930.11	三商工會、臺南州市政府		臺灣文化三百年會	史料展 3,000 件；產業展商品、圖表等 5,000 件；教育、衛生展若干件		日，10812、10819、10821、10863、10966 諸號
臺南商工協會	1933.9.20 ~9.22	商工會、國產振興會、臺南州市政府		工藝品展覽會			日，12009 號 昭 8.9.10
高雄商工會	1934.4	高雄市府		高雄牡蠣土產宣傳會			日，12232 號 昭 9.4.24
高雄商工會 高雄實業新興	1935.6.8 起一週	三商工會 高雄市府	城隍廟祭典	高雄港灣祭	128 家	經費 1,300 百圓	日，12562、12602、12603
高雄實業協會	1937.3.17 ~03.31	三商工會 高雄市府		高雄港灣祭		經費 7,000 圓	日，13281 號 昭 12.3.16

屏東商工會	1935.3.14 起 3 天	屏東市政府		聯合百貨店廉賣展覽會	17 家商店		日，12555 號 昭 10.3.15
花蓮港商工會	1939.6.9 起 3 天	花蓮港廳政府		土產品展覽會	參展商品 3,500 件		日，14079 號 昭 14.5.28

　　綜觀商工會所舉辦的聯合廉賣活動，隱含著許多刺激資本主義精神成長的因子。首先，商工會創造利潤的手法迥異於傳統的行會，舊式商人慣以壟斷市場謀取暴利，臺灣的「郊」商團即以擅長物價著稱[66]；商工會的廉賣活動改採薄利多銷策略，吸引更多顧客，其既然降低商品售價，為獲取與原來相同的利潤，商工會商人勢必須於生產、購貨過程尋求改進，加速生產機械化，減少中間商人剝削，促成生產、消費的良性互動等，而這些力求經營合理化的措施正是資本主義社會所需[67]。商工會所舉辦的廉賣會商賣價格之高低，在顧客心中亦自有定論。例如：嘉義地區商工會舉辦的聯合廉賣會，商品價格即向被視為是全臺最高，廣為人所詬病[68]，鹽水商工會的廉賣會則以物價低廉著稱[69]；嘉義商工會、商業協會舉辦的廉賣會售價過高，亦使之自食惡果，導致其商賣競爭力遠不如臺南地區的商工會。1936 年，嘉義商工會、商業協會為洗刷物價最高的污名，甚至特別與嘉義市府、北港街公所、北港商工會協會聯合召開「嘉義郡市商工懇談會」，商討改進之道[70]。

　　其次，韋伯認為資本主義的先決條件有六，其中尤注重合理的資本計算經營，強調複式簿記的重要[71]；商工會舉辦聯合廉賣會，預估商品

---

66 參見卓克華，《清代臺灣的商戰集團》，（臺北，臺原出版社，民國 79 年 2 月），第五章第一節。

67 陳介玄、翟本瑞、張維安合著，《韋伯論西方社會的合理化》，（臺北，巨流圖書公司，民國 79 年 9 月），頁 97~120。

68 《臺灣日日新報》8422 號，大正 12 年 10 月 31 日。

69 《臺灣日日新報》11860 號，昭和 8 年 4 月 14 日。

70 《臺灣日日新報》13006 號，昭和 11 年 6 月 12 日。

71 參見韋伯著，康樂編譯，《經濟與歷史韋伯選集 IV》，（臺北，遠流出版社，民國 79 年 11 月），頁 151~153。

銷售金額,再提撥總額的 5~10%作為獎品、獎金,此若非有良好的簿記技術精確估算,顯然無法為之,故其亦與韋氏所稱資本主義精神首要條件──重視精確數量甚為符合[72]。而將利潤回饋顧客,亦為經營合理化的具體表現,代表商人必須以更多勞務換取利潤,對培養商人的勤儉精神甚有助益,此亦資本主義社會所強調者[73]。

又次,商工會聯合廉賣會強調商品售價童叟無欺,會後抽獎活動聘請公正人士蒞臨見證,無形中提升商人的誠信精神。而配合迎神廟會活動舉辦廉賣會,以宗教的力量保證商工會的信譽,其中,喜利用迎城隍賽會舉辦廉賣會尤富意義,因為城隍爺向具公正不阿的形象,專察人間不法。因此無形中商工會商人亦感染了誠信的觀念,凡此均對強化商工會商人的誠信精神頗有幫助,而誠信亦為資本主義精神的特徵之一[74]。

再者,商工會舉辦的聯合廉賣會也表現出具有臺、日商人民族商戰的意味,其後更演成區域商人的競爭。在競爭的氣氛中,商工會商人致力經營的合理化,積極交流商賣技術,並不斷激發企業精神,至 1936年,臺北商工會舉辦「商工祭」,商人自訂節日慶祝,刻意突顯商人地位,商人儼然成為臺灣社會的新興主角。

四、廣告技術

商工會經常利用的廣告技術很多,包括:於報章雜誌上刊登廣告、散發廣告傳單、張貼大型海報、製作廣告塔、看板、廣告遊行、商品陳列窗、召開記者會等。其中,於報章雜誌上刊登廣告,自臺灣發行報紙以來,即有商人利用,並非商工會商人特長;張貼大型海報、散發廣告傳單、製作大型廣告塔、看板等,因資料零散,且其利用甚為簡單,其他商人使用也頗為廣泛,似亦非商工會商人獨擅;而藝閣廣告遊行雖起

---

[72] 余英時,《歷史與思想》,(臺北,聯經出版公司,民國 65 年),頁 342~346。

[73] 余英時,《中國近世宗教倫理與商人精神》,(臺北,聯經出版公司,民國 76 年第二次印行),序論頁 7。

[74] 余英時,《中國近世宗教倫理與商人精神》,頁 140~143。

源甚早，但將之加強廣告效果、擴大規模、固定舉辦者，1920 年代中期以後，則多為商工會商人之功；至於新式「商品陳列窗」廣告技術的運用，則幾全賴商工會商人介紹、推廣，故本文擬以「廣告遊行」、「商品陳列窗」兩項為例，探討商工會商人對革新臺灣商業廣告技術的貢獻。

（一）廣告遊行

廣告遊行的靈感可能來自臺灣商人利用廟會舉辦的「藝閣遊行」，據宋光宇的研究，至遲在清乾隆 37（1772）年，「抬閣」已出現於的臺灣迎神賽會，至清末「蜈蚣閣」更發展成為廟會的重要活動之一。1910 年代，利用迎神隊伍，創造人潮，已是臺商普遍的廣告知識[75]。

1917 年 9 月，嘉義商業協會利用綏靖侯城隍爺辰誕，舉辦聯合廉賣會，該會奉迎新港五媽、北港二媽駐駕三山國王廟，並聯絡各商團奉謝詩意藝閣 50 餘臺參加遊行[76]，此為商工會將迎神藝閣遊行用於商業活動的最早紀錄。三年後，1920 年 12 月，彰化商工會亦利用奉迎天后宮媽祖繞境之機，聯絡各商團準備藝閣遊行，短短一日內竟吸引觀眾 4 萬餘人[77]，對振興彰化商況助益甚大。此後，運用藝閣遊行創造人潮，逐漸成為臺人商工會慣於使用的廣告技術。

至 1930 年代初期，由於經濟不景氣，商工會舉辦聯合廉賣活動日益頻繁，利用藝閣遊行廣告的技術逐漸成熟，並達到鼎盛。每次藝閣遊行動輒運動數十個小商團奉獻藝閣，例如：1932 年，臺中納涼市，即號召自動車團、腳踏車團、土木煉瓦團、吳服商團、旅館團、日用雜貨團、冰販團、藥種商團、小西湖、簁商團、金勝堂獅陣、餅商團、外交經濟團、木匠團、帝國製糖團、米商團、大甲軒園子弟團、大甲人駐在團、土木建築承包商團、生魚商團等參加遊行[78]；又如：1934 年，嘉義商工會、商業協會合辦的迎城隍廉賣會，亦邀集：米穀郊、金銀紙商、

---

[75] 宋光宇，〈蜈蚣閣‧藝閣‧電子花車--一個歷史的觀察〉，頁 78~80。

[76] 《臺灣日日新報》6180 號，大正 6 年 9 月 10 日。

[77] 《臺灣日日新報》7375 號，大正 9 年 12 月 18 日。

[78] 《臺灣日日新報》11583 號，昭和 7 年 7 月 8 日。

煙酒零售商組合、布郊、敢郊、糖品郊、宜春樓、文明樓、天仙閣、東市飲食商、泰西商行、新世界、金花亭、東雀樓、錦香亭、桂花亭、遊春閣、宿屋團、金銀商、和洋雜貨商等奉獻藝閣[79]，吸引的人潮更常達10萬人，廣告效果十分宏大。

　　商工會為刺激商團製作更精美、更具廣告效果的藝閣參加遊行，亦配合舉辦評比的獎勵活動。據宋光宇的研究，藝閣評比始於1920年6月臺南學甲慈濟宮保生大帝繞境的藝閣遊行[80]；在商工會舉辦的藝閣評比方面，據筆者所蒐集的資料，時間稍後於學甲慈濟宮，為前述彰化商工會於1920年12月所舉辦的迎媽祖藝閣遊行比賽。該次競賽由臺彰商會製作的「黛玉葬花」榮獲第一名，商工會長頒予優勝錦旗及獎品[81]。由於藝閣廣告意味日益明顯，評比漸不僅限於藝閣，亦將各商家的廣告旗幟、圖案及遊行隊伍列入比賽項目。優勝者除獲頒獎杯、獎金外，亦將得獎作品、製作人姓名刊登於報紙，不僅使商家獲得絕佳的廣告機會，亦刺激商人的榮譽感，有助於商品品質的提升。

　　藝閣廣告遊行僅能用於迎神賽會聯合廉賣會，一般歲末、納涼聯合廉賣會若無廟會活動則無法利用，故商工會亦必須運用其他遊行隊伍進行廣告。1916年12月，嘉義商業協會歲末聯合廉賣會，即以提燈遊行從事廣告活動，但由於規模過小，效果有限，後遂中斷舉辦[82]。1920年代末期，臺灣經濟界接連受到臺銀瀕臨破產事件、世界經濟大恐慌等的影響，商況不振，利用廣告刺激大眾購買慾、益形重要。1928年，臺北商業會首先雇用汽車10輛，巡迴遊行廣告，散發近萬張的廉賣宣傳單[83]。同年，街庄的北港商工協會，亦組成徒步廣告遊行對，商人手持宣傳旗，以音樂隊為前導，巡迴散廉賣宣傳單[84]，商工會的廣告遊行隊伍漸不限於藝閣遊行。

---

[79] 《臺灣日日新報》12366號，昭和9年9月5日。

[80] 宋光宇，〈蜈蚣閣・藝閣・電子花車--一個歷史的觀察〉，頁81、82。

[81] 《臺灣日日新報》7375號，大正9年12月18日。

[82] 《臺灣日日新報》5904號，大正5年12月08日。

[83] 《臺灣日日新報》10276號，昭和3年11月28日。

[84] 《臺灣日日新報》10292號，昭和3年12月14日。

　　日人商工會由於與寺廟關係甚少，藝閣廣告遊行所吸引的民眾，又非日商主要顧客群，且其所能動員的人力，亦不如臺人商工會充裕，故在利用遊行廣告方面顯然落居下風。1929 年 6 月，高雄商工會舉辦納涼聯合廉賣會，始雇用六輛汽車，組成廣告車隊，巡迴散發廉賣宣傳單[85]；同時，臺中納涼聯合廉賣會，實業協會亦聯合商工協會舉辦化裝廣告遊行[86]。1932 年，臺北、高雄、臺中、新竹的日人商工會紛紛聯合殖民政府舉辦「商業美術展」，總結 1932 年以前的廣告技術，其中廣告遊行的運用，列為各地「商業美術展」的重要主題之一。廣告遊行亦日趨大型化（參見表七），例如：據《臺灣日日新報》記載高雄商美展，高雄商工會廣告車隊 30 輛、商家、藝妓廣告遊行隊蜿蜒一里餘[87]，可以想見該廣告隊伍是何等盛大！

　　此後，不論臺、日商工會均普遍利用非藝閣性的廣告遊行，廣告遊行遂成為各商工會籌辦廉賣活動中甚為重要的一部分，至 1937 年 5 月，臺北商工會主辦第二屆「商工祭」時廣告遊行達到頂點。臺北商工會在其會報的商工祭號外中言：廣告遊行是商工業者經營上適應新時代的宣傳方法，於短時間內，對眾多的顧客充分的宣傳，娛悅大眾、提供幽默，在微笑、爆笑裡，推展商品的宣傳及銷路的擴張……對全臺廣告界的啟發貢獻甚大[88]。

　　第二屆「商工祭」的遊行隊伍分為「七福神遊行」、「藝閣遊行」、「祭典遊行」、「廣告遊行」。其遊行共有三日，其中以第二天的「廣告遊行隊」最為龐大，共計有汽車廣告隊 21 隊、汽車 26 輛，徒步廣告隊 29 隊、三輪車、四輪車、大八車、牛車等 36 輛，夾雜樂隊 7 組，參加人員 280 餘人。臺北知名商店如：盛進商行、菊元百貨、捷裕參行、乾元藥房、虎標永安堂、神農大藥房、森永、松下等均組隊參加。遊行路線經公會堂、新高堂、本願寺、永樂市場、第二世界館、芳明館、萬華車

---

85 《臺灣日日新報》10462 號，昭和 4 年 7 月 2 日。

86 《臺灣日日新報》10464 號，昭和 4 年 7 月 4 日。

87 《臺灣日日新報》11623 號，昭和 7 年 8 月 17 日。

88 臺北商工會編，《臺北商工會會報》第 13 號，頁 23。

站、總督府法院、教育會館、軍司令官邸、南門、第一師範、總督府官
邸、帝大醫學部、新公園、馬偕醫院、美國領事館等重要地區。會後評
選優勝隊伍，頒發獎金、獎杯[89]。

表七：商工會廣告遊行概況

會名	舉辦時間	合辦團體	宣傳之活動	遊行概況	資料來源
臺北商工會	1932.7.20~7.24	商工會主辦、臺北其他4個商工會協辦	商業美術展覽會	廣告遊行隊	日，11596、11598號
	1936.5.23起一週	商工會主辦、臺北其他4個商工會協辦	臺北商工祭	廣告遊行隊、時代遊行隊、藝閣遊行隊、祭典遊行隊	日，12979、12982、12983、12984、12986、12997、12998、12999諸號
	1937.5.11	商工會主辦、臺北其他4個商工會協辦	臺北商工祭	於臺灣日日新報刊登廣告；於鄰近街市娛樂場所張貼1,000張宣傳海報；散發廣告單60,000張；樹立大型看板70個；廣告遊行、祭典遊行、藝閣遊行等	臺北商工會報13號，昭12年7月，頁6~14
臺北商業會	1928.11.26	永樂會	歲末聯合會	廣告汽車10餘輛、廣告單萬張	日，10276號昭3.11.28
	1930.6.6~6.19		優良國產品展覽會	汽車廣告遊行隊、大海報、廣告單	日，10822、10835號
臺北總商會	1930.5.28	獨辦	納涼聯合廉賣會	以樂隊為前導，商家乘廣告車巡迴宣傳，並散發大量廣告單	日，10821、10828號

---

[89]　臺北商工會編，《臺北商工會會報》第13號，頁23~35。

	1930.12	織物商組合、雜貨商組合	歲末聯合廉賣會	汽車、腳踏車遊行廣告隊	日，10994號昭5.11.22
臺北商工協會	1933.5	獨辦	納涼聯合廉賣會	分汽車、腳踏車、三輪車、四輪車、藝閣、化裝、音樂、廣告旗等組的廣告遊行隊	日，11871、11875、11880、11885、11887、11892、11898、11899、11900 諸號
基隆總商會	迎神藝閣遊行廣告				參見前項聯合廉賣會活動
桃園商工會	1933.12.3	獨辦	自治展覽會	廣告遊行隊伍比賽	日，12069、12087、12090 諸號
新竹商工會　新竹實業會	1932.9.23 ~9.25	新竹市府	商業美術展	化裝廣告遊行	日，11659、11660、11664 諸號
新竹商工會議所	迎神藝閣遊行廣告				參見前項聯合廉賣活動
臺中實業協會	1929.6.25 ~7.15	三個商工會合辦會	納涼聯合廉賣會	製作大型廣告塔、化裝廣告遊行	日，10464、10471、10482、10484 諸號
臺中商交會	1932.9.9 起 3 天	兩個商工會合辦	商業美術展	廣告化裝遊行	日，11647號昭7.9.10
臺中商工協會	1935.7.20 ~8.12	兩個商工會合辦	納涼聯合廉賣會	化裝廣告遊行	日，12671號昭10.7.10
	迎神藝閣遊行廣告				參見前項聯合廉賣活動
南投商工會	迎神藝閣遊行廣告				參見前項聯合廉賣

					活動
彰化商工會	1932.10	獨辦	廟會聯合廉賣會	化裝廣告遊行	日，11676號昭7.10.10
	1933.10				日，12054號昭8.10.26
	迎神藝閣遊行廣告				參見前項聯合廉賣活動
彰化商工協會	迎神藝閣遊行廣告				參見前項聯合廉賣活動
鹿港商工會	1935.10	獨辦	納涼聯合廉賣會	廣告遊行隊	日，12411號昭10.9.18
	迎神藝閣遊行廣告				參見前項聯合廉賣活動
員林商工會	迎神藝閣遊行廣告				參見前項聯合廉賣活動
北斗實業協會	迎神藝閣遊行廣告				參見前項聯合廉賣活動
二林實業協會	迎神藝閣遊行廣告				參見前項聯合廉賣活動
溪湖商工會	迎神藝閣遊行廣告				參見前項聯合廉賣活動
高雄商工會	1929.6.30	獨辦	納涼聯合廉賣會	以樂隊前導，6輛宣傳汽車巡迴散發廣告單	日，10462號昭4.7.2
	1932.8.14~8.16	高雄市府	商業美術展覽會	宣傳車30餘輛，商家代表、藝妓廣告遊行隊蜿蜒一里餘	日，11611、11618、11620、11623諸號
	1934.6.1~6.30	獨辦	納涼聯合廉賣會	張貼大型廣告單5,000張；張貼海報；廣告遊行隊；餘興節目宣傳單	日，12265號昭9.5.27
	1934.11.30	獨辦	歲末聯合廉賣會	以樂隊前導，各商店持最富創	日，12453號昭

				意之廣告板，巡迴宣傳，並散發廣告單	9.12.2
	1935.6	高雄商工會、實業協和會、實業協會	港灣祭聯合廉賣會	於臺南新報、高雄新報刊登廣告、發行號外；商店聯合廣告遊行	高雄商工會會報，昭和10年6月，頁9、20
	1935.3	高雄商工會、實業協合會、實業協會	港灣際聯合廉賣會	化裝廣告遊行；利用廣播宣傳；宣傳海報	高雄商工會會報，昭和12年3月，頁37、38
	迎神藝閣遊行廣告				參見前項聯合廉賣活動
高雄實業新興會	1933.11.30	獨辦	歲末聯合廉賣會	組織300人的化裝廣告遊行隊宣傳	日，12087號昭8.11.28
屏東商工會	1934.7.1~7.14	獨辦	納涼聯合廉賣會	化裝廣告遊行	日，12282、12297、12306、12309諸號
	1934.11.24	獨辦	歲末聯合廉賣會	化裝廣告遊行	日，12449號昭9.11.24
	1935.6	屏東市府	納涼聯合廉賣會	化裝廣告遊行	日，12644號昭10.6.13
宜蘭實業協會	1933.8.25	獨辦	納涼聯合廉賣會	組織宣傳廣告隊，巡迴宜蘭三郡散發萬張廣告單	日，11996號昭8.8.28
	迎神藝閣遊行廣告				參見前項聯合廉賣活動

圖五

【說明】1936 年，臺東商友會舉辦歲末聯合廉賣會，會員以化裝廣告遊行宣傳廉賣活動。

資料來源：《臺灣日日新報》13191 號，昭和 11 年 12 月 15 日。

圖六‧1

【說明】1937 年，臺北商工會舉辦第二屆「商工祭」廣告遊行競賽，臺商的神農大藥房、華商的虎標永安堂、日商花王公司均組隊參加。

資料來源：《臺北商工會會報》第 13 號，（臺北，該會，1937），頁 23、24。

圖六・2
【說明】1937 年，臺北商工會舉辦第二屆「商工祭」的巡迴廣告車蓄勢待發。
資料來源：《臺北商工會會報》第 13 號，（臺北，該會，1937），頁 15。

（二）商品陳列窗

　　廣告遊行係由傳統的藝閣廣告蛻變而成，臺商功不可沒；相對於
此，「商品陳列窗」的利用則與日商關係較大。商工會舉辦聯合廉賣活
動時，為吸引顧客，均鼓勵參加的商號整理美化店頭，當 1920 年代初
「商品陳列窗」傳入臺灣後，商工會更強調運用這種新型展示工具，來
刺激顧客的購買慾。而且將商品置於精美的商品櫥窗內，亦可提升商品
的價值感，為鼓勵商家善用商品陳列窗。1925 年 6 月，基隆商工會首
先舉辦商品陳列窗裝飾比賽[90]，獎勵最富廣告效果的商品陳列窗。不久，
鄰近的宜蘭地區亦受感染，但因其商業技術較為傳統，商品陳列窗稀
少；10 月，宜蘭商工會乃變通辦法，改辦「店頭裝飾比賽」[91]，強調店

---

[90] 《臺灣日日新報》9020 號，大正 14 年 06 月 20 日。
[91] 《臺灣日日新報》9148 號，大正 14 年 10 月 26 日。

鋪的整體裝飾。兩地競賽辦法雖略有差異，然注重廣告的心理則一。

「商品陳列窗比賽」源自基隆商工會，而非由臺北地區的商工會首創，顯示商業技術的革新，臺北商人並非全居領導地位，位居臺灣門戶地位的基隆，亦有可能首先吸收商業新知，創新商業技術。

南部商工會率先舉辦這種新式商業技術競賽的則是嘉商工會、商業協會。1926 年 12 月，兩商工會配合歲末聯合廉賣會，亦舉辦商品陳列窗競賽[92]。如前所述，嘉義地區的商工會已於拍賣技術的引進、廣告遊行上居領先地位，現於商品陳列窗的運用上又居倡導地位，顯見嘉義地區為商業技術的早熟區，值得注意。

中部地區因傳統商人勢力較強，故舉辦這種新式商業技術競賽的時間稍遲。1929 年 6 月，臺中納涼聯合廉賣會實業協會、商交會、商工協會始舉辦第一次的商品陳列窗競技活動[93]。

「商品陳列窗競賽」之推廣與臺北商工會、實業會關係最大，1932 年 7 月 21~24 日，兩商工會與總督府殖產局合辦「商業美術展」，該展標榜集內外廣告拔粹，廣泛蒐羅臺灣廣告界資料，提供商家參考。為示範創造人潮的廣告技術，該展特別於會場大門設置首次在臺展出的日本機器人（人造人），「手頻振鈴，且以電音自談，眉目口鼻隨聲而動」招徠觀眾，造成極大的轟動；展示館內則陳列各種廣告標語、廣告攝影、廣告海報，並放映廣告電影短片，刺激商人的廣告智識；而「商品陳列窗競賽」更為本次廣告展活動的重心[94]，督府官員親自評比、頒獎，對於商工會舉辦商品陳列窗比賽，給予莫大的鼓舞。職是之故，不到一個月，高雄商工會亦於州物產陳列館，舉辦「商業美術展」，接著九月上旬、下旬，臺中、新竹兩地商工會亦仿效舉辦；明年 1933 年 6 月、8 月，臺人的臺北商工協會、斗六商工會亦開始舉辦「廣告祭」（參見表九），傳播商品陳列窗廣告技術，經此推廣，商品陳列窗比賽漸為商工業者熟悉，成為各地商工會舉辦聯合廉賣會時，吸引顧客不可或缺的主

---

92 《臺灣日日新報》9537 號，大正 15 年 11 月 19 日。

93 《臺灣日日新報》10471 號，昭和 4 年 6 月 13 日。

94 《臺灣日日新報》11596 號，昭和 7 年 7 月 21 日。

要活動之一。甚至 1934 年 6 月，臺灣軍總部亦利用商品陳列窗的強烈廣告效果，推展國防演習常識，其託臺北實業會、商工協會聯合 140 餘家商店，主辦「特種演習陳列窗裝飾競賽」[95]。

商品陳列窗評比的標準，亦都是絕佳的廣告原則，例如：1935 年，高雄商工會舉辦商品陳列窗比賽，評審標準分為：「引人注意」、「愉悅感」、「刺激購買慾」、「商品信賴感」、「促人購買決心」等數項[96]；又如：1937 年，臺北商工會主辦「商工祭」，更詳列評比標準為：「惹人注目」（包括予人強烈印象、機智、新鮮、獨創、與近鄰商家對照等）、「美觀與好感」（表現商品色彩、圖案、明暗配合、整齊清潔、與店內設備調和、表現商品的氣氛、經濟等）、「適合顧客心理」（考量顧客興趣、年齡、職業、季節、時事等）、「商品介紹」（說明價格及用途）、「引誘入店」（注意入口、店內設備、陳列窗、店內照明等）、「刺激購買慾」（為前五項的綜合）等[97]，這些評比標準經由比賽，貫注於商人腦海中，不僅適合於商品陳列窗，亦可為他類廣告活動的信條，對提升臺灣商人的廣告智能助益甚大。

---

[95] 《臺灣日日新報》12276、12280、12284、12290 號，昭和 9 年 6 月 7、11、15、21 日。

[96] 高雄商工會編，《高雄商工會會報》第 63 號，（高雄，該會，昭和 10 年 6 月），頁 17。

[97] 臺北商工會編，《臺北商工會會報》第 13 號，頁 20。

圖七

【說明】圖為獲得 1937 年臺北商工會第二屆「商工祭」商工陳列窗裝飾比賽第二名的菊元商行、盛進商行作品，商品置於精美的陳列窗中無形提高了價值，這種廣告手法以日商較為擅長。

資料來源：《臺北商工會會報》第 13 號，（臺北，該會，1937），頁 13。

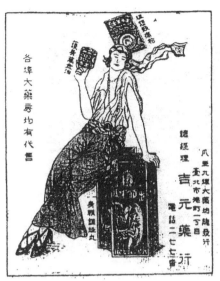

圖八

【說明】圖為獲得 1936 年臺北商工會第一屆「商工祭」廣告海報比賽優勝的黑松飲料及番頭牌萬金油所設計的廣告海報。

資料來源：《臺北日日新報》12987 號，昭和 11 年 5 月 24 日。

表八：商工會舉辦的商品陳列窗、店頭裝飾比賽

會名	類型	舉辦時間	合辦團體	配合活動	參加商家數	資料來源
臺北商工會 臺北實業會	●	1932.7.20~7.24	殖產局、臺北商工會、實業會合辦	美術商業展覽會		日，11596、11598 號
臺北商工會	●	1936.5.23 起 3 天	臺北商工會主辦4臺北其他四個商工會協辦	臺北商工祭	58 家、68 個飾窗	日，12979、12982、12983、12984、12986、12997、12998、12999 諸號
		1937.5.11 起 3 天	臺北商工會主辦，臺北其他 4 個商工會協辦	臺北商工祭	40 家、53 個飾窗	臺北商工會報，13 號，昭和 12 年 07 月，頁 19~23
臺北實業會	●	1934.6.17~6.23	臺北市府、臺灣軍、臺	特種演習陳列窗裝	城內實業會負責區	日，12276、12280、

臺北商工協會			北實業會、商工協會	飾競賽	107 家參加大稻埕商工協會主辦區 39 家參加	12284、12290 諸號
臺北商工協會	●	1933.6.1~6.5	獨辦	廣告祭	30 餘家	日，11871、11875、11880、11885、11887、11892、11898、11899、11900 諸號
基隆商工會	●	1925.6	獨辦			口，9020 號大 14.6.20
基隆商和會	●	1928.11.16~11.18	基隆市政府	慶祝天皇登基大典		日，10235 號昭 3.10.18
		1929.11.9~11.13	基隆市政府	愛用國產品展覽會		日，10837、10904、10906 諸號
		1930.9.10 起 1 週	獨辦		24 家商店，26 個飾窗	日，10620 號昭 4.11.10
桃園商工會	▲	1933.12.1 起 5 天	桃園街公所	自治展覽會		日，12069、12087、12090 諸號
中壢商工會	▲	1934.5.30~6.10	獨辦	街制實施 5 週年	64 家	日，12263、12289 號
新竹商工會 新竹實業會	●	1932.9.23~9.25	新竹市府及兩商公會	商業美術展覽會		日，11659、11660、11664 諸號
新竹商工會議所	●	1935.1	新竹市府商工股	市制 5 週年紀念		日，12461 號昭 9.12.10
		1935.12		歲末聯合廉賣會		日，12820 號昭 10.12.7
		1936.12.1 起 10 天		歲末聯合廉賣會		日，13154 號昭 11.11.8
臺中實業協會	●	1929.6.25~7.15	三會合辦	臺中納涼市		日，10471、10483 號新民，267

臺中商交會					號昭 4.6.30
臺中商工協會		1932.7.14 起 10 天	三會合辦	臺中納涼市	110 餘家	日，11576、11597 號
		1935.7.20~8.12	二會合辦	臺中納涼市		日，12671 號昭 10.7.10
清水商工協會	●	1939.9	獨辦	慶祝臺中築港		日，14206 號昭 14.10.2
鹿港商工會	●	1935.10	獨辦	街公所新廳舍落成		日，12411 號昭 10.9.18
斗六商工會	●	1935.2	獨辦	歲末聯合廉賣會		日，12529 號昭 10.2.17
嘉義商工會 嘉義商業協會	●	1926.12.1 起 7 天	兩商工會合辦	歲末聯合廉賣會		日，9537 號大 15.11.19
		1928.3.17 起 1 週	兩商工會合辦	農產品評會納涼廉賣會	商公會者 25 家；商業協會 31 家	日，10023 號昭 3.3.19
		1928.12 中旬	兩商工會合辦	歲末聯合廉賣會		日，10259 號昭 3.11.11
		1929.7	嘉義商工會獨辦	慶祝實施市制		日，10449 號昭 4.5.23
	▲	1932.6	嘉義商工會獨辦	納涼聯合廉賣會		日，11568 號昭 7.6.23
臺南商工會 臺南實業協和 臺南商工協會	▲	1931.12.1 起 1 個月	三會合辦	歲末聯合廉賣會		日，11364 號昭 6.11.30
佳里商工會	●	1936.8	獨辦	北門神社祭典		日，13054 號昭 11.7.30
高雄商工會				展覽會		昭 7.8.12
	▲	1933.6.1~6.10	獨辦	納涼聯合廉賣會		日，11915 號昭 8.6.8

	●	1935.6.8~6.10	高雄市府	高雄港灣祭		高雄商工會會報，昭和10年6月，p15~18
	●	1937.3.26~3.29	高雄市府	高雄港灣祭		高雄商工會會報，昭和10年6月，p35~41
鳳山商工會	▲	1934.12	獨辦	歲末聯合廉賣會		日，12472號昭9.12.21
屏東商工會	●	1935.6.20~7.3	獨辦	納涼聯合廉賣會		日，12644號昭10.6.13
		1937.6.25起5天	獨辦	納涼聯合廉賣會		日，13376號昭12.6.20
宜蘭商工會	▲	1925.10.27、10.28	獨辦	宜蘭神社祭典		日，9148號大14.10.26
宜蘭實業協會	▲	1933.9	宜蘭信組、街公所	全島產業組合大會		日，11895、11957、11967、11985、11996、12006諸號
		1934.12	獨辦	歲末聯合廉賣會	60餘家	日，12447、12480、12520、12525諸號
		1935.12	獨辦	歲末聯合廉賣會		日，12829昭10.12.6
宜蘭商工協會	▲	1939.11.14起1個月	獨辦	宜蘭神社祭典	250家	日，14212號昭14.10.8
花蓮商工會	●	1936.11.27~11.29	獨辦		27家	日，13172號昭11.11.26

【說明】商品陳列窗裝飾比賽者為標示●者；店鋪裝飾比賽者為▲；電燈裝飾比賽為★。

表九：商工會舉辦廣告展的概況

會名	活動名稱	舉辦時間	合辦團體	觀眾人數	資料來源
臺北商工會臺北實業會	商業美術展覽會廣告祭比賽	1932.7.20~7.24	總督府殖產局	10萬	日，11596、11598諸號

高雄商工會	高雄市府商業美術展覽會 高雄商工會廣告祭	1932.8.14 起 3 天	高雄市府		日，11611、11618、11620、11623 諸號
	廣告創意比賽	1934.11.30	獨辦		日，12453 號昭9.12.2
臺中實業協會	商業美術展覽會	1932.9.9 起 3 天	臺中市府	5.5 萬人	日，11647、11650 號
新竹商工會 新竹實業會	商業美術展覽會	1932.9.23 ~9.25	新竹市府	4.2 萬人	日，11659、11660、11664 諸號
臺北商工協會	廣告祭	1933.6	獨辦		日，11899、11900 諸號
	廣告祭	1934.6	獨辦		日，12046、12170 號
斗六商工會	廣告祭	1933.9	獨辦		日，12012 號昭8.9.13

綜言之，廣告對商工會而言，不僅具有促銷商品的功能，更重要的是商工會能利用商家參與活動的機會，整合境內各小商團。而廣告競賽驅使商家努力爭取獲獎，除讓商人獲得聲望的滿足，品牌的觀念亦藉此建立，頗有助於提升商人的企業精神。

五、結語

日治時期，日人中、小商工業者由於人數、素質均不如臺商；加上本地臺商擁有穩固的商業據點及銷售網絡，經營成本較低；再者，臺商對生活水準的要求亦不高，故常能獲得較多盈餘，中、小日商無力與臺商競爭成為當時普遍的現象。是故日商領導階層思考引進新穎的商賣技術，加強日人的商業競爭力，「拍賣」、「廣告」技術即為其中較重要者。

1910 年代初期，日人商工會首先引進拍賣制度，至 1920 年代中葉，拍賣會已成為各都市日人商工會普遍使用的商賣技術。1920 年代中葉起，臺灣遭逢一連串經濟危機--臺銀瀕臨破產、世界性經濟不景氣等，臺商亦開始學習日人商工會舉辦聯合廉賣會，商工會漸成各地統籌舉辦

的廉賣會的中心。

　　拍賣會可分為「歲末」、「歲中」、「特定商展」三類，1920 年代中葉以前，「歲末拍賣會」已相當普及，1920 年代中葉起，「歲中廉賣會」斷之漸興，1930 年代，商工會有了歲末、歲中廉賣會的經驗後，亦開始舉辦有特定主題的商展。

　　「歲末廉賣會」，日人商工會於 1910 年代首先舉辦，1920 年代中葉起，臺人商工會亦逐漸加入，「歲末廉賣會」以折扣優惠及摸彩贈獎吸引顧客，銷售金額依商業發達程度而有差異，規模最大者可達 20 餘萬圓，最少者亦有萬餘圓，為當地商人賺取不少利益。舉辦的期間，通常日人商工會於新曆 12 月 1 日開辦，月底即已停止，臺商則較勤勞，直至農曆除夕始結束營業，故獲利常較日商為多。

　　「歲中廉賣會」可分為三種，即：「納涼廉賣會」、「廟會廉賣會」、「慶祝活動廉賣會」，其中「納涼型」、「慶祝活動型」多於都市舉行，以日商較為擅長，「廟會型」則多舉辦於街庄，係臺商改良傳統廟會商賣技術而成。隨著臺、日商人交往日切，彼此亦互相學習、模仿對方所擅長的廉賣會，就臺商言，1930 年代起，都市臺人商工會亦之仿效日商，舉辦「納涼型」、「慶祝活動型」廉賣會；再就日商言，街庄日商加入臺人「廟會型廉賣會」的情況日益普遍，而都市日人商工會更漸成為「迎城隍廟會廉賣會」、「中元祭廉賣會」的主辦單位，最後，甚至日人商工會亦能利用神社祭典舉辦廉賣會，顯見雙方交流之深。1929 年，臺中納涼聯合廉賣會，臺、日商人尚互責對方所準備的餘興活動，民俗色彩過濃，不易相互吸引異籍的顧客[98]，但至 1936 年，臺北商工會舉辦「商工祭」時，日商不僅仿效臺人設定商業主神，利用迎神機會舉辦廉賣會，臺人的「藝閣廣告遊行」、「范謝將軍遊行」更成為此次商展的重心活動之一。這種臺、日商人的親密交流，戰後當臺商必須面對政治環境由「親日」轉為「反日」時，甚至產生心理矛盾，造成不易解決的歷史難題[99]。

---

[98]《臺灣新民報》267 號，昭和 4 年 6 月 30 日。

[99] 林滿紅教授於國立臺灣師範大學歷史系教授「中國近代經濟史」即提出這樣的看法。

　　「歲中廉賣會」由於顧客購物意願較低，必須另以餘興節目刺激消費，故商工會漸利用小傳統文化，來繁榮商業活動。此不僅有助於當時促銷商品，亦使其成為地方文化的贊助人及塑造者。例如：鹽水蜂炮（鹽水商工會）、臺南運河划龍舟（臺南市四大商工會）、水裡社原住民族杵音（臺中市三大商工會）、嘉義小調（嘉義市兩大商工會）、馬蘭加路蘭原住民族舞蹈（臺東實業協會、商友會）等，都是日治時期當地廉賣會的重要活動。

　　「特定主題的商展」亦同樣對塑造地方特色有所貢獻，如：鹿港、大溪、嘉義的傢具，彰化的蜜餞，高雄的蛤產等，都是當地商工會特辦商展促進而漸聞名的。有的商工會更知配合當地特殊的人文、地理環境舉辦商展，如：臺南市三大商工團體舉辦「臺南三百年文化會」，強調臺南在臺灣文化史上的特殊地位；而高雄、基隆兩地商工會亦利用當地港灣的特別地理環境，舉辦「港灣祭」。

　　廣告技術的革新方面，以「廣告遊行」及「商品陳列窗」最為重要，前者以臺商貢獻較大，後者則日商功不遑讓。「廣告遊行」初以街庄藝閣廣告遊行為主，1910 年代，利用藝閣遊行創造人潮已是臺商普遍的知識。其後都市日人商工會受其影響，亦漸知能轉化為利用花車或化裝遊行來進行廣告。「商品陳列窗」廣告技術，約在 1920 年代初傳入，1925年，基隆商工會已知利用競賽，鼓勵商家採用。然並未造成流行，直至1932 年，經臺北商工會舉辦「商業美術展」大力推廣後，「商品陳列窗」始成為商家普遍的營業設備。由其傳播過程觀之，商業技術的革新臺北商人並非絕對居於領導地位，其他地區的商人亦可能首先吸收商業新知，創新商業技術。但若由必須經臺北的商工會介紹，某種商業技術始能流行來看，似又說明臺北商人在臺灣的商業發展上居於發號司令的地位。而在臺人吸收本項廣告技術方面，由於臺商「商品陳列窗」較少，故採變通方式，改以注重店鋪的整體裝飾。

　　而商工會引進拍賣制度、革新廣告技術，尤富意義者為其中含有許多刺激資本主義精神成長的因子。首先，商工會舉辦廉賣活動，揚棄傳統行會以操縱物價謀取利益的方式，改採薄利多銷策略。其既降低售

價，為賺取相同的利潤，勢必致力改善生產、交易過程，尋求經營合理化。其次，廉賣會皆事先預估消費總額，始提撥固定比例金額作為贈品，不僅有助於強化簿記技術，更可刺激重視數量的精神，而商工會商人將利潤回饋顧客，表示其願用更多勞務換取利潤，對於培養勤儉精神亦甚有助益。再者，廉賣活動強調童叟無欺，會後邀請公正人士主持抽獎，廟會型廉賣會更透過宗教保證其信譽，頗有助於提升誠信精神。又廣告競賽，商家為累積良好形象，努力爭取獲獎，不僅激發其榮譽感，更於無形中灌注品牌的觀念。而致力經營合理化、重視精確數量的觀念、勤儉誠信精神、追求企業形象等皆是資本主義精神的重要意含。

臺、日商工會在相互競爭中，不斷激發企業精神，亦經由合作交流，持續提升商賣技術，1936 年，臺北商工會舉辦「商工祭」，自訂節日慶祝，刻意突顯自身地位，商人儼然以臺灣社會新興主角自居！

草根崛起——日治時期臺北商工協會的發展

一、前言

　　商工會自 1895 年 10 月引進臺灣後，至 1945 年日本退出臺灣，各地商人先後至少組織了 200 個以上的商工會，全臺灣有 54 個「街」都曾設立商工會，11 個「市」更呈現數個商工會並存林立的熱鬧景況，商工會成為「街」、「市」級以上城市普遍成立的商工團體，力量深入基層，對地方影響很大。再者，1937 年以後「市」的商工會體系，也逐漸轉變成擁有法律地位的「商工會議所」、「商工經濟會」體制，終於獲得官方認可。[1]

　　在日治時期的商工會體系中，臺北市尤為發達，1903 年日本企業家設立了「臺北商工談話會」，1909 年更改組為「臺北商工會」，其後實力較小的日本商人也組織了「臺北實業會」。臺灣商人則在辜顯榮的領導下，於 1928 年設立「臺北商業會」，1930 年分化出以郭廷俊為首的「臺北總商會」，1933 年再出現更零小商人結社的「臺北商工協會」。臺北商工協會的出現饒富意義，其會長陳清波就任時年僅 28 歲，他是茶商公會會長陳天來之子，為了拓展臺灣茶葉的銷路，往來於臺灣、日本、南洋、滿洲等地，具有豐富的國際商務經驗。[2]陳清波在臺灣商人聚集的大稻埕，以老邁的茶商同業公會為基礎，加入新崛起的雜貨、肥料、銀樓、服飾、餐飲、漢藥、度量衡商人(參見附表一)，創立臺北商工協會，具有承先啟後之意。

---

[1] 參見趙祐志，《日據時期臺灣商工會的發展（1895--1937）》（臺北：稻鄉出版社，1998 年）。

[2] 《臺灣日日新報》第 11971 號，1933 年 8 月 3 日第 8 版。1933 年 7 月，陳清波為拓展臺灣茶葉銷路，赴滿洲國考察，28 日返臺報告滿洲國近況，他認為滿洲國交通、產業都頗有進步，社會秩序也逐漸安定，同時，在滿洲國的華人漸有久住滿洲國的打算，因此陳清波指出想要活躍於滿洲國商場者應學北京語、漢文，也認為臺灣的蔬果很有機會打開滿洲國的銷路。《臺灣日日新報》第 12474 號，1934 年 12 月 23 日第 12 版。1934 年 11 月 21 日起，陳清波赴天津、哈爾濱、吉林、新京、安東、營口、大連、北京等地考察一個月，12 月 22 日返臺，極言滿洲國發展快速，所發行貨幣可以流通至北京天津，同時農村因為大豆暢銷、價格上漲，農村頗有活力，也曾會見臺灣出身的滿洲國官員謝介石。

再者，臺北商工協會活力十足，短短 3 年它的會員人數即超過 800 人，是日治時期會員人數最多的商工會組織。更重要的是，它代表了臺籍普羅商人覺醒的意義，就在它創立一年後，萬華的臺灣商人也仿效籌組「艋舺商工會」，4 年後大稻埕的臺灣零售商人再創立「大稻埕實業會」，足見它開啟了臺灣商人草根結社的風潮。

本文使用《臺灣日日新報》、《臺北商工協會報》、名人錄等資料，並藉分析臺北商工協會的創立過程、組織、功能，切入討論日治時期臺日商人互動、臺灣商人與殖政府的關係，以及商人網絡等問題，從而刻描這波「草根崛起」的意義。

二、臺北商工協會的創立

1932 年 10 月底，為了團結臺北地區的中小商工業者、防止惡性競爭，共謀未來利益，太平町源春商店陳春金、發記茶行王錦東等數十位青壯商人，發起籌組「臺北商工協會」。[3] 11 月 6 日，在蓬萊閣餐廳舉行發起人大會，共計 47 人出席，陳春金被推為議長，討論會則、會員招募方法、例會召開方式、推舉創立委員等議案。[4] 13 日，再於「臺灣茶商公會事務所」召開創立委員第一次協調會，決定分頭招募會員，並分配創立大會的工作。27 日，又於茶商公會事務所召開創立委員第二次協調會。[5]

次年 2 月 4 日，在蓬萊閣召開創立委員第三次協調會，因為有意加入者已達 300 多人，乃決定在 26 日舉行創立大會。[6] 2 月 24 日，在太平町事務所召開創立大會籌備會議。[7] 26 日，上午先以汽車隊繞行大稻埕、艋舺、城內一周，進行宣傳，並施放煙火，下午在蓬萊閣正式舉行創立大會，會場外高懸協會會旗，場內則高褂日本國旗，臺上並放置「商

---

3 《臺灣日日新報》第 11698 號，1932 年 11 月 1 日第 2 版。
4 《臺灣日日新報》第 11704 號，1932 年 11 月 7 日第 8 版。
5 《臺灣日日新報》第 11722 號，1932 年 11 月 25 日第 8 版。
6 《臺灣日日新報》第 11795 號，1933 年 2 月 7 日第 4 版。
7 《臺灣日日新報》第 11814 號，1933 年 2 月 26 日第 4 版。

戰先鋒」的橫匾，共有 400 餘人出席。會議開始眾人高唱日本國歌，中國駐臺領事鄭延禧也頒祝辭。大會推舉陳春金為議長，審議會則，並決定選舉 13 名常務理事、30 名理事、50 名評議員、顧問若干人。理事會成立後，隨即推舉陳清波(茶商)為會長，黃世泰(木材商)為副會長，陳春金(雜貨商)為專務理事，王錦東(茶商)、巫世傳(漢藥商)等 12 人為常務理事，會後舉辦懇親宴，宴會上陳春金舉杯高呼大日本帝國萬歲，眾人也齊聲附和。[8]

創立大會次日，陳春金、巫世傳、楊朝華、許俊亭等幹部，代表商工協會向臺灣總督府、州市政府、南北兩署、四大日報、各商業團體表示感謝。[9] 28 日，在蓬萊閣舉行第一次幹部會議。惟陳清波此時仍在「滿洲國」考察商務，而且尚未同意就任會長，再加上臺北商業會、臺北總商會部分人士惡意攻訐，臺北商工協會前途未卜。

3 月 2 日，為催促陳清波接任會長，常務理事又在永樂町神農藥房召開會議，討論歡迎會長返臺及推薦顧問等事宜。[10] 7 日，陳清波自滿洲國返臺，隨即召開緊急理事會議，對該會自創立以來就遭有心人士中傷，發表聲明書，強調係為團結商工業者、共渡不景氣危機才成立商工協會，並言願意與任何商工團體合作。[11]然不久會長陳清波、專務理事陳春金、常務理事王錦東即分赴滿洲國、東京、南洋考察商務，致會務的推動受阻。

4 月中旬，三人陸續返臺，並且有意加入者已增至 700 餘人，18 日乃在源春洋行召開常務理事會，討論事務所地點、發行會報、舉辦夜市及夏季納涼促銷活動等議案，以穩定會務，並積極吸引商工業者加入。[12]此時臺北商工協會會務雖逐漸步入軌道，但創會兩個月來，陳清波始終未曾鬆口答應接任會長，故常務理事會議結束後，專務理事陳春金及常務

---

8 《臺灣日日新報》第 11815 號，1933 年 2 月 27 日第 2 版，《臺灣日日新報》第 11816 號，1933 年 2 月 28 日第 4 版。

9 《臺灣日日新報》第 11816 號，1933 年 2 月 28 日第 8 版。

10 《臺灣日日新報》第 11820 號，1933 年 3 月 4 日第 8 版。

11 《臺灣日日新報》第 11825 號，1933 年 3 月 9 日第 8 版。

12 《臺灣日日新報》第 11864 號，1933 年 4 月 18 日第 12 版。

理事王錦東、巫世傳、楊朝華等人，即至陳宅力勸陳清波就任會長。陳初以大稻埕人才濟濟，加上剛剛創辦臺北勸業信用組合，事務繁忙，予以婉拒，最後眾人表示若陳清波再拒任會長，將解散商工協會。[13] 19日常任理事 10 人再次勸進，並且十分堅持，陳清波終於同意就任會長，[14] 臺北商工協會至此確立了領導中樞。

三、臺北商工協會的組織

臺北商工協會草創時設有會長一人，任期 3 年，眾人推舉茶商鉅子陳清波為會長。副會長原本只設置一人，會員推舉木材商黃世泰為副會長，次年隨著會員人數的增加調整為 2 人，會眾改推米商許雨亭、張端擔任副會長。再者，商工協會最初也設有專務理事，負責推動會務，惟其後可能因為角色易與會長衝突，實施不及一年即予以廢除，[15]改聘相當於總幹事的書記（張晴川擔任），協助會長處理庶務。另外在會長、副會長之下，還有 12 位常務理事及 30 位理事，尤令人矚目的是，臺北商工協會為普羅商人的結社，十分強調參與，因此評議員人數多達 50 餘人，大約 10 名會員即可產生 1 名評議員。1937 年，又增設參議 5 人，地位應該常務理事之上，惟具體作用不詳。

臺北商工協會所召開的會議，有定期總會、幹部遴選會議、常務理事會議、幹部會議、每月例會。定期總會每年 2 月中下旬召開一次，參加者約有 300—400 人，在會議上會長報告會務、修改會則，並審查預算，再者，也會提出若干重要議案討論，例如：第三屆定期總會即討論參加臺灣博覽會事宜，以及抗議臺灣電力公司的粗暴斷電。[16]定期總會結束後，還會舉辦懇親會，每人只須繳交 5 角即可參加，會員可以攜帶

---

13 《臺灣日日新報》第 11865 號，1933 年 4 月 19 日第 8 版。

14 《臺灣日日新報》第 11866 號，1933 年 4 月 20 日第 8 版。

15 《臺灣日日新報》第 12050 號，1934 年 1 月 31 日第 8 版。

16 《臺灣日日新報》第 12529 號，1935 年 2 月 17 日第 8 版。臺灣博覽會事宜，決定交由幹部會議審議，另外蔡海坪臨時提案，就臺灣電力公司的照明費糾紛，請求臺北商工協會調停，並控訴臺電的粗暴，獲得許多會員的支持。

眷屬熱絡聯誼，因此參與人數多達 1,200－1,300 人，頗為踴躍。定期總
會官方也會派代表參加，例如：第二屆定期總會臺北市政府派赤木勸業
課長出席，[17]第三屆定期總會則有井上北署長參加，另外也有貴賓發表
祝辭，第一屆定期總會時有中國總領事鄭延禧發表祝辭，第三屆總會時
則有臺北實業會會長發表祝辭，[18]顯見臺北商工協會既與殖民政府維持
友好關係，也與「祖國」中國有感情上的聯繫（參見附表二）。

　　幹部遴選會議通常在定期總會後舉行，多選在 3、4 月份召開，此
一會議授權會長邀請常務理事等人開會，負責遴選較熱心參與會務者擔
任幹部。幹部人數則隨會員人數增加而調整， 常務理事由最初的 12 人
增至 26 人，理事也由 30 人增為 46 人，評議員則由 50 人增為 66 人（參
見附表三）。

　　常務理事、幹部會議約 2－3 個月召開一次，前者由常務理事出席，
後者由常務理事、理事、評議員與會，常務理事會議參加人數只有十餘
人，幹部會議則通常有 100 人以上。臺北商工協會自 1934 年初廢除專
務理事後，即改採合議制，推動會務的核心也轉向常務理事會議及幹部
會議，至 1939 年初為止，常務理事會議約舉辦了 25 次，幹部會議也有
20 次以上。

　　月例會於每月 26 日召開，參加人數約在 70－120 人，較屬聯誼性
質，由會長或書記簡單報告會務後，幹部即廣泛討論，並經常邀請知名
人士演講，律師蔡式穀就曾多次赴商工協會講解地方自治制度。[19]再者，
會後也會安排晚餐會，十分強調聯誼功能。臺北商工協會創會不久後，
各種會議多能按時召開，顯見會務很快即相當穩定（參見附表四）。

　　開會的地點，不脫會長與重要幹部的勢力範圍，例如：創立委員會
選在茶商公會事務所（陳清波會長之父陳天來為茶商公會會長）召開，
常務理事會議也在源春洋行（店東為專務理事陳春金）、神農藥房（店
東為常務理事巫世傳）等幹部商號舉行，定期總會幾乎都在蓬萊閣（店

17　《臺灣日日新報》第 12176 號，1934 年 2 月 26 日第 8 版。
18　《臺灣日日新報》第 12545 號，1935 年 3 月 5 日第 8 版。
19　《臺灣日日新報》第 12050 號，1934 年 1 月 31 日第 8 版。

東為常務理事陳水田)、第一劇場（陳清波家族投資）舉行，常務理事、幹部會議也多選在臺北勸業信用組合事務所（組合長為會長陳清波），月例會則在沙龍 OK[20]（店東為常務理事許火車）舉行，這些會議開會的地點，多半與臺北商工協會核心人物有關。

值得一提的是，臺北商工協會雖由大稻埕商人發起創設，但最初也積極吸納艋舺商人參加，同時為了籠絡艋舺地區的會員，甚至打算每月的例會輪流在大稻埕沙龍 OK、艋舺三仙樓召開。[21]然 1934 年 7 月黃金生、黃世泰、黃玉對、顏雲祥、林返、林金定、倪希昶、吳丹桂、鄭王癸、吳淡梅、張地澤等人，發起創立「艋舺商工會」，[22]此後臺北商工協會每月例會即鮮少到艋舺開會，幾乎都在大稻埕的沙龍 OK 舉行。

臺北商工協會自 1933 年 2 月下旬創立，雖然會長人選一度未定，但有意加入的人數快速增加，根據《臺灣日日新報》的報導，至 10 月份中旬以前，大稻埕、城內、萬華商人有意願加入者將近千餘人，[23]正式入會者也達 500 人之眾，探究其原因以下列四點較為重要，第一，入會費低廉，每人每年只須繳納 1 圓即可參加，一般商人皆可負擔。第二，招募會員採取幹部責任制，幹部每人至少須招募 1 人入會，會員人數增加迅速。[24]第三，主辦廣告祭、窗飾競賽、促銷活動等都獲得很大成功，入會者可以獲得實質利益，因此樂於加入。第四，發行《臺北商工協會報》作為機關報，每月出刊一次，向會員報導會務的運作概況，獲得會員的認同。[25]

臺北商工協會會員的人數，從創會開始每年即以增加 100 人的速度成長，1936 年底達到頂峰，會員人數達到 817 人，[26]網羅了臺北市內的

---

[20] 《臺灣日日新報》第 12662 號，1935 年 7 月 1 日第 8 版。

[21] 《臺灣日日新報》第 12596 號，1935 年 4 月 26 日第 4 版。

[22] 《臺灣日日新報》第 12315 號，1934 年 7 月 16 日第 8 版、第 12317 號，1934 年 7 月 18 日第 8 版、第 12326 號，1934 年 8 月 6 日第 8 版，艋舺商工會活動很快瓦解，黃世泰、林金定重返臺北商工協會。

[23] 《臺灣日日新報》第 12038 號，1933 年 10 月 10 日第 8 版。

[24] 《臺灣日日新報》第 12046 號，1934 年 1 月 27 日第 8 版。

[25] 《臺灣日日新報》第 12662 號，1935 年 7 月 1 日第 8 版。1935 年 6 月正式發行會報。

[26] 《臺灣日日新報》第 13289 號，1937 年 3 月 24 日第 4 版。

臺籍中小商人的加入，為全臺會員人數最多的商工團體，亦象徵草根商人群體意識的覺醒。

　　惟在達到巔峰不久大稻埕商界即陷入分裂，1937 年初「臺北織物商組合」專務理事謝火爐與太平町、永樂町的批發、零售商劉鼎基、陳培、張亦樂、洪火旺、高雲霖等人，在「江山樓」發起籌組「大稻埕實業會」，並在德記商行設立事務所，以舉辦「商工祭」、歲末促銷活動、聯絡店主店員感情為主要會務，[27]此會至 1940 年 3 月仍可見其在蓬萊閣舉行第三屆定期總會，[28]持續運作的大稻埕實業會與曇花一現的艋舺商工會不同，大稻埕實業會的成立可能帶走了部份會員。

　　然而最重要的是，受到戰爭的影響，日本政府已決定在臺灣各市成立「商工會議所」，作為戰爭動員體制的一環，臺北商工協會的會長陳清波、重要幹部陳金木、王錦東、楊接枝、陳作霖、鄭當權等人都被選為臺北商工會議所的設立發起人，[29]而且會長陳清波、常務委理事陳春金、陳作霖、楊接枝、顧問貝山好美等人甚至當選評議員，[30]在此情勢下，臺北商工協會的會員人數開始下降，至 1938 年時只剩 600 人，[31]再到 1939 年初第七屆定期總會時參加者只有 170 餘人（參見附表一），至此商工協會的運作已是日薄西山。

　　再就臺北商工協會會員的族群觀之，96%以上都是臺灣人，另有 3—4%的中華民國人，1—1.5%的日本國人，中國、日本商人的會員人數雖少，但由此可以看出臺北商工協會對「華僑」商人與日本商人都採取一定程度接納的態度（參見表一）。

表一：臺北商工協會會員歷年累計表（1933—1936）

會員分類	1933	1934	1935	1936
日本人	5	6	8	11

27　《臺灣日日新報》第 13254 號，1937 年 2 月 17 日第 4 版、第 13303 號，1937 年 4 月 8 日第 3 版。

28　《臺灣日日新報》第 14374 號，1940 年 3 月 20 日第 3 版。

29　《臺北商工協會報》第 21 號，1937 年 3 月 1 日第 4 版。

30　《臺北商工協會報》第 33 號，1938 年 3 月 1 日第 3 版。

31　《臺灣日日新報》第 13782 號，1938 年 8 月 2 日第 2 版。

臺灣人	474	575	676	774
中華民國人	15	24	28	32
合計	494	605	712	817

資料來源:《臺北商工協會報》第 19 號 (1937 年 1 月 1 日),第 16 版。

　　臺北商工協會的收支概況,1933 年收入 4,112.69 圓,支出 4,071.77 圓,結餘 40.92 圓,[32] 1937 年以後逐漸進入戰爭體制,商工活動減少,本會的收支也銳減為只有原來 1/3 左右的規模,收入 1,566.76 圓,支出 1291.01 圓,結餘 275.75 圓,1938 年收支雖稍微增加,但十分有限。再分析收入的來源,主要係賴會費、捐款及會報廣告三項,支出則以工作費、印刷費及定期總會、月例會、臨時費用等項開銷最多(參見表二)。

表二:臺北商工協會的收支概況(1937、1938 年)

年份	1937 年	1938 年
收入		
前年轉入	163.76	225.15
捐款	250.00	155.00
會費	908.00	891.00
會報廣告收入	245.00	227.00
總會收入	--	148.00
慰問金	--	80.00
小計	1,566.76	1,726.15
支出		
準備品	--	50.00
慰問金	--	80.00
工作(手續)費	480.00	486.00
交通費	1.00	--
月例費用	111.45	91.28
印刷費	253.40	246.55
交際費	119.50	66.60
總會費用	100.00	246.23

[32] 《臺灣日日新報》第 12176 號,1934 年 2 月 26 日第 8 版。

消耗費	9.30	8.98
通信費	36.50	21.30
臨時費	118.75	179.00
雜支	61.11	43.58
小計	1291.01	1,519.52
合計結餘	275.75	206.63

資料來源：《臺北商工協會報》第 33 號第 2 版、45 號第 2 版（1938 年 3 月 1
日、1939 年 3 月 1 日）。

四、臺北商工協會的功能

臺北商工協會的功能，對會員而言，以舉辦聯合促銷活動最具實
利，而調解糾紛、抗議漲價、代表陳情、商品信用調查、仲介交易也有
一定實益，其次，舉辦陳列窗比賽、創辦大世界賣場是宣傳及商工智識
的具體運用，而參加研究會、座談會、展覽會則有助於吸收商工新知及
擴展眼界，再者，透過參加「全島實業大會」，也聯結了全臺性的商工
網絡，拓展了人脈。

（一）舉辦聯合促銷商展

臺北商工協會舉辦的促銷活動，主要可以分為：「夏季納涼」及「歲
末廉賣」兩種，前者配合大稻埕霞海城隍廟農曆 5 月 13 日的祭典舉行，[33]
後者則利用舊曆過年的時機辦理。

（1）夏季納涼促銷活動

臺北商工協會創會後，鑑於夏季買氣不振，故特別重視夏季納涼促

---

[33] 《臺灣日日新報》第 12064 號，1933 年 11 月 5 日第 8 版，臺北商工協會也會與其他團體合
辦夏季納涼促銷活動，如：1933 年 10 月鑑於艋舺日漸式微，為振興艋舺商況，曾與萬華共
勵會，計畫利用昭和橋（今華江橋）完工之機，配合青山王繞境活動舉行商品促銷活動。
《臺灣日日新報》第 12330 號，1934 年 7 月 31 日第 4 版，也記載：1934 年 7 月 26 日起，
臺北商工協會也與太平會、永樂會、商業會、總商會等團體，合辦為期六天的納涼聯合促
銷會，已準備了放映電影、花車遊行、檢番藝妓表演、化妝搜索、舞蹈、曲盤演奏、歌手
獨唱、女僕變裝等活動，以創造人潮。

銷，每次約籌措 5,000 圓的經費舉辦活動，並推舉執行委員及監察委員，作為實際推動人員。促銷活動長達一個月，在商工協會幹部的勸誘下，參與聯合促銷活動的店家多達 50 家以上，加盟者在店前懸掛旗幟作為識別系統。

促銷活動為吸引人氣，除配合迎神賽會展開外，也豎立巨型牌樓，懸掛促銷會的彩燈，同時設置廣告塔進行宣傳，再者，也舉辦施放煙火、放映電影、尋寶、化妝、舞龍等餘興活動，增添趣味，惟最能兼顧商品介紹及創造人潮的活動，應該是「商品陳列窗競賽」、「廣告祭大遊行」這兩項活動。

臺北商工協會頗為重視「商品陳列窗裝飾」及「廣告祭遊行」兩項比賽，不僅邀請臺北商業會協辦，[34]也請求官方派員審查，以昭公信，同時說服臺北市長、臺北州知事、稻江信用組合頒給獎狀、獎品。[35] 1933 年在臺北商工協會的大力鼓吹下，參加陳列窗裝飾競賽的商家有 30 家，廣告祭更多達 50 餘家。[36]廣告祭遊行十分熱鬧，由太平町媽祖廟出發，分為汽車、腳踏車、三輪車、四輪車、藝閣、化妝、音樂、廣告旗等組比賽，[37]沿路吸引了龐大的人潮。

再者，聯合促銷活動為刺激顧客的購買慾望，也由臺北商工協會發行超過 10-15 萬張的摸彩券，提供總值 1,500 圓以上的獎品，商家以每張 2-3 錢的價格購入摸彩券，當顧客購買一定金額的商品即贈送摸彩券。[38]

---

[34] 《臺灣日日新報》第 11899 號，1933 年 5 月 23 日第 9 版。

[35] 《臺灣日日新報》第 11900 號，1933 年 5 月 24 日第 12 版。第 11908 號，1933 年 6 月 1 日第 8 版。

[36] 《臺灣日日新報》第 11905 號，1933 年 5 月 29 日第 7 版。《臺灣日日新報》第 11906 號，1933 年 5 月 30 日第 4 版。

[37] 《臺灣日日新報》第 11898 號，1933 年 5 月 22 日第 4 版。參加者有：險會社、吉祥藥房、進馨商會、波利路唱片、神農氏大藥房、藤田商店、大成火災、錦記茶行、泰美商行、丸美商行、蓬萊閣、同益號、和洋雜貨商圍、大阪商船、近海郵船、新竹化妝品會社、洪裕泰吳服店、臺灣倉庫會社等。

[38] 本段參考《臺灣日日新報》第 11871 號，1933 年 4 月 25 日第 4 版，第 11875 號，1933 年 4 月 29 日第 12 版，第 11880 號，1933 年 5 月 4 日第 4 版，第 11887 號，1933 年 5 月 11 日第 12 版，第 11899 號，1933 年 5 月 23 日第 9 版，第 11885 號，1933 年 5 月 9 日第 4 版，

（2）歲末廉賣促銷活動

雖然大稻埕的歲末聯合促銷會，在臺北商工協會創立前已有舉辦，惟效果不彰，加上城內的日商「菊元商行」、「松井商行」、「大和洋行」等百貨業者，也會舉辦歲末促銷活動，嚴重威脅大稻埕各商家的業績，因此陳清波會長在 1933 年 10 月即提議大稻埕各商團聯合舉辦歲末促銷活動。[39]

經陳會長的奔走，臺北商業會、臺北總商會、永樂會、太平會等團體終於召開會議，同意合辦，其後各團體更推舉陳清波（商工協會）、蘇穀保（商業會）、林濟川（總商會）、李金燦（太平會）、陳茂通（永樂會）等人為執行委員，積極鼓吹商家加入聯合促銷活動，[40]並以施放煙火及尋寶等活動，吸引顧客，[41]同時為刺激買氣，也發行了 44 萬張彩券，達到良好的促銷效果。[42]

次年的歲末聯合促銷會更為擴大，除原本五個商團合辦外，又加入「棉布商組合」，[43]促銷活動的時間長達一個月多月，共發行 45 萬張彩券，贈品總額達 14,850 圓，特等獎 1,000 圓現金，一等獎 100 圓現金，二等以下為實物獎品。[44]為召公信，獎品抽籤時還邀請北署派警官蒞會見證。[45]

1935 年 12 月 1 日起，大稻埕仍循前例舉辦歲末促銷會，惟因本年在臺灣博覽會時已舉辦過促銷活動，為此歲末促銷活動受到影響，臺北商工協會為刺激買氣，力勸參加的商家改以現金或現貨為獎品，不要再如往年為節省經費，以滯銷商品作為獎品。[46]

第 11892 號，1933 年 5 月 16 日第 4 版。

[39] 《臺灣日日新報》第 12038 號，1933 年 10 月 10 日第 8 版。

[40] 《臺灣日日新報》第 12050 號，1933 年 10 月 22 日第 8 版。

[41] 《臺灣日日新報》第 12102 號，1933 年 12 月 13 日第 4 版。

[42] 《臺灣日日新報》第 12169 號，1934 年 2 月 19 日第 8 版。

[43] 《臺灣日日新報》第 12416 號，1934 年 10 月 25 日第 12 版。

[44] 《臺灣日日新報》第 12450 號，1934 年 11 月 29 日第 4 版。

[45] 《臺灣日日新報》第 12452 號，1934 年 12 月 1 日第 8 版。

[46] 《臺灣日日新報》第 12829 號，1935 年 12 月 6 日第 8 版。

（二）協助會員調解糾紛

根據《臺北商工協會報》的報導，協調解決糾紛是臺北商工協會會務處理上的重點，在 1936—1938 年間其所協解的糾紛包括：稅金糾紛 12 件、電燈電力糾紛 8 件、會員交易糾紛 20 件、會員對外糾紛 21 件（參見表三），稅金糾紛、會員交易糾紛、會員對外糾紛多半屬於會員私人問題，電燈電力糾紛則有公共利益的性質，臺北商工協會為公益，向臺灣電力公司交涉，較具意義，同時報紙上也報導較多，茲述 1936 年以前的兩次電燈電力糾紛。

1933 年 8 月 11 日，臺灣電力公司以電費滯納為由，粗暴切斷太平町蔡集盛、蔡海坪、方康泰和服店、康元泰綿布店、奇文居刻印店等四家商店的電線，但四商店堅稱未滯納電費，可能是路燈電費滯納，故拜訪臺北商工協會長請求代協調糾紛，並決定抗爭到底。[47] 14 日，臺北商工協會代表張晴川聯合商家、工友聯盟代表李友三等人赴臺灣電力公司協調糾紛，電力公司營業所長被迫接見，力言係根據太平會之決議處理，將盡力協調。[48]

1935 年 2 月 20 日，再次發生電費糾紛，陳清波會長、調停部巫世傳介入調解太平會、臺灣電力公司、商家的夜間點燈費用糾紛，陳清波會長先令會員蔡海坪暫時撤回告訴，滯納金 13 圓也交由臺北商工協會與太平會商議解決辦法。[49]未幾，臺灣電力公司又對林水蓮、謝添進、陳均灶、蘇潤堂、岑瑞卿等五家商店實施斷電，28 日，臺北商工協會乃向警察局，對電力公司松木幹一郎等人提出威脅、恐嚇取財、妨礙業務等告訴。[50]在兩次的糾紛中，弱小無助的臺人商家因有臺北商工協會的撐腰協調，臺灣電力公司才不致於太過橫暴，保障了會員的權益。

---

47 《臺灣日日新報》第 11981 號，1933 年 8 月 13 日第 8 版。

48 《臺灣日日新報》第 11983 號，1933 年 8 月 15 日第 8 版。

49 《臺灣日日新報》第 12533 號，1935 年 2 月 21 日第 4 版。

50 《臺灣日日新報》第 12542 號，1935 年 3 月 2 日第 4 版。

表三：臺北商工協會會務處理件數統計（1936-1938）

會務處理項目分類	1936	1937	1938	小計
稅金交涉	5	2	5	12
電燈電力糾紛交涉	3	2	3	8
會員交易糾紛調停	10	6	4	20
會員對外糾紛調停	9	7	5	21
會員請託商品調查	26	25	30	81
海外商團信用調查	8	5	17	30
會員間交易仲介	18	18	15	15
其他	38	27	33	98
合計	117	92	112	321

資料來源：《臺北商工協會報》第 21、33、54 號（1937 年 3 月 1 日、1938 年 3 月 1 日、1939 年 3 月 1 日）。

（三）展現集體爭議力量

臺北商工協會擁有會眾有數百人之多，故具有「集體爭議力量」，可以表達意見，見諸報紙比較有影響的抗議與請願包括：抗議貨船運費用上漲、請願擴大臺灣銀行保證發行限度、臺灣博覽會在大稻埕設置南方館等三件事情，茲述如下：

1934 年 8 月 14 日，臺北商工協會幹部陳春金、張晴川、巫世傳拜會大阪商船齋藤代理支店長、日本郵船田中代理支店長，抗議貨船運費用上漲，兩支店長回答正在蒐集漲價理由、數據，20 日寄達臺灣後即可轉發各實業團體，[51]對臺北商工協會表達了某種程度的回應與善意。

1935 年 1 月 28 日，臺北商工協會召開緊急幹部會議，討論臺灣銀行保證發行限度等問題，決議以陳清波會長的名義，向大藏省、拓務省、銀行局請願，要求為了挽救臺灣經濟，請同意提高臺銀保證發行限度及降低發行稅率，[52]以創造貨幣寬鬆的環境，刺激經濟景氣。

1935 年 2 月，因為「始政四十週年紀念臺灣博覽會」只在城內公

---

[51] 《臺灣日日新報》第 12345 號，1934 年 8 月 15 日第 8 版。
[52] 《臺灣日日新報》第 12510 號，1935 年 1 月 29 日第 8 版。

會堂和新公園設立會場，臺灣人居住的大稻埕並未設立會場，臺北商工協會會長陳清波乃聯合大稻埕各商工團體代表蘇穀保、蔣渭川、謝火爐等人，向總督府中瀨殖產局長、須田商工課長建議將臺灣博覽會南方館移往大稻埕舉辦，總督府雖表贊同，但因增加經費，仍須考慮。[53]

12 月，陳清波會長再次聯合郭廷俊、張清港、許貴智等人，邀集商業會、總商會、商工協會、太平會、永樂會等 5 個團體代表在稻江信組討論，決定選出委員向臺灣總督府陳情在大稻埕設立分館。[54] 27 日，陳情有效，獲得臺灣總督府同意，28 日，各團體乃在稻江信組再次開會，通過經費半數由參加商人自行負擔。[55]

（四）運用新興宣傳方法

臺北商工協會運用新興宣傳方法最突出的是：舉辦「陳列窗飾比賽」。陳列窗飾原本是此時期宣傳商品的新方法，臺北商工協會在舉辦聯合促銷活動時，經常用以吸引人潮，其方法已如前述。1934 年，臺北商工協會又將其擴大運用至軍事宣傳上，它配合臺灣軍司令部及殖民政府，在 6 月 17 日起三天，舉辦「特種演習陳列窗飾比賽」。本次比賽分城內、大稻埕兩區舉行，城內地區由臺北實業會負責，大稻埕地區則由臺北商工協會主辦，並由臺灣軍司令部、臺北市政府、各日報協辦，同時為了表示慎重，也由臺北市長及專家審查評比，[56]並頒獎表揚優勝。[57]

1936 年日本第一艦隊來臺訪問，臺北商工協會再次舉辦「第一艦隊歡迎飾窗競賽」，8 月 3 日，聘請林東辰、莊泗川、陳金木、王錦東、楊接枝、朱阿西、顏有仁、雷仁和、黃兩儀等人審查參賽的陳列飾窗。4 日，發表結果，一等入選為高進商會，二等入選為李益興支店、永安

[53]　《臺灣日日新報》第 12534 號，1935 年 2 月 22 日第 12 版。

[54]　《臺灣日日新報》第 12464 號，1934 年 12 月 12 日第 11 版。

[55]　《臺灣日日新報》第 12481 號，1934 年 12 月 29 日第 8 版。

[56]　《臺灣日日新報》第 12276 號，1934 年 6 月 7 日第 4 版。

[57]　《臺灣日日新報》第 12290 號，1934 年 6 月 21 日第 4 版。6 月 20 日，競賽審查成績公佈，下午舉行頒獎典禮，一等獎為高源發商行，二等獎為巴里公司、成興洋傘店、松井吳服店，三等獎為葉輝記、林裕益、榮裕商行、高進商店，佳作為神農氏等十家商店。

堂分行，三等人選為林裕益、葉輝記、高源發，佳作為瑞祥、日華美、櫻井、同益號、和揚商會等。[58]

「特種演習陳列窗飾比賽」及「歡迎第一艦隊來訪飾窗比賽」，臺北商工協會都配合軍方與殖民政府，運用新方法，達到宣傳的效果，更重要的是，也趁機與軍方及殖民政府建立了良好的關係。

（五）創辦集中式大賣場

1933 年初，太平町三段建泰茶行自關閉以來，面積 500—600 坪，即歸華南銀行所有，閒置未加利用，對於市街美觀也有所妨礙。1933 年 8 月，大甲人李天意承租太平町建泰茶行舊址，並與臺北商工協會合作，籌建「大世界」集中式大賣場，並設有娛樂場、納涼場共約百間，樓上還建立大世界旅館。[59]

在臺北商工協會的招商下，各種賣店紛至。[60] 10 月 12 日，樓下工程已近完工，16 日，召集各店店主協商，決議開募時將雇用汽車宣傳，並勵行現金交易，實施「不二價政策」，違者罰錢。26 日，雇用汽車 12 輛宣傳；27 日，大世界正式開幕，準備了尋寶、藝旦演唱、傀儡戲、電影、魔術、燈謎等餘興節目，吸引顧客數千人前來，11 月中旬樓上大世界旅館部業也開始營業。[61]臺北商工協會創辦了新型的集中大賣場，又勵行現金交易，實施不二價政策，對於改善商業交易環境具有一定的時代意義。

（六）對外參與商工網絡

臺北商工協會創立後，即與臺北商業會、臺北總商會、太平會、永樂會等商團合辦各種促銷活動，建立臺北地區臺灣商人的聯繫網絡，此

---

58 《臺北商工協會報》第 21 號，1937 年 3 月 1 日第 4 版。

59 《臺灣日日新報》第 11996 號，1933 年 8 月 28 日第 8 版。

60 《臺灣日日新報》第 12003 號，1933 年 9 月 4 日第 4 版。

61 《臺灣日日新報》第 12057 號，1933 年 10 月 29 日第 4 版。

後也參與臺北商工會舉辦的「商工祭」廣告遊行活動，並與臺北實業會合辦特種演習陳列窗飾比賽，建立與臺北地區日本商人的合作關係，[62]更重要的是，臺北商工協會創立後，即屬於商工會體系的一員，可以獲邀參加各地商工會的聯合組織—「全島實業大會」，其代表在會議中參與討論，並且提出議案，搭上全臺性的商工會網絡。

　　1933 年 6 月 22 日，臺北商工協會召開第 3 次幹部會議，開始討論是否參加全島實業大會。[63] 1935 年全島實業大會恰逢由臺北市的商工會主辦，7 月 26 日，臺北商工協會召開第 10 次月例會，討論與臺北市五大商工會合辦的事宜，並與淡水商工會合作，在大會上提出淡水築港的議案。[64] 1936 年 10 月 23 日，參加第 20 屆全島實業大會，派陳清波、朱阿西、賴傳庚、王錦東、楊文諒等人出席代表委員會，派林金定、陳維貞、陳春金、詹天馬、巫世傳、張晴川等人出席大會。[65] 1937 年 8月 20 日在臺北鐵道旅館舉行全島實業大會實行委員會，由陳清波代表臺北商工協會出席。[66]

　　最後值得一提的是，臺北商工協會不僅透過「全島實業大會」，建立全臺性的商工網絡，開展會員的全臺性人脈，同時，當日本、中國各地的政商團體、要人抵達臺北時，臺北商工協會也會參加或主辦歡迎會，與之建立關係。例如：1936 年 8 月 17 日，臺北商工協會參加「歡迎大阪樣品商展代表歡迎會」，派林祖謙、楊文諒、陳春林等人出席。[67] 1936年 11 月 18 日，在蓬萊閣舉行歡迎內田福州總領事。[68] 1937 年 3 月 22

---

[62] 根據《臺北商工協會報》第 21 號，1937 年 3 月 1 日第 4 版、第 33 號，1938 年 3 月 1 日第 3版，1936 年 5 月 1 日決定參與臺北市商工會主辦的商工祭，並派陳金木、陳春金、巫世傳出席。1937 年 5 月 11 日協辦臺北商工會主辦的商工祭。參加遊行的會員有：乾元藥行、神書堂、虎標永安堂、東西藥房、神農大藥房、東陽製菓、南光商會。

[63] 《臺灣日日新報》第 11929 號，1933 年 6 月 22 日第 4 版。

[64] 《臺灣日日新報》第 12689 號，1935 年 7 月 28 日第 4 版。

[65] 《臺北商工協會報》第 21 號，1937 年 3 月 1 日第 4 版。

[66] 《臺北商工協會報》第 33 號，1938 年 3 月 1 日第 3 版，不過稍後即因時局動盪、新的商工會議所體系建立，全島實業大會即未再曾召開。

[67] 《臺北商工協會報》第 21 號，1937 年 3 月 1 日第 4 版。

[68] 《臺北商工協會報》第 21 號，1937 年 3 月 1 日第 4 版。

日，在蓬萊閣歡迎福建省記者團。[69] 1938 年 5 月 27 日在鐵路餐廳舉辦午餐會，招待京都市、鹿兒島縣的產業視察團，[70]這些活動有助於臺北商工協會拓展島外的關係及視野。

（七）積極吸收商工智識

臺北商工協會大約在創立後 3 年，開始積極派代表參加各層級政府或商工團體舉辦的研究會、座談會、展覽會，並向會員報告心得，以傳播各種商工智識，例如：1936 年 7 月 10 日，派代表參加臺北商工會主辦的「商工研究會」；[71] 1937 年 4 月 14 日，又派代表參加臺北市政府舉辦的「觀光座談會」；5 月 10 日，也派郭朝華等人參加臺北市政府主辦的「觀光展覽會」；10 月 15 日，又派陳清波、陳金木、蔡壽郎等人參加臺北州政府主辦的「商工座談會」。[72] 1938 年 4 月 1 日，派東陽商會等 16 會員參加臺北市政府主辦的「商工展覽會」[73]，這些活動對於臺北商工協會會員吸收經濟新知有一定程度的助益。

五、結語

城內的臺北商工會、臺北實業會網羅了日人企業家及中小商人參加，而大稻埕、艋舺較具實力的臺籍商人，也多加入了以辜顯榮、郭廷俊為首的臺北商業會及臺北總商會，在這種情況下，陳清波還能創立臺北商工協會，並且吸收了 800 多名會員入會，顯然這其中必定有許多是財力不強的小商人，不僅如此，不久又帶動艋舺商工會、大稻埕實業會的成立，可見臺北商工協會的創設，是喚醒臺北草根商人團結意識的重要催化劑。

---

[69]　《臺北商工協會報》第 33 號，1938 年 3 月 1 日第 3 版。
[70]　《臺北商工協會報》第 45 號，1939 年 3 月 1 日第 3 版。
[71]　《臺北商工協會報》第 21 號，1937 年 3 月 1 日第 4 版。
[72]　《臺北商工協會報》第 33 號，1938 年 3 月 1 日第 3 版。
[73]　《臺北商工協會報》第 45 號，1939 年 3 月 1 日第 3 版。

　　臺北商工協會只須繳納 1 元即可加入,而且平均不到 8 人就產生一名幹部(包括常務理事、理事、評議員),他們在各類會議上都能平權的參與,再者出席幹部會議的人數經常超過 100 人,參加定期總會者也多達 300─400 人,會後的聯誼餐宴更可吸引 1,200─1,300 人參與,熱情的程度十分驚人。臺北商工協會的常務理事、理事、評議員許多無法在當時的名人錄中找到資料,「名不見經傳」的他們,顯然是這波草根崛起凝塑的新商工領導階層。

　　臺北商工協會持續發展「夏季納涼」及「歲末廉賣」兩種商展,運用「陳列窗飾」、「廣告遊行」等宣傳方式,同時結合祭典、娛樂表演、施放煙火、發行摸彩券等手法,創造人潮、刺激買氣,開創了新的商品促銷 Know-how。其次,它創辦集中式的大賣場,鼓吹現金交易,實施不二價措施等,這些新模式改善了交易環境,也為臺北的商賣活動累積了無形的「社會資本」。再者,臺北商工協會參與臺北商工會的商工研究會,出席殖民政府主辦的各種座談會、展覽會,不僅有助於吸收新知,也在參展萃煉實力。更可貴的是,藉著商工會體系所建構的「全島實業大會」網絡,臺北商工協會趁便參與了全臺性的商工網絡,拓展人脈,會長陳清波獲推為臺灣經濟外交會的會長即可證明,此外臺北商工協會也經常接待島外的政商團體與要人,這也擴展了他們的視野,這些都是可貴的「軟實力」。

　　臺北商工協會不惟展現「集體爭議力量」,代會員向臺灣電力、日本郵輪、大阪商船等大公司爭取權益,也向日本中央政府及臺灣總督府陳情,有些建議甚至獲得採納。在與官方的關係上不是只有請願,更重要的是,它帶來更多的合作,殖民政府經常派官員參加臺北商工協會的各級會議,也應邀擔任陳列窗飾比賽的評審或公開抽籤的公證人,而臺北商工協會領導人也賣力宣傳地方自治的理念、發展對滿洲國的貿易。

　　值得注意的是,在中日戰爭爆發前,臺北商工協會在處理與日本帝國和中華民國的關係上,展現了等距交往的智慧。它吸納的會員不僅有日本人,也准許「華僑」中國人加入,它與日商的臺北商工會、臺北實業會合辦許多活動,更對日本帝國十足的認同,開會時懸掛日本國旗,

高唱日本國歌，也大喊日本帝國萬歲；但另一方面它也接受中華民國總領事的祝辭，歡迎福建省的記者團來訪。

隨著日本帝國對外侵略的腳步，臺北商工協會扮演的角色也日漸變化，原本是官民利益協調的橋樑，逐漸變成建構戰爭動員體制的協助者。在中日戰爭爆發前，1936 年 6 月，臺北商工協會就增設師團向有關當局提出陳情書。9 月，又參加在新公園舉行的臺北市防衛團創團式，出席者 160 餘人。10 月，為涵養國民精神，決定廢除會報的漢文版。[74] 1937 年 5 月，配合臺灣總督府政策向會員發送通知，宣導燈火管制政策。

中日戰爭爆發後，在 7 月 27 日，臺北商工協會慷慨激昂主辦「時局島民大會」，發表「暴支(中)膺懲宣言」。12 月，組織會員赴臺灣神社參拜，祈求皇軍武運長久，不久又在月例上舉行慶祝攻陷南京大會。[75] 1938 年 4 月，配合臺灣總督府政策，向全體會員分送「臨時增稅案」有關項目。5 月，配合臺北州政府發起的愛國儲金運動，向全體會員發送宣傳印刷品。7 月，再向全體會員分發臺灣總督府頒行的「取締暴利買賣」各種規定。8 月，又向全體會員發送「販賣價格表」，宣導殖民政府的物價政策。[76] 1939 年 1 月，配合臺灣總督府政策，送件參加臺北商工會議所主辦的「代用品展覽會」。[77]至此臺北商工協會已淪為殖民政府的政令傳聲筒，逐漸失去功能與活力，在會員興意闌珊下，會務的運作終於名存實亡，不過這波「草根崛起」對戰後的影響，很值得進一步討論。

---

[74] 《臺北商工協會報》第 21 號，1937 年 3 月 1 日第 4 版。
[75] 《臺北商工協會報》第 33 號，1938 年 3 月 1 日第 3 版。
[76] 《臺北商工協會報》第 45 號，1939 年 3 月 1 日第 3 版。
[77] 《臺北商工協會報》第 45 號，1939 年 3 月 1 日第 3 版。

附表一：臺北商工協會領導階層的學歷及經歷

姓名	商工會職銜	生年	學歷	事業經歷	政治經歷	參加的政治性社團	參加的經濟性社團	參加的社會性社團
陳清波	臺北商工協會會長 臺北商工會常議員	1905	廈門中華中學	錦記茶行常董 南洋經商 臺北勸業信組合長 第一劇場董事長 鴉片專賣指定商	市協 市常置員 區長 市議 市參事會員 市衛生委員 市教化委員	壯丁團長 保正總代 臺灣地方制度改正促進會委員長 保甲協會評議員	臺灣經濟外交會長	青年團長 衛生組合副組合長 北區友愛會理事 町委總代 陳氏宗親會會長
蔡溪	臺北商工協會副會長	1876	漢學	鐵材貿易 蔡溪商會店東 萬華信立組合長				艋舺祖帥廟管理主任
黃世泰	臺北商工協會副會長 臺北商業會評議員			木材商		保正 保甲協會計		同風會幹事、紅十字社員、市公墓會計
許雨亭	臺北商工協會副會長	1890	公學校	泰益商行幹部 瑞泰商事經理 臺灣米穀常董 臺北勸業信組理事			正米市場幹部	
陳金木	臺北商工協會副會長	1899		新高銀分所長 陳義順商行店東、常董 臺北勸業信組理事			臺灣肥料輸移入同業副組合長	
陳作霖	臺北商工協會常務理事	1884		東西藥房店東 東西洋行 淺野水泥特約販賣商 興亞商事董事長 興大公司董事長	永樂町第一區長	興亞會館理事長		
朱	臺北商工協	1893	國語校	萬華信組監			臺灣茶商	

阿西	會常務理事			事			會書記長	
陳水田	臺北商工協會常務理事	1895		五星商會店東、味之素、森永特約商蓬萊閣店東				
周天乞	臺北商工協會常務理事	1895		東陽製菓部主				
陳培雲	臺北商工協會常務理事	1896	公學校	臺灣藥業金融常理乾元行經理永樂劇場書記會計日華映畫社代表新興映畫社代表新興製藥常董				陳悅記祭祀公業管理人、陳姓宗親會理事、陳德星堂敦親會理事
巫世傳	臺北商工協會常務理事	1897	公學校	神農氏中藥房店東香港屈臣氏製藥代理商廣東岐生園臺灣總代理			臺北藥商組合幹事臺北漢藥組合理事臺灣藥業協會會計	町會常任理事
黃逢時	臺北商工協會常務理事	1898		樹林造酒公司主事樹林紅酒專務董事米穀貿易商樹德商行專務董事海山輕鐵董事榮隆商行代表社員臺北米穀董事長	臺北市會議員臺北市宮前町區長方面委員	皇民奉公會臺北州支部奉公委員	臺北米穀批發商組合理事長臺北鋼繩組合長	
林祖謙	臺北商工協會常務理事	1898	太平公學校	新集益董事長				
賴傳庚	臺北商工協會常務理事	1899	臺北高商講習科	太平生命臺北副支社長、分所長臺北勸業信組議員	市方面委員區長市敦化委員			青年團長

				錦茂商行、錦元藥房幹部				
林德旺	臺北商工協會常務理事	1900	公學校	林瑞記商行常董 雜貨布商				
陳春金	臺北商工協會常務理事	1901	大阪川口商業夜學會	陳和春商行店東 春金商行店東 源春洋行店東 臺北勸業信組監事 永樂旅館主人 源春商事代表		臺灣民眾黨委員	雜貨批發商組合常務理事	陳氏宗親會副會長町會常任理事
王錦東	臺北商工協會常務理事	1903	公學校	發記茶行經理 臺北勸業信組監事				青年團幹部
許火車	臺北商工協會常務理事	1903	臺北工業學校肄	沙龍OK店東 臺北勸業信組理事		壯丁團長 防衛團副班長		町會常務
劉天祿	臺北商工協會常務理事	1903	日本大專門部法科	臺灣米穀代銷董事 昭和家畜董事 東京龍商行店東 日本醬油監事 全閩新日報臺灣總支局長	市書記 市方面委員 市議	保正		青年團分團長、社會部長
陳得勝	臺北商工協會常務理事	1904	上海昌世中學肄	合盈芳金銀批發商 勝元齒科材料店東 新興製藥社長				
蔡壽郎	臺北商工協會常務理事	1908	臺南一中留學日本二年	壽商行店東 度量衡指定商			臺灣正米市場會員	
鄭	臺北商工協		臺北二	新春成吳服				

姓名	協會職務	生年	學歷	職業				
當權	會常務理事		中	店主				
蔡式穀	臺北商工協會理事	1884	明治大專門部法科	律師	市議 市參事會員	文協理事 臺北支部主任 臺灣議會期成同盟會理事 民眾黨顧問自治聯盟常務理事、臺北支部常理	臺北律師會常議員 臺灣律師協會理事	
劉金聲	臺北商工協會理事	1884	國語校肄	米穀輸出商 金德發商行店東 臺灣正米市場議員 臺灣米穀代銷董事 臺灣第一劇場監事 臺灣製冰監事				
陳維貞	臺北商工協會理事	1888	國語校	臺銀行員、臺北勸業信利組合事務主任、龍江信組監事				如水社員
李君木	臺北商工協會理事	1889	漢學	新嘉穎洋家俱商行店東				
鄭松溪	臺北商工協會理事	1898	農事試驗場	精米所、永樂町建築產組合事務主任 新興製藥常董	通譯 法院書記	自治聯盟臺北支部幹事		町會理事
李仁貴	臺北商工協會理事	1901	公學校	御成軒店東 南邦電氣工業董事長 臺灣自給肥料監事 廣福洋行董事長		臺北北署御成聯合壯丁團長	臺北冰販賣組合理事 臺北獸肉營業組合理事 臺北冰菓組合理事 臺北市電線批發商	

						組合長	
張火爐	臺北商工協會理事	1904	公學校	裕豐商行店東 萬華信利組合理事		臺北和洋雜貨組合理事	
高天賜	臺北商工協會理事		公學校	商工銀行員 日華皮革商 高進商行店東			

資料來源：大園市藏，《臺灣人物誌》（臺北：谷澤書店，1916 年）；鷹取田一郎，《臺灣列紳傳》（臺北：臺灣總督府，1916 年）。內藤素生，《南國之人士》（臺北：臺灣人物社，1922 年）。橋本白水編，《評論臺灣之官民》（臺北：南國出版協會，1924 年）。林進發，《臺灣人物評》（臺北：赤陽社，1929 年）。林進發，《臺灣官紳年鑑》（臺北：民眾公論社，1934 年第四版）。臺灣新民報社編，《臺灣人士鑑》昭和九年版（臺北：臺灣新民報社，1934 年）。臺灣新民報社編，《臺灣人士鑑》昭和十一年版（臺北：臺灣新民報社，1936 年）。原幹洲編，《南進日本之第一線に起つ新臺灣之人物》（臺北：拓務評論臺灣支社，1936 年）。唐澤信夫，《臺灣紳士名鑑》（臺北：新高新報社，1937 年）。鼻中泰治，《臺灣專賣事業年鑑人物編》（臺北：臺灣と海外社，1937 年）。太田肥州，《新臺灣をする支配人物と產業史》（臺北：臺灣評論社，1940 年）。大園市藏，《臺灣人事態勢と事業界》（臺北：新時代社臺灣支社，1942 年）。臺灣新民報社編，《臺灣人士鑑》昭和十八年版（臺北：臺灣新民報社，1943 年）。

附表二：臺北商工協會召開定期總會的概況

定期總會	開會地點	出席人數	會議情況
第一屆	蓬萊閣		
第二屆 1934.2.25	蓬萊閣		巫世傳報告收支：1933 年收入：4,112.69 圓，支出：4,071.77 圓，結餘 40.92 圓。
第三屆 1935.2.16	蓬萊閣		
第四屆 1936.2.26	第一劇場	387 人	出席懇親會會員及眷屬共 1,265 人。
第五屆 1937.2.26	第一劇場	397 人	出席會員及參加懇親會之家屬達 1,186 人。
第六屆 1938.2.26	蓬萊閣		會後舉行懇親宴，並募集慰問金。
第七屆 1939.2.26	蓬萊閣	170 餘人	詹天馬擔任司儀，先向國旗敬禮，遙拜皇居，並默禱皇軍武運長久，副會長陳金木代替陳清波會長擔任議長，宣讀會長祝電，會長勉勵會員應一致動員為興亞貢獻心力，同時報告會務及會計狀況，同時通過幹部改選委由遴選委員會，會後舉辦在

			永樂座舉行會員家族電影放映懇親會，播放報導戰線、吾亦紅等片，計有 1,200 餘人參加。

資料來源：《臺灣日日新報》第 12176 號，1934 年 2 月 26 日第 8 版。《臺灣日日新報》第 12529 號，1935 年 2 月 17 日第 8 版。《臺北商工協會報》第 21 號，1937 年 3 月 1 日第 4 版；《臺北商工協會報》第 33 號，1938 年 3 月 1 日第 3 版；《臺北商工協會報》第 45 號，1939 年 3 月 1 日第 3 版。《臺灣日日新報》第 13991 號，1939 年 2 月 28 日第 2 版。

附表三：臺北協會召開幹部遴選會議的概況

幹部遴選會議	開會地點	出席人數	會議情況
1934.4.5		陳會長及舊常務理事會	會長陳清波，副會長 2 人，為許雨亭、張端，常務理事 15 人，為陳春金、王錦東、巫世傳、林祖謙、陳金木、陳期昭、陳水田、楊接枝、顏有仁、顏泗悌、蘇添進、王石城、吳阿老、張文良、林金定等，另外理事 30 人、評議員 66 人。
1935.3.4			遴選結果為：副會長陳金木、蔡溪，常務理事王錦東、楊接枝、陳期昭、陳春金、顏有仁、劉天祿、巫世傳、林祖謙、賴傳庚、許火車、楊文諒、陳世煌、吳永富、李阿保、林金定、吳阿老、秦調、朱阿西、林會士等人，理事為洪火旺、張亦樂、劉金聲、胡坤、高俊、簡石能、鄭山豬、高天賜、葉添丁、許寶亭、陳維貞、詹天馬、李君木、吳清標、白成枝、吳水、林添丁、陳義芬、張晴川、李友寬、高天成、蔡式穀、林火炎、顏泗涕、陳暖、張火爐、蔣水木、莊九恭、陳得勝、簡輝照、周天乞、陳水勝、胡初棠、江乃三、蘇添進、張文良、陳義塗、高春木、王石城。評議員為王初生、蔡玉麟、林石頭、張良玉、陳火木、江水來、李石獅、吳衡章、簡荷生、蔡海坪、吳藩、王康隆、曹有明、黃廣川、李海諒、陳光琛、周樹木等人。
1936.3.27	臺北勸業信用利用組合		幹部遴選
1937.3.22	臺北勸業信用組合	陳清波等 22 人	遴選結果為副會長 2 人為蔡溪、陳金木，參議 5 人為吳永富、許雨亭、黃世泰、張瑞、劉天祿，常務理事 26 人為陳金春、巫世傳、林祖謙、陳水田、楊文諒、王木生、楊接枝、陳世煌、王錦東、許火車、張雲頭、林德旺、賴傳庚、顏有仁、吳阿老、李阿保、朱阿西、秦

			調、張文良、林金定、周天乞、鄭當權、黃逢時、蔡壽郎、張火爐、陳得勝等人，理事為劉金聲等 46 人，評議員為劉祖店等 64 人。
1938.3.15	臺北勸業信用利用組合		決定 1938 年幹部，並發送當選通知。

資料來源：《臺灣日日新報》第 12214 號，1934 年 4 月 6 日第 4 版。《臺灣日日新報》第 12545 號，1935 年 3 月 5 日第 8 版。《臺灣日日新報》第 13289 號，1937 年 3 月 24 日第 4 版。《臺北商工協會報》第 21 號，1937 年 3 月 1 日第 4 版。《臺北商工協會報》第 45 號，1939 年 3 月 1 日第 3 版。

附表四：臺北商工協會召開月例會的概況（1935 年 3 月—1938 年 11 月）

月例會	開會地點	出席人數	會議情況
第 6 次月例會 (1935.3)	沙龍 OK	--	補選陳水田為常務理事
第 7 次月例會 (1935.4.26)	三仙樓	78 人	對地震死難者默哀及捐款，並報告實施地方自治的感想
第 ? 次月例會 (1935.5.26)	沙龍 OK	87 人	報告臺灣博覽會參展籌備概況，及地方自治改選感想。
第 10 次月例會 (1935.7.26)	沙龍 OK	102 人	全島實業大會由臺北五團體合辦事宜，請願淡水築港問題。
第 ? 次月例會 (1935.9.26)	沙龍 OK	110 人	報告臺灣博覽會參展概況，以及參加全市聯合廉賣會經過。參加全島實業大會儘速報名。
第 15 次月例會 (1936.3.26)	沙龍 OK	78 人	報告總會決議事項
第 16 次月例會 (1936.4.26)	第一咖啡	119 人	
第 17 次月例會 (1936.5.26)	沙龍 OK	--	
第 18 次月例會 (1936.6.26)	蓬萊閣	88 人	報告組織第一聯隊及日本食品工業會社見學團事務
第 19 次月例會 (1936.7.26)	沙龍 OK	68 人	報告準備歡迎第一艦隊及見學事宜
第 20 次月例會 (1936.9.26)	沙龍 OK		告選出全島實業大會代表委員的經過
第 21 次月例會 (1936.10.26)	蓬萊閣	68 人	報告全島實業大會提案事項
第 22 次月例會 (1936.11.26)	沙龍 OK	69 人	討論年底廉賣活動

第 23 次月例會 (1937.3.26)	沙龍 OK	115 人	決議了幹部會員會費負擔等事項
第 24 次月例會 (1937.4.26)	第一咖啡	75 人	報告參加觀光展覽會之經過
第 25 次月例會 (1937.5.26)	沙龍 OK	62 人	報告參加商工祭經過
第 26 次月例會 (1937.6.26)	蓬萊閣	78 人	報告會計收支狀況
第 27 次月例會 (1937.7.26)	沙龍 OK	85 人	募集皇軍慰問品
第 28 次月例會 (1937.8.26)	咖啡百合	68 人	報告時局島民大會舉辦經過
第 29 次月例會 (1937.9.26)	蓬萊閣	75 人	報告參加全島實業大會經過
第 30 次月例會 (1937.10.26)	沙龍 OK	79 人	報告出席商工座談會的經過
第 31 次月例會 (1937.11.26)	蓬萊閣	65 人	報告會計收支狀況
第 32 次月例會 (1937.12.26)	蓬萊閣	98 人	慶祝攻陷南京
第 33 次月例會 (1938.1.6)	沙龍 OK	66 人	報告商工會議所成立經過
第 34 次月例會 (1938.3.26)	蓬萊閣		
第 35 次月例會 (1938.4.26)	沙龍 OK		
第 36 次月例會 (1938.5.26)	沙龍 OK		
第 37 次月例會 (1938.6.26)	八里海水浴場		
第 38 次月例會 (1938.7.26)	沙龍 OK		
第 39 次月例會 (1938.8.26)	蓬萊閣		
第 40 次月例會 (1938.9.26)	蓬萊閣		
第 41 次月例會 (1938.10.26)	蓬萊閣		
第 42 次月例會 (1938.11.26)	蓬萊閣		

資料來源:《臺灣日日新報》第 12555 號,1935 年 3 月 15 日第 8 版。《臺灣日日新報》第 12628 號,1935 年 5 月 28 日第 8 版。《臺灣日日新報》第 12689 號,1935

年 7 月 28 日第 4 版。《臺灣日日新報》第 12751 號，1935 年 9 月 29 日第 4 版。《臺北商工協會報》第 21 號，1937 年 3 月 1 日第 4 版；《臺北商工協會報》第 33 號，1938 年 3 月 1 日第 3 版；《臺北商工協會報》第 45 號，1939 年 3 月 1 日第 3 版。

戰爭動員下的臺北商工會議所
（1934—1944）

一、前言

　　《臺灣私法》言：割後，為官者與讀書人大多返回大陸，只有少數讀書人留臺擔任殖民政府的下級官吏，士人階級因而消失，使得商人的社會地位超越士人，躍升為第一位，社會菁英可說非常集中於商人階層[1]，因此，治日治時期歷史，商人研究實屬非常重要。

　　然而，過去有關日治時期臺灣商人時研究，卻十分貧乏，筆者的碩士論文，雖曾對本時期的「商工會」做過深入的討論[2]，但只研究到 1937年底，對於取代「商工會」的「商工會議所」，則尚未處理。再者，「商工會議所」不像「商工會」始終妾身不明，它是臺灣具有法律地位商會的濫觴；而且，也是當今臺灣三大商工團體之一：商業總會的前身[3]，其對戰後臺灣商工團體的影響，遠遠超過「商工會」，因此，商工會議所實有研究之必要。

　　有關「商工會議所」的討論，日本學界波形昭一、小林英夫、山村睦夫、幸野保典、木村健二、柳澤遊、飯島涉、塚瀨進、橋谷弘、須永德武、堀本尚彥、今泉裕美子等人都有研究，他們甚至組成「在外經濟團體史研究會」，定期召開研討會，出版論文集，頗有成績[4]。但他們討論較欠詳細的部份，就在於臺灣的商工會議所。其實，臺灣的商工會議所，以臺北商工會議所為例，它的《所報》、《事業報告書》大致仍然保留完整，甚至它所承先啟後的團體：臺北商工會、臺北州商工經濟會的《會報》也都還在，是故，本文運用這批資料，刻描戰爭動員下臺北商

---

[1] 臺灣總督府臨時舊慣調查會編，陳金田譯，《臨時舊慣調查會第一部調查第三回報告書—臺灣私法第三卷》（南港：臺灣省文獻委員會，1993 年），頁 125。

[2] 參見趙祐志，《日據時期臺灣商工會的發展（1895-1937）》（臺北：稻鄉出版社，1998 年）。

[3] 昔日三大商工團體為：商工協進會、全國工業總會、全國商業總會。

[4] 波形昭一編著：《近代アジの日本人經濟團體》（東京：同文館出版株式會社，1997 年）。

工會議所的概況，並與日本帝國其他地區的商工會議所比較，以突顯臺北商工會議所的特色，來彌補以往研究的不足。

再者，有關臺灣日治末期戰爭動員的研究，大多只是泛論性質，較缺乏實際個案的探討，因此，本文將以臺北商工會議所為例，側重其實際運作的狀況，切入討論臺灣總督府如何用它來整編商工業者？又如何以它來進行戰爭動員？它有那些不利統制經濟的質素，以致被「臺北州商工經濟會」所取代，迅速夭折於歷史舞臺中。

二、臺北商工會議所的成立

（一）日本商業（工）會議所初期的發展

1877 年，日本內務卿伊藤博文、大藏卿大隈重信鑑於在與歐美列強議改條約時，若欠缺商工業者的諮詢機關，在談判上不免容易損害利益，於是，以英、美的商會組織為參考，「由上而下」地指示澀澤榮一、五代友厚等人創立商會。次年，東京、大阪「商法會議所」分別成立，並引起許多地方的仿設，此即日本「商工會議所」的濫觴。

然而，此時的商法會議所，僅靠少數熱心商人招募會員，經費也甚為缺乏，更嚴重的是，1881 年農商務省公佈的《農商工諮問會規則》，完全將商法會議所排除在外，使得商法會議所妾身未明。1883 年，農商務省改頒《勸業諮問會設置辦法》，部份商法會議所為了獲得經費補助，乃按辦法改組成「商工會」。

1890 年，農商務省見各地商會或仍稱「商法會議所」，或已改組為「商工會」，組織雜亂而功效不彰，為求改進，於是，公布《商業會議所條例》。條例中規定：該地內繳納所得稅的「商業者」，即擁有會員的選舉權，同時，會議所得向會員課徵經費，於是，各地的「商法會議所」或「商工會」，逐漸改組為「商業會議所」。

1892 年，關西地區的商業會議所，為更積極運作商業會議所，倡議籌組「全國商業會議所聯合會」，年底在「京都商業會議所」召開第

一次聯合會，共有 15 個商業會議所參加，從此，商業會議所日漸普及，至 1900 年時，在日本內地已設立了 41 個商業會議所。

　　不過，1890 年頒布的《商業會議所條例》，雖然規定可對拒繳經費者，給予停權及罰款的處分，但仍欠缺強制性。各商業會議所為提升徵收會費的強制力，於是請願修法。終於在 1902 年獲得通過，新的條例規定：拒繳會費者比照國稅滯納辦法處罰，並可優先徵收，商業會議所的權威乃大為加強，逐漸成為各都市都有的商工團體，到 1923 年時，加入「全國商業會議所聯合會」者，已達 78 個之多[5]。

　　在外地方面，朝鮮在 1879 年釜山即已設立商法會議所，1911 年更在仁川召開第一次「朝鮮商業會議所聯合會」。但此時在朝鮮的商業會議所並未取得法源根據，直到 1915 年朝鮮總督府頒布「朝鮮商業會議所令」，才成為日本商業會議所體系的一環，並且陸續在京城、仁川、平壤、大邱等地，設立十多個商業會議所。在「滿洲」，以奉天設立最早，其商業會議所創立於 1906、07 年之交，後來在安東、大連、營口、哈爾濱等十餘處亦有設置。在中國本部，1908 年天津首先創設，其後也在上海、漢口、青島、南京、北京等地，設立商業會議所[6]。

（二）日本商業（工）會議所的鼎盛與沒落

　　1905 年，日俄戰後，日本挾著勝利者的氣勢，快速向外擴張，同時在朝鮮、樺太、南滿等地投下鉅額開發資金，日本經濟於是以重工業為中心，進行「第二次產業革命」[7]。在此情勢下，日本商工業者的實力大增，商業會議所更有力量為自己爭取利益，他們向政府提出「戰後經營對策二十六條」。該建議雖遭日本政府拒絕，但此後商業會議所仍

---

[5] 參見《日本商業會議所之過去及現在》（東京：商業會議所聯合會，1924 年），頁 1-95；西川俊作、阿部武司《產業化の時代（上）》（東京：岩波書店，1990 年），頁 36-41。

[6] 參見波形昭一編著，《近代アジの日本人經濟團體》，飯島涉，〈『商業會議所資料』〉—『商業會議所資料』の利用と中國近代史研究〉，《中國近代史研究》第七集（東京：中國近代史研究會，1992 年 7 月），頁 116-144。

[7] 林明德，《日本史》（臺北：三民書局，1989 年再版），頁 290。

不斷向帝國議會、社會大眾發出輿論，壓迫日本政府[8]。1909 年，曾惱怒了桂太郎內閣，其他痛恨商業會議所聯合會年年提出廢除鹽專賣、通行稅、織物稅，修正所得稅、營業稅的建議，於是，下令刪除商業會議所強制徵收會費的規定，一度對商業會議所造成沈重打擊[9]。不過，此時雖是日本政府和商業會議所關係最緊張的時期，卻也是商業會議最活躍的時期。

第一次世界大戰期間，日本資本主義急速發展、工業飛躍進步，商業會議所若仍只以從事商業者為會員勢必不夠周延，故必須網羅工業家入會。1928 年，日本政府頒布《商工會議所法》，將「商業會議所」改為「商工會議所」，工業家亦可入會；因此，商工會議所仍能以「民間經濟的代言人」自居。但此時代表工業鉅子利益的團體，如：「日本經濟聯盟」、「工業樂部」等，已紛紛成立，商工會議所乃逐漸矮化為只是中小商工業者的代表機關，而非昔日的日本經濟界意見唯一的發表地。

1929、30 年，世界經濟不景氣，日本農村亦受波及，為求自救，掀起了組織「產業組合」的運動，產業組合逐漸遍布全國各地。主張直營的產業組合，嚴重威脅中小商工業者的利益，商工會議所不得不發起「反產運動」抵制。然頹勢終難挽回，在工業鉅子和產業組合的夾擊下，商工會議所乃日漸衰弱[10]。

（三）臺灣商業（工）會議所設置運動

自 1895 年 10 月臺北的日商創立了臺灣的第一個商工會後，到 1937 年底《臺灣商工會議所令》頒布前，臺灣至少設立了 150 個以上的商工會，全臺約有 50 多個「街」[11]曾經設立商工會，11 個都市更呈現數個

---

[8] 橋爪克巳，《決戰經濟商工經濟會》（東京：中川書局，1943 年），頁 56-96。

[9] 《日本商業會議所之過去及現在》，頁 60，直到 1916 年大隈重信內閣才同意恢復。

[10] 同註 8。

[11] 1919 年，首任文官總田健治郎主張將民治與警察分開，致力改革地方制度，廢除西部十廳，新設臺北、新竹、臺中、臺南、高雄五州，東部臺東及花蓮港二廳照舊，在州下設郡、市，郡下設街、庄，在廳下設支廳，支廳下設區。至日人投降前夕，全臺共有五州、三廳、十一市、五十一郡、二支廳、六十七街、一百九十七庄。街、庄相當於現在的鎮、鄉。

商工會同時並立的熱鬧景況。

臺灣的「商工會」雖然蓬勃發展，但並無法律地位，尤其欠缺「商業會議所」所具有的強制入會及徵收會費之權，因此，日商十分企盼能將商工會提升為商業（工）會議所。早在 1897 年《臺灣日日新報》即有支持設立商業會議所的輿論，此後，該報仍持續發表社論鼓吹設立。1901，臺北日商推舉荒井泰治等三人為實行委員，向總督府陳情設立商業會議所，但被民政長官後藤新平以臺灣仍處於農業階段，商工業發展幼稚，為時尚早加以拒絕。

1903 年，上述日商創立「臺北商工談話會」，作為推動設置商業會議所的機關。1909 年，他們在調查後，向佐久間總督提出設立商業會議所的建議，但又遭總督府以為時尚早拒絕。1909 年，該會擴大改組為「臺北商工會」，繼續為設置商業會議所奔走。此後，他們曾在 1915、1918、1919 年直接向總督府請願三次，也在 1916、1921、1925、1926 年四度透過「全島實業大會」提出建議。1917 年，身兼《臺灣日日新報》總編輯的臺北商工會長木下新三郎，甚至授意該報連載「商業會議所論」八篇，但都只獲得總督府禮貌性的尊重。

究竟此時總督府為何反對設置商業會議所呢？首先，臺灣總督府對商工會早已不滿，自各街市紛紛設立商工會後，總督府一方面為應付臺人商工會抗議差別待遇的活動、防範其與民族運動掛勾，已經焦頭爛額；另方面又須滿足日人商工會的特權要求，每年商工會聯合召開的「全島實業大會」為日商把持，早已成為臺人輿論攻擊的焦點，這些都令總督府深感厭煩。

更重要的是，臺灣總督府認為在臺商實力較其他殖民地強大的情況下，為了讓日商掌控商業會議所，勢必須制定許多不平等的規定，如：階級選舉、議員部份官派等。這顯然有違總督府信誓旦旦的「內地延長主義」政策，也將引起臺人更強烈的反彈，因此，儘管日籍激進商人嚴厲指責「同化政策已墮落成迎合本島人」，要求撤換軟弱的文人總督，總督府仍不願設立商業會議所這種「無用有害」的「厄介物」。

1932 年，中川健藏接任總督後，設置商工會議所的情勢逐漸較為

有利。首先，總督府「農業第一」的經濟政策，已經發生轉變。1931年，日本挑起九一八事變後，經濟也進入備戰階段，為防臺日交通中斷，總督府開始推動工業化。中川總督不僅繼續大力推動日月潭水電工程，並於 1935 年召開「熱帶產業調查會」，積極規劃以華南、南洋的原料發展臺灣的工業。總督府的經濟政策既已改變，自然需要下級統制機關協助推動，這種背景有利於總督府同意設置商工會議所。

再者，經過臺北商工會多年的鼓吹，當時日人的興會已將設置商工會議所與「地方制度改革」等同視之。1935 年，總督府推動地方制度改革，決定州市街庄會議員半數由官方指派，半數由選舉產生，商工會議所爭鬧多年的臺、日評議員比例，亦可循此模式解決。總督府於是指派殖產局長中瀨拙夫等人研究，至此商工會議所的設置成為定案。

1935 年底，日本法制局長佐藤參事來臺，與臺北商工會幹部會商，就臺灣特殊狀況開陳意見。次年 9 月，小林躋造繼任總督，將「工業化」與「皇民化」、「南進基地化」列為治臺三大政策，故欣然賡續設置商工會議所的政策。同時由於小林總督出身軍人，決心更嚴格壓制民族運動，欲利用商工會議所將臺商領導階層納入控制。11 月，小林總督頒布《臺灣商工會議所令》，然不久恰逢臺灣稅制改革及中日戰爭爆發的非常時期，乃延至 1937 年 12 月才以府令 160、161、162 號，公布施行日期、施行規則、議員選舉規則，被壓抑將近 40 年的商工會議所請願終於獲得實現[12]。

（四）臺北商工會議所的設立

自總督府頒布商工會議所施行三令後，臺北商工會即召開總務部會議，積極著手準備創會事宜。1937 年底，完成會員資格調查，次年 1月選定後宮信太郎等 60 人為發起人[13]，舉行發起人會，並根據《臺灣商工會議所令實施規則》第一條，向具有會員資格者發送意見調查書。2

---

[12] 本段參見趙祐志，《日據時期臺灣商工會的發展（1895-1937）》第四章第一節。

[13] 決定由日商為主的臺北商工會、實業會分別選派 30、15 人，臺商為主的臺北商業會、總商會、商工協會合派 15 人。

月獲得過半數同意，按《臺灣商工會議所令》第二條，召開創立總會，同時向總督府提出同意申請。3 月獲得總督府的設立同意，4 月公布選舉人名簿，5 月確定選舉人及等備選舉事宜。6 月臺灣總督依據《臺灣商工會議所令》第十九條，任命 20 名官選議員，並舉行民選議員選舉，一級選舉投票者共 74 人，選出杉原產業等 10 或法人，二級選舉投票者共 1,093 人，選出陳春金等 10 人，至此臺北商工會議所的籌設大致完成[14]。

　　設立商工會議所雖為日商多年的殷望，但臺商深知入會每年須繳納鉅額會費，而且領導權必由日商壟斷，因此對商工會議所始終興趣冷淡。總督府亦知臺商的反對態度，為避免無法通過設立同意，於是運用了兩個手段。首先，商工會議所因為具有強制入會、徵收會費之權，關係重大，所以在日本、朝鮮的法令，都規定須有符合資格者 2/3 以上同意，始得設置。總督府為求順利通過，特別降低門檻，將須有 2/3 以上的同意，改為 1/2 以上即可（《臺灣商工會議所令》第五條）。再者，總督府將會員資格提高，如表一所示，臺北商工會議所的入會標準為年納稅 60 圓以上（臺灣商工會議所令施行期日ニ關スル件第十三條），這個標準僅次於東京，甚至比日本第 2 大都市大阪還高，這使得人口總數在日本帝國都市排名第 8 的臺北，商工會議所會員數卻落至 32 名，此舉的目的無非是想減少臺商會員的人數。

表一：日本各地商工會議所入會資格的比較

		入會資格
日本本土	東京	營業稅及礦產稅百圓以上 交易所營業稅二千圓以上
	大阪	營業稅及礦產稅五十圓以上 交易所營業稅二千圓以上
	京都、橫濱、神戶、名古屋	營業稅及礦產稅二十圓以上 交易所營業稅五百圓以上
	其他	營業稅及礦產稅十五圓以上 交易所營業稅一百圓以上
樺太		營業稅及礦產稅十一圓以上

[14] 《臺北商工會報》第 18-21 號（臺北：該會，1938 年 1 月—5 月）。

朝鮮	京城	營業稅及礦產稅十五圓以上 交易所營業稅一百圓以上
	釜山、平壤、大屯	營業稅及礦產稅七圓以上 交易所營業稅一百圓以上
	其他	營業稅及礦產稅十五圓以上 交易所營業稅一百圓以上
關東	大連	營業稅及礦產稅五十圓以上 交易所營業稅五百圓以上
	其他	營業稅及礦產稅三十圓以上 交易所營業稅百圓以上
臺灣	臺北	納稅額六十圓以上
	基隆、臺中、臺南、高雄	納稅額四十圓以上
	其他	納稅額三十圓以上

資料來源：《臺灣商工會議所關係法規》（臺北：臺北商工會，1938年），頁 36-37。

設立同意調查的結果顯示，證明總督府的顧慮完全正確，如表二所示，當時臺北市具有入會資格者，共有 1,373 人或團體，同意設置者為 878 人（法人），佔總數的 63.9%，其中，日商同意設立的比例雖高達 81.3%，但臺商卻只有 45.7% 贊成，可見臺商並不願意設置商工會議所。總督府若沒有提高會員資格和降低同意比例的門檻，臺北商工會議所將無法設立。

表二：臺北市商工業者同意設立會議所的調查

公司		日本人		臺灣人		合計	
合格者	同意 設立者	合格者	同意 設立者	合格者	同意 設立者	合格者	同意 設立者
309	232 75%	449	365 81%	615	281 46%	1,373	878 64%

資料來源者：《臺北商工會報》第三卷第十九號（臺北：臺北商工會，1938年3月），頁 24—25。

為了確保日商能夠掌控臺北商工會議所，總督府也對法令做了若干修改。首先，在官選議員的比例方面，日本的「二號議員」、朝鮮的「特別議員」，都明令不得超過 1/5，關東州的「二號議員」也不能超過 2/5，但臺北卻規定「官派議員」可高達 1/2（臺灣商工會議所令第十九條）。其次，民選議員的選舉，臺北規定採取「階級選舉」，將會員按納稅額

高低排序，當到達繳納會費總額之半時為第一級，其餘為第二級（《臺灣商工會議所議員選舉規則》第一條），由於一級會員多為日商，所以無形中也增加日商當選議員的比例。再者，議員總會須使用日語（《臺灣商工會議所令施行》第十一條）、理事任免須由臺灣總督認可（《臺灣商工會議所令》第三十條二），這些在日本、朝鮮、關東、樺太都沒有類似的規定[15]。

三、戰爭動員下的臺北商工會議所

在日本內地，商工會議所是基於經濟自由主義而組成的商工團體；但在臺灣，商工會議所的設置，因恰逢中日戰爭的爆發，自始即被納入戰爭動員體系當中，故無論在人事、組織、事業等各方面，都染上統制經濟的色彩。

（一）組織與人事

臺北商工會議所根據法令規定，設置會頭 1 人、副會頭 2 人，參事 10～15 人、官選議員 20 人、民選議員 20 人，另有會計監 1～2 人，負責庶務的理事、主事各 1 人，顧問 8 人。其下並設有商工、交通運輸、財政金融、企劃四部，將議員按專長分派各部。1939 年，為配合工業化的進展，特將商工業部分為商業，工業兩部[16]。同時，為支援總督府的統制經濟政策，本年起也陸續設置了 5 個附屬機構。即：物價委員會、轉業相談會、經濟相談所、中小商工業者轉廢業對策委員會、女子實務講習所。

幹部的推選，寡頭壟斷色彩頗為濃厚。首先，會頭的選舉先由會員總會推舉數位「詮衡委員」，再由推薦人選，最後半強迫地在大會鼓掌

---

15 參見《臺灣商工會議所關係法規（參照）內地、樺太、朝鮮及關東州關係法規》（臺北：臺北商工會，1938 年）。

16 《臺北商工會議所報》第二卷第八號（臺北：該會，1939 年 6 月）。同時也將交通運輸部改為交通部、財政金融部更名為金融部。

通過。其次，會頭頗有權威，他可直接指派部長、副部長，副會頭也由其指名，象徵性地經議員認。另外，推薦顧問亦由其主導，他所推薦的人選，固定為臺北市長，臺銀、臺電、臺拓、臺灣日日新報 4 家公司的社長，及對臺北商界有重大貢獻的赤石定藏、三好德三郎、赤司初太郎 3 人。參事雖由議員互選產生，但出缺時仍由會員指名，再經議員鼓掌通過。此外，會計監察員通例委託出身銀行界的議員兼任，理事則須尊重總督府的意見，人選多由府內要員提出。

在人事上，會員可以參與的只有議員選舉，但事實上在這部份會員所能參與的也十分有限，因為在 40 名議員中，半數議員係由臺灣總督府指派，所剩的 20 名議員選舉，又採取階級選舉，使得佔總人數高達95%左右的二級會員，只有權選出 10 名議員而已。即使壟斷的色彩如此濃厚，但因議員地位重要，所以寡頭者連這所剩無幾的自主權也要剝奪。第二屆議員選舉時，會頭木村泰治以太平洋戰爭爆發，為求更徹底的奉公，特別仿效「翼贊選舉協議會」，組織「議員推薦會」，木村邀請州警務部、市警察署、市商工業者組合的代表 40 多人，在其暗示下推薦 20 名候選人。這 20 名候選人，除林堤灶在一級選舉前夕自行宣布退選外，其餘 19 名被推薦者全數當選[17]，推薦成功率幾乎是百分之百，可見議員已落入官方和會中巨頭的操控中。再者，本次選舉官選、民選議員新當選者多達 16 人（佔總數 40%），臺銀、臺電、臺拓、高砂化學工業等重要統制會社等都被納入其中（參見表三、表四），顯然官方與會中領袖全力將統制經濟所需者，都推上議員之位，把臺北商工會議所最後一點點的自由主義色彩也祛除殆盡！

---

[17] 《臺北商工會議所報》第五卷第七號（臺北：該所，1942 年 7 月），頁 5-8。本次選舉自行參選者有陳作霖、蔣渭川、古川松治郎、柳榮太郎等四人，除陳作霖因林堤灶退選而當選外，其餘全部落選。

表三：第一屆臺北商工會所議員的名單

1.小林躋造總督任命的 20 名官選議員（1938.6.20）

商工會議所內兼任職銜	法人部份		個人部份	備註
	公司	代表社員		
會頭	臺灣煉瓦	後宮信太郎		
副會頭	臺北中央市場	木村泰治		
副會頭			三卷俊夫	
參事	菊元商行	重田榮治		
參事	臺灣商工銀行	松邨村一造 荒木正次郎		
參事	日本通運	安座上真 山下雅實		
參事	盛進商行	中辻喜次郎		
參事	華南銀行	有田勉三郎		
參事	大倉土木	藤江純三郎		
參事	捷榮合資	張清港		
參事	昭和家畜	許貴智		
參事			郭廷俊	
	三井物產	山下樵曹 山田政次		
	三菱物產	松本雄吉 山口勝		
	日本勸業銀行	宮澤源吉 西田太郎		
	金辰商事	肥後誠一郎		
	臺灣瓦斯	辻本正春		
			村崎長昶	
			林堤灶	
			陳清波	1941 年補任參事
	大阪商船	廣瀨辰之助		1941 年補任議員、參事

2.10 名一級選舉議員（74 票）

商工會議所內兼任職銜	法人部份		個人部份	得票數
	公司	代表社員		
參事	杉原產業	井出松太郎		41 票
參事	桑田商店	桑田剛助		40 票
參事	臺灣苧麻紡織	中島道一		18 票
	太田組	江原節郎		29 票
	彰化銀行	中村直		22 票
	高進商會	高橋豬之助 蔭山萬藏		17 票
	張東隆商事	張永福		14 票
	共益社	平井成		9 票
			三谷芳太郎	16 票
			星加彥太郎	13 票

資源來源：《臺北商工會報》第三卷第二十一號（臺北：臺北商工會，1938 年 5月），頁 15—17。

表四：第二屆臺北商　會議所議員的名單

1.長谷清督任命的 20 名官選議員

商工會議所內兼任職銜	法人部份		個人部份	與第一屆的關係	備註
	公司	代表社員			
會頭	臺灣土地建物	木村泰治		連任 由副會頭 升任會頭	木村原本 代表臺北 中央市場
副會頭	菊元商行	重田榮治		連任 由參事升 任副會頭	
副會頭	華南銀行	有田勉三郎		連任 由參事升 任副會頭	
參事	臺灣銀行	山本健治		新任	

參事	臺灣商工銀行	荒木正之郎		連任	
參事	日本通運	野中春三		連任	
參事	臺灣拓殖	大西一三		新任	
參事	三井物產	武島節夫		連任 由議員升 任參事	
參事	臺灣電力	中村太郎		新任	
參事	三菱商事	谷田敏夫		連任 由議員升 任參事	
參事	大阪商船	廣瀨辰之助		連任	
參事	捷榮合資	福島清港 （即張清港）		連任	
參事	臺灣倉庫	三卷俊夫		連任	三卷俊夫 原為個人 會員
	高砂化學工業	阿部定雄		新任	
	臺灣纖維	中島道一		民選一級 升任	臺灣纖維 原名臺灣 苧麻
	金辰商事	肥後誠一郎		連任	
	臺灣瓦斯	辻本正春		連任	
	神木洋行	神木次郎		民選二級 升任	
	三榮商會	貝山好美		民選二級 升任	
			田川清波 （即陳清 波）	連任	1943 補任 議員

2.10 名一級民選議員（113 票）

商工會議 所時職銜	法人部份		個人部份	與第一屆 的關係	備註
	公司	代表社員			
	古河電氣工業	大坪徹心		新任	553 票
	山本商店	阿部泰雄		民選二級 升任	49 票
	松本商店	松本鋭三		新任	47 票

	盛進商行	廣瀨政二		官選降級	46 票
	桑田商店	桑田剛助		連任	32 票
參事			星加彥太郎	連任	27 票
			村崎長昶	官選降級	21 票
	臺灣日產自動車			新任	20 票
			林松模	新任	14 票
			東作霖即陳作霖	民選二級升任	13 票
	臺灣火骸統制	小林清藏		新任	1943 年取代臺灣日產自動車

3.十名二級民選議員（1,697 票）

商工會議所內兼任職銜	法人部份		個人部份	與第一屆的關係	備註
	公司	代表社員			
			奧村文市	新任	480 票
			川本秀助	新任	403 票
			三好正雄	新任	400 票
			江里口秀一	新任	393 票
			楊接枝	連任	392 票
	宮內商電	宮內龜一		新任	385 票
	林瑞記商行	林德旺		新任	382 票
			田川春金即陳春金	連任	372 票
			吉岡清一	新任	370 票
			謝火爐	新任	370 票

資料來源：《臺北商工會議所報》第五卷第七號（臺北：臺北商工會議所，1942年 7 月），頁 8。

　　前段所述的議員選舉，是總督府運用檯面下時影響力，對商工會議所所做的干預。事實上，根據《臺灣商工會議所令》，總督府可以公開命令或須經其認可者，就有 11 條之多，即：

　　1.第 10 條：臺灣總督得命令商工會議所對商工業者做相關調查。

　　2.第 19 條：臺灣總督得命令商工業學識、經驗豐富者為官選議員。

　　3.第 25 條：章程的變更、收支預算、經費課徵辦法、借款、顧問的任免、議員及幹部的免除、商工會議所的解散，都須經臺灣總督認可。

　　4.第 28 條：役員（指會頭、副會頭、參事等）由議員中選任，需經總督認可。

　　5.第 32 條：理事任免須經臺灣總督認可，理事承會頭之命，掌理庶務。

　　6.第 33 條：商工會議所的經費課徵數額限制及課徵辦法，由臺灣總督定之。

　　7.第 38 條：商工會議所的收支決算、事業成績，每年應向臺灣總督報告。

　　8.第 41 條：商工會議所的清算人，應由臺灣總督認可。

　　9.第 44 條：商工會議所的清算及財產處分方法，應經臺灣總督認可。

　　10.第 47 條：議員選舉違反法令時，臺灣總督得取消選舉及當選者。

　　11.第 48 條：議員總會的決議及議員、幹部、清算人的行為違反法令或公益時，臺灣總督得免除議員、幹部、清算人；取消議員總會的決議；解散議員總會；停止商工會議所的事業；解散商工會議所[18]。

　　臺北商工會議所的組織和人事，除寡頭壟斷、官方掌控色彩濃厚外，另一特色即是臺、日權力分配失衡。以個人會員來說，臺商約佔 58.1～64.1%（參見表五），但會頭、副會頭、正副部長、會計監察員、理事、主事卻從未有臺人擔任，即使參事、議員曾有臺人獲選，但人數也不斷遞減，參事由 3 人減為 2 人，議員由 11 人減為 7 人，在共約 80 個職位中，臺人最多時也只有 14 人（參見表六），僅佔 17.5%，顯見臺

---

[18] 同註 15。

北商工會議所的領導權，完全被日人霸佔。

表五：臺北商工會議所的會員人數（1938--1942）

年度	1938	1939	1940	1941	1942
法人會員	305	385	437	499	556
個人會員日本人	449	507	554	680	768
個人會員臺灣人	622	835	989	1057	1,169
合計	1,376	1,727	1,980	2,236	2,493

資料來源：《臺灣全島商工會議所一覽》（臺北：臺灣商工會議所，1943年），頁51。

表六：臺北商工會議所幹部的籍別（1939—1943）

年度		1939	1940	1941	1942	1943
會長	臺灣人	0	0	0	0	0
	日本人	1	1	1	1	1
副會長	臺灣人	0	0	0	0	0
	日本人	2	2	2	2	2
參事	臺灣人	3	3	2	2	2
	日本人	12	8	9	9	10
議員	臺灣人	11	10	9	9	7
	日本人	29	28	29	31	33
顧問	臺灣人	0	0	0	0	0
	日本人	8	7	7	7	7
部長、副部長	臺灣人	0	0	0	0	0
	日本人	8	10	10	10	10
會計監察員	臺灣人	0	0	0	0	0
	日本人	2	2	2	2	2
理事、主事	臺灣人	0	0	0	0	0
	日本人	1	2	2	2	2

資料來源：《臺北商工會議所事業報告書》昭和十三年度至十七年度（臺北：臺北商工會議議所，1939—1943年）。

（二）事業

戰爭動員下，臺北商工會議所的事業，以協助統制統濟、配合南進政策、支援宣傳戰爭三者最為重要，茲分述如下：

1.協助統制經濟

在協助統制經濟的運作上，可分宣傳、執行、溝通三方面來討論。就宣傳言，最基本的就是，為相關業者舉辦演議會、座談會、法令解說會，以宣傳各種新規定及解釋疑問，其重要者，如表七所示：

表七：臺北商工會議所所舉辦有關統制經濟的演講會、座談會

時間	名稱	協辦單位	概說
1938.11	戰時經濟演講會		督府井田商工課長講「戰時經濟體制下的經濟與法令」、小野商工課員講「物資的緊急管理」、細川警務課長「經濟警察」
1938.12	第一次臺灣產業振興座談會	臺灣技術協會	中央研究所、臺北帝大、總督府技術人員、民間業者、商工會議員參加
1939.7	統制經濟懇談會		全市66個組合代表及17名業者參加，討論臺灣總督府公佈的最高物價及公定價格問題
1939.9	貿易經濟懇談會		京都帝大法學教授谷口吉彥主講「事變下的貿易振興方案」，總督府、重要公司都派代表參加
1940.3	工廠調查座談會		臺北高商教授、學生報告調查結果
1940.8	表少年雇用限制令解說釋疑懇談會		督府事務官、課長列席說明解答
1940.11	公司經營統制令解說懇談會		督府金融課長主持，相關公司六百人參加
1940.11	經濟情況懇談會		督府特產課長、陸軍省監理課長主持
1940.12	纖維工業原料對策懇談會		
1941.1	演講會		前藤原商工省長演講臺灣產業的轉換及工業化
1941.5	內外地聯絡物價懇談會	拓務省	討論公定價格、臺灣特殊用品規統一問題
1941.7	地價房租統制令解說釋疑懇談會		
1941.7	修訂租金統制令解說釋疑懇談會		

1941.10	臺灣經濟演講會		邀請4位臨時臺灣經濟審議會委員演講
1941.12	修訂支那事變特別稅令解說釋疑懇談會		
1942.1	企業許可令解說釋疑懇談會		
1942.3	修訂印紙稅、新設清涼飲料稅、馬稅等解說釋懇談會		州稅務課長解說，700多人參加
1941.10	奢侈品販售許可申請懇談會		相關23個組合代表出席
1942.11-12	時局經濟演講		邀請專家演講時局經濟，每週舉辦一次
1943.3	臺灣大東亞戰爭特別稅令間接稅及特別行為稅解說釋疑懇談會		州稅務課長解說，700多人參加

　　其次，是刊印統制經濟的資料，提供業者統制經濟的情報，以流通最廣的調查資料來說，臺北商工會議所就印行了21輯，即：

第一輯　　《戰時經濟ニ關スル講演》
第二輯　　《物價統制ノ大綱‧物價統制實施要綱》
第三輯　　《中央物價委員會總會可決》
第四輯　　《臺灣最高標準販賣價格》
第五輯　　《盤谷及ヒマニラニ於クル‧臺灣物產見本市報告》
第六輯　　《日佛特惠輸出入稅率表》
第七輯　　《泰國關稅定率表》
第八輯　　《本邦輸出入稅表願別》
第九輯　　《九一八價格とほ何か》
第十輯　　《臺灣經營論》
第十一輯　《經濟警察と物價取締》
第十二輯　《物價問題に就へ》
第十三輯　《貿易振興座談會》
第十四輯　《時局臺灣經濟法令集》一

第十五輯　《時局臺灣經濟法令集》二
第十六輯　《時局臺灣經濟法令集》三
第十七輯　《代用品工業振興展覽會出品物解說》
第十八輯　《代用品工業振興展覽會出品物解說追錄》
第十九輯　《第二回盤谷見本市報告》
第二十輯　《海南島開發事情》
第二十一輯《臨戰體制下臺灣經濟諸問題》[19]

前兩者大致是針對相關業者所為，以一般大眾為目標的宣傳則有展覽會，其又可分為鼓勵改用代用品及宣傳禁用奢侈品兩類。展覽會收效更宏，參觀人數最多的展覽會，甚至可高達 7 萬多人次（參見表八）。

表八：臺北商工會議所所舉辦有關統制經濟的展覽會

時間	展覽會名稱	協辦單位	概況
1939.1.10-16	代用品工業振興展覽會	臺灣總督府臺北州、臺北市政府、臺灣技術協會	展出商工省募集的代用品 1,240 件，並在臺灣技術協會下，陳列臺灣代用資源 230 種，吸引了臺北、新竹兩州 70,000 名商工業者參觀。
1940.11	符合七七事變禁令商品展覽會	州經濟警察股	展示不合規定的商品數千件，鼓勵民眾不要用。
1940.12.21-23	奢侈品範圍展覽會	州經濟警察股	展示放寬規定後符合禁令的紡織品，相關業者 1,000 多人參觀。
1940.5.6-11	臺灣新興品展覽會		展覽戰時臺灣新興資源，共有 24,783 人到場參觀
1940.5.13	東京新興代用品展覽會	東京府、東京商工會議所	
1941.12.15-22	防範制經濟犯罪窗飾展覽		由臺北市內的店舖製作窗飾展出。
1943.1.25-29	新興代用品展覽會	臺灣商工會議所、臺北市政府	日本商工會議所、東京代用品協會選定 223 件、臺灣商工會議所選定 124 件代用品展出，此外還有軍部準備的勞軍品、戰利品展覽。長谷川總督、安藤利吉臺灣

---

[19] 《臺北商工會議所報》第五卷第六號（臺北：該所，1942 年 6 月），頁 26。

			軍司令官、臺北州知事、臺北市長曾蒞會，參觀者約 23,000 人。

資料來源：《臺北商工會議所事業報告書》昭和 13—17 年度（臺北：該所，1939—1943）。

　　就執行而言，以協助商工調查、設立推動統制經濟的機構、整編同業組合、許可奢侈品販售四項最重為要。在商工調查方面，臺北商工會議所經常受總督府委託，從事商工調查，例如：1939、40 年總督府曾委託臺北商工會議所調查交易習慣、臺日物價的差異、民生必需品產量、工資、業者利潤等。值得注意的是，當臺北商工會議所無法獨力完成，它常照會各同業組合，請求協助[20]，扮演總督府和業者之間的中介角色。臺北商工會議所不僅向同業組合尋求支援，也經常與學術機關合作從事調查，例如：1940、41 年，臺北商工會議所即在臺北高商派遣45-50 名學生的支援下，連續兩年對市內及近郊的八、九百家工廠，展開原料、勞力供給狀況的調查，以供總督府協助失業者轉業的參考[21]。不僅總督府會委託臺北商工會議所做調查，1942 年，臺北州政府為獲得制定商業政策所需的基本資料，也曾委託臺北商工會議所調查民生必需品業者的狀況[22]。

　　在設立推動統制經濟的機構方面，1939 年 9 月，創設了「物價委員會」，由臺北商工會議所與市內同業組合的代表懇談，協助總督府訂出適當的物價，其下設有纖維品、金屬品、化學工業品、燃料品、食料品、木材品、雜品等七部。同時，在臺灣商工會議所給予補助金下，也設立「轉業相談會」，協助因實施統制經濟而失業的人轉業。1940 年 7 月，在菊元百貨內設置「第一經濟相談所」（主要針對日本人），1941 年 5 月又在永樂町興亞會館增設「第二經濟相談所」（主要針對臺灣人），提供有關統制經濟的諮詢，其成果如表九。此外，在 1943 年也創立了「中小商工業者轉廢業對策委員會」、「女子實務講習所」等。

---

[20] 《昭和十四年度臺北商工會議所事業報告書》（臺北：臺北商工會議所，1940 年），頁 70。
[21] 第一次調查參見《昭和十四年度臺北商工會議所事業報告書》，頁 70；第二次調查參見《昭和十五年度臺北商工會議所事業報告書》（臺北：臺北商工會議所，1941 年），頁 51。
[22] 《昭和十七年度臺北商工會議所事業報告書》（臺北：臺北商工會議所，1943 年），頁 43。

表九：商工會議所第一、二經濟相談會的成果

時間	第一經濟相談所	第二經濟相談所
1940.7-1941.3	物價調整 453 物資配給 262 勞力統制 18 貿易統制 54 經濟統制 65 轉 失 業 12 其 他 321 小 計 1,185	尚未開設
1941.4-1942.3	物價調整 516 物資配給 51 勞力統制 63 貿易統制 56 金融統制 7 經濟統制 406 轉 失 業 4 其 他 181 小 計 1,284	物價調整 166 物資配給 51 勞力統制 74 貿易統制 18 金融統制 0 經濟統制 696 轉 失 業 14 其 他 276 小 計 1,295
1942.4-1943.3	物價調整 61 物資配給 5 勞力統制 9 貿易統制 5 金融統制 2 經濟統制 62 轉 失 業 0 其 他 30 小 計 174	物價調整 138 物資配給 15 勞力統制 30 貿易統制 10 金融統制 0 經濟統制 479 轉 失 業 1 其 他 93 小 計 766

資料來源：《臺北商工會議所事業報告書》昭和 15—17 年度（臺北：該所，1941—1943）。

在整編同業組合方面，臺北商工會議所為了順遂「縱向」統制，並與其「橫向」統制能相互配合聯絡，也協助整編同業組合。其於 1941年 2 月連續召開六次懇談會，計畫將全市 414 個組合加以整合[23]。1942年 3 月，再彙整市內同業組合的資料，出版《臺北市組合名簿》，供業者參考[24]。同年 8 月，臺北商工會議所又協助成立「臺北商業聯合奉公

[23] 《昭和十五年度臺北商工會議所事業報告書》，頁 47-49。
[24] 《昭和十六年度臺北商工會議所事業報告書》（臺北：臺北商工會議所，1942 年），頁 49。

團」，以配合戰爭動員[25]。

在許可奢侈品販售方面，為節省物資，總督府特別頒布《奢侈品製造販售限制規則》，將民生必需品以外的商品，都列為奢侈品。但頒布禁令時業者還有許多存貨，因此，1940 年 11 月，在臺北商工會議所的斡旋下，市內同業組合代表與州經濟統制課長，達成《禁止品販售許可規定》，臺北商工會議所並在 12 月起，協助州政府審核，共准許約 231 萬件、162 萬圓的奢侈品販售[26]。1941 年 11 月，再度協辦審查會，共許可約 70 萬件的奢侈品販售。1942 年 3 月，第三次協辦審查會，共通過五金業者價值約 25 萬圓的奢侈品販售[27]。

就溝通言，臺北商工會議所自實施統制經濟起，就經常代商工業者向總督府請願，反映過分嚴苛或窒礙難行的法令，對疏通官商歧見頗有助益，其重要的請願如表十。然而，臺北商工會議所這種扮演溝通的角色，似乎被官方認為過於偏向業者，還帶有濃厚的自由主義與自利色彩，日後官方將「臺北商工會議所」改組為「臺北州商工經濟會」，除因配合日本中央加強統制經濟不得不改組外，這也是重要的藉口之一。

表十：臺北商工會議所代同業組合向總督府請願的概況

時間	原請願團體	請願內容
1938	臺灣米穀移出商同業組合	實施臺灣米穀管理案，請給予失業者救濟
1938.7.26	臺北織物商同盟會、臺北織物商組合、臺灣羅紗商組合	暫緩實施禁止純棉布的販售
1939.9.22	市內各同業組合	有關物價統制的請願
1939.12	市內各同業組合	有關滿洲大豆、麥粉價格的陳情
1940.1	市內各同業組合	有關臺北市消費米配給的請願
1940	臺灣製冰同業組合、臺北冰販售人組合、臺北冰果製造販售業組合聯合會、臺北糖果商同業組合	適度開放營業用砂糖配給

---

[25] 《昭和十七年度臺北商工會議所事業報告書》，頁 45；《臺北州商業奉公團本部要項》（臺北：該團，1943 年）。

[26] 《昭和十五年度臺北商工會議所事業報告書》，頁 45-47。

[27] 《昭和十六年度臺北商工會議所事業報告書》，頁 47、48。

1940	臺北米粉製造販賣組合	適度開放臺灣消費米的配給
1940.5.20	臺北糖果批發商組合	適度開放糯米的配給
1940.5.20	森永臺灣殖產公司	適度開放臺灣農產品加工用砂糖的配給
1940.7.2	臺北肥料雜糧販賣組合	有關肥料飼料用滿洲大豆配給的請願
1941.7.12	臺北和洋雜貨化妝品商組合	適度開放奢侈品製造販售限制
1940.9.3	臺北糖果製造業組合	適度開放砂糖配給
1940.9.3	市內各同業組合	適度解除國民奢侈生活抑制方案
1940.11.4	臺北州小麥粉批發商	開放必要小麥粉的販售
1940.12.4	全市五十一個組合	暫緩部份奢侈品的禁令
1943.2.2	全臺旅館聯合組合	暫緩旅館住宿費的統制
1943.2.16	市內各同業組合	暫緩實施禁設當鋪營業組合的命令

資料來源：《臺北商工會議所事業報告書》昭和 13—17 年度（臺北：該所，1939—1943）。

　　2.配合南進政策

　　在配合南進政策上，臺北商工會議所著力最多的是，舉辦演講會、座談會宣傳南進；親善華南、南洋相關人士；有意南進業者的調查；在泰國、菲律賓舉辦商展等四項。就舉辦座談、演講言，重要的座談如：1940 年 2、5 月，分別邀請參加泰國曼谷，菲律賓馬尼拉商展的臺商，舉行座談會，會中報告心得的商人有：基隆商工會議所副會頭的和泉種次郎，臺北商工會議所的議員張清港、顏必從，臺灣茶商公會書記長朱阿西等人[28]；又如：1941 年 4 月，利用廣東日本商工會議所來台的機會，聚集官方、貿易商多人，與該會人員座談華南貿易相關問題[29]。重要的演講則有：1941 年 8 月，邀請朝鮮總督府官員鐮田澤一郎，報告考察越南、泰國經濟的心得；1941 年 10 月，邀請自海南島返台的水越幸一，演講海南島情勢[30]；1942 年 10 月，邀請高原陸軍司政官，報告菲律賓

---

[28] 《昭和十四年度臺北商工會議所事業報告書》，頁 73。
[29] 《昭和十六年度臺北商工會議所事業報告書》，頁 43。
[30] 《昭和十六年度臺北商工會議所事業報告書》，頁 44。

經濟狀況；1942 年 11 月至 12 月，更連續舉辦了 6 場有關南方經濟的演講，包括：臺北高商教授鹽谷的「南方經濟概況與印尼情況」；臺北高商教授松尾的「馬來半島經濟情況」、「泰國‧越南的經濟情況」；總督府官員佐藤武的「緬甸經濟情況」；臺灣貿易組合聯合會市岡的「澳洲經濟情況」；臺北高商教授鈴木源吾的「菲律賓經濟情況」等[31]。

就親善華南、南洋的相關人士言，每當華南、南洋有經貿人士來臺，經常就由臺北商工會議所負責接待，在 1938 年，招待了 3 位泰國青少年產業實習員；1939 年，舉辦了廣東訪日經濟考察團歡迎午餐會、廈門特別市李市長歡迎會等；1940 年，舉行了泰國經濟部航空局長歡迎晚餐會、汕頭商工團體臺灣考察團歡迎會等；1941 年，更為泰國土子舉辦歡迎會[32]。

就有意南進業者的調查言，臺北商工會議所的重要調查共有兩次，第一次是 1941 年 11 月，受「南洋貿易會」委託，調查有意前往越南營業的批發、零售商，結果共有 75 位批發、19 位零售商、50 位批發零售商有意前往；第二次是 1942 年 2 月，受總督府外事部委託，調查有意前往南洋營業的商社，結果共有 423 個商社有意前往，其希望經商的地點，依次為菲律賓、新加坡、越南、泰國[33]。

就在泰、菲舉辦商展言，由於中日戰爭的爆發，日本對外貿易衰退，為振興貿易，「臺灣商工會議所」自 1939 年起，每年就固定招商，參加泰國行憲紀念日的「曼谷博覽會」，利用臺灣人與華僑的關係，打開商品銷路；「臺北商工會議所」自始即是「臺灣商工會議所」最重要的招商對象。1939 年，臺北商工會議所招募了 10 多家商社參展，展出的商品以雜貨、雜蟲劑、蚊香、化學藥品、果汁、帽子、紡織品、啤酒、筍乾、米粉、茶、砂糖為主[34]；1940 年，臺北商工會議所又招募了 17 家商社參展，主要的展覽品有茶、珊瑚、筍乾、化妝品、帽子、調味品、

[31] 《昭和十七年度臺北商工會議所事業報告書》，頁 41、42。
[32] 參見《臺北商工會議所事業報告書》昭和十三至十七年度的相關報告。
[33] 《昭和十七年度臺北商工會議所事業報告書》，頁 46。
[34] 《昭和十四年度臺北商工會議所事業報告書》，頁 69、70。

剃刀、罐頭、樟腦等[35]；1941 年，臺北商工會議所再度參展，並獲得泰國日本商工會議所的協助[36]。除了參加泰國的曼谷博覽會外，臺北商工會議所在 1940 年 4 月，也曾參加了臺灣商工會議所在馬尼拉主辦的「臺灣特產品展覽會」，展出的商品中，以竹筍罐頭、香料、蕃茄醬、火腿乾最受歡迎，並獲得不少訂單[37]。

　　3.支援宣傳戰爭

　　在支援宣傳戰爭方面，臺北商工會議所最有貢獻的是，舉辦展覽會宣戰果、鼓舞士氣，並在會場勸募、發售勞軍袋。臺北商工會議所共舉辦了 7 次展覽會，即：1939 年的「時局海報及勞軍品展覽會」，1941 年的「時局恤兵展覽會」、「實施志願兵制度慶祝窗飾競賽」、「皇軍宿營照片展覽會」、1942 年的「勞軍品展示會」、「戰果宣傳窗飾展覽會」、「大東亞戰爭海軍戰利品‧皇軍慰勞品展覽會」，其概況如表十一所示。

四、臺北商工會議所的改組

　　1941 年 12 月，太平洋戰爭爆發，日本帝國的統制經濟也邁入一個新的階段。1942 年 8 月，日本政府頒布《重要產業團體令》，指定重點統制 9 項產業，然而「統制會」的運作並不順利。於是，12 月，再公布鋼鐵、煤、輕金屬、船舶、飛機為「五大超重點產業」，一切資金、原料、勞力、動力，均優先用於生產「五大超重點產業」。1943 年，日本政府公佈預算為 360 億圓，其中大部分是軍費，本次預算不僅是 1942 年度的 3 倍，更佔國民所得總額 450─500 億圓的 6 成以上[38]，可見此時日本的統制經濟已進入完全榨乾的地步。在此背景下，日本政府除以各種「統制會」對各種產業進行「縱向」統制外，也計畫設立新的經濟團體，取代商工會議所，以加強「橫向」的統制。

---

35 《昭和十五年度臺北商工會議所事業報告書》，頁 50。
36 《昭和十六年度臺北商工會議所事業報告書》，頁 48、49。
37 《昭和十四年度臺北商工會議所事業報告書》，頁 71。
38 橋爪克已，《決戰經濟商工經濟會》，3-37 頁。

　　在日本內地，以追求私利為宗旨的商工會議所，已經逐漸無法承擔官方戰爭動員的要求，而面臨淘汰的命運。在臺灣，雖然商工會議所自始即肩負較多的統制經濟任務，但其畢竟是自由經濟時代的產物，因此，在先天上就有許多不利於戰爭動員的質素。早在 1941 年 11 月，總督府商工課長本多保太郎在臺灣商工會議所演講時，就已指出：自由主義時代產物的商工會議所，不僅會與「商工統制組合」發生摩擦，也將和「統制會」有所衝突，應把商工會議所調整為「橫向」的統制，統制會定位為「縱向」的統制，這樣即使有了商工統制組合、統制會，商工會議所仍能發揮其獨特的功能[39]。

　　1942 年 5 月，林德富又在《臺灣時報》上發表評論，他認為：商工會議所仍然以和政府對立之姿，代表商工業者為自身利益陳情、建議，只不過是商工會、實業會瓦解後，新取得法人資格的團體而已。再者，商工會議所選出的議員多是鉅商，已經和中小商工業者嚴重脫節，今後應加強奉公的精神，既反映商工業者的意見，也配合政府的政策，成為「上意下達」、「下情上通」的機關。該文又指出：統制經濟為求更徹底動員，所需的是：以州為單位、並且能全面網羅業者的經濟團體，但商工會議所卻仍以市為單位，同時設有嚴苛的入會資格，商工會議所已不敷時代需求。再者，在公司兼併之風日熾下，原有的會員頗多因而喪失資格，而新的法令規定「公司」才可為團體會員，舊有的「組合」又不得加入，致使商工會議所的基礎日漸流失，因此，應將商工會議所改革成以州為單位、能容納商工業者各種意見的機構[40]。

　　如前所述，在日本出現改革商工會議所的聲浪後，臺北才出現類似的輿論，同樣地，臺北商工會議所的改組，也必須等待日本內地頒布新的法令才能展開。1943 年，日本帝國第八十一議會終於通過《商工經濟會法》，10 月，日本政府將 144 個商工會議所，改組成 47 個「商工

---

[39] 本多保太郎，《臨戰體制下の臺灣經濟諸問題》（臺北：臺灣商工會議所，1941 年），頁6-9。

[40] 林富德，〈商工會議所の戰時的性格〉，臺灣總督府官房情報課編輯，《臺灣時報》（臺北：臺灣時報，1942 年 5 月），頁 22-33。

經濟會」[41]。1944 年 3 月，臺灣總督府也以律令第八號，公佈《臺灣商工經濟會令》。4 月 1 日，總督府任命臺灣電力公司社長增田次郎等 13 人為籌設委員。10 日，召開創立總會，6,952 名會員中，共有 3,625 人出席或委託出席。15 日，通過認可，臺灣總督任命增田次郎為會頭，臺北商工經濟會正式立。22 日，臺北州政府依增田會頭的推薦，任命臺灣石炭公司社長今川淵、菊元百貨公司社長重田榮治為副會頭，桝山保一為理事長，臺灣銀行理事等 50 人為評議員（參見表十二）。5 月初，選定臺北經濟專門學校教授鈴木源吾等 12 人為「參與」（參見表十三），負責研究會務發展方向。8 日，依 7 位詮衡委員的推薦，增田會頭任命陳作霖等 80 名總代（參見表十四）[42]。

表十二：臺北州商工經濟會的評議員

	姓名	所代表的法人或個人		姓名	所代表的法人或個人
1	本橋兵太郎	臺銀理事	26	辜振甫	大裕茶行社長
2	大西一三	臺拓副總經理	27	張清港	捷榮合資代表
3	中村太郎	臺電理事	28	陳清波	錦記製茶社長
4	村井信雄	日本勸銀理事	29	郭廷俊	稻江信用組組合長
5	井上剛	日本通運理事	30	三好正雄	個人會員
6	三卷俊夫	臺灣倉庫社長	31	山郎	南海興業社長
7	藤田隕治郎	臺灣農機製造統制社長	32	深川繁治	臺灣通信工業社長
8	中島道一	臺灣纖維工業社長	33	林熊次	大有物產社長
9	辻本正春	臺灣瓦斯社長	34	某川捷治	臺灣化成工業專務董事
10	中辻喜次郎	盛進商行社長	35	西田正登	臺灣機謝製作所社長
11	桑田剛助	桑田產業社長	36	和泉種次郎	新高印刷董事
12	神木次郎	神木洋行社長	37	立川滄海	中臺商事常務董事
13	川本秀助	臺灣金物社長	38	宮崎猛	基隆炭礦董事
14	井田憲次	前田砂鐵鋼業社長	39	水野敏行	臺灣電化董事
15	高橋尚秀	高進商會社長	40	島田佐一	臺灣肥料董事
16	池田又四郎	臺灣土地建物專務董事	41	武田瑞造	個人會員

---

[41] 同註 38。
[42] 參見《臺北州商工經濟會報》創刊號（臺北：該會，1944 年 6 月）。

17	藤江醇三郎	大成火災海上保險董事	42	廣田幸平	臺灣水產販賣專務董事
18	奧村文市	南興公司專務董事	43	田村初久	臺灣船渠董事
19	阿部定雄	高砂化學工業常務董事	44	黃再壽	宜蘭農產工業社長
20	近藤勝次郎	近藤商會專務董事	45	砂田鄰太郎	宜蘭精米社長
21	松本晃吉	南日本汽船常務董事	46	陳炳俊	個人會員
22	吉岡清一	個人會員	47	山田秀城	施合發商行常務董事
23	福田定治郎	個人會員	48	沖亮吉	瑞芳礦產合資代表
24	田村作太郎	天然水泥董事	49	下村純二	臺灣興業董事
25	石原玉意	臺灣宅商會專務董事	50	宮崎末修	個人會員

說明：1—35 號居住於臺北市，36—43 居住於基隆市，44—45 居住於宜蘭，46 號居住於海山郡，47 號居住於淡水郡，48 號居住於基隆郡，49 號居住於宜蘭部，50 號居住於羅東郡。

資料來源：《臺北州商工經濟會報》創刊號（臺北：該會，1944 年 6 月），頁 16—18。

表十三：臺北州商工經濟會的「參與」

	姓名	所代表的法人或個人		姓名	所代表的法人或個人
1	鈴木源吾	臺北經濟專門學校教授	7	坂口清	三菱商事臺北支店次長
2	杉浦治七	臺北經濟專門學校教授	8	坂本忠八	臺北電化代理次長
3	蘆澤直浩	三井物產臺北支店長	9	恆吉儔	臺灣運輸組合理事
4	雨宮謙次	日本郵船臺北支店副店長	10	都呂須玄隆	臺灣船渠工務部長
5	石橋余吉	臺灣石炭資材課長	11	本田武雄	臺灣電力營業課長
6	植木楠夫	大阪商船基隆出張所長	12	滿田忠生	臺灣銀行經理

資料來源：《臺北州商工經濟會報》第二號（臺北：該會，1944 年 6 月），頁 9。

	姓名	所代表的法人或個人		姓名	所代表的法人或個人
1	陳作霖	個人會員	41	上田光一郎	臺灣自動車整備配合專董
2	增野伸	出光興業常董	42	江島大吉	臺灣織物專董
3	謝火爐	個人會員	43	淺原長四郎	杉原產業常董
4	宇治原治郎	近江屋吳服店社長	44	中島與市	臺灣製糖臺北分所長董事
5	林德旺	林瑞記商行董事長	45	佐佐木留吉	南海興業常董
6	加藤博一	加藤商會臺北支店長	46	八張正次郎	臺灣勸業無盡社長
7	川端昇太郎	辰馬商會常務董事	47	土井才吉	華南銀行董事

8	川合治雄	個人會員	48	難波富一郎	三和銀行支店長
9	大久保榮一	安部幸商店臺北支店長	49	吉植庄司	大阪商船臺北支店長
10	銀屋武	個人會員	50	原田憲次郎	日本郵船臺北支店長
11	島田藤三郎	個人會員	51	館野松十	臺北交通專董
12	村崎長昶	個人會員	52	武田小太郎	賀田組專董
13	八十川清	東光興業專董	53	林尚志	個人會員
14	砂川慶二	日進商會專董	54	今道定治郎	個人會員
15	松本銀三	松本商行社長	55	新見喜三	個人會員
16	宮內龜一	宮內商店代表	56	宇田繁	個人會員
17	星加彥太郎	個人會員	57	田儆吉	個人會員
18	山崎與助	三井物產臺北支店長	58	佐藤吉郎	臺灣有價證卷董事長
19	谷田敏夫	三菱商事臺北支店長	59	大田博三	天龍木材經理
20	林松摸	個人會員	60	平戶吉藏	植松木材社長
21	河村明	櫻井電氣鑄鋼所專董	61	黑澤權藏	個人會員
22	出井松太郎	興亞製鋼社長	62	共田正樹	基隆水產社長
23	日笠商太郎	古河電氣工業臺北出張所主任	63	打荻貞	報國船渠專董
24	前川華夫	臺灣重工業常董	64	玉理三造	個人會員
25	池端清福	臺灣精機工業董事	65	明比實平	內外運輸社長
26	中田久之助	中田製作所常董	66	田尻信次	基隆合同運送社長
27	久保藤吾	臺灣武田藥品社長	67	東光國	臺灣製紙專董
28	富村諦	個人會員	68	三浦正夫	臺灣綿業社長
29	松木滿義	臺灣油脂董事	69	山本義信	個人會員
30	市島徹太郎	臺灣畜產興業常董	70	劉明	個人會員
31	遠山二郎	高砂麥酒專董	71	李好生	老義發商行社長
32	佐土原雄吉	佐土原商事社長	72	黑木長助	個人會員
33	明石正敏	臺灣橡膠常董	73	戶田貴	日本礦業金瓜石事務所長
34	芝原仟三郎	臺灣煉瓦專董	74	大川明	個人會員
35	小林清藏	臺灣火藥統制專董	75	陳清土	大正堂社長
36	江里口秀一	臺灣紙業社長	76	中江政吉	臺灣生命保險協會長
37	王添燈	個人會員	77	竹內虎雄	臺北周自動車協會副會長
38	竹內基雄	三井農林董事	78	山下正樹	船舶運營會臺北支部長

| 39 | 平戶東治 | 個人會員 | 79 | 立川甚一郎 | 臺北信用組專務理事 |
| 40 | 森尾昇 | 海南製份社長 | 80 | 有川有司 | 臺灣技術協會主事 |

說明：1-75 號為一號會員，其中，1-60 號居住於臺北市，61-66 居住於基隆市，67 號居住於七星郡，68、69 號居住於海山郡，70 號居住於文山郡，71 號居住於淡水郡，72-74 號居住於基隆郡，75 號居住於羅東郡。75-80 號為三號會員，全居住於臺北市。

資料來源：《臺北州商工經濟會報》創刊號（臺北：該會，1944 年 6 月），頁 18--21。

　　臺北商工經濟會，除設有理事會、評議員會、總代會、參與會外，另設有事務局、各種委員會。前者由理事長掌理，下分總務、業務、指導、調查四部[43]。後者下設生產增強推進、國民生活確保、企業整備促進三個委員會，由臺銀理事本橋兵太郎、臺拓副總經理大西一三、吉岡清一等 3 人分任委員長，其中，「生產增強推進委員會」又可分為工業、礦業、勞務、輸送、金融五部，「國民生活確保委員會」又設有食糧、日用品、衣料三部，而「企業整備委員會」不另設部，每部約配置 10 名委員[44]。

　　然而，商工經濟會究竟在哪些方面有所改造？使得它能取代商工會議所，成為官方中意的經濟統制機關？茲分述其特點如下：

　　（一）目的

　　商工會議所成立的目的，以圖謀商工業的改善發達為目的，為自由主義經濟追求私利的產物。商工經濟會設置的目的，則以最有效發揮國民經濟總力，配合國策，圖謀產業經濟的順遂為目的。因此，商工經濟會是配合統制經濟國策所需，以「公益優先」為指導原則的機構。

　　（二）名稱：

　　命名為商工經濟會有三層含義：即：

　　（1）商工經濟會使用「經濟」二字，代表統制範圍的擴大，不僅由商工業擴及農林漁牧等產業，也含有財政之意，不再像商工會議所，只以商工業為對象。

　　（2）商工會議所主張經濟自由主義，採取合議制，故以「會議所」

---

[43] 1944 年 7 月調整為總務、業務、調查三部。

[44] 《臺北州商工經濟會報》第三號（臺北：該會，1944 年 7 月 29 日），頁 11、12。

為名，但商工經濟會承官方之命，強調會頭獨裁領導，因此取消了會議所名稱。

（3）商工經濟會「公」的性質增加，「私」的性質減少，所以其名稱概為「○○縣（州）商工經濟會」，直接與政府機關聯結。

（三）地區：

商工會議所以市為法定範圍，涵蓋地區過於狹窄，業務難以推展到周圍廣大的農村；再者，商工業也經常與農業有關，因此，作為「橫向」的統制機構並不完備。商工經濟會則以縣、州為法定範圍，不僅可全面統制農工商業，而且也與縣、州政府的行政區一致，有利於官民聯合，迅速達成統制經濟的目標。

（四）會員：

商工會議所由會員以多數決選任評議員，為確保評議員的品質，必須限制會員的資格，因此，規定納稅一定數額才具有會員資格。商工經濟會則廢除評議員選舉，所以，會員可改由官方指定，網羅為達成統制經濟所需的所有業者，大幅擴張會員的範圍。再者，商工會議所的會員偏向經營商業者，商工經濟會則重視製造、交通部門，同時，組合、經濟調查研究團體也准許入會。

（五）業務：

商工會議所的業務，以擁護自身利益為主，在建議陳情時，甚至經常與官方處於對立地位。商工經濟會則與官方一體，全面配合國策，圖謀產業經濟的聯絡、調整、改善，以發揮國民經濟總力，支應戰爭需求。

（六）幹部：

商工會議所以評議員為領導中心，主要幹部會頭、副會頭、參事等，都是由評議員中產生，再經總督府認可即可。商工經濟會則改由官方獨斷遴選會頭，並由會頭獨裁領導，不僅副會頭以下的幹部，均由其推薦，地方政府任命，同時，會頭也是決策兼執行的機關，官方可透過會頭迅速進行戰爭動員。再者，為了加強會頭的權威，也取消商工會議所的顧問制度，改向主要幹部諮詢。

（七）會議：

商工會議所的領導中心在評議員會，最高權力機關為會員總會。商工經濟會採會頭中心主義，為圖業務能夠迅速順暢，將評議員會降為只是會頭的諮詢機關，同時，也大幅縮減會員總會的權力。再者，由於商工經濟會的機能和範圍的擴大，必須增加高級幹部，所以也增設了理事會、總代會。

（八）經費：

臺北商工會議所向會員徵收營業稅 10%的會費，商工經濟會則提高為：個人會員徵收營業稅的 20%，法人會員徵收營業稅的 25%，至少提高了一倍以上[45]。

商工經濟會的這些特點，使其動員的人力、物力、地區更加全面，組織的官僚化、軍事化也濃厚，成立不到七年的臺北商工會議所，乃迅速消逝於歷史的舞臺中！

五、結語

早在 1897 年，臺北的日商就出現要求設立商業會議所的輿論，此後，他們或直接向總督府請願，或透過「全島實業大會」施壓，甚至指責總督府的「同化政策已墮落成迎合本島人」。但是，臺灣總督始終堅持己見，不同意設立商工會議所，直到 1936 年底才頒布《臺灣商工會議所令》，足足壓抑了日商的請願運動將近 40 年。然而，朝鮮早在 1915 年就已頒布「朝鮮商業會議所令」，兩地公佈法令的時間，竟相差了 21 年之久，這除了是因兩地經濟狀況有異外，也顯示兩地的殖民政府在統治政策上，有很大的不同。

就前者言，本土商人的實力強弱是很重要的關鍵，根據殖民地濟史專家山本有造的研究，以本土資本勢力最強的米業為例，如表十五所示，臺灣的本土資本，無論在工廠或雇用勞工數上，都壓倒性的領先日商，朝鮮

---

[45] 參見橋爪克巳《決戰經濟商工經濟會》，頁 105-133；《臺灣商工經濟會關係法規》，（臺北：臺灣商工會議所，1944 年）。

的本土資本，則與日商平分秋色而已。再以主要產業的工廠數、規模來比較，如表十六所示，在臺灣，日商的工廠數約僅佔18％，朝鮮則高達41％；規模方面，雖然百人以上的大型工廠，無論在臺灣或朝鮮，日商都佔絕對優勢，但50-90人的中型工廠，臺灣的本土資本已與日商勢均力敵，甚至本土資本稍佔上風，然朝鮮仍以日商佔優勢，在50人以下的小型工廠，臺灣的本土資本已反過來居於絕對優勢，但朝鮮日商仍占有四成。

表十五：1935年以前臺灣、朝鮮精米工廠日本資本與民族資本實力的比較

臺灣			朝鮮		
時間	臺灣人工廠	日本人工廠	時間	朝鮮人工廠	日本人工廠
工廠數			工廠數		
1913	1,165	7	1912	23	67
1920	1,686		1920	219	208
1928	2,414		1928	1,241	529
1929	2,485	15	1932	783	373
1935	3,775		1935	1,225	
勞工數			勞工數		
1913	3,245		1912	260	1,986
1920	5,015		1920	2,212	8,216
1928	5,971		1928	10,751	10,638
1929	5,323	97	1932	-	-
1935			1935	30454	

資料來源：山本有造，《日本植民地經濟史研究》，（日本：名古屋大學出版會，1992年2月），頁170。

表十六：臺灣、朝鮮產業別、規模別日系工廠的比例％

	臺灣		朝鮮	
產業別	1929	1939	1934	1939
纖維	25.0	19.6	62.8	41.5
金屬	26.5	14.1	39.3	38.2
機械	45.9	39.7	76.9	64.6

窯業	12.2	4.2	35.7	36.2
化學、製紙	8.4	18.2	23.0	23.7
木材	21.0	23.1	78.5	67.1
印刷	--	33.3	68.3	27.8
精米	5.8	7.0	11.0	54.0
食品	6.5	18.1	52.2	56.7
其他	28.1	20.5	77.4	69.0
計	18.2	18.4	41.1	41.6
5-49	14.4	15.1	39.1	39.1
50-99	42.4	46.0	69.4	57.6
100-199	83.0	61.8	66.7	77.2
200 以上	85.2	96.5	87.2	92.0

資料來源：山本有造，《日本植民地經濟史研究》，（日本：名古屋大學出版會，1992年2月），頁171

　　很顯然地，臺灣若要設置商業（工）會議所，總督府為了要讓日商能掌控商業（工）會議所，勢必須制定許多不平等的規定，如：階級選舉、官派議員等。過去「全島實業大會」被日商把持，每年都成為臺人輿論攻擊的焦點，若再以明文規定臺、日的不平等，必定會引起臺人更強列的反彈。

　　再者，臺灣總督府心裡有數，設置商業（工）會議所雖是日商的殷望，但臺商其實並不願意，後來的臺北商工會議所設立同意調查，很清楚的證實這點，當時日商贊成設立的比例高達 81.3%，但臺商在殖民政府強力的勸誘下，卻仍只有 45.7%同意而已。臺灣總督府深知犯不著明目張膽去違背「內地延長主義」政策，而給自己製造一大堆麻煩。

　　綜上所述，就商業（工）會議所設立的例子言，在臺灣的殖民政府因顧忌本土商人的實力，似較願意在日、臺商人間尋求一個妥協點，而採取較溫和的統治政策，至於是否造成戰後臺灣對殖民統治較無惡意，則有待更多的實證研究，才可獲得較清楚的答案。

　　以下，再對臺北商工會議所、商工經濟會的戰爭動員模式，加以檢討。在這方面我們可以看到三大趨勢，即：官方控制越來越嚴、大企業介入越

來越強、日商壟斷越來越盛。

就官方的控制言，在商工會議所時代，根據《臺灣商工會議所令》，臺灣總督府可以公開命令或須經其認可的法令，就有 11 條之多，而該法令全部也只有 58 條；再者，臺北商工會議所只代同業組合向總督府陳情，反映過分嚴苛、窒礙難行的統制經濟法令而已，即被官方批評過分偏向業者，帶有濃厚的自由主義、利己色彩，可見官方控制之嚴格。但這種控制到了商工經濟會時代，只不過是小兒科，商工經濟會完全要求「公益優先」、「徹底奉公」，不僅會員、幹部全由官方指定，所有業務也是為了配合統制經濟的國策，官方已毫不遮掩的直接操縱。

就大企業介入言，在商工會議所時代，早在創立之初，就已被後宮信太郎、重田榮治、中辻喜次郎、高橋豬之助、杉原產業等「臺灣當地日系財閥」掌控，臺銀、臺拓、臺電等國策公司也取得顧問的地位。第二屆議員選舉時，大企業甚至組成「議員推薦會」，將臺銀、臺電、臺拓、高砂化學等國策公司，推上議員之位，進一步介入臺北商工會議所。這種情勢到了商工經濟會時代更為加劇，臺灣總督府乾脆指派臺電董事長增田次郎為會頭，副會頭以下的幹部，也十之八、九都是大企業的負責人（參見表十二、十四）。

就日商壟斷言，在商工會議所時代，以個人會員來說，臺商約佔 58-64％，但會頭、副會頭、正副部長、會計監察員、理事、主事等要職，從未有臺人擔任過；即使參事、議員曾有臺商獲選，但最多也只有 14 人，僅佔 17.5％而已，臺北商工會議所的領導權，完全落在日商手中。這種情況到了商工經濟會時代並未改善，臺商不僅與會頭、副會頭、參與、委員長、理事等要職無緣，即使在總數 130 名的評議員、總代中，臺人也只有 16 人，僅佔 12.3％，日商壟斷之勢更勝從前。

綜上所述，在臺北商工會議所、臺北州商工經濟會的戰爭動員中，中小商人、臺灣人能參與者越來越少，然而他們卻佔臺灣人口的絕大多數，因此，臺北商工會議所、臺北州商工經濟會的這種戰爭動員模式，恐怕不是動員越來越徹底，而是越來越孤立。臺灣總督府的戰爭動員體系，會走向破產、崩潰，從這裡答案不是很明顯嗎？

在臺日人菁英之家族觀與企業的繼承（1895—1945）——以 126 個繼承事例為例

一、前言

　　日人企業向以百年老店眾多著稱，其能長久存續不墜，在繼承制度上必有別出心裁之處，而日人企業菁英赴台發展風險既高，更須在繼承方式上發展特殊的生存策略，是故，筆者乃發好奇之心，廣泛蒐集日人企業菁英如何安排繼承的事例，果然發現諸多迥異於華人社會之處。

　　例如：臺灣日人首富、臺北商工會長後宮信太郎（1873—1959），因缺乏子嗣繼承，竟以親弟為養子。後宮氏初賴製瓦業發跡，號稱「臺灣煉瓦王」，[1]其後又因精準投資金瓜石礦山致富，贏得「第二代金山王」的美譽，[2] 1933 年，其將金瓜石礦山以 1,500 萬圓的天價，讓售給內地財閥日本礦業集團，財富因而暴增。[3]據估計後宮氏在 1938 年時已擁有5,000 萬圓的資產，[4]一年所繳的稅金即多達 40 萬圓，[5]而本年臺灣第一大企業－台電的資本額不過 4,575 萬圓，可見其富裕的程度。然後宮信太郎雖事業一帆風順，卻缺乏子嗣，為解決龐大事業後繼無人的窘境，乃收養兩名養子，其一為親戚之子後宮武雄，[6]另一則以自己的幼弟－後宮末男為養子，[7]以親弟為養子這在華人社會幾未聽聞，但臺灣日人首富後宮信太郎卻以這種方式解決了繼承問題。

　　又如：「臺灣鋼材王」高橋豬之助（1875—1941），以婿養子的身份繼承家業。高橋豬之助，原僅高進商會的夥計，其在日人領台之初，隨

---

[1] 《臺灣實業界》昭和 4 年 5 月號。

[2] 《臺灣實業界》昭和 7 年 11 月號。

[3] 《臺灣實業界》昭和 8 年 5 月號、昭和 8 年 7 月號、昭和 8 年 11 月號。

[4] 《臺灣實業界》昭和 14 年 2 月號、昭和 15 年 8 月號。

[5] 《臺灣實業界》昭和 15 年 12 月號。

[6] 《臺灣實業界》昭和 15 年 5 月號。後宮武雄，曾赴巴西開闢大咖啡園。

[7] 《臺灣實業界》昭和 7 年 4 月號。後宮末男，1924 年慶應大學經濟學部畢業，有後宮二世之稱。

店東高橋由義（1859—1930）渡臺，在臺北經營製造銅鐵器具的小本生意，[8]經十餘年的發展，高進商會竟發展成臺北首屈一指的機械批發商。然高橋由義雖事業頗為順利，但卻僅育有一女，因此，高進商會面臨無人繼承的危機，為化解此一難題，高橋由義乃收養豬之助為養子，並將獨女嫁給豬之助。以女婿為養子，這在華人社會亦從未見過，因為豬之助若被收為養子，其與高橋由義之女即為兄妹，兄妹結婚實屬亂倫，無法以見容於華人社會。

再如：「臺灣賣藥王」資生堂藥舖，[9]其少東竟襲父名繼承家業。資生堂藥舖原為陸軍軍醫總監松本順在 1873 年所創，1892 年，由經理西村虎四郎繼承。1897 年，資生堂藥舖在臺北開設支店，以中田銀三郎為經理。1900 年，西村虎四郎病逝，資生堂藥舖乃由中田銀三郎繼承，中田氏經營有術，資生堂藥舖販售網遍及全台，漸成知名的藥舖。1908 年，中田銀三郎過世，其嗣子年僅 16 歲，竟更名為中田銀三郎，與父同名，並以此繼承家業。在華人社會中，視父親名號為一種忌諱，人子不可直呼父親名號，但資生堂藥舖主人卻父子同名，對華人而言實不可思議。

另外，「臺南雜貨王」越智寅一，以無血緣關係的店員為家族一員，此亦甚為奇特。越智寅一在日人領台之初即已渡臺，後於 1897 年在臺南開設越智商店，販售和洋雜貨，並逐漸發跡，成為臺南商界的大老，長期壟斷臺南商工會副會長一職。越智寅一對於店員獨立創業都給予多方援助，故店員視越智夫婦如父母，這些店員在 1927 年設立「越智一致會」，相約彼此支援，並奉戴越智寅一為家長，而越智亦視這些沒有血緣關係的店員如同親子，准許他們懸掛越智商店的「暖廉」（書有商店字號，懸於店口的布條，相當於招牌），店員穿著相同的「半纏」[10]列為越智商店的別支。越智寅一與店員的關係，不僅親似父子，並且已實際構建一個擬家族（日人稱為「同族」），這在強調家為血脈傳承的華人

---

8 岩崎潔治，《臺灣實業家名鑑》（臺北：1912 年），頁 49。

9 上村健堂，《臺灣事業界と中心人物》（臺北：臺灣案內社，1919 年），頁 173—174。

10 林明德，《日本的社會》（臺北：三民書局，1997 年），頁 57。

社會中，亦甚難見到。

　　以上四例，對華人而言實難以理解，其是否僅是特例，頗值得探討，若非特例，其背後必有異與華人社會的家族觀。為更深入討論，本文將分為繼承身份、嗣子襲名、家之範疇三大部份加以討論，並在各部份先蒐集實例，再歸結若干原則，或與前人的研究對話。

二、繼承身份之分析

　　為討論後宮、高橋兩家以弟養子、婿養子繼承企業是否只是特例，筆者廣泛翻查資料，共蒐得 126 個事例，可供分析日人在臺企業繼承人與被繼承人的親屬關係，茲將其整理成表 1。根據此表可知：以弟養子（含妻弟養子）繼承者共 4 例，以婿養子繼承者亦 4 例，以姪（甥）養子繼承者 3 例，以一般養子繼承者 19 例，合計所有養子繼承的事例，共計 30 例，[11] 約佔總數的 23.8%，換言之，有將近 1/4 的日人企業係由養子繼承。此一比例與日本本土相近，根據湯澤雍彥對江戶至明治初期一般家業繼承的研究，在日本本國亦是每四個繼承人即有一個是養子。[12] 再者，在臺的日人企業菁英中，未以養子身份繼承事業，但具有養子身份者，亦蒐得 30 個例子（參見表 2），足見在日治時期臺灣的日人企業菁英，以養子繼承或認養之風亦十分盛行，與日本內地無異，這和華人社會強調由具有血緣關係者繼承家產，頗為不同。

---

[11] 日人養子的分類，可參見李永熾，〈日本德川時代的家族〉，《日本式心靈》（臺北：三民書局，1991 年）。

[12] 李卓，《中日家族制度比較研究》（北京：人民出版社，2004 年 8 月），頁 195。

表1：日治時期日人在臺企業菁英繼承事業的身份分析

編號	繼承者身份類型	被繼承者	繼承者	繼承場域	企業類型	相關繼承人
1	一般養子	高橋豬之助	高橋尚秀（本名橫光尚秀）	高進商會	●	
2	一般養子	後宮信太郎	後宮武雄	臺灣煉瓦	●	後宮末男（弟養子）芝原仟三郎（姪婿）
3	一般養子	安場保和	安場末喜	台東製糖	●	
4	一般養子	大川平三郎	大川鐵雄	臺灣興業	●	大川義雄（親子）
5	一般養子	第一代西村武士郎	第二代西村武士郎	西村商會	●	
6	一般養子	館野弘六	館野松十（生父加藤米十郎）	竹迺家旅館	★	館野小拾（妻）
7	一般養子	古賀三千人	古賀照造	古賀組、臺灣商工銀行	●	古賀千代子（妻）古賀武德（姪養子）古賀達朗（親弟）
8	一般養子	長谷川春二	長谷川彌兵衛	基隆荷役	●	
9	一般養子	三輪富太	三輪雄吉	三輪養元堂	★	三輪良(妻)
10	一般養子	高石忠慥	高石威泰	高石組	●	
11	一般養子	澤全雄	澤學	大日本製糖	●	
12	一般養子	杉本音吉	杉本三郎（本名河崎三郎）	臺灣運輸	●	杉本綱子（妻）
13	一般養子	赤濱惠壽	赤濱元一	小笹商店	★	
14	一般養子	藤井登美惠	藤井悟一郎(生父大和辰之助)	吾妻旅館	★	
15	一般養子	鍵山今朝吉	鍵山愛吉	鍵山商店	★	
16	一般養子	古川安松	古川房次郎	越智鐵工所	★	
17	一般養子	山本壽太郎	山本榮	五端第二支店	★	
18	一般養子	岡十郎	岡秋介（原姓前田）	水產業	●	
19	一般養子	安部幸兵衛	安部三男	安部幸兵衛商店	●	
20	婿養子	高橋由義	高橋豬之助	高進商會	●	
21	婿養子	森平太郎	森利吉	一六軒	●	森繁一郎（親子）
22	婿養子	宮添環	宮添猴	南部臺灣海產	●	宮添右六（親弟）

23	婿養子	德田政十郎	德田傳四郎（生父栗原米三郎）	德田商店日本鳳梨	●	
24	弟養子	後宮信太郎	後宮末男	臺灣煉瓦	●	後宮武雄（養子）芝原仟三郎（姪婿）
25	弟養子	中辻喜次郎	中辻喜策	盛進商行	●	
26	弟養子	小川浩	小川慎一	小川商店	●	
27	妻弟養子	坂本素魯哉	坂本信道	彰化銀行	●	坂本清（親子）坂本千鶴子（妻）
28	姪甥養子	賀田金三郎	賀田以武	賀田組	●	賀田直治（養子，本姓市島）
29	姪甥養子	植松新十郎	平戶吉藏	植松材木店	●	
30	姪甥養子	鈴木定吉	鈴木新兵衛	生蕃屋本店	★	鈴木泉（養子）
31	女婿	近江時五郎	常見辨次郎	近江商事	●	
32	女婿	船越倉吉	江原節郎	太田組	★	船越慶亮（親子）
33	女婿	添田壽一	柳生一義	臺灣銀行	●	
34	女婿	越智寅一	岡部徹	越智商會	●	越智一義（親子）
35	女婿	古金德松	福島鹿藏	共同組	★	
36	女婿	山本悌二郎	筧千城夫	臺灣製糖	●	
37	女婿	岳母藤田時與子	入江俊明	櫻榕社吳服店	★	
38	女婿	後藤？	柏熊福太郎	柏熊商事	★	
39	妻	長谷川直	長谷川高千代	文明堂	★	
40	妻	小塚兼吉	小塚青	小塚商店	★	
41	妻	第一代中田銀三郎	中田堅子	資生堂藥舖	●	第二代中田銀三郎（親子）
42	兒子	安土直次郎	安土實	肥後屋吳服店	★	小室興（女婿）
43	兒子	上田熊次郎	上田光一郎	高砂商店	●	岡崎文雄（女婿）上田東平（親子）上田勝平（親子）
44	兒子	河東利八	河東富次	辰馬商會	●	
45	兒子	川端伊之助	川端昇太郎	辰馬商會	●	
46	兒子	第一代近藤喜惠門	第二代近藤喜惠門	近藤商會	●	近藤勝次郎（婿養子）
47	兒子	重田榮治	重田平太郎	菊元商會	●	
48	兒子	武智直道	武智勝	臺灣製糖	●	武智貞三（養子）
49	兒子	益田孝	益田太郎	臺灣製糖	●	
50	兒子	益田太郎	益田克信	臺灣製糖	●	

51	兒子	高島小金治	高島直一郎	新高製糖	●	高島礦橘（親子）
52	兒子	樋口典常	樋口常彌	臺灣農林	●	
53	兒子	高橋是清	高橋是賢	臺灣生藥	●	
54	兒子	藤山雷太	藤山愛一郎	大日本製糖	●	伊吹震（親子） 藤山勝彥（親子）
55	兒子	杉森與吉	杉森與一	日之丸旅館	★	
56	兒子	新原龍太郎	新原謙相	新原泰生堂	●	
57	兒子	三好德三郎	三好正雄	辻利茶舖	★	
58	兒子	澤井市造	澤井市良	澤井組	★	
59	兒子	第一代 明比實平	第二代 明比實平（本名明比憲吾）	明比商店	★	
60	兒子	楠田金之丞	楠田卓哉	不動產商	★	
61	兒子	第一代 田尻與八郎	第二代 田尻與八郎 （本名田尻光次）	運輸事業	★	田尻信次（親子）
62	兒子	大坪與一	大坪佐苦樂	日東商船組	●	
63	兒子	笹川熙雄	笹川忠雄	和洋食品酒類販售	★	
64	兒子	樋口仁三郎	樋口二郎三郎	樋口運輸合名	★	
65	兒子	上瀧宇太郎	上瀧利雄	水產事業	★	
66	兒子	安場末喜	安場保健	台東製糖	●	
67	兒子	田村千之助	田村作太郎	田村組	★	
68	兒子	住吉秀松	住吉勇三	住吉組[13]	★	
69	兒子	赤司初太郎	赤司大介	赤司礦業	●	
70	兒子	橫井勝治郎	橫井綱一	橫井商店	★	
71	兒子	柴田勝太郎	柴田稔	山田金物店	★	
72	兒子	平田源吾	平田剛太郎	天狗庵	★	
73	兒子	丹羽孝之允	丹羽一孝	和泉時計舖	★	
74	兒子	青山銀藏	青山金太郎	福助號	★	
75	兒子	田中？	田中德次郎	肥前商會	★	
76	兒子	梅野清太	梅野平	花蓮港電氣	●	

---

[13] 據《臺灣大觀》（臺南：臺南新報社，1935年），頁264，言：1935年，長期在住吉組任職的中井清枝，取代姪兒住吉勇三經營住吉組，中井清枝與住吉秀松為兄弟，出繼中井家。

77	兒子	吉鹿善次郎	吉鹿則行	臺灣勸業無盡	●	
78	兒子	永原喜太郎	永原周次郎	日東商船組	●	
79	兒子	小鹽元太郎	小鹽三治	小鹽商會	●	
80	兒子	川合良男	川合良藏	川合合名	★	
81	兒子	第一代藤崎三郎助	第二代藤崎三郎助	鹽水港製糖	●	
82	兒子	二改？	二改一男	煉瓦業	★	
83	兒子	海野三次郎	海野銀次郎	海野組	★	
84	兒子	西光石松	西光廣治	西光堂	★	
85	兒子	河合熊吉	河合治雄	鳥伊本店	★	
86	兒子	中林政太郎	中林鶴次郎	陶磁製造	★	
87	兒子	三谷新八	三谷芳太郎	臺北檢番	★	
88	兒子	佐佐木紀綱	佐佐木正綱	佐佐木材木店	★	
89	兒子	藤川類藏	藤川重五郎	盛進商行	●	
90	兒子	淺尾豐一	淺尾英夫	臺灣膠印	●	
91	兒子	宇治原志郎	宇治原亮	近江屋吳服店	★	
92	兒子	柴田泰資	柴田敏男	柴田商會	★	
93	兒子	多木龍二	多木萬三	多木合名	★	
94	兒子	槙武	槙有恆	新竹拓殖軌道	●	槙有智（親子）
95	兒子	白井一	白井進	白井藥局	★	
96	兒子	大江森藏	大江誠一	土木承包商	★	
97	兒子	安達善次郎	安達良之助	升屋吳服店	★	
98	兒子	行成彌之助	行成忠夫	行成商行	★	
99	兒子	矢頃正之	矢頃為治郎	矢傾商店	★	
100	兒子	松田幸一郎	松田長次郎	松田園主	★	
101	兒子	田中慶太郎	田中正茂	田中吳服店	★	
102	兒子	伊ケ崎虎吉	伊ケ崎虎信	伊ケ崎商店	★	
103	兒子	坂本榮太郎	坂本大藏	坂本吳服店	★	
104	兒子	調政次郎	調進	調商店	★	
105	兒子	松田八左衛門	松田鐵基	合資松田油脂工業	★	
106	兒子	村崎長昶	村崎敏昶	新高堂書店	●	

107	兒子	松井金次郎	松井正次	松井保生堂	★	
108	兒子	口井常楠	口井房太郎	口井材木店	★	
109	親弟	新原直次郎	銀屋慶之助	新原金物店	★	
110	親弟	高松與吉	堀內文平	堀內商會	★	
111	親弟	古川松次郎	古川正義	古川洋服店	★	
112	親弟	阿波屋種次郎	山下豐三郎	雜貨襪商	★	
113	親弟	荒木寅吉	荒木萬三郎	高雄花壇旅館	★	
114	親弟	桑田松二郎	桑田剛助	桑田商店	●	
115	親弟	兒玉？	兒玉音五郎	玉二材木店	★	
116	親弟	藤井廣治	永井宗吉	藤井商會	★	藤井台藏（親子）
117	親弟	清水直太郎	清水榮一	雜貨商	★	
118	親弟	清水榮一	清水真二	雜貨商	★	
119	親弟	池地斧彥	福地載五郎	嘉義旅館	★	
120	親弟	玉理？	玉理三造	玉福商店	★	
121	親女	藤井奈美	藤井登美惠	吾妻旅館	★	
122	堂弟	田中慶太郎	田中床應	田中商店支店	★	
123	親孫	櫻井貞次郎	櫻井光夫	櫻井組	●	
124	姪甥	小出錠太郎	小出平左衛門	小出大勸工場	★	
125	妹婿	愛久澤直哉	津田素彥	三五公司	●	
126	妹婿	田島岸太郎	石橋直造	木箱製造	★	

說明：企業型態欄中，●代表股份公司，★代表家族式的合資、合名企業。

資料來源：散見各種人物志、名鑑及《臺灣實業界》等雜誌。

表2：日治時期日人在臺企業菁英具有養子身份者

編號	企業菁英姓名	企業頭銜	生父姓名	養父姓名
1	武智直道	臺灣製糖董事長	林正男	
2	平山寅次郎	臺灣製糖常務董事		平山靖彥
3	清水政治	臺灣製糖董事	原姓鳥居	
4	田村藤四郎	東洋製糖副董事長	原姓下阪	
5	久宗董	臺灣拓殖副董事長	後藤第藏	久宗朝光
6	高山三平	臺灣拓殖理事	森下壽平	高山伊勢吉
7	松本虎太	臺灣電力董事長	高橋傳二	松本武次郎

8	平澤越郎	臺灣電力理事	田中敬治郎	平澤道次
9	土居政次	臺灣電力理事	嘉善平	
10	白勢黎吉	臺灣青果董事長	今井文三	
11	津田毅一	臺灣製鹽董事長	津田健治	津田左右衛門
12	星野直太郎	臺灣合同鳳梨常務董事	西島熊治郎	星野佐紀
13	竹藤峰吉	福大公司專務董事	小林代治郎	
14	赤司初太郎	赤司礦業董事長	小山龍	
15	村松一造	臺灣儲蓄銀行董事長	橋本富貴	村松美代
16	原田歲壽	臺灣儲蓄銀行董事兼經理	板畠歲光	原田常樹
17	中津德治	彰化銀行常務董事	樺山助八郎	
18	長尾景德[14]	臺灣瓦斯監事		長尾龍次郎
19	西川純	武丹坑炭礦主	秋山清八	
20	高石忠慥	高石組主	田中儀八	
21	銀屋慶之助	臺北信用組合長	原姓新原	
22	西山久二	臺灣硝子販售專務董事	前田久吉	
23	持田二郎	臺灣製麻董事	赤司欽一	
24	越智寅一	越智商會主	樋口太夫	
25	幕內菊太郎	尾產洋行主	原姓高島	
26	神木次郎	神木洋行主	松本千代藏	神木彥三郎
27	福地載五郎	嘉義商工會長	若林茂樹	
28	川浪易藏	共同組主	原姓岸川	
29	阿波屋種次郎	阿波商行主	原姓山下	
30	平田源吾	天狗庵主	柳原傳兵衛	

資料來源：散見各種人物志、名鑑及《臺灣實業界》等雜誌。

以下將分別從一般養子、弟養子、婿養子等三類事例中，各擇一例，以深入說明日人企業迥異於華人社會的繼承方式。再者，華人社會由女婿繼承雖亦常見，但多因缺乏男嗣才會勉強由招贅之女婿繼承，然本文在此所選之例卻非如此，例中的企業主船越倉吉，共育有5子，皆頗具才能，但船越氏卻捨親子，改擇更優秀的女婿江原節郎繼承，此亦可證明日人企業之繼承較不重血緣的特性。

---

[14] 長尾景德娶長尾龍次郎長女はつ子，故長尾景德為長尾龍次郎的婿養子。

（一）一般養子繼承

　　以一般養子繼承事業，可以大川平三郎家族之事例為代表。大川平三郎（？—1937），號稱「臺灣造紙王」，他雖有親子大川義雄，但卻選擇更有能力的養子大川鐵雄繼承大部份事業，此正突顯日人家業繼承不重血緣的特色，以下申述之。

　　大川平三郎，貴族院議員，「日本事業王」澀澤榮一之甥，[15]為日本造紙工業的先驅。1930 年代初，他與另一資本家松本真平合作，[16]在臺灣羅東籌設造紙工廠。1933、1935 年，先後創設了臺灣紙業（資本額 100 萬圓，後增為 300 萬圓）、臺灣興業（資本額 500 萬圓）兩家造紙公司。1937 年，大川家族又將兩家公司合併，並增資為 1,200 萬圓的臺灣興業，該公司以昭和製糖、帝國製糖供應之蔗渣漿造紙，[17]為臺灣規模最大的製紙公司。

　　大川平三郎，於 1937 年初過世，留下將近 4,000 萬圓的遺產，[18]繼承問題乃浮上檯面。大川平三郎共有二子，一為養子大川鐵雄，一為親子大川義雄，在 1900 年義雄未誕生前，大川平三郎即領養了鐵雄，[19]故養子鐵雄為長子，親子義雄反為次子。親子義雄，東京高師附中畢業、慶應義塾肄業，又娶大實業家大村五左衛門之次女為妻，在大川平三郎過世前，已任臺灣紙業、臺灣興業兩家公司的專務董事，在公司的排名僅次於大川平三郎、松本真平。

　　但大川平三郎認為義雄個性好社交，導致慶應義塾的學業未能完成，而鐵雄留學美國，為堅實的技術家，又深受部下擁戴，故大川平三

---

[15] 《臺灣實業界》昭和 12 年 3 月號。

[16] 《臺灣人士鑑》1937 年版（臺北：臺灣新民報社），頁 347—348，松本真平，1878 年生，埼玉縣大里郡熊谷町人。1900 年，東京高商畢業後，任大倉商業學校教諭。1906 年，開始從事製粉業。1923 年，併購千代田製粉。松本在群馬、埼玉縣製粉、造肥成為鉅富，曾任埼玉縣眾議員、熊谷銀行董事長、東京商工會議所常議員、武州銀行董事、埼玉縣共濟會理事、臺灣興業董事長、臺灣紙業董事長、貴族院議員等職。

[17] 大塚清賢編，《躍進臺灣大觀（二）》，昭和 12 年版、《臺灣實業界》昭和 13 年 4 月號。

[18] 《臺灣實業界》昭和 12 年 3 月號，大川平三郎過世時，捐款 200 萬圓，以為國防經費及社會慈善事業之用，可見大川家族之富有。

[19] 《臺灣實業界》昭和 12 年 3 月號。

郎乃捨親子義雄，而以無血緣關係的鐵雄為嗣子，[20]故身後家業亦多由鐵雄繼承。

在臺灣興業公司的繼承方面，義雄由專務董事退為一般董事，持股數亦由 12,700 股減為 2,200 股；反觀鐵雄，原未參與臺灣興業的經營，但在父親過世前夕，即發表為專務董事，1940 年，再升任董事長；[21]持股數亦由零股增為 52,435 股，臺灣興業可說幾乎完全交由鐵雄繼承。

在其他事業的繼承方面，大川義雄在 1937 年父親過世時，除臺灣興業的職務外，僅為樺太工業常務董事兼營業部長、樺太汽船董事、大川合名社員。[22]反觀大川鐵雄，1941 年時，已是大川合名、臺灣證券、臺灣油脂、武州瓦斯、熊本電氣軌道等 5 家公司的董事長，王子製紙、大日本電力、東京人造絹絲、朝鮮鐵道、武州銀行、武州儲蓄、東京灣埋立、上毛電力、上毛電氣鐵道、昌德礦業、自動車工業、西五鐵道、日出紡織、日本製粉、佑木枚紙、日本醋酸、滿洲日東製粉等近 20 家公司的董事。[23]大川平三郎將事業大半交給養子鐵雄，而未交給具有血緣親子關係的義雄，這在華人社會實不太可能發生。

（二）婿養子繼承

以婿養子繼承事業，這在華人社會幾乎未見，雖前已舉高進商會高橋豬之助之例，但為更深入討論，[24]此處再舉「臺灣糕餅王」森平太郎、森利吉父子為例，加以說明。

森平太郎，1869 年生，佐賀縣小城郡人。1902 年渡臺，[25]在古亭町

---

20 據《臺灣實業界》昭和 15 年 10 月號、16 年 1 月號。

21 《臺灣實業界》昭和 15 年 10 月號，大川平三郎過世後，松本真平繼任董事長，1940 年 1 月，松本發生肥料不正事件，故黯然辭退臺灣興業董事長，由大川鐵雄接任。

22 《臺灣人士鑑》1937 年版，頁 30。

23 《臺灣實業界》昭和 16 年 1 月號。

24 關於高進商會的發展歷程，可以參見筆者著，〈地緣網絡與盛進商行、高進商會、菊元商行的營運〉（臺北：臺北市文獻委員會，2006 年 9 月），頁 152—184。

25 內藤素生，《南國之人士》（臺北：臺灣人物社，1922 年），頁 169 言森平太郎 1902 年渡臺，大園市藏，《臺灣の中心人物》（臺北：日本植民地批判社，1935 年），頁 14 則言：森平太郎 1905 年渡臺。

設立製菓工廠，並在本町設立一六軒，作為門市部，銷售製品。[26]趁著一次大戰的景氣，一六軒奠下事業基礎，並分別在臺北新起町、千歲町、臺中再設銷售據點。1915 年，森平太郎又投巨資，將古亭町工廠擴大為新高製菓商會。一六軒、新高商會所製糕點糖菓，由於口味特殊，漸成臺灣知名的糕餅商，甚至贏得臺灣糕餅王的美譽。[27]

森平太郎，雖有親子森繁一郎，但因婿養子森利吉更具才幹，[28]故森平太郎僅令森繁一郎負責臺中支店的業務，而將整個事業交給婿養子森利吉。森利吉初假養父之名行事，至 1930 年左右，養父森平太郎始退隱故里，完全交棒。此後，森利吉在有村端、木塚丸等重要幹部的協助下，[29]一六軒、新高商會所製之糕餅，不僅在臺知名，更聲名遠播至日本內地，每年純益高達三十餘萬圓，一六軒企業集團在 1935 年時，已有 270 萬圓以上的資產。[30]

在日治末期，森利吉又不斷擴展事業版圖，1936 年，投資臺北土地公司，被推為董事。[31] 1938 年，亦創設了資本額 30 萬圓的日本石綿工業，從事石綿的製造。1940 年，再設立資本額 15 萬圓的東亞企業公司，經營不動產仲介買賣，[32]成為跨足製菓、不動產、石綿製造等業的小型財閥。總結言之，森平太郎雖有親子森繁一郎，但卻收養女婿森利吉為養子，尤有甚者竟以婿養子繼承家業，這在華人社會實不可能見到。

（三）弟養子繼承

以弟養子繼承事業，除前述後宮信太郎之例外，還可舉「第二代花蓮王」小川浩立其幼弟小川慎一為養子之例，加以說明。

---

[26] 內藤素生，《南國之人士》，頁 169。

[27] 橋本白水，《臺灣の事業界と人物》（臺北：南國出版協會，1928 年），頁 487。

[28] 太田肥洲，《新臺灣を支配する人物と產業史》（臺北：臺灣評論社，1940 年），頁 247，言：森利吉，1878 年生，佐賀縣小城郡生，1912 年渡臺，協助岳父經營一六軒。

[29] 千草默仙，《會社銀行商工業者名鑑》（臺北：圖南協會）1928—1940 年版。

[30] 大園市藏，《臺灣の中心人物》，頁 14。

[31] 《臺灣實業界》昭和 13 年 4 月號。

[32] 《臺灣會社年鑑》（臺北：臺灣經濟研究會）1938、1940 年版。

小川浩，1879 年生，宮城縣仙台市人。1901 年，東京成城中學畢業後，即進入第二師團第四聯隊服役。1904 年，奉派為步兵少尉，後以日俄戰爭軍功，獲頒勳六等單光旭日章。1912 年，晉升步兵中尉。1915 年，退役渡臺，進入澤井組任職，[33]不久，赴花蓮港經營土木承包業。1917 年，又開設五金行。

此後，小川浩逐漸投入企業界，投資花蓮港製紙合資（資本額 2.14 萬圓）、花蓮港電氣（資本額 100—300 萬圓），事業日有成就，再者，小川亦積極參與公共事務，歷任花蓮港廳協議會員、帝國在鄉軍人會花蓮港聯合分會會長、花蓮港土木建築協會會長等職。

中日戰爭爆發後，小川浩敏於掌握時局，事業更加發達，在有「東部民間總督」、「花蓮王」等美稱的梅野清太過世後，繼任花蓮港電氣（後更名為東部電氣）董事長，[34]並任小川商店（資本額 19.5 萬圓）、小川興產（資本額 18 萬圓）代表者、東臺灣無盡（資本額 15 萬圓）、東臺灣新報社（資本額 6 萬圓）、臺灣農產工業（資本額 100 萬圓）、花蓮港物產（資本額 15 萬圓）、臺灣鋼材配給（資本額 45 萬圓）、臺灣鐵鋼製品統制（資本額 100 萬圓）等社董事，花蓮港自動車運輸（資本額 75 萬圓）、臺灣農機具製造統制（資本額 100 萬圓）等社監事、倉庫信用組合理事等職（參見附表 1），[35]成為花蓮港日人企業家的新領袖，並獲得「第二代花蓮王」之美譽。

小川浩雖事業有成，但與妻富代（1890 年生）之間，並未生育兒子，小川浩遂以比自己年輕 23 歲的親弟小川慎一為養子。[36]小川慎一，1902 年生於仙台市，1926 年，明治大學商學部畢業，一度在日本內地任職，後渡臺為兄小川浩的養子，並逐漸繼承養父事業。1939 年，小川慎一被選為花蓮港街防衛分團副分團長，1940 年，再被推為花蓮港市會議員。1941 年，又繼承小川商店，擔任董事長，並兼任小川興業

[33] 橋本白水，《臺灣の事業界と人物》，頁 46。
[34] 大園市藏，《臺灣人事態勢と事業界》（臺北：新時代臺灣支社，1942 年），頁 46。
[35] 《臺灣人士鑑》1943 年版（臺北：興南新聞社），頁 49。
[36] 《臺灣人士鑑》1937 年版，頁 488。

專務董事，[37]逐步接手兄養父小川浩的事業。

（四）女婿繼承

捨棄有血緣關係的親子，而以女婿繼承事業，這可舉臺灣土木界泰斗、太田組主船越倉吉為例說明，船越倉吉育有 5 名兒子，並不缺子嗣繼承，然其卻捨長子船越秀松（後更名為慶亮），改由女婿江原節郎繼承太田組，此亦日人企業繼承較不重血緣的絕佳註腳。

船越倉吉（1866─1930），埼玉縣大里郡太田村人，得大阪土木界鉅子澤井市造之知遇，在澤井組任職，負責奈良鐵路龜瀨隧道、北陸鐵道等工程，1896 年完工後渡臺。[38]入臺後，船越倉吉成為澤井組臺灣支店的領袖，承包台地鐵路、土木工程，後獨立創設太田組。[39] 1910 年晚期起，澤井組的工程，[40]幾全由太田組轉包，船越倉吉並在澤井市造後，襲任臺北消防組會長，[41]成為臺北土木界的首腦。

船越倉吉，共有 5 男 2 女，長男秀松（後更名為船越慶亮），1895年生，娶臺北運輸界要角岡田組主人岡今吉之女，[42]臺北一中、東京築地工手學校土木科畢業，本欲繼承太田組，後轉入旅館業。1919 年，收購朝比奈正二經營的朝陽號，[43]轉營旅館業，後任臺北南旅館組合組

[37] 《臺灣人士鑑》1943 年版，頁 48。

[38] 大園市藏，《臺灣人物志》（臺北：谷澤書店，1916 年），頁 327。

[39] 岩崎潔治，《臺灣實業家名鑑》，頁 90。

[40] 據佐佐英彥編，《臺灣銀行會社要錄》（臺北：臺灣興信所，1920 年），船越倉吉亦為「澤井組」（資本額 30 萬圓）的重要股東，1920 年時，倉吉投資 1.5 萬圓。

[41] 木村健堂，《臺灣事業界と中心人物》，頁 229。

[42] 據岩崎潔治，《臺灣實業家名鑑》，頁 27；大園市藏，《臺灣人物志》，頁 287；木村健堂，《臺灣事業界と中心人物》，頁 195；內藤素生，《南國之人士》，頁 29：岡今吉，1879年生，香川縣木田郡庵治村人，原營木材業，1896 年渡臺，初為官衙御用商，1903 年，在臺北創立「岡田組」，經營海陸運輸業，並在基隆、打狗等地設立支店，漸成臺灣運輸界要角。岡今吉亦熱心公共事務，曾任臺北運輸同業組合評議員、臺北中央公會議員、臺北消防組副頭取等職。1930 年，船越倉吉過世後，更接任臺北消防組頭取。

[43] 內藤素生，《南國之人士》。另根據岩崎潔治，《臺灣實業家名鑑》，頁 102：朝比奈正二，1852 年生，鹿兒島市西田人，曾任橫須賀鎮守府御用商，1895 年，隨樺山總督渡臺，經營朝陽號旅館。正二兄為朝比奈正一，慶應大學畢業後，即進入三井物產臺北支店，任樟腦、茶輸出部主任。

合長、臺灣旅館組合聯合會會長。[44]二男武藤三五郎，臺北一中、臺北醫專畢業，任臺北醫院醫師 10 年，1934 年獨立開業，[45]娶臺北市尹武藤針五郎女美智子，[46]並為武藤氏的婿養子。三男晉太郎，為太田組的幹部。四男正一，臺灣農林專門學校畢業，在總督府營林所任官。五男嘉一，經營基隆船越旅館。[47]船越倉吉擁有五位才具不差的男嗣，但卻仍以手腕更高明的女婿江原節郎繼承太田組，[48]並將次男三五郎送給武藤針五郎為婿養子，這在重視血緣關係的華人社會亦是不可能發生。

　　江原節郎，1882 年生於埼玉縣大里郡明石村，為船越倉吉之鄉人，自幼即與倉吉長女德子一起長大，後更娶德子為妻。早稻田工手學校畢業後，[49]在 1906 年渡臺，於鐵道部短暫工作後，轉入太田組任職。[50]江原節郎思慮周密，襄助岳父承包日月潭水力發電工程，獲利甚多，1929 年時，江原夫妻兩人合計已有 170 萬圓的現金存款。[51] 1930 年，岳父船越倉吉在紀念臺北市實施市制十週年的宴會上意外辭世，[52]江原節郎繼承太田組。1933 年時，江原節郎被《臺灣實業界》評選為台地扣除糖界以外的四大富翁，與「金山王」的後宮信太郎、彰化銀行董事長坂本素魯哉、盛進商行董事長中辻喜次郎並列富豪。[53]

---

[44] 1940 年，船越慶亮還創立資本額 10 萬圓的東亞產業，自任代表者。

[45] 《臺灣人士鑑》1937 年版，頁 526。

[46] 《臺灣人士鑑》1943 年版，頁 389。另根據《臺灣大年表》（臺北：臺灣經世新報，1925 年）、大園市藏，《臺灣人物志》言：武藤針五郎，1870 年生，愛知縣人，1890 年，明治法律學校畢業，1895 年，以陸軍省雇員渡臺，1896 年起，歷任臺中縣屬、斗六廳屬、阿猴廳總務課長、恒春廳長、臺北廳庶務課長、桃園廳長、臺北市尹，1925 年以市尹退官。

[47] 太田肥洲，《新臺灣を支配する人物と產業史》，頁 648—651。

[48] 船越倉吉次女豐子嫁戶水昇，據大園市藏，《臺灣人事態勢と事業界》，頁 3、太田肥洲，《新臺灣を支配する人物と產業史》，頁 170，戶水昇，1890 年生，石川縣鹿島郡人，1915 年，東京帝大政治科畢業，次年，高等文官考試行政科及格，進入鐵道部任職，後轉入遞信部，任監理課長兼儲金課長。1928 年，出差歐美、印度、海峽殖民等地。返國後，1930 年，任殖產局商工課長。次年，轉鐵道部庶務課長兼總務課長。其後，再轉任臺北州內務部長。1936 年，升任遞信部長。1940 年，以臺北州知事退官，轉任資本額高達 2,000 萬圓的東臺灣電力興業專務董事。

[49] 橋本白水，《臺灣の事業界と人物》，頁 492。

[50] 橋本白水，《臺灣統治と其功勞者》（臺北：南國出版協會，1930 年），頁 125。

[51] 《臺灣實業界》昭和 4 年 5 號。

[52] 太田肥洲，《新臺灣を支配する人物と產業史》，頁 648—651。

[53] 《臺灣實業界》昭和 8 年 7 月號。另據《臺灣實業界》昭和 8 年 9 月號言，江原節郎曾召開

　　至日治末期，江原節郎已無法滿足於土木建築業，而將事業版圖跨足鐵路、汽車、紡織、貿易、電力等業，除任太田組主人，還兼任臺北工業（資本額 10—20 萬圓）、臺北鐵道（資本額 100 萬圓）、南邦自動車（資本額 30 萬圓）、臺灣合同電氣（資本額 200 萬圓）、東亞商工公司（資本額 50 萬圓）、臺灣苧麻紡織（資本額 200 萬圓）等 6 家公司的董事，臺灣纖維工業（資本額 200 萬圓）、臺灣日產自動車（資本額 48 萬圓）等 2 家公司的監事（參見附表 2）。

　　從上述四例可以看到：華、日社會的繼承方式差異頗大。就華人社會言，其繼承特別看重血緣關係，故即使親子憨愚，仍為繼承家產的首選。若無子嗣，華人將優先選擇收養兄弟之子，第二考慮則是招贅女婿，認為至少尚有女之血脈與己相通，只有在萬不可已的情況下，才會以毫無血緣關係者為養子。[54]其次，由於華人認為父子是一個生命的連續，故嗣子必為同宗，有「異姓不養」的原則，同時，養子的昭穆亦須相當，在選擇收領養子時，絕少違反輩份原則，故在華人社會絕無「弟養子」之例。[55]再者，若非極度貧困，鮮有男子願意接受招贅，更遑言改隨妻家姓氏，成為岳父的養子，故「婿養子」在華人社會亦甚罕見。[56]

　　但在日本社會，因採單嗣繼承，非嗣子無緣繼承家業，故非嗣子離家自立或轉入他家甚為普遍。同時，因日人對家的看法，較輕血緣而重家業的傳承，家的進出亦較為自由。當缺乏子嗣或親兒無能時，為了家業的繼承，日人可以不計血緣，挑選優秀者繼承家業，[57]故在日本社會以異姓養子或女婿繼承家業之風頗為興盛。再者，由於嗣子與非嗣子之間階級鮮明，若弟之年紀夠小，違反世代原則，以弟為養子亦不足為奇。[58]

　　宴會，二日即費三千圓，被認為是臺北社交界奢豪宴會的代表。

[54] 許烺光著，于嘉雲譯，《家元─日本的真髓》（臺北：國立編譯館，2000 年），頁 32—34。

[55] 滋賀秀三著，張建國、李力譯，《中國家族法原理》（北京：法律出版社，2003 年），頁 254—259。

[56] 許烺光著，于嘉雲譯，《家元─日本的真髓》，頁 53。

[57] 許烺光著，于嘉雲譯，《家元─日本的真髓》，頁 38—39。

[58] 許烺光著，于嘉雲譯，《家元─日本的真髓》，頁 53。

三、嗣子襲名繼承

前面提及資生堂藥舖少東，在父親過世後更名，襲父之名，並以此繼承家業，這在華人社會亦從未聽聞，其背後到底有何思想基礎？這可由許烺光的研究得到解答。許烺光在其名著《家元—日本的真髓》中，比較了華人、日人命名與親屬體系的關係。許氏言：對華人來說，不僅所有氏族成員都姓相同的姓，親兄弟、堂兄弟在名字中，亦有一個共同的元素（即昭穆），別人從他的名字，即可看出其在氏族中的輩份。許烺光舉自己家族為例，他們家族的昭穆為：景、運、際、光、天、家、傳、德、配、先，許烺光之父、伯叔父、堂伯叔父皆有「際」字，許烺光和兄弟、堂兄弟亦都有「光」字，其一下代的男性則將都有「天」字。華人的命名方式，顯示了父系擴展親族集團的包容性和連續性。其具包容性，係因：親族集團所有男性成員與其配偶都被姓氏所拘束，而該親族團體所有同代的男性成員，都可以名字中的共同元素來辨認。其具有連續性，係因：氏族成員永遠保持相同的姓，而不同世代的男子，亦由其名字中預先系列化的共同元素，加以聯結。[59]

但日人的命名習慣，則較不連續性，亦更具排他性。大多數的日人在德川時代以前，並沒有家或族的姓。德川時代後，雖有具包容性的姓，但日人的名字在親族集團中，則未顯現包容性，日人常在特定世系團所有嗣子的名字中，規定一個共同的字，武士階級尤為如此。例如：諸侯池田由之的嫡系，全共用「由」這個字，他的長嗣子為由成，長孫繼承人則為由孝等，其次的世系團，則從忠次這個名字開始，他的嗣子為忠繁，孫子則為忠貞。[60]德川幕府之初，武士階級有襲名繼承的習慣，其後，商家為避免財本分散，亦仿武士階級發展出長嗣繼承和襲父名的習慣。[61]

---

59 參見許烺光著、于嘉雲譯，《家元—日本的真髓》，頁 27—29。
60 參見許烺光著、于嘉雲譯，《家元—日本的真髓》，頁 27—29。
61 堀江保藏，《日本經營史における「家」の研究》（京都：臨川書店，1984 年初版），頁 38。

　　華人的命名方式：同一世代的男性成員，名字中有一共同的元素，顯示華人社會中，同一世代者共有家產，即家是同居共財的組織，諸子均有繼承財產的權利。而日人的命名方式，則排除了旁系親戚，使得日人的單嗣繼承更加明確，只有嗣子擁有財產繼承權，同時，亦突顯嗣子的優越地位，使得一般兒子對嗣子更為屈從。

　　在這種思想基礎下，日人的命名習慣與華人迥異，而日人這種父子通名的習慣，在日治時期臺灣的日人企業菁英中，亦甚普遍，筆者蒐羅各類資料，共尋得 29 個父子名字共用一個元素的例子，其中，同一元素、同位置者，共有25 例（參見表 3 之 1—25），同一元素、但位置相異者，則有 4 例（參見表 3 之 26—29）。甚至為了更明確表示繼承關係，嗣子甘脆更名，與父親同名，這種嗣子襲父名以繼承家業的情況，亦可得到 6 例。

　　日人父親與嗣子之名，共用一個元素，以確立繼承關係，如上所述可得 29 例，茲以上田熊次郎家族為例，說明如下。上田熊次郎，1874 年生，大阪府堺市人，14 歲即赴東京，學習股票證券買賣，並成為股票仲買商。1912 年渡臺，在臺北設立高砂商店，為臺灣股票證券業者之先驅。[62]

　　上田熊次郎共有三子，嗣子上田光一郎（1904 年生，1928 年慶應大學經濟科畢業）、次子東平（1906 年生）、三子勝平（1907 年生）。上田熊次郎與光一郎共用「郎」字，確立了兩者的繼承關係，故 1937 年上田熊次郎過世後，家業株式會社高砂商店亦由上田光一郎繼任董事長，[63]而次子東平、三子勝平，則以「平」字，另啟一系，在父親去世後，兩人皆僅任株式會社高砂商店的董事。[64]

---

[62] 大園市藏，《臺灣人物志》，頁 337。

[63] 竹本伊一郎編，《臺灣會社年鑑》昭和 12 年版（臺北：臺灣經濟研究會，1937 年）。

[64] 《臺灣人士鑑》1943 年版，頁 37。此外，上田熊次郎還有一傑出的女婿—岡崎文雄，娶其長女靜子，岡崎較嗣子上田光一郎年長甚多，自 1922 年株式會社高砂商店（資本額 50 萬圓）創立後，一直擔任專務董事，為株式會社高砂商店的第二號人物。1929 年，上田熊次郎夫婦又與岡崎文雄夫婦，共同創立資本額 2 萬圓的合資會社高砂商店，並由岡崎文雄擔任代表社員，可見女婿岡崎文雄亦可分享高砂商店的這塊金字招牌的聲譽。

表3：日治時期日人在臺企業菁英父子通名繼承的狀況（同一元素）

編號	關係	姓名	曾任之企業職位	曾任之公職職位
1	養父	中辻「喜」次郎	盛進商行（100萬）代表董事 盛進商事（30萬）顧問、董事長 臺北鐵道（100萬）董事、代表董事 東光油脂（50萬）董事長 東光興業（60萬）董事長 臺北交通（35萬）代表者 日本活性碳（25萬）代表者 臺灣高級硝子（18萬）代表者 臺灣油脂（15萬）代表者 資生堂臺灣販售（10萬）代表者 臺灣煉瓦（300萬）董事 臺灣製鹽（250—500萬）董事 臺灣苧麻紡織、臺灣纖維工業（200萬）董事 臺北州自動車運輸（150萬）董事 臺灣膠印（100萬）董事 臺灣肥料（100萬）董事 臺灣鐵鋼製品統制（100萬）董事 東海自動車運輸（80萬）董事 臺灣爆竹煙火（65萬）董事 臺灣野蠶（50萬）董事 臺灣鋼材配給（45萬）董事 臺灣精機工業（18—100萬）董事 臺灣商工銀行（500萬）董事、監事 臺南製麻（200萬）監事 高砂麥酒（150—300萬）監事 臺灣瓦斯（100萬）監事 共同商事（50萬）監事	臺北實業會會長 臺北市協議會員 臺北州協議會員 臺北州會議員
	弟養子	中辻「喜」策	盛進商行（100萬）董事 盛進商事（30萬）代表董事 金瓜石礦山（200萬）董事	
2	父	佐佐木紀「綱」[65]	佐佐木商店 臺南煉瓦（100—10萬）董事長、監事 臺灣鳳梨罐頭製造（20萬）董事長	臺南州協議會員 土地建築請負組合長 臺南商工組合長

---

[65] 綜合岩崎潔治，《臺灣實業家名鑑》、林進發，《臺灣官紳年鑑》（民眾公論社，1932年）、《最近の南部臺灣》（臺南：臺灣大觀社，1923年）、《臺灣人士鑑》1937年版、《臺灣人士鑑》1943年版，佐佐木紀綱，1860年生，和歌山海草郡紀伊村人。1895年，隨近衛師團以陸軍監理部員身份渡臺，後對軍部，進入大阪石田商會，負責臺南支店業務，經營木材、砂糖生意。1896年，石田商會改組為大阪共立物產支店。1897年，獨立創設佐佐木材木店，經營木材生意，在各地都設有木材支店，為臺灣木材業的泰斗，與越智寅一並稱臺南實業界兩大成功者。

			臺灣木材共同販售所（19.2萬）董事長 臺南興信社組合長 臺灣織布（150—15萬）董事 臺灣製鹽（250—500萬）董事 臺灣合同電氣（516—200萬）董事 日本拓殖（1000—200萬）監事 臺灣漁業（50—55萬）監事 北港製糖（300萬）監事 高雄地所（60萬）監事 朝日製糖拓殖（350萬）監事 臺中製糖（300萬）監事 帝國ラミ紡織（300萬）監事 臺南製冰合名（2萬）社員	臺南商工會長
	子	佐佐木正「綱」[66]	佐佐木商店主 臺南煉瓦（100—10萬）董事長	
3	父	川合「良」男[67] （1866—？）	後藤組（50萬）董事長 阿猴拓殖（100萬）董事長 臺灣合同電氣（516—200萬）董事 臺灣織物（150萬）董事 東海自動車運輸（80萬）董事 臺北製作所（50萬）董事 臺灣電氣工業（40萬）董事 臺灣鳳梨罐頭（20萬）董事 臺灣爆竹煙火（15—65萬）董事 新竹產業（15萬）董事 宜蘭殖產（45萬）監事 川合合名（20—48萬）代表社員	
	子	川合「良」藏[68] （1900—？）	川合合名（20—48萬）代表社員 臺灣爆竹煙火（65萬）董事 臺灣織物（15萬）監事	
4	養父	神木彥三「郎」	大阪神木洋行主（化粧品商）	
	養子	神木次「郎」[69] （1890—？）	神木洋行（15萬）主人 臺灣化粧石鹼（15萬）董事長 臺灣清掃具（19萬）董事長 臺灣高爾夫特定品販售（2萬）代表	臺北商工會議所評議員

---

[66] 佐佐木正綱，慶應大學畢業。

[67] 岩崎潔治，《臺灣實業家名鑑》，頁35，川合良男，1866年生，岡山縣人。京都同志社畢業後，即進入後藤組神戶本店。二年後轉赴泰國從事貿易。1895年渡臺，創立後藤組，經營運輸業。

[68] 《臺灣人士鑑》1943年版，頁96，川合良藏，1900年生。1923年，同志社大學畢業，歷任後藤迴漕店店員、豐國火災臺灣派駐員、參事。1936年，創立川合合名，就任代表社員。

[69] 《臺灣人士鑑》1943年版，頁93，神木次郎，1890年生，大阪人。原為大阪府松本千代藏二男，後為兵庫縣神木彥三郎養子。1913年，大阪高商畢業後，在父大阪神木洋行任職，經營化粧品業。1932年，神木洋行改組為株式會社，並就任董事長。

			者 興南企業董事長 臺灣纖維統制常務董事 臺灣紡績（400萬）監事	
5	父	永原喜太「郎」[70]	日東商船組（100—200萬）專董 合資嘉義牧畜（5萬）代表社員 合資嘉義產業（50—5萬）代表者 麻豆合同運送（5萬）代表者 新竹州自動車運輸（100萬）董事	嘉義街（市）協議會員 臺灣運輸同業組合常議員
	子	永原周次「郎」	日東商船組（100—200萬）臺中支店長	
6	父	上田熊次「郎」 （1874—？）	高砂商店（50萬）董事長 打狗土地（50萬）董事	
	子	上田光一「郎」 （1904—？）	高砂商店（50萬）董事長 打狗土地（50萬）董事、代表董事 東亞商工公司（50萬）常務董事 臺灣日產自動車（48萬）常務董事	
7	父	杉森「與」吉[71] （1868—？）	日之丸旅館（100萬）董事長 臺灣蠶絲（5萬）董事長 臺灣自動車監事	
	子	杉森「與」一[72] （1900—？）	日之丸旅館（100萬）董事長 初春旅館董事長	臺北南旅館組合長
8	父	山移「定」政	新高製紙（300萬）專務董事 日本拓殖（1000萬）董事 臺中製糖（300萬）董事 海南製粉（140萬）董事 臺灣果物（60萬）監事	
	子	山移「定」良	彰化銀行桃園支店長、臺中支店長	
9	父	石川「昌」次	台東製糖（175萬）董事長 東洋製糖（3400萬）董事 臺中製糖（300萬）董事 新興製糖（120萬）董事 打狗土地（50萬）董事	

[70] 大園市藏，《臺灣人事態勢と事業界》，頁7，永原喜太郎，佐賀縣人。1901年渡臺，任基隆商船組（日東商船組前身）組員。1913年，升任日東商船組嘉義支店長兼水上支店長。1932年，日東商船組改為股份公司，升任專務董事。另外，亦曾任嘉義街（市）協議會員、臺灣運輸業組合常議員。

[71] 大園市藏，《臺灣人物志》，頁150—151、內藤素生，《南國之人士》，頁77—78，杉森與吉，1864年生，三重縣人。1895年渡臺，在臺北任官衙御用商。後販售縱貫鐵路工程用品。1896年，兼營旅館業，家號為日之丸。縱貫鐵路完成後，不再販售鐵路工程用品，專營旅館業。1911年，臺灣總督府發布「蠶業獎勵規則」，與吉配合政策，創立臺灣蠶絲，任專務董事。1914年，旅館遭受火災打擊，重建旅館。1916年，佔地1200坪的新館落成。1919年，將日之丸旅館改為株式會社。

[72] 《臺灣人士鑑》1943年版，頁207，杉森與一，1900年生於臺北市。1941年，繼承父業經營日之丸旅館。

	子	石川「昌」一	台東製糖（175萬）股東	
10	父	中林政太「郎」[73]（1869—？）	陶磁製造商	
	子	中林鶴次「郎」	陶磁製造商	
11	父	海野三「次郎」[74]（1864—？）	海野組土木承包商	
	子	海野銀「次郎」	海野組土木承包商	
12	父	笹川熙「雄」[75]（1869—？）	和洋食品酒類販售	總督府鐵道部事務官 苗栗煙草批發商同業組合長
	子	笹川忠「雄」	和洋食品酒類販售	
13	父	樋口仁「三郎」	臺中運輸業者 臺中劇場董事長	
	子	樋口二郎「三郎」（1885—？）	樋口運輸合名代表社員 臺中鑄造董事	
14	父	澤井「市」造[76]（1850—？）	澤井組主	
	子	澤井「市」良[77]	澤井組合資（30萬）代表社員 臺北鐵道（100萬）董事	
15	父	高橋「是」清		藏相、首相、政友會總裁
	子	高橋「是」賢	鹽水港製糖（2500—2925萬）董事 臺灣生藥（50萬）董事長	子爵

[73] 內藤素生，《南國之人士》，頁176—177，中林政太郎，愛知人，1869年生。1912年渡臺，從事陶磁販售生意。

[74] 岩崎潔治，《臺灣實業家名鑑》，頁498、內藤素生，《南國之人士》，頁338。海野三次郎，靜岡縣人，1864年生。1900年渡臺，承包鐵道部打狗出張所工程。1907年，辭經營水泥製造販售。

[75] 大園市藏編，《臺灣人物志》，頁117，笹川熙雄，1869年生，茨城縣人。曾在東京四十四銀行、第三銀行、鐵道局任職。1897年渡臺，歷任總督府鐵道部囑託、運轉事務員練習所講師、汽車課庶務係長、鐵道部事務官。1914年退官，轉營和洋食品酒類販售，後又被指定為苗栗街煙草專賣批發商。

[76] 岩崎潔治，《臺灣實業家名鑑》，頁110，澤井市造，1850年生，京都府加佐郡人。1895年，以有馬組組員的身份渡臺，1898年，獨立設立資本額30萬圓的澤井組，承包縱貫鐵路工程、埠圳、築港等大型土木工程，對本島土木界貢獻良多。

[77] 大園市藏，《臺灣人物志》，頁121，澤井市良，大阪人，市良為市造的嗣子，其在中央本店指揮，臺北支店則由毛利千代次負責。

16	父	今澤「正」秋[78] （1877—？）	城南信用組合長	台東廳警務課長
	子	今澤「正」雄[79] （1909—？）	臺北帝大預科教授	
17	父	松方「正」義		公爵
	子	松方「正」熊[80]	帝國製糖（1500—2700萬）董事長 南北商事（20萬）顧問	
18	父	太田「重」助[81] （1868—？）	記者、律師 新竹庶民信組合長	新竹市協議會員 新竹市會議員
	子	太田「重」夫[82] （1902—？）		新竹州農林課長
19	父	中倉野次「郎」	大倉家執事	
	子	中倉恭一「郎」	大倉家不動產管理人	
20	養父	鍵山今朝「吉」[83] （1869—1917）	鍵山商店主 米穀醬油不動產商	
	養子	鍵山愛「吉」[84] （1879—？）	鍵山商店主 米穀醬油不動產商	
21	父	松田幸一「郎」	松田園主	
	子	松田長次「郎」	松田園主	
22	父	伊ケ崎「虎」吉	伊ケ崎商店主	

---

[78] 《臺灣人士鑑》1943年版，頁32，今澤正秋，1877年生。1901年渡臺，歷任廳巡查、警視、臺南、臺北各警察署長、台東廳警務課長。1929年退官，轉入實業界。1935年，任城南信組合長。

[79] 《臺灣人士鑑》1943年版，頁32，今澤正雄，1909年生於山梨縣。1932年，臺北帝大文政學部畢業後，即任該校助手，1933年，轉任農林專門部講師。1942年，升任台大預科講師，後又升預科教授。

[80] 《臺灣人士鑑》1943年版，松方正熊，公爵松方正義的八男，妻美代為群馬縣素封家新井領一郎長女。

[81] 《臺灣人士鑑》1943年版，頁64，太田重助，廣島縣人，1868年生。1889年，法大法科畢業後，曾任《山形民報》記者。1909年，遷臺北市。1929年，再轉新竹任開業律師。1942年，任新竹庶民信用組合長。亦曾任新竹街（市）協議會員。

[82] 《臺灣人士鑑》1943年版，頁64，太田重夫，1902年生於山梨縣。1926年，京都帝大英法科畢業。1930年，任總督府屬。1940年，升任總督府理事官。1942年，轉任新竹州產業部農林課長。

[83] 岩崎潔治，《臺灣實業家名鑑》，頁39，鍵山今朝吉，佐賀縣人，1869年生。1896年渡臺，1900年，經營米穀生意，取得故鄉佐賀米的一手販售權。1903年，又取得熊本玉城常八氏醬油的一手販售權，並自行製造醬油，供應臺灣守備隊。1906、1907年，又分別跨足房地產、精米業。

[84] 內藤素生，《南國之人士》，頁127，鍵山愛吉，今朝吉的嫡男，1879年生。1917年，繼承家督，經營米穀醬油味噌販售。

	子	伊ケ崎「虎」信	伊ケ崎商店主	
23	父	村崎長「昶」	新高堂書店主 臺灣書籍（10萬）董事長 臺北中央市場（40萬）監事 東海自動車運輸（80萬）監事 臺北信用組合理事 臺北倉庫信用組合監事	臺北市協議會員 臺北實業會理事 大同會會長
	子	村崎敏「昶」	新高堂書店幹部	
24	父	坂本「信」道	彰化銀行（480萬）董事長 新高水產開發（100萬）董事 臺灣製麻（140萬）監事 臺灣土地建物（150萬）監事	
	子	坂本「信」男		
25	父	松井金「次」郎	松井保生堂店主 新港運輸組（2.5萬）代表者	
	子	松井正「次」	松井保生堂幹部	
26	父	越智寅「一」	越智商店主人 南部臺灣海產（32萬）代表者 臺南越智商店（19萬）代表者 臺北越智商店（19萬）代表者 高雄越智商店（19萬）代表者 臺灣味之素販售（200萬）代表者 臺灣製鹽（250—500萬）董事 臺灣膠印（100萬）董事 臺灣瓦斯（100萬）董事 東光興業（60萬）董事 高雄地所（60萬）董事 臺灣鳳梨罐頭（20萬）董事 臺南製麻（200萬）監事 臺灣苧麻紡織（200萬）監事	臺南商工會副會長 臺南市協議會員 臺南州協議會員 臺南州會議員
	子	越智「一」義	高雄越智商店（19萬）代表者	
27	父	樋口典「常」	臺灣農林（200萬）董事長 臺灣製鹽（250萬）董事	眾議員 政友會福岡支部幹事長 新竹州稅調查委員 臺灣總督府評議員
	子	樋口「常」彌 （1898—？）	律師 臺灣農林（200萬）監事 臺灣製鹽（250—500萬）董事	
28	父	伊藤博「文」		首相 朝鮮統監
	子	伊藤「文」吉	金瓜石礦山（200萬）董事 臺灣礦業（1000—2000萬）董事長 日本礦業（24,015—36,023萬）董事	男爵 貴族院議員

29			長 臺灣化學工業（1000 萬）董事 日產生命保險（100 萬）董事	
	父	丹羽「孝」之允[85] （1880—1919）	和泉時計舖主	
	子	丹羽一「孝」[86] （1910—？）	和泉時計舖主	

資料來源：散見各種人物志、名鑑及《臺灣實業界》等雜誌。

　　再看嗣子為更明確顯示繼承的關係，特別更名，襲父之名，並以此繼承，這類例子共尋得 6 個，即：近藤商會的近藤喜惠門、西村商會的西村武士郎、明比商店的明比實平、資生堂藥舖的中田銀三郎、基隆運輸界元老的田尻與八郎、鹽水港製糖監事的岡崎三郎助。由於前已說明資生堂藥舖中田銀三郎之例，而鹽水港製糖監事岡崎三郎助之例，則因資料過少，難徵其詳，故在此僅說明其餘 4 例。

　　首先，看近藤商會之例。近藤商會與臺灣宅商會、臺灣辰馬商會並稱臺灣三大酒商，近藤商會的創始人為第一代近藤喜惠門。其為大阪堺市人，[87] 1895 年渡臺，在臺北北門街開設共同商會，經營日本銀行的現金押送、郵政電信等業務，後亦販售清酒。1897 年，將共同商會改為近藤商會，專營酒類生意，同時，為繼續運送業務，乃與金子圭介、賀田金三郎、山下秀實等人，設立臺灣驛傳社。此外，第一代近藤喜惠門還發起創設帝國製糖、臺灣儲銀、臺灣倉庫等公司，[88]為日治初期臺北商界的名人。

　　第一代近藤喜惠門的嗣子，為近藤喜千松。其 1887 年生，1913 年，第一近藤喜惠門因病過世，喜千松乃襲父名繼承家業，[89]是為第二代近藤喜惠門。第二代近藤喜惠門繼承近藤商會後，為擴大營業，在 1921

[85] 內藤素生，《南國之人士》，頁 119，丹羽孝之允（1880—1919），神戶人。1900 年渡臺，在臺北販售鐘錶、寶石、眼鏡、腳踏車，家號為和泉時計舖。後在臺南、神戶設立支店，並將臺北支店改為中央本店。

[86] 內藤素生，《南國之人士》，頁 119，丹羽一孝，兵庫縣人，孝之允長男，1910 年生。1919 年，父過世繼承家督，並由經理松井氏協助經營。

[87] 岩崎潔治，《臺灣實業家名鑑》，頁 96。

[88] 大塚清賢編，《臺灣大觀》，頁 245。

[89] 內藤素生，《南國之人士》，頁 64。

年，將近藤商會的組織，變更為資本額 100 萬圓的股份公司，並關閉大阪堺市本店，改以臺北京町支店為本店，[90]將近藤商會的事業重心遷至臺灣。

　　近藤商會雖由第二代近藤喜惠門所繼承，但實際經營業務者則為近藤勝次郎。其 1885 年生，本籍大阪堺市人，舊名勝間勝次郎，原為第一代近藤喜惠門的表弟。[91] 1905 年渡臺，[92]在近藤商會見習。後娶第一代近藤喜惠門之女，並成為其婿養子，更名為近藤勝次郎。勝次郎受第一代近藤喜惠門倚重，分擔近藤商會臺北支店經營之責。1921 年，近藤商會改組時，更被養兄第二代近藤喜惠門任命為專務董事。近藤勝次郎在臺北商界、政界頗為活躍，歷任：臺北實業會理事、臺北商工會常議員、[93]京町建築信用組合專務理事、酒類賣捌人組合理事、組合長、臺北市協議會員、啤酒販賣專務董事、高砂啤酒董事、實業信用組合組合長、[94]共同商事專務董事、國際映畫董事、臺北市會議員、京町會會長、臺灣酒罎統制董事長、[95]臺北州會議員等職。[96]

　　近藤勝次郎原為第一代近藤喜惠門的表弟，後成為其婿養子，近藤勝次郎的年紀，雖長第二代近藤喜惠門 2 歲，但因第二代近藤喜惠門繼承了近藤商會的家業，故近藤勝次郎反必須稱第二代近藤喜惠門為兄長，此亦顯示出家業的至高無上，故嗣子可因繼承家業而高貴。

　　其次，看西村商會之例。西村商會為日治時期台地的知名雜貨商，創始人為第一代西村武士郎。其 1878 年生，福井市永上町人，廣島中學畢業。1900 年渡臺，[97]收購石內商店，[98]並將之更名為西村商會，此

---

[90] 大塚清賢編，《臺灣大觀》，頁 245。

[91] 《臺灣實業界》昭和 7 年 4 月號，言近藤勝次郎為第一代近藤喜惠門的表弟。橋本白水，《臺灣統治と其功勞者》，頁 65，言：近藤勝次郎為第一代近藤喜惠門的女婿。

[92] 《臺灣人士鑑》1937 年版，頁 141。

[93] 《臺灣人士鑑》1937 年版，頁 141。

[94] 唐澤信夫，《臺灣紳士名鑑》（臺北：新高新報社，1937 年），頁 232。

[95] 《臺灣實業界》昭和 14 年 1 月號。

[96] 《臺灣人士鑑》1943 年版，頁 160。

[97] 大塚清賢編，《臺灣大觀》，頁 258，言：第一代西村武士郎 1900 年渡臺；但《新臺灣》大正 4 年 11 月號，頁 30，則言 1907 年渡臺。

[98] 內藤素生，《南國之人士》，頁 19。

後，遂以經營雜貨批發逐漸發跡，在基隆、臺南、埔里、北海道等地都設有支店。[99] 1919 年，投資新高釀造（資本額 25 萬圓），被推為董事。1920 年，再投資大正醬油（資本額 100 萬圓），又被選為董事。1925 年，第一代西村武士郎的事業大有突破，除創設森永製品臺灣販賣，促使本島糖菓業者的覺醒外，[100]亦將高砂油脂工業合資（資本額 6 萬圓，1920 年創立）[101]，改組為東光油脂工業，並被推舉為董事長。[102]

　　然就在事業順遂之際，第一代西村武士郎卻突然在 1929 年因病辭世，由其養子襲名繼承西村商會。第二代西村武士郎，1906 年生，原為福井縣人猪坂吉太郎的次子，後過繼給第一代西村武士郎為養子。他臺北商業學校畢業後，[103]即助父經營事業，1929 年，初繼家業時，其父東光油脂工業、森永製品臺灣販售的董事長之位，分為櫻井貞次郎、吉川榮次郎所奪，[104]他僅任這兩家公司的股東。第二代西村武士郎經數年努力，始逐漸復興家業，1934 年，終獲推為東光油脂工業董事。[105]根據《臺灣實業界》的調查估計，第二代西村武士郎已有 70—80 萬圓的資產。[106] 1938 年，再將西村商會的組織，變更為資本額 30 萬圓的股份公司，並投資臺灣味の素販售，被推為監事。[107] 1939 年，又投資森永製品臺灣販售，亦被推舉為董事。[108]

　　第三，看明比商店之例。第一代明比實平（1862—1924），愛媛縣松山市人，為基隆實業界的元老。1895 年渡臺，[109]創立明比商店，經營雜貨、糧食、煤炭的銷售。[110]第一代明比實平發跡後，歷任基隆水產

---

[99] 木村健堂，《臺灣事業界と中心人物》，頁 186。

[100] 大園市藏，《臺灣の中心人物》，頁 28。

[101] 內藤素生，《南國之人士》，頁 19。

[102] 參見杉浦和作，《臺灣會社銀行錄》昭和 5 年版（臺北：臺灣實業興信所，1930 年）。

[103] 《臺灣人士鑑》1943 年版，頁 311。

[104] 參見杉浦和作編，《臺灣會社銀行錄》大正 14 年版（臺北：臺灣實業興信所，1925 年）。

[105] 參見竹本伊一郎編，《臺灣會社年鑑》昭和 9 年版（臺北：臺灣經濟研究會，1934 年）。

[106] 《臺灣實業界》昭和 12 年 3 月號、5 月號。

[107] 參見竹本伊一郎編，《臺灣會社年鑑》昭和 13 年版（臺北：臺灣經濟研究會，1938 年）。

[108] 參見竹本伊一郎編，《臺灣會社年鑑》昭和 14 年版（臺北：臺灣經濟研究會，1939 年）。

[109] 岩崎潔治，《臺灣實業家名鑑》，頁 105。

[110] 《新臺灣》大正 4 年 11 月號，頁 39—40。

（1911 年創立，資本額 30 萬圓）專務董事、基隆製冰（1911 年創立，資本額 20 萬圓）、臺北魚市監事（1915 年創立，資本額 10 萬圓）、基隆輕鐵董事（1918 年創立，資本額 20 萬圓）、發動機船保險（1919 年創立，資本額 20 萬圓）董事長、太陽興業信託（1919 年創立，資本額 50 萬圓）監事、基隆劇場（1919 年創立，資本額 20 萬圓）董事、澎湖海運（1920 年創立，資本額 10 萬圓）顧問、臺灣水產（前身為基隆水產，增資為 72.75 萬圓後更名）董事（參見附表 3）。

　　1924 年，第一代明比實平辭世，嗣子明比憲吾繼承家督（繼承戶長地位），並更名為實平，是為第二代明比實平。第二代明比實平，1890 年生，西條中學、[111]慶應大學理財科畢業後，1914 年，進入三越吳服店任職。1916 年渡臺，輔佐父親經營明比商店。1918 年，進入木村礦業，1919 年，再轉入基隆鐵工所。[112] 1924 年，第二代明比實平繼承家業後，未能接收父親在各企業的董監事頭銜，但另創內台通運合資，擔任代表社員。

　　經過第二代明比實平的努力，家業逐漸振興，他所兼企業董監事、公共事務職銜亦日漸增多。在企業董監事職務方面，歷任基隆劇場監事（1930 年起）、臺灣水產董事（1933 年起）、基隆冷藏董事（1937 年起）、內外運輸董事長（1939 年起）、倉庫信用利用組合組合長（參見附表 4）。在公共事務職務方面，歷任：基隆市協議會員（1926 年起）、[113]官選基隆市會議員（1935、1939 年兩度當選）、基隆市中三區長（1936 年起）、[114]財團法人基隆公益社理事、基隆神社奉贊會氏子總代、方面委員、町委員、[115]州稅調查委員、臺灣礦業會評議員等職。[116]

　　第四，看田尻與八郎之例。田尻與八郎，兵庫縣節麻郡人，其為基隆運輸業者的先驅，經多年辛勤奮鬥後，終在 1913 年底，創設資本額

---

[111] 《臺灣人士鑑》1937 年版，頁 4。

[112] 《臺灣人士鑑》1943 年版，頁 7。

[113] 《臺灣人士鑑》1937 年版，頁 4。

[114] 《臺灣人士鑑》1943 年版，頁 7。

[115] 《臺灣人士鑑》1937 年版，頁 4。

[116] 唐澤信夫，《臺灣紳士名鑑》，頁 248。

3 萬圓的合資會社郵船荷捌所，經營船運、勞力代辦業務。[117]田尻與八郎共有二子，長子為田尻光次、次子為田尻信次。次子信次在 1908 年，即渡臺繼承田尻與八郎所經營之運送店，[118]長子光次則至 1914 年，始渡臺經營米穀業。[119]

1924 年，田尻與八郎過世，長子光次襲父名，更名為與八郎，同時，繼承父親經營的米穀批發、海運、水產、造船等業。[120]次子信次則以基隆館運送店為基地，擴展事業版圖，[121]此後，兄弟二人各有發展。

長子第二代田尻與八郎（1886 年生，大阪難波精華實業補習學校畢業），縱橫於基隆的水產、金融二業，歷任：臺北州水產會總代、基隆漁業組合專務理事、基隆冷藏董事、基隆水產業者建築信購利用組合理事、基隆信用組合專務理事、[122]長命軒董事長、基隆劇場監事、臺灣海陸運輸監事、國際通運囑託等職。在公職方面，則曾任：基隆市協議會員、基隆市會議員、基隆市參事會員、基隆公益社理事、入船區長等職。[123]

次子田尻信次（1891 年生，姬路師範附小畢業），在繼承其父的運送店後，即專心經營運輸業，歷任：基隆運送團監事長、基隆住宅利用組合監事、臺灣運輸業組合監查員、基隆信用組合理事、基隆通關代表董事、臺北州自動車運輸監事、基隆合同運送代表社員。[124]在公職方面，亦曾任明治町方面委員、基隆市會議員、基隆商工會議所評議員等職。[125]

綜上所述，日人嗣子襲名繼承的習慣，使得單嗣繼承更為確定，日人的單嗣繼承，可避免家業為諸子所均分，家業得以累積不散，不致零

---

[117] 《臺灣會社銀行錄》（臺北：臺灣實業興信所，1923 年），頁 44。

[118] 太田肥洲，《新臺灣を支配する人物と產業史》，頁 194。

[119] 《臺灣人士鑑》1943 年版，頁 220。

[120] 唐澤信夫編，《臺灣紳士名鑑》，頁 142。

[121] 《臺灣人士鑑》1943 年版，頁 220。

[122] 《臺灣人士鑑》1943 年版，頁 220。

[123] 《臺灣人士鑑》1937 年版，頁 208、唐澤信夫編，《臺灣紳士名鑑》，頁 142。

[124] 竹本伊一郎，《臺灣會社年鑑》（臺北：臺灣經濟研究會）1937—1943 年各版。

[125] 參見《臺灣人士鑑》1943 年版，頁 220；太田肥洲，《新臺灣を支配する人物と產業史》，頁 194。

細化，有助於日人企業的持續擴大。再者，襲名繼承家業將各世代嗣子連結起來，各世代嗣子因持有家業而能等量齊觀，此亦顯示日人看重家業的傳承，企業生命的延續，更勝於家族骨肉的連綿。

四、「同族」企業的萌芽

在前述大川平三郎、船越倉吉兩個事例中，可以看到兩人皆有親子，卻選擇更優秀的養子或女婿繼承，顯示日人企業繼承較不重血緣的特性，與華人社會強調由血親繼承家產不同。再者，小川浩、森平太郎以弟養子、婿養子繼承，以及 6 個襲父名繼承家業之例，亦顯現日人的家族觀與華人迥異，而日人特殊的家族觀，還體現在「同族」企業，以下申述之。

日人對家的看法，較類似法人團體，進出較為自由，具有血緣關係者，若離家遠居，則較具有「住緣」關係者更為疏遠。透過儀式性的收養，有住緣關係的雇傭者，亦能加入「家」，與雇主形成「同族」，雇主即為此「同族」的「本家」，雇主之兄弟為「分家」，獨立創業後的雇傭者則為「別家」。[126]本家常會提供分家、別家開業資金，或其他物力、人力的援助，並讓分家、別家分享商號的「暖廉」，甚至分割顧客和販賣區域給分家、別家，准許經營同類的商品，而分家、別家則會永遠從屬、臣服於本家。[127]

若干日人企業菁英，亦在臺建構出連結本家、分家、別家的企業集團，這可以：越智寅一家族、河東利八家族、江里口秀一家族、西村武士郎家族、中辻喜次郎家族等五個家族的企業為代表，加以說明。

---

126 堀江保藏，《日本經營史における「家」の研究》，頁 39 言：日人企業強調長子繼承，是為了避免家業和家產的分散，但日人分家、別家的習慣又會分割家產，故發展出「同族」，以解決兩者的矛盾，「同族」可將本家、分家、別家連結在一起。

127 參見許烺光著，于嘉雲譯，《家元─日本的真髓》，頁 32—36、李永熾，《日本式心靈》，頁 72。另根據堀江保藏，《日本經營史における「家」の研究》，頁 46 言，別家可以分為兩類，一類為中級商家的別家，此類別家是商家使用人在任職一定年數後，可以獨立，從主家處獲取開業資金，並分享暖廉，另一類稱為「通勤別家」，此類多為大商家的別家，主家為防資金分散，並留住經營幹才，故給予番頭、支配人的頭銜，並仍在主家任職。

　　首先，前言所提的越智寅一家族之例。越智寅一，1870 年生，愛媛縣越智郡人，原為以神職為家業的樋口太夫之四男，不久過繼給鄰近的別家越智氏為養子。[128] 1889 年，進入大阪糖業任職。1895 年底，以大阪香野商店店員身份渡臺，1896 年，升任基隆支店主任。1897 年底，辭任自立，在臺南本町開設越智商店，販售和洋雜貨。[129] 1900 年，並在高雄旗後町開設支店，以夫人鶴子故里之名，命名為岡部商店，但該店後又歸併越智商店。[130]

　　越智經營有術，越智商店業務日漸發達，奠下其事業之基礎，並以此蓄積資金，再投資或經營其他事業，其歷任：打狗巡航船監事（1911 年起），臺灣鳳梨罐頭董事（1912 年起），南部臺灣海產董事、專務董事、董事長（1918 年起），臺灣製鹽專務董事、董事（1919 年起），利發洋行董事（1919 年起），吉野屋商店監事（1922 年起），臺灣電化監事（1922 年起），臺南電鐵監事（1922 年起），臺南煉瓦董事（1923 年起），臺灣膠印董事（1924 年起），麥酒販售監事（1930 年起），臺灣瓦斯董事（1934 年起），臺灣苧麻紡織（後更名為臺灣纖維工業）董事（1935 年起），東光興業董事（1936 年起），臺南製麻董事、監事（1937 年起），日本興業董事（1937 年起），臺灣味の素董事長（1938 年起），高雄地所董事（1938 年起），共同商事監事（1940 年起），興亞製鋼董事（1942 年起）等職（詳參見附表 5）。

　　在公職方面，由於其為臺南商界元老，被推為臺南商工會副會長，其他公職頭銜尚有：臺南縣地方稅調查委員（1900 年起）、臺南市協議會員（1920 年）、臺南州稅調查委員（1921 年）、臺南市所得稅調查委員（1921 年）、臺南州協議會員（1922 年起）、臺南州會議員（1936 年起）等。[131]

　　越智寅一夫婦待越智商店的店員如親子，店員們亦視越智夫婦如父

128　大塚清賢編，《躍進臺灣大觀》四編（臺北：1942 年版，成文出版社複刻版），頁 335。
129　《臺灣人士鑑》1937 年版，頁 29；《臺灣大觀》，頁 250—251。
130　大塚清賢編，《躍進臺灣大觀》四編，頁 335。
131　《臺灣人士鑑》1937 年版，頁 29。

母，[132]店員即使獨立創業，亦可得越智寅一夫婦的援助，甚至分享越智商店的「暖廉」，例如：1903 年，越智寅一曾助越智商店雜貨零售部主任古川安松，創設鐵工場，[133]古川安松為感謝舊主越智寅一之後援，乃將鐵工場命名為越智鐵工所。1912 年，安松辭世，養嗣子房次郎繼承家業，親友多人建議更名為古川鐵工所，房次郎不為所動，仍名為越智鐵工所。[134]

越智商店其他店員，獲得越智寅一夫婦援助者亦不少，1927 年，這些出身越智商店而獨立創業的店員們，乃創立「越智一致會」，既感謝越智寅一之舊恩，亦彼此相互支援，加強對臺南雜貨市場的壟斷。越智一致會在創立之初，資本額 6 萬圓，後更增為 10 萬圓，[135]店員們推越智寅一為顧問，[136]並越智寅一女婿岡部徹為代表社員。[137]前述之古川房次郎，在越智一致會中亦任重要幹部。[138]越智一致會的成員，堪稱是越智商店的別家。

另外，在 1939 年，越智寅一亦對越智商店旗下三個本支店作了安排，臺南本店由自己親任董事長，高雄支店以其親子越智一義擔任董事長，臺北支店則由女婿岡部徹負責，[139]其堂弟越智總二[140]、越智修三則任臺南本店的董事。[141]越智一義、岡部徹、越智總二、越智修三等人，

---

132 大塚清賢編，《躍進臺灣大觀》四編，頁 335。

133 杉野嘉助，《臺灣商工十年史》，頁 467。但《臺灣大觀》，頁 260—261。內藤素生，《南國之人士》、《最近の南部臺灣》、大園市藏，《臺灣人物志》言：越智鐵工所創立於 1902 年。

134 《臺灣大觀》，頁 260—261。越智鐵工所資本額 30 萬圓，佔地一千坪，販售各種機械、鋼鐵、生鐵、銅、材料、工具。古川房次郎，歷任臺南鐵工同業組合組合長、臺南市協議會員、臺南建築組合會員、臺灣製鹽、臺南煉瓦等社重役。1932 年，年僅 44 歲即英年早逝。越智鐵工所由親戚高木政彥任庶務、會計主任，工場主任則由古川氏之甥汐埼守、高木武男擔任。

135 參見竹本伊一郎《臺灣會社年鑑》（臺北：臺灣經濟研究會），相關各號。

136 《臺灣大觀》，頁 250—251。

137 《新臺灣》大正 4 年 11 月號，頁 52，岡部徹，1887 年生，後任越智商店臺北支店董事長。

138 《臺灣大觀》，頁 260—261。

139 岡部徹尚任「越智一致會」代表者、臺灣味の素販售監事。

140 越智總二在 1939 年創立共進商事，經營雜貨生意，登記資本 10 萬圓。

141 大塚清賢編，《躍進臺灣大觀》四編，頁 335。

可以說是越智商店的分家，這些越智商店的分家，甚至規定 12 月 18 日為開店紀念日，當日各店皆會舉行慶祝活動，[142]可見其十分親密，若照此繼續發展下去，即可能形成一個「越智同族」。

其次，看河東利八家族之例。河東利八為辰馬財閥的分家，辰馬財閥為崛起於兵庫縣西宮市的財閥，由家長辰馬吉左衛門統領，辰馬財閥以經營製酒、船舶、保險業為著，轄下有三大企業，即：辰馬本家酒造、辰馬汽船[143]、辰馬海上火災保險。

辰馬財閥早在 1896 年，即為了行銷辰馬本家酒造所製造的白鹿清酒，[144]在臺南設立辰馬商會支店，並由辰馬吉左衛門的分家河東利八負責業務。[145]辰馬商會臺灣支店與近藤商會、宅商會臺灣支店並稱臺灣三大酒商，宰制了臺灣酒類市場。1921 年，辰馬商會臺灣支店以業務興隆，乃獨立創設資本額 100 萬圓的臺灣辰馬商會。

辰馬財閥在臺的關係企業，除臺灣辰馬商會外，還有資本額 100 萬圓的臺灣膠印（創立於 1921 年）及資本額 30 萬圓的龜甲萬醬油販售（創立於 1929 年），另外，1930、1934 年，曾為了壟斷臺灣啤酒市場，聯合近藤商會、宅商會先後設立麥酒販賣（資本額 200 萬圓）、共同商事（資本額 50 萬圓）兩家公司。

辰馬商會臺灣支店的歷任總經理為：河東利八（1896—1911 年）、川端伊之助（1911—1919 年）[146]、河東富次（1919—1921 年，河東利八長男）[147]，臺灣辰馬商會創設後，則由淺尾豐一任董事長，並先後由

---

[142] 《臺灣人士鑑》1937 年版，頁 29；《臺灣大觀》，頁 250—251。

[143] 大塚清賢編，《躍進臺灣大觀》四編，頁 313。辰馬汽船創立於 1916 年，1942 年時，資本額已達 1,000 萬圓、船隻 26 艘，總噸數為 13 萬噸。

[144] 大塚清賢編，《臺灣大觀》，頁 247。

[145] 《新臺灣》大正 4 年 11 月號。

[146] 岩崎潔治，《臺灣實業家名鑑》，頁 35、《新臺灣》大正 4 年 11 月號，頁 21。川端伊之助，1865 年生，兵庫縣多紀郡篠山町人。1896 年，以辰馬商會臺南支店主任身份渡臺，1911年，繼河東利八成為臺灣支店的總經理，1919 年，返回辰馬商會本家任經理。

[147] 據《新臺灣》大正 4 年 11 月號，頁 51、岩崎潔治，《臺灣實業家名鑑》，頁 477、內藤素生，《南國之人士》，頁 36、橋本白水，《臺灣統治と其功勞者》，頁 66—67，河東富次（1881—1933），兵庫縣武庫郡人，辰馬商會臺灣支店經理河東利八的嫡男，河東家為貴族院議員辰馬吉兵衛的「分家」。富次，在 1911 年，繼川端伊之助後，接任辰馬商會臺南

河東富次（1921—1933 年）、川端昇太郎（1933—1943 年，川端伊之助長男）任常務董事[148]，負責實際業務。臺灣辰馬商會的人材，河東利八、河東富次父子為辰馬財閥的分家，其他：川端伊之助、川端昇太郎、淺尾豐一、山縣勝見（1933—1943 年任董事）、大塚茂十郎（1921—1943年任董事）、中西藤吉（1933—1943 年任監事）等人，都是出身辰馬財閥本店者，可以說是辰馬財閥的別家。

臺灣膠印的領導幹部，在曾任董、監事的 15 名幹部中，出身辰馬商會本店者，至少有 8 人，即：淺尾豐一（董事長，1921—1941 年）、山縣勝見（董事，1933—1941 年；董事長，1942—1943 年）、藤井松之介（專務董事 1921—1943 年）、川端伊之助（監事，1921—1933 年）、河東富次（監事，1921—1933 年）、川端昇太郎（監事，1938—1943 年）、淺尾英夫（監事，1941 年；董事，1942—1943 年，淺尾豐一長男）、淺尾佐代子（董事，1942—1943 年，淺尾豐一妻）。

另外，龜甲萬醬油販售、麥酒販賣、共同商事，辰馬商會雖未能掌握過半的董、監事席次，但亦皆由辰馬商會掌握經營權，如：龜甲萬醬油販售的專務董事：河東富次（1929—1932 年）、川端昇太郎（1932—1943 年），麥酒販賣、共同商事的董事兼經理：大塚保二，都來自辰馬商會本店。

綜上所述，辰馬商會本家支援了在臺關係企業所需要的經費及人才，[149]臺灣辰馬商會、臺灣膠印、龜甲萬醬油販售可稱為辰馬財閥的分家、別家企業。同時，臺灣辰馬商會等分家、別家企業，亦奉辰馬商會

支店主任，1919 年，再升任辰馬商會臺灣支店總經理。1921 年，臺灣辰馬商會創立後，擔任常務董事，此外尚曾任臺灣膠印監事、龜甲萬販賣專務董事、合資河東本家代表社員、啤酒販賣董事長、臺灣酒賣批發組合組合長。

[148] 《臺灣人士鑑》1943 年版，頁 98，川端昇太郎，1890 年生，兵庫縣多紀郡篠山町人。1910 年，神戶商業學校畢業後，隨即進入辰馬商會。1933 年，渡臺，繼河東富次後，接任臺灣辰馬商會常務董事，此外，還任龜甲萬醬油專務董事、臺灣膠印監事、麥酒販賣董事、共同商事董事。

[149] 在臺灣辰馬表現優異的幹部，亦可返回辰馬商會本家擔任要職，例如：根據古川涉，《臺灣商工發達史》（臺南：臺南新報社，1916 年），頁 294，可知：川端伊之助即返回本家任經理，再如：臺灣辰馬、臺灣膠印重役山縣勝見，後亦任辰馬汽船董事長，顯見本家與分家間有人事交流。

本家的家長辰馬吉左衛門為顧問。[150]

　　第三，再看江里口秀一家族之例。江里口秀一，1851 年生，佐賀縣小城郡人，曾為西南戰爭、甲午戰爭的紙張文具御用商。[151] 1895 年底渡臺，在臺北北門街開設江里口商會，經營紙類文具批發零售。1905 年，將江里口商會遷至府中街，[152]增置印刷、製書工廠。1919 年，秀一與波多野岩次郎、銀屋慶之助、簡阿牛、郭廷俊等人，籌資創立日本製材燐寸（火柴）（資本額 50 萬圓），並被推為董事長。[153] 1936、1941 年，秀一又分別創設蓬萊紙業（資本額 19.5 萬圓）、臺灣紙業（資本額 19 萬圓，本社設於臺北市），[154]這兩家公司讓江里口秀一成為北台紙類文具印刷商的泰斗之一。

　　江里口秀一在創業成功後，曾返回故里招募店員，其親族、鄉人應募者頗多，尤以其弟江里口德市、鄉人江里口利三郎最著，兩人獨立創業後，分享江里口商會的暖廉，堪稱是江里口商會的分家、別家。

　　先看江里口德市之事例，其 1879 年生，為秀一之親弟。1902 年，渡臺輔兄經營江里口商會。1906 年，轉往朝鮮京城創業。1915 年，再度渡臺，在京町開設江里口商店，後更名為江里口德市商店。德市一家奉本町的江里口商會為本家，[155]而江里口德市商店堪稱為江里口商會的分家。

　　再看江里口利三郎之事例，其 1870 年生，1896 年，其應江里口秀一招募赴台，進入江里口商會擔任店員。1900 年，利三郎獲秀一之助，自立創業，亦以販售紙類文具為業，利三郎其後並在朝鮮京城本町設有支店。[156]由於利三郎的創業係得秀一之助，始能成功，遂奉江里口商會為本家，而其設於榮町的商店，可以說是江里口商會的別家。

---

150 大塚清賢編，《臺灣大觀》，頁 247。
151 岩崎潔治，《臺灣實業家名鑑》，頁 98。
152 大園市藏，《臺灣人物志》，頁 306。
153 佐佐英彥，《臺灣銀行會社要錄》，頁 148。
154 竹本伊一郎，《臺灣會社年鑑》（臺北：臺灣經濟研究會）相關各號。
155 橋本白水，《臺灣の事業界と人物》，頁 490、內藤素生，《南國之人士》，頁 148。
156 岩崎潔治，《臺灣實業家名鑑》，頁 98、內藤素生，《南國之人士》，頁 147。江里口利三郎，亦為佐賀縣小城郡岩松村人。

綜上所述，江里口秀一經營江里口商會成功後，協助親弟德市、鄉人店員利三郎獨立創業，創業成功後的利三郎、德市感念秀一之助，亦皆奉江里口商會為本家，共用江里口商會的暖廉，三者彼此支援，在營業上獲致不少便利。

除越智寅一家族、河東利八家族、江里口秀一家族等三例外，西村商會、盛進商行亦有類似狀況，出身西村商會的店員，為感念西村武士郎父子二代的恩情與援助，曾組織「西村有緣會」，[157]「有緣會」的會員，堪稱為西村商會的別家。而出身盛進商行的店員，更常能獨當一面，甚至成為鉅商，這些店員為示不忘舊恩，每年定期舉辦主人招待會，1929年時，即有 22 個店員家族參加，構成「盛進商行閥」，讓盛進商行壟斷了臺灣的雜貨界。[158]這些獨立創業的店員，聲名較著者有：丸住商店的逢坂住次郎[159]、吉井商店的吉井善松[160]、村井商行的村井房吉[161]、長谷川商店的長谷川熊吉[162]、竹腰商店的竹腰進一、[163]中辻商店的中辻勇次郎、松原商行的松原作藏、瀧村商店的瀧村政次郎兄弟、愛輪商會的鹿毛嘉一[164]、盛進茶舖[165]、中村商行、吉島商店、谷野商店、間方商店、

[157] 大塚清賢編，《臺灣大觀》，頁 258。

[158] 《新臺灣》大正 4 年 11 月號，頁 19—21。

[159] 內藤素生，《南國之人士》，頁 126，逢坂住次郎，德島縣美馬郡重清村人，1889 年生，1905 年，應盛進商行招聘入台，1918 年獨立，創立丸住商行。

[160] 內藤素生，《南國之人士》，頁 191，吉井善松，富山縣冰見郡太田村人，1889 年生，1905 年，應盛進商行招聘入台，1914 年獨立，創設吉井商店，經營鞋業。

[161] 內藤素生，《南國之人士》，頁 109、岩崎潔治，《臺灣實業家名鑑》，頁 67，村井房吉，廣島市人，1881 年生，1899 年渡臺，進入盛進商行，1903 年獨立，經營歐美雜貨，建立村井商行，1921 年火災後，並不氣餒，反而擴大營業。

[162] 內藤素生，《南國之人士》，頁 105—106、大園市藏，《臺灣人物志》，頁 32，長谷川熊吉，香川縣人，1872 年生，1897 年入台，進入盛進商行，1899 年辭職，經營歐美雜貨業，創立長谷川商店，銳意改進，事業漸隆，1907 年，在臺南下橫街開設支店，販售燈泡，後廢歐美雜貨部，創立綿布批發部。

[163] 《臺灣實業界》昭和 15 年 8 月號：竹腰進一（1897—？），1912 年進入盛進商行大阪支店任職，後入奉天支店工作一年。1916 年渡臺，在本店零售係任職，負責處理官用品、棉布批發，多年奮鬥始存足 10,000 圓，並在 1929 年以此資金，創立竹腰商店，經營毛織、棉布、官用品的販售。1940 年時為竹腰商店董事長、竹腰紡織董事長、國防被服董事長、利用更生專務董事。

[164] 內藤素生，《南國之人士》。

[165] 盛進茶舖其後由中村教一郎繼承，他為年輕的傑出理財者，他收購宮前町中村養浩堂附近

業崩裂的危機，反觀華人社會，由於實行諸子均分的制度，較不利於企業累積資本。

同時，日人在臺企業菁英為了更明確表示繼承關係，父親與嗣子之名，經常共用一字，甚至嗣子乾脆更名，襲父名以繼承家業。然華人社會卻非如此，華人同一世代的男性成員，在名字中常共用一個元素，用以表示同一世代者共有家產，諸子皆有繼承財產的權利。另外，華人為尊崇父親，視父名為諱，不可直呼父親名號，故絕無父子襲名的情況。

第三，就家類似法人團體言，日人認為具有血緣者，但若離家遠居，則比具有住緣者更為疏遠，透過儀式性的收養，有住緣關係的僱傭者，亦能加入家，與僱主形成「同族」，「同族」顯示出日人家族觀念的特殊性，與華人強調血緣的「家族」並不相同。「同族經營體制」，以嫡系的「本家」為中心，輔以血緣的「分家」、非血緣的「別家」，相互扶持，發展為共存共榮的集團，在日治時期的臺灣，至少已可看到越智商店、臺灣辰馬商會、江里口商會、西村商會、盛進商行等多家企業，這些「同族企業」雖未臻成熟，但已見這種「同族經營體制」的雛形。

這些企業藉著同族經營體制，不僅可以避免商家資本的分散，還能在各地新設分店時，派遣有能力、值得信賴者去經營，擴大勢力。更重要的是，將僱傭者視為一家人，這種恩情主義有助於發展出生命共同體、年功序列、終身僱用制等日式經營特色。

附表 1：日治時期小川浩所經營和投資的事業

公司名稱	公司所在地	設立年代	登記資本（萬圓）	曾任職務	個人持股數	任職年份	備註
小川興產有限公司	花蓮港	1941	18	代表者		1941—1943	核心企業
小川商店有限公司	花蓮港	1941	19.5	代表者		1941—1943	核心企業
合名小川組	花蓮港	1939	10	出資社員		1939—1943	核心企業
花蓮港電氣、東部電氣	花蓮港	1920	100（1920）124（1923）300	董事（1920）常務董事（1937）董事長	800（1923）1500（1937）3500	1920—1942	旁系轉直系

				（1940）	（1942）		
台東澱粉	花蓮港	1935	25	董事		1935—	旁系
花蓮港物產	花蓮港	1936	15	董事		1936—1943	旁系
臺灣鋼材配給	臺北	1938	45	董事	300（1939）	1938—1943	旁系
臺灣鐵鋼製品統制	臺北	1942	100	董事		1942—1943	旁系
臺灣農產工業	花蓮港	1936	100	監事（1938）董事（1940）	350（1941）	1938—1943	旁系
東臺灣無盡	花蓮港	1926	15	董事監事	110（1940）	1926—1943	旁系
東臺灣新聞社	花蓮港	1923	6	董事監事		1923—1943	旁系
臺灣農機具製造統制	臺北	1941	100	監事		1941—1943	旁系
花蓮港自動車運輸	花蓮港	1942	75	監事		1942—1943	旁系
合資花蓮港製紙	花蓮港	1914	2.14	出資社員		1920—1929	旁系

資料來源：竹本伊一郎，《臺灣會社年鑑》（臺北：臺灣經濟研究會）；千草默仙，《會社銀行商工業者名鑑》（臺北：圖南協會）；杉浦和作，《臺灣銀行會社錄》（臺北：臺灣實業興信所）相關各版。

附表 2：日治時期江原節郎所經營和投資的事業

公司名稱	公司所在地	設立年代	登記資本（萬圓）	曾任職務	個人持股數	任職年份	備註
合名太田組	臺北	1923	20	代表者（1934）		1932—1943	核心企業
臺北鐵道	臺北	1919	100	董事（1932）	475（1932）	1932—1943	旁系
東亞商工公司	臺北	1937	50	董事（1938）	500（1939）	1938—1943	旁系
臺灣苧麻紡織臺灣纖維工業	臺北	1935	200	董事（1936）監事（1941）		1936—1943	旁系
南邦自動車	臺北	1936	30	董事（1937）	500（1937）	1936—1938	旁系

臺灣日產自動車	臺北	1938	48	監事（1939）		1939—1943	旁系
臺灣合同電氣	桃園	1920	200	董事（1933）股東（1934）	976（1933）1000（1935）	1933—1939	旁系轉個人投資
臺北工業	臺北	1920	10（1932）20（1937）	股東（1932）董事（1934）	140（1932）210（1934）	1932—1939	個人投資轉旁系

資料來源：竹本伊一郎，《臺灣會社年鑑》（臺北：臺灣經濟研究會）；千草默仙，《會社銀行商工業者名鑑》（臺北：圖南協會）；杉浦和作，《臺灣銀行會社錄》（臺北：臺灣實業興信所）相關各版。

附表3：日治時期第一代明比實平經營和投資的企業

公司名稱	公司所在地	創立年代	登記資本（萬圓）	曾任職務	個人持股數	任職年份	備註
明比商店	基隆			店主		1895—	核心企業
發動機船保險	基隆	1919	20	董事長		1919—	直系
基隆水產	基隆	1911	30	專務董事	104（1911）	1911—1920	旁系
臺灣水產	基隆	1911	72.75	董事		1920—1924	旁系
基隆製冰	基隆	1911	20	監事		1911—	旁系
基隆輕鐵	基隆	1912	20	董事	100（1923）	1918—1924	旁系
太陽興業信託	基隆	1919	50	監事		1919—	旁系
臺北魚市	臺北	1915	10	監事		1920—1924	旁系
基隆劇場	基隆	1919	20	董事（1919）監事（1930）董事（1932）		1919—1924	旁系
澎湖海運	澎湖	1920	10	顧問		1923—1924	旁系

資料來源：佐佐英彥，《臺灣銀行會社要錄》（臺北：臺灣興信所，1920年）；杉浦和作，《臺灣銀行會社錄》（臺北：臺灣實業興信所）相關各版。

附表4：日治時期第二代明比實平經營和投資的企業

公司名稱	公司所在地	創立年代	登記資本（萬圓）	曾任職務	個人持股數	任職年份	備註
內台通運合資	基隆	1924	0.51（1924）2.5（1929）	代表社員	500圓（1924）2450圓（1929）	1924—1942	核心企業
內外運輸	基隆	1939	15	董事長		1939—1943	核心企業
臺灣水產	基隆	1911	72.75	董事		1933—1937	旁系
基隆劇場	基隆	1919	20	董事（1920）監事（1930）董事（1932）		1930—1939	旁系
基隆冷藏	基隆	1930	30	董事		1937—1943	旁系

資料來源：竹本伊一郎，《臺灣會社年鑑》（臺北：臺灣經濟研究會）；千草默仙，《會社銀行商工業者名鑑》（臺北：圖南協會）；杉浦和作，《臺灣銀行會社錄》（臺北：臺灣實業興信所）相關各版。

附表5：日治時期越智寅一所經營和投資的企業

公司名稱	公司所在地	創立年代	登記資本（萬圓）	曾任職務	個人持股數	任職年份	備註
越智商店	臺南	1897		店主		1897—1943	直系
南部臺灣海產	屏東	1917	32	董事（1917）專務董事（1923）董事長（1932）	220（1923）	1917—1932	直系
臺灣味之素	臺北	1938	200	董事長		1938—1943	直系
臺南越智商店	臺南	1938	19	董事長		1938—1943	直系
高雄越智商店	高雄	1939	19	董事長		1939—1940	直系
臺北越智商店	臺北	1939	19	董事長		1939—1943	直系
臺灣製鹽	臺南	1919	250	專務董事（1920）	1510（1932）	1919—1943	旁系

				董事 （1926）	2005 （1934） 1000 （1937）		
麥酒販售	臺北	1930	200	監事		1930—	旁系
東光興業	臺北	1936	60	董事	1000 （1937） 700 （1940）	1936—1943	旁系
臺灣瓦斯	臺北	1934	100	董事	900	1934—1941	旁系
臺南製麻	臺南	1935	200	董事 （1937） 監事 （1938）	800	1937—1943	旁系
高雄地所	高雄	1936	60	董事	500 （1938）	1938—1943	旁系
共同商事	臺北	1934	50	監事		1940—1943	旁系
興亞製鋼	臺北	1939	80	董事		1942—	旁系
日本興業	臺南	1937	50	董事	800	1937—1943	旁系
臺灣膠印	臺北	1921	100	董事	300 （1932）	1924—1943	旁系
臺灣苧麻紡織	臺北	1935	200	監事		1935—1943	旁系， 1939年 更名為 臺灣纖 維工業
打狗巡航船	高雄	1911	5	監事	70 （1911）	1911—	旁系
利發洋行	臺南	1919	15	董事		1919—	旁系
吉野屋商店	臺北	1922	10	監事		1922—1925	旁系
臺南煉瓦	臺南	1920	100	董事		1923—1931	旁系
臺灣鳳梨罐頭	鳳山	1912	20	發起人 董事	365 （1923） 765 （1932）	1912—1934	旁系， 越智鶴 子持有 100股

資料來源：竹本伊一郎，《臺灣會社年鑑》（臺北：臺灣經濟研究會）；千草默仙，《會社銀行商工業者名鑑》（臺北：圖南協會）；杉浦和作，《臺灣銀行會社錄》（臺北：臺灣實業興信所）相關各版。

地緣網絡與盛進商行、高進商會、菊元商行的營運

一、前言

　　日人企業菁英入臺，面對陌生的環境，自易遭遇諸多挑戰，其在尋覓事業夥伴時，因台、日兩地距離頗遙，甚難覓足血親的掖助，故乃退而求其次，鄉親即成為其挑選事業夥伴的重要來源。

　　論及地緣網絡自然令人聯想到同鄉會，日人稱同鄉會為「府縣人會」，在臺的日人菁英確曾以地緣意識為紐帶，設立了許多「府縣人會」，以臺北市為例，在 1932—1937 年間即曾設立 46 個「府縣人會」（參見表 1）。然這些同鄉會多半僅止於聯誼功能，[1]較少與企業營運有關，加上目前所留的「府縣人會」之資料既少，且多屬名簿性質，而年份亦斷殘不全，[2]是故難以從「府縣人會」下手，去了解日人菁英如何運用「府縣人會」此一地緣網絡，籌措資金、招募人才，以壯大企業。

表 1：1932—1937 年臺北市內府縣人會的會址

編號	府縣會名稱	地址	會址之企業、機關或日人住家
1	江戶つ兒會	表町一	中惣某→松月某
2	千葉縣人會	京町二	高進商會
3	群馬縣人會	表町二	小園江隆哉→弘法寺內
4	越佐會	榮町四	廣生堂
5	仙台同鄉會	大和町四	臺灣商工銀行

---

[1] 例如福井縣鄉友會的會則即言：該會的目的在於加深會員間的親睦，會務活動重點主要在於新年宴會、家族會等，參見藤原靖弘編，《福井縣鄉友會員名簿》（臺北：吉見屋印刷，1937 年），頁 2。

[2] 目前所留在臺日人所設「府縣人會」的資料甚少，僅有中村文生編，《在臺的信州人》（1925 年份）；香川縣人會編，《臺灣在住香川縣人名簿》（1936—1939、1942、1943 年份）；藤原靖弘編，《福井縣鄉友會員名簿》（1937 年版）；該縣人會編，《臺灣在住福岡縣人會會報》（1937、1940 年版）；西本駒之進，《臺灣臺北山口縣人會員名簿》（1939 年版）；鹿兒島縣人芳名錄事務所編，《臺灣高雄州下鹿兒島縣人芳名錄》（1933 年版）等。

6	三重縣人會	本町二	中村信託
7	靜岡縣人會	兒玉町四	石原幸作→飯田清
8	山梨縣人會	京町一之二	早川齊
9	岐阜縣人會	兒玉町四	尾崎秀真
10	信濃會	南門町三	片倉合名會社出張所
11	福島縣人會	京町二	鈴木為藏
12	岩手縣人	北門町	鹿島組→佐山某
13	青森縣人	臺北市役所	台衛新報
14	山形縣人	建成町三	長尾辯護士
15	加越能會	本町二	盛進商行
16	尾張共和會	表町一	宅商會
17	三河鄉友會	京町二	堀內商會
18	福井縣鄉友會	大和町三	山田作松
19	富山縣人會	大和町三	田傚吉
20	鳥取縣人會	京町一	近藤商會
21	島根鄉友會	本町一	桑田商店
22	奈良縣人會	大正町二	辻本正春
23	滋賀縣人會	榮町三	近江屋吳服店
24	岡山縣人會	本町五	後藤組→國際通運
25	廣島同志會	榮町二	村井商行
26	山口縣人會	泉町一	臺灣倉庫
27	德島縣人會	新起町一	大栗巖
28	香川縣人會	本町一	長谷川商行→岡今吉
29	愛媛縣人會	築地町一	古川松次郎
30	兵庫縣人會	本町三	辰馬商會→鎌田寫真館
31	長崎縣人會	若竹町二	臺灣パツク社
32	高知縣人會	榮町四	松田繁義
33	福岡縣人會	大和町三	朝日旅館
34	大分縣人會	表町一	德丸貞二
35	佐賀縣人會	本町一	江里口商會
36	熊本縣人會	榮町一	新高堂書店
37	宮崎縣人會	高等農林	今村績
38	鹿兒島縣人會	明石町二	本田正己→銀屋慶之助

39	沖繩縣人會	北門町	鐵道部
40	神奈川縣人會	錦町	小松吉久
41	埼玉縣人會	表町一	太田組
42	和歌山縣人會	京町一	以文堂
43	福井縣人會	榮町四	西村商會
44	茨城縣人會	京町二	大場辰之允
45	枥木縣人會	表町一	藤原登
46	愛知縣人會	末廣町一	田村作太郎

資料來源：千草黙仙，《臺灣商工業者會社銀行名鑑》昭和 7 年、昭和 9 年、昭和 10 年、昭和 12 年（臺北：圖南協會，1932、1934、1935、1937 年）各版。

　　所幸日治時期的《臺灣實業界》（1929—1941 年版）、《人と閥》等雜誌書籍，曾留下若干企業啟用忠誠可靠的鄉親，以順遂企業運作的資訊。在《臺灣實業界》這份雜誌中，記述了頗多高知縣人、福岡縣人分別壟斷彰化銀行、臺灣製鹽兩家公司高層人事的報導；而在《人と閥》一書中，作者泉風浪亦記述了日人如何利用「鄉土閥」（同鄉關係）、「閨閥」（裙帶關係）、「學閥」（校友關係）、「黨閥」（黨派關係），擴大聲勢、謀取利益的若干事例。[3]本文將以此為線索，以臺北的盛進商行、高進商會、菊元商行三大企業集團為例，討論其企業主中辻喜次郎、藤川類藏、高橋由義、高橋豬之助、重田榮治等人如何運用地緣網絡，返鄉籌措資金、招募人才，以壯大企業，同時亦將概述這三個企業董監事、店員多由同鄉者壟斷的情形。

　　由於日治時期距今已有相當時日，加上盛進商行、高進商會、菊元商行等三大商業財閥並未留下企業主傳記、營運報告書等一手資料，欲重建其地緣網絡實屬不易，故本文只能蒐羅下列三類資料的零碎訊息，以拼湊出其梗概。

　　第一類資料為人名錄，大致包括：《臺灣實業家名鑑》（1912 年）、《臺灣人物志》（1916 年）、《臺灣事業界と中心人物》（1919 年）、《南國之人士》（1922 年）、《臺灣の事業界と人物》（1928 年）、《臺灣統治

---

[3] 泉風浪，《人と閥》（臺南：南瀛新報，1932 年）。

と其功勞者》（1930 年）、《臺灣紳士名鑑》（1937 年）、《臺灣人事態勢と事業界》（1942 年）、《臺灣人士鑑》（1934、1937、1943 年）等，本類資料主要可用於重建三大企業重要幹部的生平。第二類資料為企業年鑑，大致包括杉浦和作編纂的《臺灣銀行會社要錄》（1923—1942 年）、千草默仙編纂的《會社銀行商工業者名鑑》（1928—1943 年）、竹本伊一郎編纂的《臺灣會社年鑑》（1932—1943 年）等，此類資料有助於重構三大企業領導幹部的任職年份及投資概況。第三類則為《臺灣實業界》（1929—1941 年）等雜誌的記事，利用這類資料可以明瞭三大企業的營運概況。

當然有助於企業家經營事業的社會網絡甚多，企業主經常交互運用親緣、地緣、學緣、政黨等社會網絡，以達加乘效果，進而獲致事業的成功，[4]但本文為求聚焦，僅以地緣網絡為主要探討對象，至於盛進商行、高進商會、菊元商行的企業主如何兼用其他社會網絡，以樹立企業領導中心、籌集資金，以增強企業的競爭力，則留待他文論述。[5]

二、鄉土閥與盛進商行

盛進商行為日治時期臺灣最大的雜貨商，[6]有「臺北三越」的美稱。[7]其創始人為中辻喜次郎（1867—？）、藤川類藏（1869—1936），兩人渡臺時，身上只有 300 圓，由小酒販起家，[8]後轉營雜貨生意，創立盛進商

---

[4] 例如：本文所述之盛進商行的領導人中辻喜次郎，除運用地緣網絡，返鄉招攬人才、募集資金外，亦運用了親族網絡，他以中辻喜策、中辻正清、廣瀨政二等親戚為公司核心幹部，並向中辻重五、中辻策四郎、中辻大介等親戚募集資金，該企業另一領導人藤川類藏，亦然，其以藤川重五郎、藤川慶太、藤川勝二等親族為高級幹部，而其夫人藤川美智更握手公司大量的股票。

[5] 趙祐志的《日治時期日人在臺企業菁英的社會網絡（1895—1945）》（臺北：國立臺灣師範大學歷史系博士研究所，2005 年），對在臺日人企業菁英如何運用親緣網絡、地緣網絡、學緣網絡、政治網絡，以擴展企業實力或是獲致更高職位，已有初步的討論。

[6] 《臺灣實業界》昭和 4 年 6 月號。

[7] 《實業之臺灣》大正 8 年 10 月號。

[8] 《臺灣實業界》昭和 4 年 6 月號。

行，並逐漸發跡，至日治末期盛進商行已有千萬圓以上的資產，[9]中辻喜次郎成為臺灣崛起的第三大財閥，僅次於赤司初太郎、後宮信太郎。

中辻喜次郎為富山縣冰見郡布勢村人，藤川類藏則為德島縣美馬郡重清村人（該地緊鄰香川縣），[10]兩人在盛進商行規模初具時，曾各自返鄉招募社員，大量起用富山、德島、香川縣人，盛進商行賴鄉土閥凝聚力量，並獲致成功，為日治時期典型的鄉土閥企業。

中辻喜次郎，1890 年專修學校法律經濟科畢業後，初賴銷售高岡銅器、冰見榻榻米為生，以經營困難，轉往朝鮮販賣軍需品，[11]其後，在大連結識藤川類藏，兩人一見如故，乃合夥經營事業。1895 年 9 月，轉進臺灣後，兩人從叫賣一杯 15 錢的清酒做起，後創立盛進商行，除為官署張羅所需之五金、木材、機械外，亦販售毛棉織品、和洋雜貨、度量衡、肥料、鞋履、時鐘等物，[12]在盛進商行初成後，又附設盛進茶舖、盛進商事等姐妹公司，以擴大事業版圖。

中辻、藤川兩人氣質頗殊，中辻嚴格謹慎，注重細節，不近酒色；藤川則好酒色，但富膽識，精於掌握大勢，[13]一保守、堅忍，一積極、果斷，頗能互補，兩人的默契與情誼，更成為臺北商界的典範，連民政長官後藤新平亦屢次讚賞。[14]然中辻雖事業基礎漸固，卻未能有男嗣，遂以其弟中辻喜策（1878—1935）為養子（日人的家族觀與華人迥異，日人無子嗣時，常會以幼弟、女婿為養子，此稱為「弟養子」、「婿養子」），[15]中辻喜次郎、藤川類藏、中辻喜策乃形成盛進商行的鐵三角，分任臺北、大阪、滿洲三地的業務監督。[16]

盛進商行在三人的經營下，業績欣欣向榮，該行自大阪引進的雜貨

9　《臺灣實業界》昭和 4 年 6 月號，1929 年盛進商行已有 200 萬圓的資產。

10　岩崎潔治，《臺灣實業家名鑑》（臺北：1912 年），頁 87。

11　《臺灣實業界》昭和 9 年 8 月號。

12　橋本白水，《臺灣統治と功勞者》（臺北：南國出版協會，1930 年），頁 20—24。

13　《臺灣實業界》昭和 4 年 6 月號。

14　橋本白水，《臺灣統治と功勞者》，頁 20—24。

15　其狀況可以參見，趙祐志，《日治時期日人在臺企業菁英的社會網絡（1895--1945）》第一章第一節。

16　《新臺灣》大正 4 年 11 月號，（臺北：該雜誌社，1915 年），頁 19—21。

常引領台地的流行，[17]獲利頗豐。其後，中辻後更以所獲之利潤，購買大阪市郊的土地，不久，果如中辻所料，地價飆漲，不僅獲利數十萬圓，中辻亦因此贏得「商界鬼才」的美譽。[18]

此後，中辻喜次郎不甘於固守盛進商行，乃逐步向外擴張版圖。1919年，中辻與藤川共同創設東亞肥料（資本額170萬圓），並任專務董事；同年，中辻亦投資臺北鐵道（資本額100萬圓），擔任董事。1921年，再投資臺灣膠印（資本額100萬圓），並膺任董事。1923年，被推為日本精茶（資本額250萬圓）監事及臺灣藤製品（資本額3萬圓）董事，再者，亦投資臺灣製鹽等公司。1926年，投資東洋珊瑚（資本額50萬圓），並獲推為董事。1927年，以臺北廳政府舊址荒廢可惜，乃創立臺北共榮（資本額40萬圓，後更名為東光），建造華屋販售，獲利不少[19]。1928年，投資基隆自動車（資本額10萬圓），並被選為董事。1929年，投資臺灣商工銀行（資本額500萬圓），並任董事。1930年，投資麥酒販售（資本額200萬圓）、臺灣陶器（資本額6萬圓），並分任兩公司的監事、董事。1931年，投資東海自動車運輸（資本額80萬圓），並榮膺董事。1932年，將盛進商事改組為股份公司，資本額30萬圓，並被推為東光油脂工業（資本額50萬圓）董事長、臺灣煉瓦（資本額300萬圓）董事（參見附表1）。

1933年，中辻除任高砂麥酒（資本額150萬圓）監事外，更重要的是，本年後宮信太郎將金瓜石礦山（資本額200萬圓）以1,500萬圓的天價讓售給日本礦業，[20]盛進商行為此公司的第二大投資者，中辻喜次郎和藤川類藏並分任該公司的董事及監事，故盛進商行出脫金瓜石礦山的持股後，資產大增，[21]亦成為台地的大富翁之一。[22]

---

[17] 《新臺灣》大正4年11月號，頁19—21。

[18] 上村健堂，《臺灣事業界と中心人物》（臺北：臺灣案內社，1919年），頁215。

[19] 橋本白水，《臺灣統治と功勞者》，頁20—24，1930年，該地全部建好，改組為臺北共榮建築信用購買利用組合，並任理事長。

[20] 《臺灣實業界》昭和8年7月號。

[21] 《臺灣實業界》昭和8年11月號、昭和9年3月號。

[22] 《臺灣實業界》昭和8年7月號，台地富翁，在糖界：首富為日糖的藤山雷太，財產約為1,000萬圓，其次有：明糖董事長相馬半治、灣糖專務董事益田太郎、董事長武智直道、鹽糖

　　1934 年，中辻投資新興事業臺灣瓦斯（資本額 100 萬圓），並任監事。[23]同時，臺灣製鹽（資本額 250 萬圓）董事長荒卷鐵之助年老體弱欲退，亦激起中辻爭取台鹽董事長的慾望，故不斷收購台鹽股票，持有近二萬股。[24]然台鹽向為「福岡閥」把持之企業，[25]福岡閥員工擔心喜用正統盛進商行店員的中辻，將引進富山、德島、香川縣人，乃極力排斥盛進商行，最後仍由福岡閥的堀三太郎脫穎而出，獲得台鹽董事長之位。[26]

　　1935 年起，喜次郎接連遭逢重大打擊，首先，其「弟養子」喜策英年早逝，其次，在隔年多年事業夥伴的藤川類藏亦過世，喜次郎頗為痛苦。其將所持台鹽股票之半數，讓售給日本曹達（蘇打），以示對台鹽董事長之位的絕望。[27]更糟的是，爭取臺灣商工銀行董事長之位再告失利，1936 年中，商銀董事長古賀三千人過世，[28]有意角逐商銀董事長者頗眾，較有實力者，除中辻喜次郎外，還有：華南銀行副總理有田勉三郎、臺灣銀行理事荒木正次郎、昭和製糖副董事長久宗董、古賀三千人遺孀古賀千代子等人。[29]雖然中辻所持股數不及古賀家族，[30]但古賀千代子為一介女流，欲任臺灣第二大銀行的董事長，其實機會渺茫，而中辻多年擔任商銀董事，又持有第二多的股票，故希望頗濃。然最後以臺灣總督府、台銀屬意商銀子銀行的臺灣儲蓄銀行董座村松一造兼任董

　　董事長楨哲、帝糖專務董事牧山清砂、台東製糖董事長石川昌次、明糖專務董事有島健助、常務董事藤野幹、帝糖田原哲次郎。糖界以外的富翁則有：後宮信太郎、彰銀的坂本素魯哉、太田組的江原節郎及盛進商行的中辻喜次郎。

23　《臺灣實業界》昭和 9 年 3 月號、昭和 9 年 6 月號。

24　《臺灣實業界》昭和 9 年 10 月號。

25　參見趙祐志，《日治時期日人在臺企業菁英的社會網絡（1895--1945）》第二章第三節。

26　《臺灣實業界》昭和 9 年 4 月號。

27　《臺灣實業界》昭和 11 年 12 月號、昭和 12 年 12 月號。

28　臺灣商工銀行即今日的第一銀行，日治時期第一任董事長為木村匡、第二任董事長為荒井泰治，古賀三千人為第三任董事長。

29　《臺灣實業界》昭和 11 年 8 月號。

30　根據《臺灣實業界》昭和 11 年 9 月號，此時，古賀家族所能控制的股份包括：古賀千代子持有的 9,110 股、古賀家族的擁護者京和合資持有的 6,843 股、古賀三千人持有的 4,804 股。中辻家族所能控制的股份則有：喜次郎持有的 3,455 股、中辻正清所持有的 1,330 股等。

事長，[31]中辻再次受挫，憤慨的中辻乃在次年拋售所持商銀股票之半數，以示不再爭取商銀董事長之意。[32]

此時的中辻喜次郎，既承受藤川類藏、中辻喜策過世之痛，又遭逢爭取台鹽、商銀董事長的接連挫折，故意志消沉，不僅否決了年輕店員將盛進商行轉型為大型百貨店，與菊元百貨爭雄的請求，[33]亦關閉了盛進商行擁有 44 年歷史的零售部，僅退守批發業務。[34]至此，中辻只能依賴宗教療傷止痛，其多次對本願寺、慈善機關慨贈巨款，僅 1938 年一年，中辻即對本願寺、臺北州政府共捐了 8 萬圓的巨款。[35]

中辻心境雖頗為悽苦，但中辻已是臺北民間代表者之一，[36]可與臺灣電力董事長松木幹一郎、臺灣銀行董事長保田次郎·臺灣拓殖董事長加藤恭平、臺灣日日新報董事長河村徹、臺北商工會會長後宮信太郎、副會長木村泰治、臺灣商工銀行董事長村松一造、臺灣倉庫專務董事三卷俊夫、「臺灣民間總督」三好德三郎等人等量齊觀；[37]再者，中辻又擁有雄厚的資產，此時的盛進商行資本額雖僅 100 萬圓，但一般估算應有800—1,000 萬圓的資產，其中，500 萬圓以上為中辻的財富，[38]故中辻的事業版圖仍在自然膨脹中，許多企業亦樂意推舉中辻為董、監事，甚

---

[31]　《臺灣實業界》昭和 12 年 5 月號。

[32]　《臺灣實業界》昭和 12 年 12 月號。

[33]　《臺灣實業界》昭和 11 年 3 月號。

[34]　《臺灣實業界》昭和 13 年 12 月號。

[35]　《臺灣實業界》昭和 13 年 12 月號，本年台地第一大財閥後宮信太郎僅捐一萬圓。

[36]　中辻喜次郎除事業頭銜外，所任公共職務者頗多，重要者有：臺北市協議會員、臺北州協議會員、臺北州會議員、臺北實業會會長等。更令人感動的是，根據《臺灣實業界》昭和 11 年 12 月號言，中辻從未想離開臺灣，與台地崛起的第一大、第二大財閥後宮信太郎、赤司初太郎不同，後宮、赤司想要成為「天下的後宮」、「天下的赤司」，但中辻只想成為「臺灣的中辻」。

[37]　《臺灣實業界》昭和 13 年 1 月號、昭和 14 年 10 月號，1938 年，《臺灣實業界》精選了 11人，作為臺北民間的代表者，包括臺電社長松木幹一郎、台銀董事長保田次郎、台拓董事長加藤恭平、臺北商工會會長後宮信太郎、臺灣日日新報董事長河村徹、「萬年無任所大臣」三好德三郎、辯護士會會長河村淳、臺灣商工銀行董事長村松一造、臺北商工會副會長木村泰治、臺灣倉庫專務董事三卷俊夫、臺北實業會中辻喜次郎等人。1939 年，《臺灣實業界》再挑選 7 人，作為臺北民間代表者，將中辻喜次郎與臺電松木幹一郎、台銀水津彌吉、台拓加藤恭平、台日河村徹董事長、臺北商工會會長後宮信太郎、臺北商工會副會長木村泰治等人並列。

[38]　《臺灣實業界》昭和 13 年 12 月號。

至擁戴其為董事長。

1937 年，中辻出任改組後的臺北資生堂販售（資本額 10 萬圓）的董事長，並兼任臺灣製麻（資本額 200 萬圓）監事、臺灣苧麻紡織（資本額 200 萬圓）董事。1938 年，連年虧損的臺北鐵道（資本額 100 萬圓），自動擁護中辻為董事長[39]；同年，高進商會的高橋豬之助，亦邀其共同投資臺灣鋼材配給（資本額 45 萬圓）、臺灣精機工業（資本額 18 萬圓），並託中辻兼任兩家公司的董事，此外，中辻亦被推舉為臺北州自動車運輸的董事（參見表 3）。

1939 年，日本油脂（日產系）常務董事久保田來台，與東光油脂董事長中辻洽商合作，由東光油脂、日本油脂各出半數資本，創立臺灣油脂（資本額 15 萬圓），並推中辻出任董事長。[40]

1940—1943 年，中辻又創設多家企業，並被推戴為董事長，如：臺北交通（資本額 35 萬圓）、日本活性碳（資本額 25 萬圓）等，同時，由於高進商會董事長高橋豬之助過世，中辻以眾望所歸，乃被臺灣高級硝子（玻璃）（資本額 18 萬圓）、臺灣精機工業等高進商會子公司推戴為董事長。此外，中辻亦兼任臺灣野蠶（資本額 50 萬圓）的董事、臺灣鐵鋼品統制（資本額 100 萬圓）的董事、共同商事（資本額 50 萬圓）的監事等（參見附表 1）。

盛進商行能不斷擴大事業版圖，獲致成功的因素很多，有屬天時者，如：一次大戰時投資大阪市郊土地，獲利數十萬圓，1933 年拋售金瓜石礦山股票，獲利數百萬圓。有屬人和者，如：中辻喜次郎與藤川類藏兩人互補的性格，一精於細節、一擅估大勢，一穩健，一積極，致盛進商行進退得宜。然更重要的是，中辻、藤川兩人能利用地緣關係，多次返鄉招募所需的人才及資金，並在盛進集團內善用鄉土閥，凝聚力量，終於獲致成功。

---

[39] 《臺灣實業界》昭和 12 年 12 月號，臺北鐵道由一股實收 25 圓，到此時一股已不到 5 圓，並且連年虧損的臺北鐵道有可能被政府收為官營。該公司的第一大股東松村政次郎，在臺北鐵道的二萬股中持有七千股，中辻只持有三千股，面對連年虧損的臺北鐵道，松村自然沒有興趣擔任董事長，故放棄角逐，由中辻穩獲臺北鐵道董事長之位。

[40] 《臺灣實業界》昭和 14 年 7 月號、昭和 14 年 8 月號。

在盛進集團的兩大核心企業盛進商行、盛進商事中，可列入鄉土閥者，除富山縣人、德島縣人外，亦應包括香川縣人，因為藤川類藏的故鄉德島縣美馬郡，位德島縣、香川縣交界之處，藤川妻亦來自香川縣，故香川縣亦可屬於盛進集團鄉土閥的範疇。

根據表 2 所示：盛進商行、盛進商事的領導階層，來自富山縣者，計有中辻家族 6 人、其他家族 9 人，來自德島縣者，計有藤川家族 5 人、其他家族 4 人，來自香川縣者，計有 2 人，共 26 人。若再計自盛進商行獨立創業成功者，至少還有：富山縣者 3 人，即吉井商店的吉井善松、中辻商店的中辻勇次郎、松原商行的松原作藏；德島縣 1 人，即丸住商店的逢坂住次郎；香川縣 1 人，即長谷川商店的長谷川熊吉，兩者加起來達到 31 人之多。再者，盛進商行、盛進商事任董監事以上職位者，清一色全為富山縣、德島縣、香川縣人，未有他縣者，足見盛進集團為富山縣、德島縣、香川縣鄉土閥高度壟斷的企業。

表 2：富山、德島縣人在盛進商行、盛進商事任職的概況（1921—1943）

姓名	職銜	任職年份	籍貫	備註
中辻喜次郎	盛進商行代表董事 盛進商事董事長	1921—1943 1937—1943	富山縣	
藤川類藏	盛進商行代表董事 盛進商事監事	1923—1936 1932—1935	德島縣	
中辻喜策	盛進商行董事 盛進商事董事長	1923—1935 1932—1935	富山縣	中辻喜次郎弟養子
藤川重五郎	盛進商行董事 盛進商行副董事長 盛進商事董事	1937—1938 1939—1943 1932—1942	德島縣	
中辻正清	盛進商行董事 盛進商事監事	1936—1943 1937—1942	富山縣	
高谷松治郎	盛進商行經理 盛進商行董事兼經理	1921—1925 1926—1939	香川縣	藤川類藏妻弟
廣瀨政二	盛進商行經理 盛進商行董事兼經理 盛進商行常務董事	1921—1925 1926—1939 1940—1943	富山縣	中辻喜次郎外甥
坂本治郎一	盛進商行董事 盛進商行董事兼大阪出張所長 盛進商事監事	1937—1938 1942—1943 1932—1942	富山縣	
坂本次吉郎	盛進商行納品部社員 盛進商行董事兼經理 盛進商事監事	1932—1937 1940—1942 1941—1942	富山縣	

藤川慶太	盛進商行監事	1921—1940	德島縣	
藤川勝二	盛進商行監事 盛進商事董事	1941—1943 1940—1942	德島縣	
佐原文三郎	盛進商行監事	1921—1943	富山縣	
湊伊治郎	盛進商行社員 盛進商行批發部主任 盛進商行雜貨部主任 盛進商行董事兼經理	1928—1939 1940—1941 1942 1943	富山縣	
米田芳男	盛進商行雜貨部社員 盛進商行會計主任 盛進商行董事兼經理	1932— 1940—1942 1943	德島縣	
逢坂增次郎	盛進商行印刷部社員 盛進商事董事兼經理 盛進商事專務董事	1932— 1932—1937 1940—1943	德島縣	
吉田政吉	盛進商行雜貨部社員 盛進商行不動產部主任	1932— 1940—1943	德島縣	
崎山太一郎	盛進商行雜貨部社員 盛進商行度量衡部主任	1932— 1940—1943	富山縣	
吉本雄朔	盛進商行重要幹部	1928—1937	富山縣	
三宅勝	盛進商行納品部幹部	1928—1937	德島縣	
廣瀨健一郎	盛進商行納品部幹部	1932—	富山縣	
古野太二郎	盛進商行高雄出張所主任	1940—1943	富山縣	
橫山治郎	盛進商行重要幹部		香川縣	
藤川美智	盛進商行大股東		德島縣	藤川類藏 夫人
中辻重五	盛進商事大股東		富山縣	
中辻策四郎	盛進商事大股東		富山縣	
中辻大介	盛進商事大股東		富山縣	

說明1：藤川家族來自德島縣美馬郡，此地位於德島縣、香川縣邊界，故藤川類藏返鄉招募社員時，亦有若干香川縣人應募，故香川縣人也可視為盛進商行鄉土閥的一員。

說明2：盛進商行的組織較為特殊，大致採取雙代表董事、雙經理制，兩位代表董事為中辻喜次郎和藤川類藏，兩位董事兼經理則高谷松治郎、廣瀨政二兩人長期擔任，至日治末期才改由坂本次吉郎、湊伊治郎、米田芳男等人繼任經理。

資料來源：千草默仙，《會社銀行商工業者名鑑》（臺北：圖南協會，1928—1943年）；杉浦和作，《臺灣銀行會社錄》（臺北：臺灣實業興信所，1920—1942年）；竹本伊一郎，《臺灣會社年鑑》（臺北：臺灣經濟研究會，1932—1943年）。

三、鄉土閥與高進商會

　　高進商會為日治時期臺北最重要的機械批發商，其歷經高橋由義、高橋豬之助、高橋尚秀祖孫三代 50 年的經營，由一個小小的陸軍御用商，發展成為跨足機械、畜牧、鋼材、玻璃等業的小型財閥，為日人赤手空拳赴台地創業有成的典範之一。其能夠成功，實有賴高橋家族的千葉縣鄉人之助，亦為日治時期日人在臺鄉土閥企業的典型之一。

　　高進商會創始人高橋由義（1859─1930），為千葉縣香取郡人，其在 1896 年與「婿養子」高橋豬之助一同渡臺，[41]在臺北北門街創立高進商會。初為陸軍御用商人，經營小本的銅鐵器具製造。[42] 1898 年，轉營土木承包業。1900 年，再轉入機械五金、鐵路材料、土木建材的批發販售，[43]因經營有術，遂逐漸發跡，十餘年後，高進商會已成為臺北最重要的機械批發商。1923 年，高橋由義不僅將高進商會變更為資本額 100 萬圓的股份公司，亦擔任臺灣畜產的董事長，取得該公司的經營權。[44]更重要的是，斯時高橋由義已著手安排婿養子豬之助的接班，其命豬之助擔任高進商會副董事長兼專務董事，實際負責公司的業務。[45]

　　高橋豬之助（1875─1941），千葉縣立商業學校畢業後，[46]即娶高橋由義獨女，並成為高橋家的婿養子。[47] 1896 年，與養父高橋由義一同渡臺，奮鬥事業。高橋豬之助除灌注心力於高進商會外，1924 年，亦開始將投資觸角伸向電氣事業，擔任臺灣合同電氣的董事。[48] 1927、1931 年，養父高橋由義更分別將臺灣畜產、高進商會的董事長之位，交付高

---

[41] 同註 11。

[42] 岩崎潔治，《臺灣實業家名鑑》，頁 49。

[43] 大園市藏，《臺灣人物志》（臺北：涩谷書店，1916 年），頁 223。

[44] 根據《臺灣銀行會社要錄》（臺北：臺灣興信所，1920 年），頁 69、《臺灣會社銀行錄》1923 年版（臺北：臺灣實業興信所，1923 年），頁 167─168，臺灣畜產創立於 1919 年，最初董事長為小松仁三郎，高橋由義只是監事，但 1923 年後高橋由義已繼任董事長，高橋豬之助持有 1,215 股，高橋由義持有 300 股。1927 年高橋豬之助為董事長。

[45] 《臺灣會社銀行錄》1923 年版（臺北：臺灣實業興信所，1923 年）。

[46] 唐澤信夫，《臺灣紳士名鑑》（臺北：新高新報社，1937 年），頁 129。

[47] 橋本白水，《臺灣統治と其功勞者》，頁 64─65。

[48] 《臺灣會社銀行錄》1924 年版（臺北：臺灣實業興信所，1924 年）。

橋豬之助，使其成為高進商會集團的新主人。[49]

高橋豬之助接掌高進商會後，任事更為積極，陸續投資東海自動車運輸（資本額 80 萬圓）、高砂麥酒（資本額 100 萬圓）、臺灣商工銀行（資本額 500 萬）、臺灣煉瓦（資本額 300 萬圓）、大成火災海上保險（資本額 500 萬圓）、臺灣苧麻紡織（資本額 200 萬圓）、南邦自動車（資本額 30 萬圓）等企業，共投入約 30 萬圓的資金（參見附表 2）。

1937 年，中日戰爭爆發，一般企業頗受衝擊，然高橋豬之助的事業，卻因中日開戰而攀上高峰。一方面，高橋豬之助因囤積鋼材、土地而財富暴增，資產由 100 萬圓大幅增為 200 萬圓；另方面，高橋豬之助亦因配合時局，發展小型國策公司，而大發戰爭財。[50] 1938 年，高橋豬之助銜臺灣總督府之命，負責度量衡器具的統制，為此，其創設了資本額 18 萬圓的臺灣精機工業。[51]再者，高橋豬之助亦配合鋼材的統制，設立臺灣鋼材配給，資本額 45 萬圓，此一企業也讓高橋豬之助享有「鋼材王」的美譽。[52] 1939 年，高橋豬之助再創立資本額 10 萬圓臺灣硝子高級工業，從事玻璃的製造。[53]後又創立資本額 40 萬圓的臺灣電氣製鋼。[54]

高橋豬之助，雖在事業上頗有成就，然卻一如其養父高橋由義，只育有一女，事業陷入無人繼承的窘境。高橋豬之助不得已，乃覓千葉縣英才橫光尚秀為養子，並將之更名為高橋尚秀，寄望其能繼承並光大高橋家的事業。

---

[49] 《臺灣會社銀行錄》1927 年版、1931 年版（臺北：臺灣實業興信所，1927、1931 年）。

[50] 《臺灣實業界》昭和 16 年 11 月號。

[51] 根據《臺灣實業界》昭和 13 年 10 月號、昭和 13 年 11 月號，臺灣精機工業，設立目的為配合統制度量衡器具，並讓每年輸入數百萬圓的精密機械器具能夠自給自足，故亦為一國策公司。董事長為高橋豬之助，董事為伊藤孜吉、中辻喜次郎、十文字俊夫、小野田正宗、上野浩、中島道一、小荒井态次、池端清福等人；監事則由高島鈴三郎、植田由之助兩人擔任。

[52] 《臺灣實業界》昭和 16 年 11 月號。

[53] 根據《臺灣實業界》昭和 14 年 8 月號，臺灣高級硝子工業，屬臺灣精機工業系統，投資概況為：高橋豬之助 300 股，白木慶治郎 800 股，伊藤孜吉 100 股，中辻喜次郎 100 股，八十川清 100 股，石坂莊作 100 股；池端清福 100 股。

[54] 《臺灣經濟年報》昭和 17 年版（東京：國際日本協會，1942 年），頁 381。

　　高橋尚秀（1893—？），為曾任臺中州知事的橫光吉規之弟，[55]學經歷十分優秀。其 1922 年東京帝大政治科畢業，後通過高等文官考試，歷任地方警視、府稅關事務官、監視部長、高雄警察署長、高雄州內務部教育課長、臺中州內務部地方課長、高雄州警務部長、殖產局水產課長、基隆稅關長等職。[56] 1941 年，高橋豬之助病歿後，[57]繼承家業，但尚秀至 1943 年始自官場退休，專心經營高進商會。

　　高橋家族事業的起點為高進商會，該公司的董、監事全由千葉縣人壟斷，高進商會的重役：高橋由義（1923—1930 年任董事長）、高橋豬之助（1923—1930 年任副董事長，1931—1941 年任董事長）、高橋尚秀（1943—1945 年任董事長）、蔭山萬藏（1923—1926 年任董事，1927—1942 年任專務董事）、高橋由之（1923—1937 年任董事）、高橋濱子（1923—1941 年任董事）、高橋秀子（1923—1943 年任董事）、植田由之助（1923—1941 年任監事，1942—1943 年任董事）、宇賀村寅二（1923—1940 年任董事）、倉持正藏（1923—1943 年監事）等人，全為千葉縣人，千葉縣人會臺北事務所亦設於高進商會，[58]故高進商會堪稱為千葉閥之企業。

　　然值得注意的是，高進商會雖全由千葉縣人擔任董、監事，但在高橋家族的其他直系企業，如：臺灣畜產、臺灣精機工業、臺灣鋼材配給等公司卻非由千葉縣人壟斷，高橋家族只在臺灣畜產、臺灣精機工業安排植田由之助任監事；臺灣畜產安排蔭山萬藏任監事；臺灣鋼材配給安排高橋愛策任董事，其餘董監事皆非千葉縣人，顯見高進商會為拓展資

---

[55] 《臺灣實業界》昭和 13 年 11 月號。

[56] 《臺灣人士鑑》1943 年版（臺北：興南新聞社，1943 年），頁 230。

[57] 高橋豬之助所任之職銜，在企業方面有：高進商會董事長、臺灣畜產董事長、臺灣精機工業董事長、臺灣鋼材配董事長、臺灣高級硝子工業董事長、臺灣合同電氣董事、臺灣纖維工業董事、東海自動車運輸董事；在公共職務方面有：臺北市協議會員、濱町區長、臺北市町委員、臺北市財源調查委員、臺北市臨時土地整理委員、京和會專務理事、京町改築委員；在實業團體方面有：臺北實業會理事、臺北商工會常議員、臺北市度量衡販賣組合長、臺灣度量衡器計量器販賣組合聯合會會長、京町建築信用購買利用組合專務理事、臺北建築信用購買組合長、臺灣亞鉛鐵板線材製品配給組合理事長、臺灣電氣工業組合長等。

[58] 泉風浪，《人と閥》，頁 20。

金、人才，亦必須與其他籍貫者合作，不能侷限於鄉黨主義。

四、鄉土閥與菊元商行

　　菊元商行為日治時期臺北屈指可數的棉布批發商，1932 年，跨足百貨業，更設立了臺灣第一家百貨公司。菊元商行的創始人為重田榮治（1877─？），山口縣岩國市人。其自義濟堂塾畢業後，曾在 1897 年渡臺，尋找創業機會。1900 年，重田奉召入伍，參加八國聯軍戰役，立下戰功，[59]獲頒勳八等白色銅葉章。[60] 1903 年，為打開故鄉岩國町的棉貨銷路，再次入臺，並立下驅逐中國棉貨，奪佔臺灣市場的雄心。[61]

　　重田最初在臺北北門街設立菊元吳服店，後遷至文武街，1910 年，再轉往大稻埕太平町。[62]菊元吳服店經重田十餘年的苦心經營，頗有成績，遂在 1925 年，改組為合名會社菊元榮商店，資本額 10 萬圓。[63] 1932年，除變更組織、改稱菊元商行株式會社外，亦將資本額增為 50 萬圓。[64]

　　1933 年，為對抗三越、高島屋等日本內地大百貨商的入侵，[65]重田乃投入 20 萬圓資金，在榮町興建樓高六層、佔地五百餘建坪的菊元大樓。[66]菊元百貨在騎樓販售日用品、化妝品，在二、三樓販賣和服，在四樓販賣雜貨、運動用品、文具書籍，五樓為休憩室及食堂，六樓則為娛樂所，屋頂還有日式庭園，並可眺望全市。菊元大樓設立後，不僅成為臺北的新地標，附近地價亦迅速飆升，每坪高達 350 圓，成為臺北最

59　《臺灣人士鑑》1943 年版，頁 183。

60　《臺灣人士鑑》1937 年版（臺北：臺灣新民報，1937 年），頁 166。

61　大園市藏，《臺灣人物志》，頁 164。

62　岩崎潔治，《臺灣實業家名鑑》，頁 121。

63　杉浦和作，《臺灣銀行會社要錄》大正 14 年（臺北：臺灣實業興信所，1925 年）。代表社員重田榮治出資七萬圓，業務執行社員三浦正夫出資三萬圓。

64　杉浦和作，《臺灣銀行會社要錄》昭和 8 年（臺北：臺灣實業興信所，1933 年）。

65　《臺灣實業界》昭和 7 年 12 月。菊元百貨董事長重田榮治說：我進軍百貨業後，聽到各種批評，但百貨公司時代已經來臨，我是想要建立具有本地商人經營特色的百貨公司，以免內地百貨公司蠶食了臺灣的商賣市場，並非想要弱肉強食，搶零售商的生意。

66　大園市藏，《臺灣人事態勢と事業界》（臺北：新時代社臺灣支社，1942 年），頁 6。

昂貴的地方。[67]

　　菊元百貨創設後，獲利甚豐，據時人估計，菊元百貨每月平均銷貨量約為 15 萬圓，即一年約可售貨 180 萬圓，獲利以一成粗估，每年至少可有 18 萬圓的純利，這使得重田的財富快速累積。1937 年，《臺灣實業界》調查臺北售貨商人財富時，重田榮治已約有資產 130 萬圓，與新高堂的村崎長昶並列「橫綱」，成為臺北售貨商人的首富。[68]

　　此後，重田更以菊元百貨的獲利，擴張事業版圖。1937 年，中日戰爭爆發，對華貿易不振，重田為突破僵局，乃將海野商店改組為資本額 50 萬圓的東亞商工公司。由菊元商行、桑田商店、海野商店提供物資，高砂商店的上田光一郎、太田組的江原節郎、西尾靜夫、光口達郎、杉本觀之等人提供現金，銷售菊元商行的棉貨、桑田商店的雜貨、海野商店的機械等商品。[69]

　　1938 年，重田不僅將菊元商行的資本額，增為 75 萬圓，亦在新竹設立資本額 19.5 萬圓的大和纖維，重田首度將事業跨出臺北。更重要的是，重田在獲得日產自動車的代理權後，結合臺南山田商店的柴田稔，設立資本額 48 萬圓的臺灣日產自動車，開始跨足汽車銷售業，此為重田事業的一大突破。[70] 1940 年，重田又設立資本額 10 萬圓的豐國殖產和資本額 18.8 萬圓大同自動車、100 萬圓的臺北近郊乘合自動車等公司（參見附表 3）。1942 年，被臺灣總督府選為臺灣纖維統制會社董事長，[71]此顯示重田在紡織業具有舉足輕重的地位。至此，重田已是紡織品、汽車銷售業的泰斗。

---

[67] 《臺灣實業界》昭和 12 年 3 月。

[68] 《臺灣實業界》昭和 12 年 5 月，言：1936 年，榮町的歲暮拍賣會，菊元百貨約壟斷了 40% 的銷售量。

[69] 《臺灣實業界》昭和 13 年 5 月。東亞商工公司由重田榮治任董事長，海野幸德任經理，以上田光一郎、江原節郎、桑田剛助、三浦政夫、西尾靜夫、江口達郎等人為董事，以杉本觀之、谷口巖、岡今吉為監事。

[70] 《臺灣實業界》昭和 13 年 6 月。臺灣日產自動車以重田榮治為董事長，以上田光一郎、柴田稔任常務董事，並分兼臺北營業所、臺南營業所的監督，另外，董事有：海野幸德、桑田剛助、三浦正夫、藤川寅三等人，監事則由吉村佐平、上田藤平、江原節郎、江口達郎、千代田弘等人擔任。

[71] 《臺灣人士鑑》1943 年版，頁 183。

　　重田榮治赤手空拳赴台，歷四十餘年，由一小小棉布商發跡，成為臺北著名商人，[72]其能飛黃騰達，個人旺盛的企圖心、堅實的經營手法固為主因，然得山口縣鄉人的幫助，亦為其事業成功的要素。菊元吳服店自 1910 年遷至大稻埕後，重田即苦尋左右手，至 1912 年，終於覓得鄉人三浦正夫。三浦，山口縣人，1912 年山口高商畢業後，[73]即進入菊元商行工作，因表現突出，升為經理。在 1925 年菊元吳服店改組合名菊元榮商店時，三浦不僅出資 3 萬圓，並成為新公司的執行業務社員，可見三浦已晉升為重田的事業合夥人，不再只是一個受雇店員。在三浦的經營下，菊元榮商店業務蒸蒸日上，其後更在三浦的擘畫下，興建了榮町的菊元百貨，致重田榮治能獲得巨利。

　　菊元商行除重田榮治、三浦正夫外，董、監事亦清一色全為山口縣人，佐佐木峻三、村松龍司、重田小一郎、重田平太郎、[74]中村梅吉等人皆來自山口縣。[75]可見重田榮治是在鄉土閥支持下，始能獲得資金、網羅人才，並打造出菊元商行的事業版圖。

五、結語

　　美籍日裔學者法蘭西斯・福山在其名著《信任─社會德性與繁榮的創造》一書中，討論韓國五種可以超越狹隘家族主義的社交集會橋樑時，曾言韓國第二種橋樑為地域觀念，並言中國亦有濃厚的地域觀念，然而福山卻說這種地域觀念在日本難以見到，[76]可見在日本較少以地域觀念

---

[72] 重田榮治不僅是著名商人，還曾擔任：臺北市會議員（四任）、臺北州會議員、臺北商工會議所議員、城北地區防衛團長、臺北市防空委員、臺北消防組長等職。

[73] 《臺灣實業界》昭和 11 年 3 月。三浦正夫為山口高商第五屆畢業生，1936 年時臺灣約有山口高商畢業生有三十餘人，三浦為山口高商的領袖。

[74] 重田榮治共有二子四女，重田平太郎為重田榮治嗣子，慶應大學經濟科畢業。另有：次男己代治，亦慶應大學經濟部畢業；長女いき臺北一女高畢業；二女民子臺北一高畢業、實踐女子專門部畢業；三女久代子臺北二女高畢業；四女和子臺北一女高畢業。

[75] 參見千草默仙，《會社銀行商工業者名鑑》1933─1943 年各版（臺北：圖南協會）。

[76] 法蘭西斯・福山著，李宛蓉譯，《信任─社會德性與繁榮的創造》（臺北：立緒出版社，2004年），頁 174。

作為社交集會的橋樑。但這在殖民地時期的臺灣卻不適用，日治時期隨處可見日人在臺企業菁英藉同府縣關係建構網絡，藉以壟斷人事升遷，或返鄉吸納資金、招募人才，進而建立了許多鄉土閥所支配的企業。

　　盛進商行（中辻喜次郎、藤川類藏）、高進商會（高橋由義、高橋豬之助）、菊元商行（重田榮治）三大企業集團，被日治末期大山綱武等學者譽為臺北崛興的三大「商業資本財閥」，此三大企業集團的領導人皆善用地緣網絡，他們在事業初成時，即返鄉籌措資本、招募人才，以擴大事業的版圖，並獲致成功。盛進商行、盛進商事至少啟用了 26位來自富山、德島、香川三縣的鄉親為領導幹部，高進商會、菊元商行的董、監事，亦全由千葉縣人及山口縣人膺任，可見三個企業集團皆以「鄉土閥」負責核心企業的發展，惟值得注意的是，三個企業集團除核心企業外，旗下關係企業並未全由鄉親壟斷領導階層的人事，顯見為開拓資金、人才，亦必須與其他籍貫者合作，不能陷於地域主義。

　　再者，還須討論的是，日人初到臺灣，日人精英在各城市的地緣網絡多僅止於籠統的「內地人組合」，其後逐漸分化為兩種地緣網絡，一為向日本內地聯繫的「府縣人會」，二為向臺灣本地生根的「町會」。惟向日本內地連結的府縣人會似較向臺灣本地札根的町會更為蓬勃，以臺北市為例，在 1932─1937 年，臺北市即曾設立 47 個府縣人會（參見表1），反觀町會，在 1919─1937 年之間，在臺北市的 64 個町中，僅曾有14 個町設立了町會（參見附表 4），可見日人精英雖已逐漸對台地認同，但對日本原鄉的感情似更強烈。

　　這種眷戀原鄉的感情體現出來的是，日人企業菁英經常在臺灣發跡後，即想重返原鄉。根據《臺灣實業界》的報導，彰化銀行董事長坂本素魯哉逐步將高知縣的鄉親引入該行，使彰銀成為「高知閥」壟斷人事的企業，故賴原鄉地緣網絡崛起的坂本，對故鄉建設的捐款即遠遠超過臺灣。[77]其他在臺創業有成的日人企業領袖，如：後宮信太郎、赤司初太郎等巨商亦莫不如此，他們皆渴望由「臺灣的後宮」、「臺灣的赤司」

---

[77] 詳參趙祐志的《日治時期日人在臺企業菁英的社會網絡（1895─1945）》，第三章第一節。

變成「日本的後宮」、「日本的赤司」，所以在他們成為「千萬富翁」後，都將事業重心移往日本，當然此種日人企業菁英對原鄉的孺慕之情，亦有助於加強台、日兩地的各種交流與聯繫。

附表 1：日治時期中辻喜次郎所經營和投資的企業（單位：萬圓）

公司名稱	公司地點	創立年代	登記資本	曾任職務	任職年份	備註
盛進商行	臺北	1921	100	董事、代表董事	1921—1943	核心企業
臺灣資生堂販售	臺北	1937	10	董事長	1937—1943	直系
臺灣油脂	臺北	1939	15	董事長	1939—1943	直系
日本活性碳	田中	1941	25	董事長	1941—1943	直系
臺灣高級硝子	新竹	1939	18	董事長	1941—	直系
臺北交通	臺北	1940	35	董事長	1940—1943	直系
盛進商事	臺北	1932	30	顧問、董事長	1932—1943	直系
東光興業	臺北	1936	60	董事長	1936—1943	直系
臺灣精機工業	臺北	1938	18-100	董事、董事長	1938—1943	旁系轉直系
東光油脂工業（後更名為東光會社）	臺北	1925	50	顧問、董事長	1927—1943	旁系轉直系
臺北鐵道	臺北	1919	100	董事、董事長、董事	1919—1943	旁系轉直系再轉旁系
臺北共榮（後改組臺北共榮建築信購利組合）	臺北	1927	40	董事長	1927—1930	直系
東亞肥料（後併入臺灣肥料）	基隆	1919	170	專務董事	1919—1924	直系
東海自動車運輸	花蓮港	1931	80	董事	1931—1943	旁系
臺灣煉瓦	臺北	1913	300	董事	1932 1942—1943	旁系
臺灣爆竹煙火	臺北	1916	15-65	董事	1933—1943	旁系
臺北州自動車運輸	臺北	1938	150	董事	1938—1943	旁系
臺灣鋼材配給	臺北	1938	45	董事	1938—1943	旁系
臺灣鐵鋼製品統制	臺北	1942	100	董事	1942—1943	旁系
臺灣野蠶	臺中	1938	50	董事	1941—1943	旁系
臺灣肥料	基隆	1910	100	董事	1925—1943	旁系

臺灣膠印	臺北	1921	100	董事	1921—1943	旁系
臺灣製鹽	臺南	1919	250	監事、董事	1923—1943	旁系
臺灣商工銀行	臺北	1910	500	董事、監事	1929—1943	旁系
臺灣苧麻紡織（後更名為臺灣纖維工業）	臺北	1935	200	董事	1937—1943	旁系
臺灣藤製品	臺北	1922	3	董事	1922—1923	旁系
東洋珊瑚	基隆	1925	50	董事	1926—1928	旁系
基隆自動車	基隆	1926	10	董事	1928—1931	旁系
臺灣陶器	臺北	1930	6	董事	1930—1931	旁系
麥酒販售	臺北	1930	200	監事、顧問	1930—1931	旁系
高砂麥酒	臺北	1919	150	監事	1933—1943	旁系
臺灣瓦斯	臺北	1934	100	監事	1934—1943	旁系
臺灣製麻	臺南	1935	200	監事	1937—1943	旁系
共同商事	臺北	1934	50	監事	1942—1943	旁系
日本精茶	京都	1920	250	監事	1923—	旁系
華南銀行	臺北	1919	250	股東	1932—	個人投資
臺灣銀行	臺北	1899	1500	股東	1935—1937	個人投資
北投窯業	臺北	1919	15	股東	1938—	個人投資
日本興業	臺南	1937	50	股東	1942—	個人投資
金瓜石礦山	基隆	1925	200	股東	1932—1934	個人投資
大正醬油	臺北	1920	100	股東	1937—1938	個人投資

資料來源：杉浦和作，《臺灣銀行會社錄》（臺北：臺灣實業興信所，1920—1942 年）；竹本伊一郎，《臺灣會社年鑑》（臺北：臺灣經濟研究會，1932—1943 年）、千草默仙，《會社銀行商工業者名鑑》（臺北：圖南協會，1928—1943 年）。

附表 2：日治時期高橋豬之助所經營和投資的企業（單位：萬圓）

公司名稱	公司地點	創立年代	登記資本	曾任職務	任職年份	備註
高進商會	臺北	1923	100	副董事長董事長	1923—1940	核心企業
臺灣精機工業	臺北	1938	18	董事長	1938—1940	直系
臺灣硝子高級工業	新竹	1939	10	董事長	1939—1940	直系
臺灣鋼材配給	臺北	1938	45	董事長	1938—1940	直系

臺灣畜產	臺北	1919	100	董事長	1923—1941	旁系轉直系，父由義原為監事1923年升任董事長
臺灣合同電氣	桃園	1920	200	董事	1924—1939	旁系
東海自動車運輸	花蓮港	1931	80	董事（1941）	1931—1939	旁系
南邦自動車	臺北	1936	30	董事	1936—1940	旁系
臺灣苧麻紡織（後更名為臺灣纖維工業）	臺北	1935	200	董事	1937—1940	旁系
高砂麥酒	臺北	1919	100	股東	1932—	個人投資
臺灣商工銀行	臺北	1910	500	股東	1934—1941	個人投資
臺灣煉瓦	臺北	1913	300	股東	1934—	個人投資
大成火災海上保險	臺北	1920	500	股東	1935—1938	個人投資

資料來源：杉浦和作，《臺灣銀行會社錄》（臺北：臺灣實業興信所，1920—1942年）；竹本伊一郎，《臺灣會社年鑑》（臺北：臺灣經濟研究會，1932—1943年）、千草默仙，《會社銀行商工業者名鑑》（臺北：圖南協會，1928—1943年）。

附表3：日治時期重田榮治所經營和投資的企業（單位：萬圓）

公司名稱	公司地點	創立年代	登記資本	曾任職務	任職年份	備註
菊元商行	臺北	1932	50-75	董事長	1932—1943	核心企業
東亞商工公司	臺北	1937	50	董事長	1937—1943	直系
臺灣日產自動車	臺北	1938	48	董事長	1938—1943	直系
大和纖維	新竹	1938	19.5	董事長	1942—1943	直系
豐國殖產	臺北	1940	10	董事長	1940—1943	直系
大同自動車	臺北	1940	18.8	董事長	1940—1943	直系
臺北近郊乘合自動車	臺北	1942	100	董事長	1942—1943	直系
東洋拓殖	新竹	1919	100	董事	1919—	旁系
臺灣織物	臺北	1920	150-19.5	董事	1932—1943	旁系
臺灣苧麻紡織（後更名為臺灣纖維工業）	臺北	1935	200	董事	1935—1943	旁系
臺北中央市場	臺北	1929	40	董事	1938—1943	旁系

臺灣儲蓄銀行	臺北	1921	100	監事	1938—1943	旁系
東光興業	臺北	1936	60	監事	1936—1943	旁系
東光油脂工業（後更名為東光會社）	臺北	1925	50	監事	1932—1943	旁系
南邦自動車	臺北	1936	30	監事	1936—1938	旁系
北投窯業	臺北	1919	15	股東	1938—	個人投資
合資三星商店	臺北	1919	5	股東	1919—	個人投資
大正醬油	臺北	1920	100	股東	1932—1935	個人投資
臺北州自動車運輸	臺北	1938	150	股東	1938—1943	個人投資

資料來源：杉浦和作，《臺灣銀行會社錄》（臺北：臺灣實業興信所，1920—1942年）；竹本伊一郎，《臺灣會社年鑑》（臺北：臺灣經濟研究會，1932—1943年）、千草默仙，《會社銀行商工業者名鑑》（臺北：圖南協會，1928—1943年）。

附表 4：1919—1937 年臺北市內之町會

編號	町會名	會址	歷任領導幹部
1	府前會（後更名為本町會）	本町二丁目	會　長：小松楠彌、吉鹿善次郎 副會長：川崎寅次郎、福田定次郎
2	府後會	表町一丁目	專任幹事：吉岡德松、杉坂六三郎、鈴木重嶽 常任幹事：松野茂介、葛岡陽吉 會　長：德丸貞二、鈴木重嶽 副會長：吉岡松德
3	北門會（後更名為京和會）	大和町二丁目	會　長：土屋理喜治 副會長：近藤勝次郎、高橋豬之助 專務理事：近藤勝次郎 專務理事：高橋豬之助 專務理事：小林準一
4	大同會	榮町一丁目	會　長：谷口巖 副會長：村崎長昶
5	西門會	壽町二丁目	會　長：木村匡、三卷俊夫、金子光太郎
6	新起公會	新起町二丁目	公會長：大歲德太郎、笠松好造、大栗巖 副會長：佐藤林吉
7	八甲會	老松町二丁目	會　長：太田重助、谷山愛太郎 副會長：谷山愛太郎、中川善郎
8	若竹町會	若竹町一丁目	會　長：平田藤太郎、園部良治 副會長：有馬彥二
9	城東町	東門町七七	會　長：竹林德松

10	南門公會	佐久間町二丁目	會　長：簑和藤治郎 副會長：田代彥四郎
11	元園町會	元園町二四四	會　長：今道定治郎 副會長：澀谷武次郎
12	下崁公會	新富町五丁目	會　長：飯田清
13	大成會	大正町二丁目	會　長：近藤滿夫
14	兒玉町會	兒玉町	會　長：福田馬吉

資料來源：《臺灣民間職員錄》1919—1930 年（臺北：臺灣文筆社，1919—1930 年）；鈴木常良，《臺灣商工便覽》（臺中：臺灣新聞社，1918 年），頁 16；千草默仙，《臺灣商工業者會社銀行名鑑》昭和 7 年、昭和 9 年、昭和 10 年、昭和 12 年（臺北：圖南協會，1932、1934、1935、1937 年）各版。

地緣網絡與在臺日人企業的經營
（1895—1945）
——以近江商事等 12 個鄉土閥企業為例

一、前言

　　日治時期日人企業菁英入臺，千里遠來面對陌生的環境，自然容易遭遇許多挑戰，他們在尋覓事業夥伴時，因臺、日兩地距離頗遙，很難找到足夠的血親幫忙，故乃退而尋求地緣網絡的掖助，鄉親即成為其挑選事業夥伴的重要來源。

　　論及地緣網絡自然令人想起同鄉會，日人稱同鄉會為「府縣人會」，日治時期在臺的日人菁英曾以地緣意識為紐帶，設立了許多「府縣人會」，以臺北市為例，在 1932—1937 年間即至少設立了 46 個「府縣人會」，除京都、大阪府、北海道、秋田縣、新潟縣外，各府縣均在臺北設有同鄉會的組織，福井縣甚至設立了兩個同鄉會組織（參見表 1）。然而這些同鄉會多半僅止於聯誼功能，[1]較少與企業實際經營有關，加上目前所留的「府縣人會」的資料既少，且多屬名簿性質，而年份亦斷殘不全，[2]是故，甚難從「府縣人會」窺見日人企業菁英如何運用同鄉會組織，籌措資金、招募人才，以擴大事業經營的梗概。

---

[1] 例如：福井縣鄉友會的會則即言：該會的目的在於加深會員間的親睦，會務活動重點主要在於新年宴會、家族會等，參見藤原靖弘編，《福井縣鄉友會員名簿》（臺北：吉見屋印刷，1937 年），頁 2。

[2] 目前所留在臺日人所設立「府縣人會」的資料甚少，僅有中村文生編，《在臺の信州人》（1925 年份）；香川縣人會編，《臺灣在住香川縣人名簿》（1936—1939、1942、1943 年份）；藤原靖弘編，《福井縣鄉友會員名簿》（1937 年版）；該縣人會編，《臺灣在住福岡縣人會會報》（1937、1940 年版）；西本駒之進，《臺灣臺北山口縣人會員名簿》（1939 年版）；鹿兒島縣人芳名錄事務所編，《臺灣高雄州下鹿兒島縣人芳名錄》（1933 年版）等。

表 1：1932─1937 年臺北市內日人各「府縣人會」的會址

編號	府縣會名稱	地址	會址所在企業、機關或日商
1	江戶っ兒會（東京）	表町一	中惣某→松月某
2	千葉縣人會	京町二	高進商會
3	群馬縣人會	表町二	小園江隆哉→弘法寺內
4	越佐會	榮町四	廣生堂
5	仙台同鄉會（宮城縣）	大和町四	臺灣商工銀行
6	三重縣人會	本町二	中村信託
7	靜岡縣人會	兒玉町四	石原幸作→飯田清
8	山梨縣人會	京町一之二	早川齊
9	岐阜縣人會	兒玉町四	尾崎秀真
10	信濃會（長野縣）	南門町三	片倉合名會社出張所
11	福島縣人會	京町二	鈴木為藏
12	岩手縣人	北門町	鹿島組→佐山某
13	青森縣人	臺北市役所	台衛新報
14	山形縣人	建成町三	長尾辯護士
15	加越能會（愛知縣西部）	本町二	盛進商行
16	尾張共和會（愛知縣東部）	表町一	宅商會
17	三河鄉友會	京町二	堀內商會
18	福井縣鄉友會	大和町三	山田作松
19	富山縣人會	大和町三	田儌吉
20	鳥取縣人會	京町一	近藤商會
21	島根鄉友會	本町一	桑田商店
22	奈良縣人會	大正町二	辻本正春
23	滋賀縣人會	榮町三	近江屋吳服店
24	岡山縣人會	本町五	後藤組→國際通運
25	廣島同志會	榮町二	村井商行
26	山口縣人會	泉町一	臺灣倉庫
27	德島縣人會	新起町一	大栗巖
28	香川縣人會	本町一	長谷川商行→岡今吉
29	愛媛縣人會	築地町一	古川松次郎
30	兵庫縣人會	本町三	辰馬商會→鎌田寫真館

31	長崎縣人會	若竹町二	臺灣パツク社
32	高知縣人會	榮町四	松田繁義
33	福岡縣人會	大和町三	朝日旅館
34	大分縣人會	表町一	德丸貞二
35	佐賀縣人會	本町一	江里口商會
36	熊本縣人會	榮町一	新高堂書店
37	宮崎縣人會	高等農林	今村績
38	鹿兒島縣人會	明石町二	本田正己→銀屋慶之助
39	沖繩縣人會	北門町	鐵道部
40	神奈川縣人會	錦町	小松吉久
41	埼玉縣人會	表町一	太田組
42	和歌山縣人會	京町一	以文堂
43	福井縣人會	榮町四	西村商會
44	茨城縣人會	京町二	大場辰之允
45	枌木縣人會	表町一	藤原登
46	愛知縣人會	末廣町一	田村作太郎

資料來源：千草默仙，《臺灣商工業者會社銀行名鑑》昭和 7 年、昭和 9 年、昭和 10 年、昭和 12 年（臺北：圖南協會，1932、1934、1935、1937 年）各版。

　　所幸日治時期的《臺灣實業界》（1929—1941 年版）、《人と閥》等雜誌、書籍，留下了若干企業啟用忠誠可靠的鄉親，以順遂企業運作的報導。在《臺灣實業界》這份雜誌中，記述了頗多高知縣人、福岡縣人分別壟斷彰化銀行、臺灣製鹽兩家公司高層人事的報導；而在《人と閥》一書中，新聞記者泉風浪更創造了「鄉土閥」（同鄉關係）一詞，將之與「閨閥」（裙帶關係）、「學閥」（校友關係）、「黨閥」（黨派關係）並列，足見日治時期在臺日人菁英，對於利用地緣網絡以擴大人際關係，順遂企業的運作，已十分嫻熟。[3]筆者曾根據上述線索撰寫了〈日治時期日人企業菁英的人際網絡─「鄉土閥」的實際運作：以彰化銀行領導階層為例〉、〈地緣網絡與盛進商行、高進商會、菊元商行的營運〉二文，[4]

---

[3] 泉風浪，《人と閥》（臺南：南瀛新報，1932 年）。

[4] 前文詳見《重高學報》第六期（臺北：國立三重高中，2003 年），頁 125—142，後文詳見《臺北文獻》直字第 157 期（臺北：臺北市文獻委員會，2006 年 9 月），頁 152—184。

前文討論了原本只是彰化銀行經理的坂本素魯哉，如何援引高知縣同鄉進入彰化銀行，擔任高階幹部，進而逐步掌控彰化銀行的人事、經營權，同時，又如何以彰銀為基地，擴張事業版圖，在臺灣中部創設十多家企業，成為臺中日人商界首腦的歷程；後文則以臺北三大商業資本財閥—盛進商行、高進商會、菊元商行為例，討論其企業主中辻喜次郎、藤川類藏、高橋由義、高橋豬之助、重田榮治等人，如何運用地緣網絡，返鄉籌措資金、招募人才，以壯大企業的過程，同時，亦概述這三個企業董監事、重要職員皆由同鄉者壟斷的情形。其實，日治時期日人企業菁英運用地緣網絡的情形十分普遍，本文將再挑選當時十二個著名的地緣網絡企業深入討論之。

由於日治時期距今已有相當時日，加上這些企業並未留下主人的傳記，或公司的營運報告書等一手資料，故本文只能蒐羅下列三類資料的零碎訊息，以拼湊出其運用地緣網絡擴大事業發展的概況。

第一類資料為人名錄，大致包括：《臺灣實業家名鑑》（1912 年）、《臺灣人物志》（1916 年）、《臺灣事業界と中心人物》（1919 年）、《南國之人士》（1922 年）、《臺灣の事業界と人物》（1928 年）、《臺灣統治と其功勞者》（1930 年）、《臺灣紳士名鑑》（1937 年）、《臺灣人事態勢と事業界》（1942 年）、《臺灣人士鑑》（1934、1937、1943 年）等，本類資料主要可以用於重建這些企業重要幹部的生平。第二類資料為企業年鑑，大致包括杉浦和作編纂的《臺灣銀行會社要錄》（1923—1942 年）、千草默仙編纂的《會社銀行商工業者名鑑》（1928—1943 年）、竹本伊一郎編纂的《臺灣會社年鑑》（1932—1943 年）等，此類資料有助於重構這些企業領導幹部的任職年份及投資概況。第三類則為《臺灣實業界》（1929—1941 年）等雜誌的記事，利用這類資料則可以明瞭這些企業的實際營運狀況。

當然有助於企業家經營事業的社會網絡甚多，各企業主人經常交互運用親緣、地緣、學緣、政黨派閥等社會網絡，以達加乘效果，進而增

添事業成功的機會，[5]但本文為求聚焦，僅以地緣網絡為主要探討對象，至於這些企業的主人如何兼用其他社會網絡，以樹立企業領導中心、籌集資金，以增強企業的競爭力，則留待他文論述。[6]

二、倚地緣網絡運作之知名企業

本文共選錄了十二個典型的鄉土閥企業，包括：煤業鉅商一近江商事（資本額 6 萬圓，秋田閥）[7]，產業型財閥一櫻井組（資本額 100 萬圓，愛知閥），運輸倉儲界巨頭一臺灣倉庫（資本額 100—200 萬圓，山口閥）、臺灣運輸（資本額 100 萬圓，關西閥）、辻本商事（資本額 10—100 萬圓，愛媛閥、關西閥）、柏原運送（資本額 10 萬圓，廣島閥）、內台通運（資本額 2.5 萬圓，愛媛閥、廣島閥）等，酒業泰斗一近藤商會（資本額 100 萬圓，大阪閥、鳥取閥）、臺灣辰馬商會（資本額 100 萬圓，兵庫閥）、西村商會（資本額 30 萬圓，福井閥）等，建材界要角一東洋コンクリート（混凝土）（資本額 10 萬圓，靜岡閥），此外，還有官營企業的臺灣製鹽（250 萬圓，福岡閥）等（參見圖 1）。

這十二個鄉土閥企業事例，體現日人企業菁英在運用地緣網絡時所展現的種種可能狀況，他們或利用地緣網絡籌資、覓才，如：近江商事、櫻井組、臺灣辰馬商會、近藤商會、臺灣倉庫等；或標舉家鄉地名、原鄉河名，用以號召鄉人，如：大阪組（臺灣運輸的前身）、天龍木材商

---

5 例如：盛進商行的領導人中辻喜次郎，除運用地緣網絡，返鄉招攬人才、募集資金外，亦運用了親緣網絡，他以中辻喜策、中辻正清、廣瀨政二等血、姻親為公司核心幹部，並向中辻重五、中辻策四郎、中辻大介等親戚募集資金，該企業另一領導人藤川類藏，亦然，其以藤川重五郎、藤川慶太、藤川勝二等血親為高級幹部，而其夫人藤川美智更握手公司大量的股票。又如：彰化銀行的坂本素魯哉除倚地緣網絡外，也高度運用學緣網絡，其拔擢了其母校關西法律學校、明治法律學校的學弟岩瀨啟造、森尾昇、磯憲三、山移定良等人擔任彰化銀行的重要幹部。

6 趙祐志的《日治時期日人在臺企業菁英的社會網絡（1895—1945）》（臺北：國立臺灣師範大學歷史系博士研究所博士論文，2005 年），對在臺日人企業菁英如何運用親緣網絡、地緣網絡、學緣網絡、政治網絡，以擴展企業實力或是獲致更高職位，已有初步的討論。

7 近江商事雖只有 6 萬圓，但若合計亦是秋田閥壟斷領導階層的芳隆炭礦（資本額 12 萬圓）、近江產業（資本額 38 萬圓），亦達 56 萬圓之多。

會等；亦有藉通婚，然後再運用姻親的地緣網絡，如：內台通運；或是兼用養父、生父兩家的地緣網絡，如：西村商會；甚至還出現借用老東家地緣網絡的情形，如：辻本商事（後更名為臺灣產業）。另外，亦可看到若干企業瀕臨破產，邀請同鄉接手的情況，如：東洋コンクリート（混凝土）；或是某一地緣網絡退出一個企業後，再運用原來的地緣網絡，另起爐灶，創立新的企業，如：福岡人退出臺灣製鹽，另組日本興業。當然地緣網絡亦非萬靈丹，亦有因為地緣網絡太過狹隘而導致失敗的個案，如：柏原運送即是著例。以下按上述順序申論之。

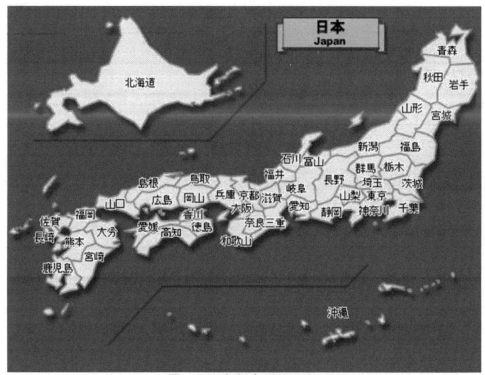

圖1：日本各府縣的分布

（一）秋田閥與近江商事、芳隆炭礦、近江產業

近江商事、芳隆炭礦、近江產業的創立者，為日治時期基隆煤業鉅子近江時五郎（1870—？）。近江為秋田縣人，其先祖曾在該縣經營阿

仁礦山，故自幼即耳濡目染礦業知識。[8]近江在秋田中學畢業後，曾先後在足尾銅山、島根縣大森銀礦、山形縣伊田銅山、福岡縣神崎煤山、藤田組保礦山、秋田縣小坂礦山等公司任職。[9] 1899 年，以藤田組瑞芳金山採礦課長的身份渡臺，辛勤工作七年，因意見與公司主管齟齬而辭職。[10] 1906 年，獨立經營山形縣萩金山、鹿兒島縣龍鄉礦山，頗有成績。[11] 1908 年，應第一代「臺灣金礦大王」木村久太郎之邀，轉任基隆木村組經理，從此成為木村久太郎的左右手。[12]

1912 年，木村組因借期已屆，被迫將牡丹坑礦區讓售給田中組，[13]轉向煤業發展。在近江的經營下，木村組所控之煤坑年產 10 萬噸，曾高佔全台煤產量的 1/4，不僅將木村久太郎由「金礦大王」轉變成「煤礦大王」，[14] 亦為自身贏得了「木村組的近江，近江的木村組」之美稱，近江即等同於木村組。1917 年，木村組變更為木村礦業株式會社，資本額增為 100 萬圓，近江亦因功升任專務董事。[15]此後，木村幾全住在日本內地，在臺的事業遂交由近江全權負責。[16]

近江自擔任木村礦業專務董事後，即大肆擴張。1918 年，以木村久太郎的名義，先後投資了基隆炭礦（資本額 1,000 萬圓）、台陽礦業（資本額 100 萬圓），並為木村爭取了這兩家公司董事的頭銜。1919 年，近江除將木村礦業基隆鐵工場，擴大為資本額 100 萬圓的基隆船渠外，亦以木村礦業的名義，投資了金包里礦業（資本額 100 萬圓）。1920 年，近江再將資本額 30 萬圓的基隆水產，擴大為資本額 72.75 萬圓臺灣水產，並擔任董事長；再者，木村久太郎亦與三井財閥合作，創立資本額

---

[8] 內藤素生，《南國之人士》（臺北：臺灣人物社，1922 年），頁 3。

[9] 唐澤信夫，《臺灣紳士名鑑》（臺北：新高新報社，1937 年），頁 91—92。

[10] 內藤素生，《南國之人士》（臺北：臺灣人物社，1922 年），頁 3。

[11] 唐澤信夫，《臺灣紳士名鑑》（臺北：新高新報社，1937 年），頁 91—92。

[12] 《臺灣人士鑑》1943 年版（臺北：興南新聞社，1943 年），頁 70，第二代金礦大王為掌握金瓜石礦山所有權的日人臺灣首富後宮信太郎。

[13] 牡丹坑與金瓜石、九份並稱日治時期臺灣的三大金礦。

[14] 《新人物》大正 4 年 11 月號，（臺北：該雜誌社，1915 年），頁 91。

[15] 上村健堂，《臺灣事業界と中心人物》（臺北：臺灣案內社，1919 年），頁 191。

[16] 上村健堂，《臺灣事業界と中心人物》（臺北：臺灣案內社，1919 年），頁 249。

1,100 萬圓的太平洋炭礦,並由木村掛名擔任董事長,近江則任常務董事。

1924 年,近江已能獨當一面,遂欲建立自身之企業,其在本年先後創設了芳隆炭礦(資本額 12 萬)、近江商事(資本額 6 萬)。就在近江羽翼漸豐時,老東家木村久太郎卻再婚,娶了石田熏子,木村為美婦耗盡雄心,[17]導致 1925 年後事業敗象漸露。木村在臺的事業和頭銜,亦漸由近江所繼承或接收,近江所繼承的企業重要者有:臺灣水產、臺灣船渠、基隆輕鐵、太平洋礦業、台陽礦業等(參見表 2)。再者,木村在民間社團的頭銜,亦漸由近江所取代,1930 年,近江繼木村之後,擔任基隆日人最重要社團一公益社的理事長,成為當地日人的領袖。另外,本年近江更被臺灣總督府選為府評議會員,一舉躍升為全台日人的代表人物之一,至此近江實已自樹一幟。斯時,近江在秋田閥的協助下,事業卓然有成,其後更配合國策,推動旗下企業基隆船渠、臺灣水產與日本內地三菱、日產等大財閥的合作,[18]並先後改組或併入兩大財閥的子公司一臺灣船渠、日本水產。

表 2:近江時五郎繼承木村久太郎事業的概況

企業名稱	木村久太郎之職務		近江時五郎之職務		備註
	鼎盛時代	失勢時代	木村鼎盛	木村失勢	
臺灣水產 1911 年創立	董事長	董事 顧問	董事	董事長	近江繼承
木村礦業 1917 年創立	董事長	--	專務董事	董事長	近江繼承
基隆船渠 1919 年創立	董事長	董事	專務董事	專務董事	近江繼承
基隆輕鐵 1912 年創立	董事長	--	董事	董事	近江繼承
台陽礦業 1918 年創立	董事	--	董事	董事 顧問	近江繼承實權握於顏雲年
太平洋礦業 1920 年創立	董事長	--	常務董事 董事	--	近江繼承實權握於三井財閥

---

[17] 《臺灣實業界》昭和 4 年 10 月號。
[18] 《臺灣實業界》昭和 14 年 1 月號。

臺灣土地建物 1908 年創立	董事	--	監事	監事	木村支持近江任職
臺北魚市 1915 年創立	監事	--	董事	董事	木村支持近江任職
金包里礦業 1919 年創立	董事	--	常務董事	--	木村支持近江任職
東洋珊瑚 1925 年創立	董事 監事	--	董事	--	木村支持近江任職

資料來源：千草默仙，《會社銀行商工業者名鑑》（臺北：圖南協會，1928—1943年）；杉浦和作，《臺灣銀行會社要錄》（臺北：臺灣實業興信所，1920—1943年）；竹本伊一郎，《臺灣會社年鑑》（臺北：臺灣經濟研究會，1932—1943年）。

　　進入戰時後，近江的事業版圖擴張頗速，1938 年，其將芳隆炭礦、近江商事合併，另組近江產業。1939 年，近江又先後創立日本振興（資本額 30 萬圓）、金包里開發（資本額 15 萬圓），並擔任代表社員。再者，本年亦投資東部水產（資本額 100 萬圓）、臺灣化成工業（資本額 500萬圓），並分別兼任董事、監事。1940 年，近江再創設臺灣造船資材（資本額 18 萬圓），並擔任代表社員。1941 年，近江則被臺灣總督府指定為全台煤礦統制會社—臺灣石炭（資本額 700 萬圓）的董事（參見表 3）。

表 3：日治時期近江時五郎所經營和投資的企業（單位：萬圓）

公司名稱	公司地點	創立年代	登記資本	職務	個人持股	公司持股	任職年份	備註
近江商事合資會社	基隆	1924	5.8	代表社員	48000 圓（1924）47000 圓（1927）		1924—1938	核心企業
芳隆炭礦合資會社	基隆	1924	6（1925）12（1926）	代表社員	15000 圓（1925）5000 圓（1926）	近江商事合資25000 圓（1926）	1924—1931	核心企業
近江產業	基隆	1938	18（1938）35（1943）	董事長			1938—1943	核心企業
日本振興	基隆	1939	30	代表社員			1939—	直系
金包里開發	基隆	1925	15（1939）16（1942）	代表社員			1939—1943	直系

臺灣造船資材	基隆	1940	18	代表社員			1940—	直系
基隆水產 臺灣水產	基隆	1911	30（1911） 72.75（1920）	董事（1911） 董事長（1920）	100（1911） 780（1933） 1250（1935）	650（近江商事合資）	1911—1937	直系，後併入日本水產
木村礦業	基隆	1917	100	專務董事			1917—	旁系
金包里礦業	基隆	1919	100	常務董事			1919—	旁系
臺灣耐火煉瓦	臺北	1920	20（1920） 15（1924）	董事（1920） 專務董事（1923） 董事（1925）			1920—1926	旁系
基隆船渠	基隆	1919	100（1919） 50（1929）	專務董事（1919） 顧問（1937）	2878（1919） 695（1935）		1919—1937	旁系，後併入三菱財閥的臺灣船渠
太平洋炭礦	東京	1920	1100	常務董事（1920） 董事（1924）			1920—1929	旁系
基隆製冰	基隆	1911	20	董事			1911—	旁系
臺北魚市	臺北	1915	10（1920） 40（1923）	董事			1915—1934	旁系
臺灣拖網漁業	基隆	1911	60	董事			1920—	旁系
基隆輕鐵	基隆	1912	20（1920） 50（1926）	董事	200（1923）		1920—1928	旁系
發動機船保險	基隆	1919	20	董事			1919—1926	旁系
東洋珊瑚	基隆	1925	50	董事			1927—1928	旁系
東部水產	花蓮港	1939	100（1939）	董事	100		1939—1943	旁系

			110（1942）					
臺灣石炭	臺北	1941	700	董事			1941—1943	旁系
台陽礦業	基隆	1918	500（1932）1000（1940）	董事（1928）顧問（1942）			1928—1943	旁系
澎湖海運	澎湖	1920	10	顧問			1923—1926	旁系
臺灣炭礦	基隆	1917	150	監事			1917—1930	旁系
臺灣土地建物	基隆臺北	1908	150	監事	300（1923）		1920—1941	旁系
臺灣化成工業	臺北	1939	500（1939）750（1941）	監事			1939—1943	旁系
基隆劇場	基隆	1919	20	顧問	170（1932）		1919—1939	個人投資
臺北中央市場	臺北	1929	40	股東		臺灣水產 240（1932）	1932—1935	公司投資
臺灣電化	基隆	1935	200	股東		基隆船渠 800	1937—	公司投資

資料來源：千草默仙，《會社銀行商工業者名鑑》（臺北：圖南協會，1928—1943年）；杉浦和作，《臺灣銀行會社要錄》（臺北：臺灣實業興信所，1920—1943年）；竹本伊一郎，《臺灣會社年鑑》（臺北：臺灣經濟研究會，1932—1943年）。

綜上所述，近江時五郎所創立的企業，計有：芳隆炭礦、近江商事、近江產業、金包里開發、日本振興、臺灣造船資材；另外，繼承木村久太郎的公司，並改組成為己身之企業者，則有基隆船渠、臺灣水產。這些公司除臺灣造船資材非秋田閥、日本振興資料不詳外，其餘各公司近江皆倚重地緣網絡，提供資金或人才，以助其經營。

在近江的嫡系公司：芳隆炭礦、近江商事、近江產業，全為秋田閥高度掌控的企業。在芳隆炭礦方面，共有 6 大出資者，秋田縣人就佔了 4 名，即：近江時五郎、柏木卯一郎、山田榮治、佐藤彌一郎；重要職員共 5 人，秋田縣人亦佔 3 名，即：細谷清治、山田政助、山田美智子。在近江商事方面，共有 12 大出資社員，秋田縣人就佔了 7 名，即：近江時五郎、近江正、佐藤彌一郎、小林三郎、原田斧太郎、山田榮治、

柏木卯一郎；重要職員共 5 人，秋田縣人亦佔 3 名，即：細谷清治、山田政助、山田美智子。在近江產業方面，共 13 大出資社員，扣除籍貫不詳者 4 人，在其餘 9 人中，秋田縣人就佔了 5 名，即：近江時五郎、佐藤彌一郎、近江正、小林三郎、伊藤八郎。由上可知，近江的核心企業幾全賴秋田閥協助經營（參見表 4）。

再者，在基隆船渠、金包里開發等近江出資較少的直系公司，近江亦以秋田縣人掌握經營權。在基隆船渠方面，近江以秋田縣人原田斧太郎、柏木卯一郎、佐藤彌一郎等人，分任常務董事、監事、庶務主任。在金包里開發則以秋田縣人佐藤彌一郎為經理（參見表 4）。

表 4：秋田縣人在近江時五郎所經營之企業任職的概況

姓名	芳隆炭礦 1924 年創 登記資本 12 萬圓	近江商事 1924 年創 登記資本 6 萬圓	近江產業 1938 年創 登記資本 18—35 萬圓	基隆船渠 1919 年創 登記資本 100—50 萬圓	金包里開發 1939 年創 登記資本額 15 萬圓
近江時五郎	代表社員	代表社員	代表董事	專務董事 董事長	董事長
佐藤彌一郎	出資社員 經理	出資社員	出資社員 經理	庶務主任 總務係長	經理
柏木卯一郎	出資社員	出資社員		監事	
山田榮治	出資社員 經理	出資社員 經理			
細谷清治	職員 經理	職員			
山田政助	職員	職員			
山田美智子	職員	職員			
近江正		出資社員	出資社員		
小林三郎		出資社員	出資社員		
原田斧太郎		出資社員		董事兼經理 常務董事	
伊藤八郎			出資社員		

資料來源：千草默仙，《會社銀行商工業者名鑑》（臺北：圖南協會，1928—1943 年）；杉浦和作，《臺灣銀行會社要錄》（臺北：臺灣實業興信所，1920—1942 年）；竹本伊一郎，《臺灣會社年鑑》（臺北：臺灣經濟研究會，1932—1943 年）。

另外，自 1913 年起，近江亦與秋田縣人、臺北商工會副會長木村泰治合作。近江投資木村泰治擔任董事長或專務董事的臺灣土地建物、臺灣拖網漁業、臺北魚市、臺北中央市場等企業，並兼任這些公司的監事或董事。反之，木村泰治亦投資近江任董事長或常務董事的臺灣水產、金包里礦業、太平洋礦業等公司，並兼任這些公司的董事。再者，還有若干公司，兩人雖皆非主事者，但兩人卻共同投資，並兼任董事或監事，這些公司包括：基隆輕鐵、東洋珊瑚、臺灣化成工業等（參見表5）。

1938 年後，近江時五郎、木村泰治兩位秋田縣人，在臺灣政治、經濟界位居要津，近江獲推為基隆商工議所會長、木村則任臺北商工會議所副會長，並且同任臺灣總督府評議會員，一時傳為美談。

表 5：近江時五郎、木村泰治在企業上合作的概況

企業名稱	創立年份	資本額（萬圓）	近江時五郎職銜	木村泰治職銜
臺灣水產	1920	72.75	董事長	董事
太平洋炭礦	1920	1,100	常務董事	董事
金包里礦業	1919	100	常務董事	董事
臺灣土地建物	1908	150	監事	專務董事、董事長
臺北魚市	1915	10—40	董事	專務董事
臺灣拖網漁業	1919	60	董事	董事長
臺北中央市場	1929	40	股東	董事長
基隆輕鐵	1912	20—50	董事	監事
東洋珊瑚	1925	50	董事	董事
臺灣化成工業	1939	500—750	監事	董事

說明：在臺灣土地建物，另有秋田縣人鎌田貞司曾任董事。

資料來源：千草默仙，《會社銀行商工業者名鑑》（臺北：圖南協會，1928—1943年）；杉浦和作，《臺灣銀行會社要錄》（臺北：臺灣實業興信所，1920—1942年）；竹本伊一郎，《臺灣會社年鑑》（臺北：臺灣經濟研究會，1932—1943年）。

（二）愛知閥與櫻井組

櫻井組的創始人為櫻井貞次郎（1866—？），其以櫻井組為事業核

心，廣泛投資各類事業，有如美麗的鑲嵌圖一般，令人迷眩。日治末期
經濟史家大山綱武，曾稱譽櫻井貞次郎為在臺地崛起的六大「產業資本
型財閥」之一，[19]其事業核心的櫻井組也是善用故鄉資金、人才的代表
企業之一，由此觀察地緣網絡與企業之實際運作，亦為佳例。

櫻井貞次郎，1866 年生，愛知縣中島郡人。1896 年渡臺，初在親
戚高橋氏下任職，不久，高橋氏赴中國發展，事業交由櫻井貞次郎繼承。
1897 年，高橋氏客死，櫻井貞次郎頗有義氣，將財產悉贈高橋氏遺族
後返日。1898 年，再度入臺，創立櫻井組，從事土木承包、建材五金
販售。其後，更與渡邊國重、平井晴次郎等人，在阿猴廳甲仙埔經營採
腦會社，從事樟腦製造。1915 年，投資 30 餘萬，在樺太（南庫頁島）
經營煤礦業，臺灣事業暫委其弟櫻井賢一郎負責。

然櫻井貞次郎在樺太的事業並不順利，乃將事業重心遷回臺灣。此
後，櫻井貞次郎即廣泛投資各類事業，頗為駁雜。初期大致以土木承包、
木材販售、採樟製腦為中心，較重要的投資，計有：1916 年，投資合
資臺灣木材共同販售所（資本額 19.2—66.6 萬圓），並獲任理事。1919
年，響應臺灣總督府合併各民營樟腦公司的政策，將自己的製腦所併入
臺灣製腦（資本額 1,000 萬圓），並被選為董事。1923 年，將資本額 10
萬圓的合名會社櫻井組，擴大改組為資本額 100 萬圓的株式會社櫻井
組，並擔任董事長。1926 年，投資合資臺灣丸太（圓木）共同購買所
（資本額 60 萬圓），成為該社出資社員。

日治中期，櫻井貞次郎投資廣泛，雜亂而欠缺系統，所投資和經營
的事業，大致可分為五類：

1.水產相關事業，計有：1919 年，投資南洋漁業（資本額 50 萬圓），
並擔任監事。1925 年，投資臺灣漁業（資本額 50—55 萬圓），並獲選
為監事。1929 年，投資臺北中央市場（資本額 40 萬圓），並膺任董事。

---

[19] 臺灣經濟年報刊行會編，《臺灣經濟年報》昭和十七年版（東京：國際日本協會，1942 年），
　　頁 382—383，其他五個產業型財閥為：以台陽礦業為中心的基隆顏家、以杉原產業為中心
　　的高雄杉原家族、以三五公司為中心的阿久澤家族、以東部電氣為中心的花蓮梅野家族、
　　以大和行為中心的鹿港辜家。

2.運輸相關事業，計有：1926 年，投資新高拓殖軌道（資本額 30 萬圓），並被推為董事。1929 年，投資基隆自動車（資本額 10 萬圓），並擔任董事。1932 年，由基隆輕鐵（資本額 20 萬圓）董事升任為董事長。1938 年，取代臺南名紳津田毅一，擔任關子嶺軌道（資本額 15 萬圓）董事長。

3.化工相關事業，計有：1925 年，投資東光油脂工業（資本額 50 萬圓），並任董事。1926 年，投資臺灣爆竹煙火（資本額 15—65 萬圓），獲推為董事。1930 年，東光油脂工業改組，並擔任董事長。1931 年，升任臺灣爆竹煙火專務董事。1936 年，投資東光興業會社（資本額 60 萬圓），並取得董事席位。1937 年，再升任為臺灣爆竹煙火董事長。

4.民生相關事業，計有：1925 年，被選為大正醬油（資本額 100 萬圓）董事長，再者，投資臺灣織物（資本額 150—19.5 萬圓），並被推為董事。1929 年，收購三備商會（資本額 5 萬圓），從事陶器製造，並膺任代表董事；再者，升任為臺灣織物董事長。1932 年，將三備商會改組為臺灣陶器（資本額 6 萬圓），並擔任代表董事。

5.採礦相關事業，計有：1927 年，擔任日東礦業（資本額 23 萬圓）董事。1929 年，投資關子嶺興業（資本額 20 萬圓），採挖石灰原石，並被選為董事。1938 年，升任為關子嶺興業董事長。

日治晚期，櫻井貞次郎配合戰爭發展，將事業重心置於製鋼事業。1937 年，收購中田鑄工所，改組為中田製作所（資本額 12 萬圓），並聘煉鋼業老將中田久之助為專務董事，並自任董事長。[20] 1938 年，投資臺灣鋼材配給（資本額 45 萬圓）、臺灣故銅鐵屑統制（資本額 50 萬圓），[21]並分任兩家公司的常任監事、董事。1939 年，將中田製作所改組為資本額 100 萬圓的櫻井電氣鑄造所，並擔任董事長。1942 年，創立臺灣鋼業（資本額 20 萬圓），並擔任董事長，再者，投資臺灣鐵鋼製

---

20 《臺灣實業界》昭和 13 年 8 月號。
21 《臺灣實業界》昭和 13 年 10 月號，言：臺灣故銅鐵屑統制會社，由臺灣總督府商工課協調創立，聘任櫻井貞次郎為創立委員長，原計畫資本額 25 萬圓，後增為 50 萬圓。

品統制（資本額 100 萬圓），並被推為董事（參見表 6）。[22]

　　櫻井貞次郎所經營和投資之事業，十分雜蕪，但以櫻井組為核心企業，株式會社櫻井組的董、監事及重要主任，皆為愛知縣出身，包括：櫻井貞次郎（1923—1943 年擔任董事長）、櫻井信太郎（1923—1943 年擔任專務董事）、櫻井賢一郎（1923—1937 年擔任董事）、櫻井三重郎（1923—1943 年擔任監事）、櫻井愛藏（1923—1943 年擔任監事）、櫻井光夫（1938—1943 年擔任董事）[23]、大塚愛二（金物部主任）、池山重一（木材部主任）、北川年雄（營業部主任）、淺井五百治（會計部主任）等人，故櫻井組堪稱為愛知閥壟斷之企業。

　　櫻井家族的成員，亦協助櫻井貞次郎經營其他事業，如：櫻井賢一郎，1867 年生，為貞次郎之弟，[24]除任櫻井組董事外，還擔任臺灣爆竹煙火、東光油脂工業、南洋漁業三家公司的董事。櫻井信太郎，除任櫻井組專務董事，負責櫻井組臺北本店業務外，亦為臺灣織物大股東，並兼任櫻井電氣鑄鋼所董事。櫻井愛藏，除任櫻井組監事外，亦為臺灣爆竹煙火大股東，並兼任櫻井電氣鑄鋼所監事等職。

表 6：日治時期櫻井貞次郎所經營和投資的企業（單位：萬圓）

公司名稱	公司地點	創立年代	登記資本	職務	個人持股	櫻井組持股	任職年份	備註
合名會社櫻井組	臺北	1908	10	代表社員			1908—1923	核心企業
櫻井組	臺北	1923	100	董事長			1923—1943	核心企業
臺灣爆竹煙火	臺北	1916	15（1920）65（1937）	董事（1926）專務董事（1931）董事長	100（1932）392（1937）	642（1932）745（1933）710	1926—1943	直系

22 櫻井貞次郎之生平，係綜參岩崎潔治，《臺灣實業家名鑑》（臺北：1912 年版），頁 108；《新臺灣》1915 年 11 月號，頁 37；上村健堂，《臺灣事業界と中心人物》（臺北：臺灣案內社，1919 年），頁 247；橋本白水，《臺灣統治者と其功勞者》（臺北：南國出版協會，1930 年），頁 63；《臺灣人士鑑》1937 年版，頁 506；《臺灣人士鑑》1943 年版（臺北：興南新聞社），頁 177；《臺灣實業界》昭和 4 年 11 月號等資料寫成。

23 櫻井光夫，貞次郎嫡孫，1936 年，被貞次郎指定為繼承人。

24 岩崎潔治，《臺灣實業家名鑑》（臺北：1912 年），頁 532。

				（1937）		（1934） 2272 （1935） 2982 （1939） 5488 （1940） 2888 （1941）		
基隆輕鐵	基隆	1912	20	董事 （1923） 董事長 （1932）	560 （1923） 100 （1932）	580 （1932）	1923—1934	直系
大正醬油	臺北	1920	100	董事 （1924） 董事長 （1925）	200 （1932）	2330 （1932） 2400 （1935） 2420 （1938）	1924—1943	直系
三備商會	桃園	1926	5	代表董事			1929—1932	直系
臺灣陶器	臺北	1932	6	代表董事			1932—1935	直系
關子嶺軌道	白河	1927	15	董事長			1938—1939	直系
關子嶺興業	白河	1926	20	董事 （1929） 董事長 （1938）			1929—1939	旁系 轉直 系
中田製作所	臺北	1937	12	代表者			1937—1939	直系
櫻井電氣鑄鋼所	臺北	1939	100	董事長			1939—1943	直系
臺灣鋼業	臺北	1942	20	董事長			1942—1943	直系
東光油脂工業（後更名東光會社）	臺北	1925	50	董事 （1925） 董事長 （1930） 顧問 （1932） 股東 （1935） 董事 （1936）	300 （1932）	280 （1932）	1925—1943	直系 轉旁 系
合資臺灣丸太（圓木）共同購買所	嘉義	1926	60	代表社員 （1926） 社員 （1930）	60000 圓		1926—1932	直系 轉旁 系
臺灣興業	阿猴		50	董事			1918—	旁系

臺灣製腦	臺北	1919	1000	董事 （1919）	2666 （1920）	4000 （1920） 5550 （1932） 5790 （1933）	1919—1933	旁系
臺灣織物	臺北	1920	150 （1920） 15 （1933） 19.5 （1941）	董事 （1925） 代表董事 （1929） 董事 （1933）		840	1925—1943	旁系
臺灣鐵鋼製品統制	臺北	1942	100	董事			1942—1943	旁系
東光興業	臺北	1936	60	董事			1936—1943	旁系
新高拓殖軌道	集集	1926	30	董事	200 （1933）		1926—1939	旁系
日東礦業	臺北	1920	23	董事			1927—1928	旁系
基隆自動車	基隆	1926	10	董事			1929—1931	旁系
臺北中央市場	臺北	1929	40	董事		500 （1935）	1930—1943	旁系
南洋漁業	臺北	1919	50	監事			1919—1931	旁系
臺灣漁業	臺南	1912	50 （1925） 55 （1928）	監事			1925—1929	旁系
臺灣鋼材配給	臺北	1938	45	常任監事	500		1938—1943	旁系
臺灣故銅鐵屑統制	臺北	1938	50	董事 （1940） 股東 （1941）		櫻井電氣鑄鋼所300	1938—1943	旁系轉公司投資
合資臺灣木材共同販售所	嘉義	1916	19.2 （1918） 60 （1923） 66.6 （1930）	理事 股東	33000圓		1916—1932	旁系轉個人投資
臺北工業	臺北	1920	10	股東		20	1932—	公司投資
臺灣肥料	基隆	1910	100	股東		50	1932—	公司投資
北投窯業	臺北	1919	15	股東	110		1938—	個人投資

資料來源：竹本伊一郎，《臺灣會社年鑑》（臺北：臺灣經濟研究會）；千草默仙，《會社銀行商工業者名鑑》（臺北：圖南協會）；杉浦和作，《臺灣銀行會社錄》（臺

北：臺灣實業興信所）相關各版。

（三）兵庫閥與臺灣辰馬商會

臺灣辰馬商會為兵庫縣辰馬財閥的「分家」，[25]辰馬財閥的創始人為辰馬吉左衛門，辰馬財閥以經營製酒、航運、保險業著稱，旗下有三大事業，即：辰馬本家酒造、辰馬汽船、辰馬海上火災保險。辰馬本家酒造為行銷該公司所製的白鹿清酒，早在 1896 年，即於臺南創設辰馬商會支店。辰馬商會臺灣支店在河東利八、川端伊之助[26]、河東富次[27]等人的領導下，業務興隆，與近藤商會、宅商會臺灣支店，並稱臺灣三大酒商，宰制臺灣酒類市場，1921 年，在辰馬財閥的援助下，乃創立資本額高達 100 萬圓的臺灣辰馬商會，以擴大業務。

臺灣辰馬商會因係在兵庫縣辰馬財閥的支持下設立，故臺灣辰馬商會的領導幹部，包括：董事長淺尾豐一（1921—1932 年）、常務董事河東富次（1921—1933 年）、常務董事川端昇太郎（1933—1943 年）[28]、董事大塚茂十郎（1921—1943 年）、董事山縣勝見（1933—1943 年）、

---

25 日人對「家」的看法，較類似法人團體，進出較為自由，具有血緣關係者，若離家遠居，則有「住緣」關係者更為疏遠。透過儀式性的收養，有住緣關係的雇傭者，亦能加入「家」，與雇主形成「同族」，雇主即為此同族的「本家」，雇主之兄弟則為「分家」，獨立創業後的雇傭者則為「別家」，欲瞭解日治時期日商在臺灣所建立的同族企業，可以參見趙祐志，〈在臺日人菁英之家族觀與企業的繼承（`1895—1945）〉，《臺北文獻》直字第 159 號（臺北：臺北文獻委員會，2007 年 3 月），頁 33—90。

26 據岩崎潔治，《臺灣實業家名鑑》，頁 35、《新臺灣》大正 4 年 11 月號，頁 21 的資料，川端伊之助，1865 年生，兵庫縣多紀郡篠山町人。1896 年，以辰馬商會臺南支店主任身份渡臺，1911 年，繼河東利八成為臺灣支店的總經理，1919 年，返回辰馬商會本家任經理。

27 據《新臺灣》大正 4 年 11 月號，頁 51、岩崎潔治，《臺灣實業家名鑑》，頁 477、內藤素生，《南國之人士》，頁 36、橋本白水，《臺灣統治と其功勞者》，頁 66—67 的資料，河東富次（1881—1933），兵庫縣武庫郡人，辰馬商會臺灣支店經理河東利八的嫡男，河東家為貴族院議員辰馬吉左衛門的「分家」。富次，在 1911 年，繼川端伊之助後，接任辰馬商會臺南支店主任，1919 年，再升任辰馬商會臺灣支店總經理。1921 年，臺灣辰馬商會創立後，擔任常務董事，此外尚曾任臺灣膠印監事、龜甲萬販賣專務董事、合資河東家本家代表社員、啤酒販賣董事長、臺灣酒賣批發組合組合長。

28 據《臺灣人士鑑》1943 年版，頁 98，川端昇太郎，1890 年生，兵庫縣多紀郡篠山町人。1910 年，神戶商業學校畢業後，隨即進入辰馬商會。1933 年，渡臺，繼河東富次後，接任臺灣辰馬商會常務董事，此外，還任龜甲萬醬油專務董事、臺灣膠印監事、麥酒販賣董事、共同商事董事。

監事川端伊之助（1921—1933 年）、監事中西藤吉（1933—1943 年）等人，全來自於兵庫縣，故臺灣辰馬商會可謂亦為鄉土閥企業，亦即為兵庫閥所支配的企業。

辰馬財閥在臺灣尚有一關係企業，即資本額 100 萬圓的臺灣膠印，該社創立於 1921 年，為臺灣印刷界的龍頭之一，同時，亦為兵庫閥支配的企業。該社的領導幹部，雖非全為兵庫縣人，但在曾任董、監事的 15 名幹部中，至少有 8 人出身兵庫縣，即：淺尾豐一（1921—1941 年任董事長）、山縣勝見（1933—1941 年任董事，1942—1943 年任董事長）、藤井松之介（1921—1943 年任專務董事）、川端伊之助（1921—1933 年任監事）、河東富次（1921—1933 年任監事）、川端昇太郎（1938—1943 年任監事）、淺尾英夫（淺尾豐一長男，1941 任監事，1942—1943 年任董事）、淺尾佐代子（淺尾豐一妻，1942—1943 年任董事），故臺灣膠印亦為典型之鄉土閥企業。

（四）大阪閥、鳥取閥與近藤商會

近藤商會與臺灣辰馬商會、臺灣宅商會並稱臺地三大酒商，其創始人為第一代近藤喜惠門，大阪府堺市人。[29]其在 1895 年底渡台，在臺北北門街開設共同商會，經營日本銀行的現金押送、郵政電信等業務，後亦販售清酒。1897 年，其將共同商會改組為近藤商會，專營酒類生意，並漸成臺灣酒業之鉅子。再者，近藤為了繼續運送業生意，亦與金子圭介、賀田金三郎、山下秀實等人，設立臺灣驛傳社，此外，他還發起創設帝國製糖、臺灣儲銀、臺灣倉庫等公司，[30]為日治初期臺北商界的名人。

1913 年，第一代近藤喜惠門因病過世，嗣子近藤喜千松，襲父名繼承家業，是為第二代近藤喜惠門，[31]第二代近藤喜惠門經營有術，1921

---

[29] 岩崎潔治，《臺灣實業家名鑑》，頁 96。

[30] 大塚清賢編，《臺灣大觀》，頁 245。

[31] 內藤素生，《南國之人士》，頁 64。另外日人為使單嗣繼承更為明確，突顯嗣子的優越地位，可能其名字與父共用一個字，甚至乾脆更名，與父親同名，襲父名來繼承家業，欲了解日

年，為擴大營業，乃將近藤商會變更為資本額 100 萬圓的股份公司，並關閉大阪堺市本店，改以臺北京町支店為本店，[32]將近藤商會的事業重心遷至臺灣。

近藤商會自 1921 年創立後，即由大阪府、鳥取縣兩地出身的董、監事所掌握。在曾任近藤商會董、監事的 8 人中，出身大阪府者，計有：第二代近藤喜惠門（1921—1943 年任董事長）、近藤勝次郎（第一代近藤喜惠門表弟，後成為「婿養子」，[33] 1921—1943 年任專務董事）[34]、近藤喜禧（1921—1934 年任董事）、勝間久吉（1921—1929 年任監事，其為近藤勝次郎生父家的親戚）等 4 人；出身鳥取縣者，計有：生田和豬知（1921—1932 年任董事）、小林憲二（1930—1934 年任監事、1935—1940 年任董事，1941—1943 年任董事兼經理）、音田堅太郎（1935—1943 年任監事）等 3 人，只有監事山本勉彌為山口縣人，非大阪府或鳥取縣人，[35]故近藤商會亦為典型之鄉土閥企業。

　　治時期日商透過襲父名繼承家業的狀況，可以參見趙祐志，〈在臺日人菁英之家族觀與企業的繼承（1895—1945）〉，《臺北文獻》直字第 159 號，頁 33—90。

[32] 大塚清賢編，《臺灣大觀》，頁 245。

[33] 日人家業的繼承對血緣較不在意，喜好選擇優秀的養子來繼承，在華人社會即使有養子，亦多為同宗，若讓養子與女兒結婚，實屬亂倫，因此華人社會絕少有「婿養子」，欲了解日治時期日商以「婿養子」來繼承家業的概況，可以參見趙祐志，〈在臺日人菁英之家族觀與企業的繼承（1895—1945）〉，《臺北文獻》直字第 159 號，頁 33—90。

[34] 據《臺灣實業界》昭和 7 年 4 月號、昭和 14 年 1 月號、《臺灣人士鑑》1937 年版、唐澤信夫，《臺灣紳士名鑑》（臺北：新高新報社，1937 年）、《臺灣人士鑑》1943 年版，頁 160 等資料，近藤商會雖由第二代近藤喜惠門所繼承，但實際經營業務者則為近藤勝次郎。勝次郎 1885 年生，本籍大阪堺市人，本名勝間勝次郎，原為第一代近藤喜惠門的表弟。1905 年渡臺，在近藤商會見習。後娶第一代近藤喜惠門之女，並成為其「婿養子」，更名為近藤勝次郎。勝次郎受第一代近藤喜惠門倚重，分擔近藤商會臺北支店經營之責。1921 年，近藤商會改組時，更被養兄第二代近藤喜惠門任命為專務董事。近藤勝次郎在臺北商界、政界頗為活躍，歷任：臺北實業會理事、臺北商工會常議員、京町建築信用組合專務理事、酒類賣捌人組合理事、組合長、臺北市協議會員、啤酒販賣專務董事、高砂啤酒董事、實業信用組合組合長、共同商事專務董事、國際映畫董事、臺北市會議員、京町會會長、臺灣酒罐統制董事長、臺北州會議員等職。

[35] 參見千草默仙，《會社銀行商工業者名鑑》（臺北：圖南協會）及杉浦和作，《臺灣銀行會社錄》（臺北：臺灣實業興信所）相關各號。

（五）山口閥與臺灣倉庫

　　臺灣倉庫為臺地崛興之首屈一指的倉庫業者，其創立於 1916 年，草創時資本額即高達 100 萬圓，該會社集資的來源有四：一為製糖會社的資金，包括：臺灣製糖、鹽水港製糖、明治製糖、東洋製糖、大日本製糖、帝國製糖、新高製糖等；二為製糖會社相關物產業者的資金，包括：三井物產、鈴木商店、陳中和物產等；三為海運業者的資金，包括：大阪商船、日本郵船、山下汽船等，四為臺灣銀行的資金，[36]此外，還獲得臺灣總督府的補助。[37]是故，該會社歷任董、監事大致皆由各製糖會社、大阪商船、日本郵船所指派，原本並非由某一鄉土閥所壟斷，然該公司由山口縣人三卷俊夫長期擔任專務董事，掌握經營權，在此情況下，三卷俊夫在職員上啟用了頗多山口縣人，使臺灣倉庫的職員充塞著「山口閥」的勢力。

　　三卷俊夫，1879 年生，山口縣吉敷郡人，陸軍少將三卷弘義之次男。其經山口高等學校，1904 年，京都帝大經濟科畢業。離校後即進入臺灣銀行神戶支店任職，1908 年，轉赴臺灣銀行臺北本店任職。1911年，升任助役補，其後歷任臺灣銀行汕頭支店長、臺中支店長。1916年，臺灣倉庫創設，應臺灣倉庫董事長山本悌二郎（亦為臺灣製糖董事長）之招聘，轉任該社董事，次年，升任專務董事，並在 22 年後的 1938年，獲推為董事長。

　　三卷之事業，除臺灣倉庫外，還歷任：臺灣石材（資本額 40—8 萬圓）董事、董事長；東海自動車運輸（資本額 80 萬圓）董事；南邦自動車（資本額 30 萬圓）董事；辻本商事（資本額 10 萬圓）監事；花蓮港荷役倉庫監事（資本額 40 萬圓）；臺灣煉瓦（資本額 300 萬圓）監事；臺北州自動車運輸（資本額 150 萬圓）董事長；臺中州自動車運輸（資本額 200 萬圓）董事；臺南州自動車運輸（資本額 120 萬圓）董事；高雄州自動車運輸（資本額 100 萬圓）董事等，堪稱臺灣運輸倉儲界的鉅

---

[36] 杉浦和作，《臺灣會社銀行錄》大正 12 年版（臺北：臺灣實業興信所，1923 年），頁 34。
[37] 佐佐英彥，《臺灣銀行會社要錄》（臺北：臺灣興信所，1920 年），頁 176。

子之一（參見表 7）。

　　三卷亦為公眾界聞人，歷任西門町會長、社會事業委員、衛生委員、臺北市協議會員（1920 年起）、臺北州協議會員（1927 年起）、臺北州會議員（1936 年起）、臺灣總督府評議員（1940 年起）、臺灣方面委員聯盟理事、副會長、臺灣高爾夫球俱樂部常務理事、會長。再者，三卷也是商工界名人，曾獲推為臺北商工會副會長、臺北商工會議所副會長、臺灣運輸組合組合長、全島自動車協會會長。[38]此外，還在 1938 年，被《臺灣實業界》推舉為臺北民間代表者之一。[39]

　　臺灣倉庫的董事長雖為山本悌二郎，並非三卷俊夫，但山本長期不在臺灣，而三卷俊夫則長期擔任臺灣倉庫專務董事，故漸有「臺灣倉庫的三卷，三卷的臺灣倉庫」之說。在三卷長期握有臺灣倉庫經營權的情況下，其在職員上晉用了為數頗眾的山口縣人，較重要者至少有：林健資、安本善助、橋本茂仁、中村惠之助、原義一、村上俊彥、白石敏介、三卷健平、長谷川三郎、田坂坊助、長尾榮治、松田啟一、末岡荒輔、田坂坊輔、有富正一、土屋修、廣石清吉、古川滿等人，根據會社年鑑等資料，筆者粗計在臺灣倉庫的社員中，至少有 15% 以上為山口縣人，而臺北的山口縣人會亦設於臺灣倉庫內，故臺灣倉庫亦可謂為日治時期「鄉土閥」的代表企業之一。

---

[38] 三卷俊夫之生平，綜參《臺灣實業家名鑑》，頁 119、《臺灣人士鑑》1934 年版，頁 170、《臺灣人士鑑》1937 年版，頁 350、《臺灣人士鑑》1943 年版，頁 380、《南國之人士》，頁 12、《臺灣紳士名鑑》，頁 282、《臺灣人事態勢と事業界》，頁 153、《新臺灣を支配する人物と產業史》，頁 241、《臺灣統治と其功勞者》，頁 55 等資料寫成。

[39] 《臺灣實業界》昭和 13 年 1 月號，該誌推舉 11 人為臺北民間代表者，除三卷俊夫外，還有：臺灣電力董事長松木幹一郎、臺灣銀行董事長保田次郎、臺灣拓殖董事長加藤恭平、臺北商工會會長後宮信太郎、臺灣日日新報董事長河村徹、「萬年無任所大臣」三好德三郎、辯護士會會長河村淳、臺灣商工銀行董事長村松一造、臺灣土地建物董事長木村泰治、盛進商行董事長中辻喜次郎等 10 人。

表7：日治時期三卷俊夫所投資和經營的企業（單位：萬元）

公司名稱	公司地點	創立年代	登記資本	職務	個人持股	臺灣倉庫持股	任職年份	備註
臺灣倉庫	基隆市	1916	100（1916）200（1937）	董事（1916）專務董事董事長（1938）	1,039（1934）1,262（1935）3,578（1937）2,541（1938）1,767（1939）		1916—1943	核心企業
臺灣石材	臺北市	1919	40（1919）8（1934）	董事（1919）董事長（1938）	670（1934）593（1935）393（1937）		1919—1943	直系
臺北州自動車運輸	臺北市	1938	150	董事長		1600（1938）	1938—1943	直系
東海自動車運輸	花蓮港	1931	80	董事	300		1931—1943	旁系
南邦自動車	臺北市	1936	30	董事	300（1936）		1936—1940	旁系
臺南州自動車運輸	臺南市	1940	120	董事			1940—1943	旁系
臺中州自動車運輸	臺中市	1941	200	董事			1943—	旁系
高雄州自動車運輸	高雄市	1937	100	股東（1940）董事（1943）	6,600（1943）	5,000（1940）	1940—1943	公司投資轉旁系
本商事	臺北市	1925	10（1925）	監事			1927—1928	旁系
花蓮港荷役倉庫	花蓮港	1938	40	監事			1938—1943	旁系

臺灣煉瓦	臺北市	1913	300（1943）	監事			1943—	旁系
南洋倉庫	神戶	1920	80	股東	200		1932—1935	個人投資
基隆通關	基隆市	1936	12.5	股東		100（1939）	1939—	公司投資

（六）關西閥與臺灣運輸、臺灣運輸荷役

　　杉本音吉、杉本三郎父子為臺灣運輸界的泰斗，與大坪與一、大坪佐苦樂父子的日東商船組，田中庄吉、田中鐵之助兄弟的後藤組，本地才一郎的丸一組並列為臺灣島內的四大運輸公司。杉本父子所打造之運輸王國的兩大支柱為高雄的大阪組（臺灣運輸之前身）及基隆的臺灣運輸荷役（碼頭工人）。杉本父子出身大阪府河內郡，其吸收大阪、神戶、京都地區運輸業者之資金，並好用大阪人擔任重要幹部，故亦為鄉土閥企業之代表。

　　杉本音吉（1870—1927），1896年渡台，初在安平、淡水經營大阪組，為大阪商船專屬運送店。1898年，在打狗設立出張所，其後更將本店遷往打狗。1922年，將大阪組改組為資本額50萬臺灣運輸，並任專務董事。再者，杉本音吉亦任勞働需給組合理事長，壟斷高雄碼頭勞工的供給。此外，杉本音吉還擔任高雄消防組組長、高雄街協議會員等職。[40]

　　杉本三郎，1899年生，本名河崎三郎，為杉本音吉養子。其經大分中學、熊本五高，1924年，東京帝大政治科畢業。杉本三郎完成學業後，即進入《報知新聞》，擔任記者，吸收頗多新思想，故個性積極而明朗。[41] 1927年，養父杉本音吉過世，杉本三郎辭卸記者之職渡台，進入臺灣運輸任職，準備繼承父業。1934年，臺灣運輸合併臺灣運輸荷役，並增資為100萬圓、

---

[40] 杉本音吉之生平，綜參鈴木常良，《臺灣商工便覽》（臺中：臺灣新聞社，1919年），頁86、《最近の南部臺灣》（臺南：臺灣大觀社，1923年）附錄，頁53、宮川次郎，《新臺灣の人人》（東京：拓殖通信社，1926年），頁473、上村健堂，《臺灣事業界と中心人物》（臺北：臺灣案內社，1919年），頁266、內藤素生，《南國之人士》（臺北：臺灣人物社，1922年），頁327等資料寫成。

[41] 《臺灣實業界》昭和13年6月號。

完成全島運輸網，成為臺灣島內運輸會社之首，[42]杉本三郎亦在此時升任臺灣運輸的專務董事。

中日戰爭爆發後，杉本三郎不僅在島內陸續設立羅東運輸（資本額 10 萬圓）、松山合同運輸（資本額 5 萬圓）、舊城合同運輸（資本額 10 萬圓）、水裡坑合同運輸（資本額 10 萬圓）、高雄合同運送（資本額 15 萬圓）、臺灣運送興業（資本額 18 萬圓）等運輸公司，並響應臺灣總督府運輸統制政策，投資臺北州自動車運輸（資本額 150 萬圓）、高雄州自動車運輸（資本額 100 萬圓）、臺南州自動車運輸（資本額 120 萬圓），成為這 3 家運輸統制會社的董事（參見表 8）。此外，還配合臺灣總督府南進基地化政策，將事業擴及漢口、上海、廣東、海南島、中南半島等地。[43] 1942 年，再升任臺灣運輸董事長，成為 3,000 名社員、數萬名勞工的統帥。[44]

杉本音吉、杉本三郎父子出身大阪府，再者，其事業的主要往來公司又為大阪商船會社，故其將白手創業的公司命名為「大阪組」，此不僅顯露杉本音吉具有濃厚的鄉土意識，亦用此名號召鄉人。1921 年，杉本音吉更與阪神、京都出身的運輸業者：富島組專務董事高野吉太郎[45]、安田安太、朝垣榮三郎等人，將大阪組改組為臺灣運輸，次年，同一批人馬又創設臺灣運輸荷役，這造成臺灣運輸、臺灣運輸荷役兩家公司喜用大阪、兵庫、京都籍貫者。[46]

以臺灣運輸言，董、監事中，出身大阪、兵庫、京都者，至少有 11 人，即：杉本音吉（大阪人，1923—1926 年任董事，1927 年任專務董事）、杉本綱子（杉本音吉遺孀，大阪人，1928—1932 年任董事）、杉本三郎（大阪

---

42 太田肥洲，《新臺灣を支配する人物と產業史》（臺北：臺灣評論社，1940 年），頁 567—568。與臺灣運輸關聯的大公司，有 21 家之多，臺灣運輸為大阪商船會社專屬店，大板埒代理店、山下汽船船舶處理、臺灣青果聯合會代理店、陸海軍指定貨物處理、鹽水港製糖製品處理、新興製糖、三五公司、日本石油、臺灣電化、日本鋁業、臺灣興業等社之處理店，臺灣運輸在高雄、基隆、臺北、臺中、臺南、嘉義、屏東、溪州、新營、員林、彰化、宜蘭、蘇澳、九曲堂、松山等地設有支店、營業所。

43 《臺灣實業界》昭和 15 年 7 月號。

44 《臺灣人士鑑》1943 年版（臺北：興南新聞社），頁 207。

45 高野吉太郎，1871 年生，原為臺灣海關官員，後進入大阪商船會社，再轉進滿鐵，後辭自創富島組，任專務董事，再升任董事長，為關西運輸界的龍頭之一。

46 《臺灣實業界》昭和 5 年 8 月號。

人，1932 年任董事兼經理，1933—1941 年任專務董事，1942—1943 年任董事長）、高野吉太郎（大阪人，1923—1929 年任董事長，1930—1932 年任董事，1933—1937 年，再任董事長）、安田安太（兵庫人，1930—1932 年任董事長，1933—1940 年任董事）、朝垣榮三郎（京都人，1926—1927 年任董事，1928—1932 年任專務董事，1933—1942 年任董事）、井上虎治（大阪人，1923—1929 年任董事）、櫻井勘助（大阪人，1934—1943 年任董事）、家坂喜（兵庫人，1941—1943 年任董事）、荻原裕（兵庫人，1935—1937 年任經理，1941—1943 年任監事）、土井宗次郎（大阪人，1935—1939 年任基隆支店長，1940—1942 年任監事，1943 年任董事）等。

　　再者，在臺灣運輸本店、支店的重要職員中，出身大阪、兵庫、京都者，亦至少有 9 人，即：青木光司（大阪人，曾任基隆支店會計主任等職）、田崎信一（大阪人，曾任基隆支店庶務主任等職）、高木輝司（大阪人，曾任基隆支店海務監督、基隆支店現場監督等職）、太田十一（大阪人，曾任臺北支店入貨主任、基隆支店長等職）、乘越正一（大阪人，曾任高雄本店會計主任等職）、田中林之助（大阪人，曾任臺北旅客案內所主任等職）、朝日貞三（大阪人，曾任高雄本店艀船係長等職）、松村兵吉（大阪人，曾任高雄本店出納係主任、高雄本店現場係主任等職）、太田精三（大阪人，曾任宜蘭營業所主任等職）等。

　　再以臺灣運輸荷役言，董、監事中，出身大阪、兵庫、京都者亦至少有 11 人，即：杉本音吉（大阪人，1923—1927 年任董事）、杉本三郎（大阪人，1932—1934 年任董事）、安田安太（兵庫人，1930—1932 年任董事長，1933—1934 年任董事）、高野吉太郎（大阪人，1922—1929 年任董事長，1930—1934 年任董事）、朝垣榮三郎（京都人，1923—1932 年任專務董事，1933—1934 年任董事長）、長谷川彌兵衛（兵庫人，1923—1928 年任董事）、村田豐（兵庫人，1923—1934 年任監事）、柴田質朴（大阪人，1927—1934 年任監事）、井上虎治（大阪人，1923—1928 年任顧問，1929 年任董事）、荻原裕（兵庫人，1925—1934 年任董事兼經理）、長谷川春二（兵庫人，1923—1934 年任監事）等。重要社員中，出身大阪者，亦至少還有青木光司、柴田鼎三等 2 人。綜上所述，可見：臺灣運輸、臺灣運輸

荷役兩家姐妹公司，自創立起即由大阪、兵庫、京都等地的關西閥主宰，故亦堪稱鄉土閥之典型企業。

表 8：日治時期杉本三郎所經營和投資的企業（單位：萬圓）

公司名稱	公司地點	創立年代	登記資本	職務	個人持股	臺灣運輸持股	任職年份	備註
臺灣運輸	高雄	1921	100	董事（1932）專務董事（1933）董事長（1942）			1932—1943	核心企業
臺灣運送荷役（碼頭勞工）	基隆	1922	50	董事			1932—1933	核心企業
羅東運輸	羅東	1939	10	代表者			1939—1943	直系
舊城合同運輸	舊城	1939	10	代表者			1939—1943	直系
水裡坑合同運輸	集集	1939	10	代表者			1939—1943	直系
高雄合同運送	高雄	1939	15	代表者			1939—1943	直系
松山合同運輸	松山	1939	5	代表者			1939—1943	直系
臺灣運送興業	高雄	1941	18	代表者			1941—1943	直系
高雄新報	高雄	1934	10	代表者			1939—1940	直系轉旁系
臺北州自動車運輸	臺北	1938	150	董事		1600	1939—1943	旁系
高雄州自動車運輸	高雄	1937	100	董事			1940—1943	旁系
臺南州自動車運輸	臺南	1940	120	董事			1941—1943	旁系
國際運輸組	高雄	1929	25	董事		2900	1941—1943	旁系
臺灣產業	基隆	1925	100	監事			1941—1943	旁系

資料來源：竹本伊一郎，《臺灣會社年鑑》（臺北：臺灣經濟研究會）；千草默仙，《會社銀行商工業者名鑑》（臺北：圖南協會）；杉浦和作，《臺灣銀行會社錄》（臺北：臺灣實業興信所）相關各版。

（七）愛媛閥、廣島閥與內台通運合資

　　內台通運合資會社為第二代明比實平所創設的企業，第二代明比實平之父為基隆商界元老第一代明比實平。第一代明比實平（1862—1924）為愛媛縣松山市人，1895 年底渡臺，[47]創設明比商店，經營雜貨、糧食、煤炭批發業務，[48]此後即逐漸發跡，成為基隆水產、製冰、運輸等業的鉅子，歷任基隆水產（1911 年創立，資本額 30 萬圓）專務董事、基隆製冰（1911 年創立，資本額 20 萬圓）、臺北魚市監事（1915 年創立，資本額 10 萬圓）、基隆輕鐵董事（1918 年創立，資本額 20 萬圓）、發動機船保險（1919 年創立，資本額 20 萬圓）董事長、太陽興業信託（1919 年創立，資本額 50 萬圓）監事、基隆劇場（1919 年創立，資本額 20 萬圓）董事、澎湖海運（1920 年創立，資本額 10 萬圓）顧問、臺灣水產（前身為基隆水產，增資為 72.75 萬圓後更名）董事（參見表 9）。

表 9：日治時期第一代明比實平經營和投資的企業（單位：萬圓）

公司名稱	公司地點	創立年代	登記資本（萬圓）	職務	個人持股數	任職年份	備註
明比商店	基隆			店主		1895—	核心企業
發動機船保險	基隆	1919	20	董事長		1919—	直系
基隆水產	基隆	1911	30	專務董事	104（1911）	1911—1920	旁系
臺灣水產	基隆	1911	72.75	董事		1920—1924	旁系
基隆製冰	基隆	1911	20	監事		1911—	旁系
基隆輕鐵	基隆	1912	20	董事	100（1923）	1918—1924	旁系
太陽興業信託	基隆	1919	50	監事		1919—	旁系
臺北魚市	臺北	1915	10	監事		1920—1924	旁系
基隆劇場	基隆	1919	20	董事（1919）		1919—1924	旁系

---

[47] 岩崎潔治，《臺灣實業家名鑑》，頁 105。
[48] 《新臺灣》大正 4 年 11 月號，頁 39—40。

				監事 （1930） 董事 （1932）			
澎湖海運	澎湖	1920	10	顧問		1923—1924	旁系

資料來源：佐佐英彦，《臺灣銀行會社要錄》（臺北：臺灣興信所，1920 年）；杉浦和作，《臺灣銀行會社錄》（臺北：臺灣實業興信所）相關各版。

　　1924 年，第一代明比實平辭世，嗣子明比憲吾繼承家督（繼承戶長地位），並更名為實平，是為第二代明比實平。第二代明比實平，1890 年生，西條中學、[49]慶應大學理財科畢業後，1914 年，進入三越吳服店任職。1916 年渡台，輔佐父親經營明比商店。1918 年，進入木村礦業工作，1919 年，再轉入基隆鐵工所任職。[50] 1924 年，第二代明比實平繼承家業，卻未能接收父親在各企業的董監事頭銜，但另創內台通運合資，擔任代表社員，經營海陸運輸、勞力仲介等業務，內台通運合資雖資本額僅 2.5 萬，但第二代明比實平卻以此發跡，家業亦逐漸振興，他所兼企業董監事、公共事務職銜日漸增多。在企業董監事職務方面，歷任基隆劇場監事（1930 年起）、臺灣水產董事（1933 年起）、基隆冷藏董事（1937 年起）、內外運輸董事長（1939 年起）、倉庫信用利用組合組合長（參見表 10）。在公共事務職務方面，歷任基隆市協議會員（1926 年起）、[51]官選基隆市會議員（1935、1939 年兩度當選）、基隆市中三區長（1936 年起）、[52]財團法人基隆公益社理事、基隆神社奉贊會氏子總代、方面委員、町委員、[53]州稅調查委員、臺灣礦業會評議員等職。[54]

　　第二代明比實平所賴以發跡之核心企業─內台通運合資，亦為典型的鄉土閥企業，饒富趣味的是，明比實平自身為愛媛縣人，自與廣島縣的磯兼家通婚後，由於愛媛、廣島兩縣隔瀨戶內海緊緊相望，明比乃藉姻親關係兼用廣島縣此一地緣網絡，使內台通運合資成為愛媛閥、廣島

---

[49] 《臺灣人士鑑》1937 年版，頁 4。
[50] 《臺灣人士鑑》1943 年版，頁 7。
[51] 《臺灣人士鑑》1937 年版，頁 4。
[52] 《臺灣人士鑑》1943 年版，頁 7。
[53] 《臺灣人士鑑》1937 年版，頁 4。
[54] 唐澤信夫，《臺灣紳士名鑑》，頁 248。

閥聯合支持的企業，此具體顯現在內台通運合資的大股東上，在曾為內台通運的 21 名出資社員中，至少有：第二代明比實平（1924—1943 年）、明比良子（1924—1935 年）、明比憲一（1928—1935 年）、伊藤正孝（1924—1943 年）、伊藤有造（1924—1928 年）、越智賴次（1924—1928 年）等 6 人為愛媛縣人；磯兼茂一（1934—1943 年）、磯兼友二（1924—1928 年）、磯兼友雄（1924—1927 年）、磯兼綾子（1924—1943 年）、磯兼富貴子（1924—1928 年）、脅本仁市（1924—1928 年）等 6 人為廣島縣人，[55]可見內台通運合資為愛媛閥、廣島閥共同掌控的企業。

表 10：日治時期第二代明比實平經營和投資的企業（單位：萬圓）

公司名稱	公司地點	創立年代	登記資本（萬圓）	曾任職務	個人持股數	任職年份	備註
內台通運合資	基隆	1924	0.51（1924）2.5（1929）	代表社員	500 圓（1924）2450 圓（1929）	1924—1942	核心企業
內外運輸	基隆	1939	15	董事長		1939—1943	核心企業
臺灣水產	基隆	1911	72.75	董事		1933—1937	旁系
基隆劇場	基隆	1919	20	董事（1920）監事（1930）董事（1932）		1930—1939	旁系
基隆冷藏	基隆	1930	30	董事		1937—1943	旁系

資料來源：竹本伊一郎，《臺灣會社年鑑》（臺北：臺灣經濟研究會）；千草默仙，《會社銀行商工業者名鑑》（臺北：圖南協會）；杉浦和作，《臺灣銀行會社錄》（臺北：臺灣實業興信所）相關各版。

---

[55] 另外 9 名社員，大西政市（1927—1937 年）、大西義行（1940—1942 年）等 2 人為香川縣人，佐佐木值（1924—1928 年）、小股平吉（1924—1928 年）等 2 人為大分縣人，今井一（1934—1940 年）為山口縣人，大石政一（1924—1926 年）、千葉鶴子（1924—1927 年）、田中義雄（1924—1927 年）、白上淺次（1926—1927 年）、廣瀨文次郎（1924—1927 年）等 5 人籍貫不詳。

（八）福井閥與西村商會

西村商會為日治時期臺北著名的雜貨商，該企業的創始人為第一代西村武士郎，其 1878 年生，福井縣福井市永上町人，其廣島中學畢業。1900 年渡台打天下，[56]收購石內商店，[57]並將之更名為西村商會，此後，遂以經營雜貨批發逐漸發跡，在基隆、臺南、埔里、北海道等地都設有支店。[58] 1919 年，投資新高釀造（資本額 25 萬圓），被推為董事。1920 年，再投資大正醬油（資本額 100 萬圓），又被選為董事。1925 年，第一代西村武士郎的事業大有突破，除創設森永製品臺灣販賣，促使本島糖菓業者的覺醒外，[59]亦將高砂油脂工業合資（資本額 6 萬圓，1920 年創立）[60]，改組為東光油脂工業，並被推舉為董事長。[61]

然就在事業順遂之際，第一代西村武士郎卻突然在 1929 年因病撒守人寰，由其養子襲名繼承西村商會。第二代西村武士郎，1906 年生，原為福井縣人猪坂吉太郎的次子，後過繼給第一代西村武士郎為養子。他自臺北商業學校畢業後，[62]即助父經營事業，1929 年，初繼家業時，其父東光油脂工業、森永製品臺灣販售的董事長之位，分為櫻井貞次郎、吉川榮次郎所奪[63]。第二代西村武士郎經數年努力，始逐漸復興家業，1934 年，終獲推為東光油脂工業董事。[64]根據《臺灣實業界》的調查估計，第二代西村武士郎已有 70—80 萬圓的資產。[65] 1938 年，再將西村商會的組織，變更為資本額 30 萬圓的股份公司，並投資臺灣味の

---

[56] 大塚清賢編，《臺灣大觀》，頁 258，言：第一代西村武士郎 1900 年渡臺；但《新臺灣》大正 4 年 11 月號，頁 30，則言 1907 年渡臺。

[57] 內藤素生，《南國之人士》，頁 19。

[58] 木村健堂，《臺灣事業界と中心人物》，頁 186。

[59] 大園市藏，《臺灣の中心人物》，頁 28。

[60] 內藤素生，《南國之人士》，頁 19。

[61] 參見杉浦和作，《臺灣會社銀行錄》昭和 5 年版（臺北：臺灣實業興信所，1930 年）。

[62] 《臺灣人士鑑》1943 年版，頁 311。

[63] 參見杉浦和作編，《臺灣會社銀行錄》大正 14 年版（臺北：臺灣實業興信所，1925 年）。

[64] 參見竹本伊一郎編，《臺灣會社年鑑》昭和 9 年版（臺北：臺灣經濟研究會，1934 年）。

[65] 《臺灣實業界》昭和 12 年 3 月號、5 月號。

素販售，被推為監事。[66] 1939 年，又投資森永製品臺灣販售，亦被推舉為董事。[67]

西村武士郎養父子兩代經營的核心企業為西村商會，西村商會由於第二代西村武士郎的養父、生父皆為福井縣人，故其大量啟用福井縣族人、鄉親，使得西村商會自始即為典型之鄉土閥企業，不僅臺北的福井縣人會設於西村商會內（參見表 1），在曾任西村商會株式會社之董、監事 6 人中，亦有：董事長第二代西村武士郎、專務董事豬坂利夫、常務董事野坂新太郎、監事吉川榮次郎等 4 人為福井縣人，[68]另外，西村商會的重要職員也泰半出身福井縣者，故西村商會亦堪稱是福井閥所支配的公司。

（九）關西閥、愛媛閥與辻本商事

辻本商事設立於 1925 年，其創始人為山下汽船臺灣支店長辻本正春，該公司為山下汽船之關係企業，經營運送煤炭、木材、肥料、米穀業務。辻本正春雖出身自兵庫縣，但卻能活用老東家—山下汽船之愛媛閥力量，不僅對其經營辻本商事有所裨益，亦助其能攀上愛媛縣人、臺灣電力董事長松木幹一郎，進而創設臺灣瓦斯，擔任該公司的專務董事、董事長。再者，辻本亦藉兵庫縣的關係，得以聯絡大同鄉、京都人、臺灣崛起之日商首富後宮信太郎，並處處仿傚後宮，致後宮亦視辻本為嫡系，有助於辻本事業的發展。

辻本正春，1892 年生，兵庫縣人，一說奈良人。[69] 1915 年，其神戶高商畢業後，即在隔年進入山下汽船任職。1918 年，渡台發展，獲山下汽船首任臺灣支店長內藤正太郎指導。[70] 1925 年，內藤正太郎專

---

66 參見竹本伊一郎編，《臺灣會社年鑑》昭和 13 年版（臺北：臺灣經濟研究會，1938 年）。

67 參見竹本伊一郎編，《臺灣會社年鑑》昭和 14 年版（臺北：臺灣經濟研究會，1939 年）。

68 參見千草默仙編，《會社銀行商工業者名鑑》昭和 15 年版（臺北：圖南協會，1940 年），頁 291，只有常務董事宮本孝、監事越智次太郎非福井縣人。

69 辻本似刻意模糊其究為兵庫縣人或奈良人，僅概說其為關西人，此舉有助於其擴大地緣網絡的範圍。

70 《臺灣實業界》昭和 4 年 4 月號。

任山下汽船常務董事，所留遺缺由辻本繼任。同年，辻本又創立資本額
10 萬圓的辻本商事，並擔任董事長。

1929 年底，為辻本事業的轉振點，斯時，民政黨的臺灣總督石塚
英藏，為驅逐政友會的臺灣電力董事長遠藤達，乃拔擢同黨、曾任山下
汽船監事及副董事長的松木幹一郎，擔任臺灣電力董事長。[71]擅長交際
的辻本正春，[72]乃向山下汽船董事長山下龜三郎、常務董事白城定一求
助，山下、白城既是松木幹一郎的老東家、同僚，又為松木愛媛縣同鄉，
透過他們的推薦，辻本獲得松木幹一郎的信賴，並且交從過密，辻本商
事乃被臺灣電力指定為運送撫順煤炭特約運輸商，得此商機，辻本獲致
巨利，因而發跡。

辻本持續關注煤炭的利益，1932 年，其又投資臺灣炭業（資本額
100 萬圓），並在次年獲推為該公司的董事。然此時，辻本亦將目光移
至瓦斯此一新興事業，其以臺灣電力毋需耗費半文，僅以設備即能抵充
35 萬圓的投資為誘餌，游說松木幹一郎修改臺灣電力定款，將瓦斯納
入營業範圍。[73]1934 年，籌畫近三年、資本額 100 萬圓的臺灣瓦斯終於
成立，辻本帶頭推戴關西大同鄉、京都人後宮信太郎為董事長，後宮亦
投桃抱李，指派辻本為專務董事。[74]

辻本頗為崇拜後宮信太郎，處處師法後宮，後宮以金瓜石礦山致
富，獲利超過千萬圓，1936 年，辻本亦投資臺灣產金，經營臺北州、
花蓮港的淘金事業，欲變成「金礦大王」後宮信太郎第二，[75]此時，外
界亦已將辻本視為後宮之嫡系。1938 年，後宮信太郎辭卸臺灣瓦斯董

---

[71] 有關臺灣官營企業人事更迭與日本內地政黨輪替關係的研究，可以參見趙祐志，〈日治時期
日本政黨派閥與臺灣官營企業之運作─以臺灣電力株式會社為例〉，《師大政治論叢》第
六期（臺北：國立臺灣師範大學政治研究所，2006 年 2 月），頁 235—253。

[72] 《臺灣實業界》昭和 13 年 4 月號，辻本正春好醇酒及美女，高爾夫球、撞球、交際舞樣樣
精通。

[73] 《臺灣實業界》昭和 9 年 3 月號。

[74] 《臺灣實業界》昭和 9 年 6 月號，其他重役為：第二專務董事米花伊太郎（臺電代表），董
事：畠山敏行（臺電代表）、木村泰治、越智寅一、林獻堂等。監事：中辻喜次郎、坂本
素魯哉、顏國年等。

[75] 《臺灣實業界》昭和 11 年 9 月號。

事長，並將董事長之位傳給辻本（參見表 11）。[76]

　　再看辻本經營的辻本商事，亦有借助愛媛閥、關西閥的確實證據。在可考知籍貫的辻本商事（1935 年，更名為臺灣產業）11 名董、監事中，[77]非愛媛縣、關西人，僅有：井上忠之助（山形縣人，1926—1943 年任董事）、三卷俊夫（山口縣人，1927—1928 年任監事）、木村泰治（秋田縣人，1935—1938 年任監事）、松本晃吉（高知縣人，1941—1943 年任董事）等 4 人。

　　出身愛媛縣者，則有：兵頭忠市（1927—1931 年擔任董事兼基隆支店長）、越智真澄（1928—1931 年任技師、1932—1934 年任董事、1935 年任專務董事）、吉見將雄（1932—1935 年任監事、1936—1943 年任董事兼經理）、吉住喜市（1928—1938 年任高雄支店社員、1939—1940 年任監事、1941—1943 年任高雄出張所長）等 4 人。出身關西者，亦有：辻本正春（兵庫縣人或奈良縣人，1925—1943 年任董事長）、杉本三郎（大阪人，1941—1943 年任監事）、三好正雄（京都人，臺北名紳三好德三郎長子，1941—1943 年任監事）等 3 人。再者，辻本也奉戴京都人後宮信太郎為最高顧問，亦為辻本商事內的關西閥加分。此外，在可考知籍貫的辻本商事 14 名重要社員中，出身愛媛縣者，計有：野村俊夫、平山賢吉、安藤泰二等 3 人，出身關西者，亦有兵庫人目賀田伸 1 人。

　　綜上可知，辻本正春雖非出身愛媛縣，卻能活用老東家愛媛閥的力量，其藉愛媛閥搭上臺灣電力董事長松木幹一郎，使兩人事業互蒙其利，同時，亦以愛媛閥為中堅幹部，助其經營辻本商事。其次，辻本亦善用己身之地緣網絡，其出自兵庫縣或奈良縣，辻本將其擴大為關西閥，並藉以親近京都人、大資本家後宮信太郎，獲取在臺灣瓦斯中的優越地位，再者，辻本亦招聘多名關西人，協助其經營辻本商事。此外，

---

[76] 《臺灣人士鑑》1943 年版，頁 271、《臺灣實業界》昭和 15 年 8 月號、《臺灣實業界》昭和 13 年 4 月號。

[77] 無法考知籍貫的重役，計有：浦上房夫（1925—1926 年任董事）、菅朝太郎（1925—1926 年任監事）、江尻吉之助（1929—1931 年任董事）等三人。

辻本願意擔任臺灣運輸的顧問，亦係念及該公司的專務董事、大阪人杉本三郎，與其有同為關西人的同鄉之誼，並兼酬謝杉本三郎在 1941 年投資辻本商事，並出任監事的情義。

表 11：日治時期辻本正春所經營和投資的企業（單位：萬圓）

公司名稱	公司地點	創立年代	登記資本	職務	個人持股	公司持股	任職年份	備註
辻本商事	基隆	1925	10（1925）100（1941）	董事長	920（1937）		1925—1943	核心企業，1935年更名為臺灣產業
臺灣瓦斯	臺北	1934	100	專務董事（1934）董事長（1938）	1000（1935）1300（1938）1400（1940）2500（1941）		1934—1943	直系
臺灣資源保存	臺北	1938	20	董事長			1938—1943	直系
臺灣炭業	臺北	1920	100	股東（1932）董事（1933）	1080（1938）		1932—1943	旁系
臺灣運輸	大阪	1919	70	顧問			1935	旁系

資料來源：竹本伊一郎，《臺灣會社年鑑》（臺北：臺灣經濟研究會）；千草默仙，《會社銀行商工業者名鑑》（臺北：圖南協會）；杉浦和作，《臺灣銀行會社錄》（臺北：臺灣實業興信所）相關各版。

（十）靜岡閥與東洋コンクリート

東洋コンクリート（混凝土）的前身為東洋コンクリート工業，該社為酒井祐之助、秋山真澄等人，籌資 50 萬圓，在 1917 年創立於東京市。該社初僅在臺北設有支店，同時，亦非典型的鄉土閥企業，但自 1924 年靜岡人金原舜二入社擔任監事後，靜岡閥勢力即在東洋コンクリート工業逐漸形成。

　　1925 年，該社由於業務不振，原任專務董事酒井祐之助下台，由秋山真澄繼任董事長，秋山改派東京人前田治吉為臺北支店長。但同年 9 月，金原舜二卻與前田治吉合作，另外創設資本額 10 萬圓的東洋コンクリート。新公司由前田治吉擔任專務董事，金原舜二、金原巳一郎、阿部彌三郎、大野健吉擔任董事，金原金二、宮田浪擔任監事。在此 7 人中，僅前田治吉、大野健吉 2 人非靜岡人，其餘 5 人皆出自於靜岡縣，鄉土閥似已左右東洋コンクリート的發展動向。

　　然金原舜二等人的力量並不雄厚，故靜岡閥在東洋コンクリート的勢力尚不穩固，直至飯田清 1927 年入社擔任監事、1930 年升任董事長後，東洋コンクリート始發展成典型的鄉土閥企業。

　　飯田清，為在臺發跡之木材業鉅子。其 1884 年生，靜岡縣濱名郡人。1907 年，靜岡縣人鈴木信一等創立合資會社天龍木材商會，飯田清應聘入社任職。1913 年，以臺北支店長之身份，渡臺發展業務。1920 年，合資會社天龍材木商會，變更為資本額 75 萬元的株式會社天龍商會，飯田清仍任臺北支店長。1921 年，飯田清以在臺成績優良，被推選為董事兼臺北支店長。1923 年，飯田清投資合資臺灣木材共同販賣所 3 萬圓，1926 年，再投資合資臺灣丸太（圓木）共同購買所 7.2 萬圓，至此，飯田清已成為臺灣木材界的著名商人。

　　1927 年起，飯田清逐漸跨足木材業以外之事業，其投資東洋コンクリート、東光油脂工業（資本額 50 萬圓），並獲任兩家公司之監事。1930 年，飯田清事業獲重大突破，其繼櫻井貞次郎之後，被推為合資臺灣丸太共同購買所的代表社員，同時，亦獲東洋コンクリート選為董事長。

　　1936 年，飯田清創立合資天龍運輸社（資本額 0.5 萬圓），擔任代表社員；再者，投資東光興業（資本額 60 萬圓），獲選為董事。1938 年，飯田清又創設合資天張協榮（資本額 3 萬圓），擔任代表董事。1941 年，投資資本額 300 萬圓的南邦林業，並被選為監事（參見表 12）。[78]

――――――――――――――――
[78] 飯田清之生平，係綜參：內藤素生，《南國之人士》（臺北：臺灣人物社，1922 年），頁 14；大園市藏，《臺灣人事態勢と事業界》（臺北：新時代社臺灣支社，1942 年），頁 143；

　　飯田清崛起於天龍木材商會，該社之董、監事幾全為靜岡人，該社為示其為靜岡閥之企業，乃特以靜岡縣名河天龍川為社名，一見「天龍」二字即令人想起靜岡縣。[79]飯田清既發跡於鄉土意識濃厚的天龍木材商會，故亦特別熱衷靜岡縣的相關事務，其不僅主動組織「臺北靜岡縣人會」，擔任會長，[80]並將會址設於天龍木材臺北支店。

　　在強烈的鄉土意識作崇下，當同鄉金原舜二向飯田清求援時，其即毫不猶豫伸出援手，以維持靜岡閥高度壟斷東洋コンクリート董監事的情況，故東洋コンクリート自 1925 年創立起，該社的董監事、臺北本店主任即多由靜岡縣人擔任，這至少包括：金原舜二（1925—1943 年擔任董事，1928 年曾短暫擔任董事長）、金原巳一郎（1925—1928 年擔任董事）、金原巳三郎（1929 年擔任董事）、阿部彌三郎（1925—1929 年擔任董事）、宮田浪（1925—1937 年擔任監事）、金原金二（1925—1929 年擔任監事）、金原善二（1940—1942 年擔任監事）、飯田清（1927—1929 年擔任監事，1930—1943 年擔任董事長）、臺北本店主任稻垣次男等 9 人。

　　而非靜岡縣或籍貫不詳者，能擔任東洋コンクリート董、監事者，只有：東京人前田治吉（1925—1930 年擔任專務董事）、大野健吉（1925—1927 年擔任董事、森山謙之助（1932—1940 年擔任董事）、成瀨鹿次郎（1940—1943 年擔任監事）等 4 人。

表 12：日治時期飯田清所經營和投資的事業（單位：萬圓）

公司名稱	公司地點	創立年代	登記資本	職務	個人持股	公司持股	任職年份	備註
天龍木材商會	靜岡	1910	75（1921）150	董事兼臺灣支店長（1921）	325（1923）348		1910—1943	核心事業

《臺灣人士鑑》1937 年版（臺北：臺灣新報社），頁 11；《臺灣人士鑑》1943 年版（臺北：興南新聞社），頁 21 等資料寫成。此外，飯清田還擔任諸多公職，包括：下崁公會會長（1922年起）、臺北州方面委員（1923 年起）、臺北市協議會員（1928 年起）、工材信用組合監事（1928 年起）、臺北教化聯合會城西教化區第六區區長（1933 年起）、臺北市會議員（1935年起）、臺北木材組合組合長、臺灣材友會常務理事等。

[79] 橋本白水，《臺灣統治と其功勞者》（臺北：南國出版協會，1930 年），頁 76。

[80] 《臺灣人士鑑》1943 年版（臺北：興南新聞社），頁 21。

			（1923）	常務董事兼臺灣支店長（1939）	（1932）368（1934）418（1937）		
合資臺灣丸太（圓木）共同購買所	嘉義	1926	60	出資社員（1926）代表社員（1930）	7.2 萬圓	1926—1932	旁系轉直系
東洋コンクリート	臺北	1925	10	監事（1927）董事長（1930）	500（1932）	1927—1943	旁系轉直系
合資天龍運輸社	臺北	1936	0.5	代表者		1936—1943	直系
合資天張協榮	臺北	1938	3	代表者		1938—1943	直系
東光興業	台市	1936	60	董事		1936—1943	旁系
東光會社	臺北	1925	50	監事	240（1932）	1927—1943	旁系
南邦林業	臺北	1941	300	監事		1941—1943	旁系
合資臺灣木材共同販賣所	嘉義	1916	19.2（1918）60（1923）66.6（1930）	出資社員	3—4 萬圓	1923—1932	旁系

資料來源：竹本伊一郎，《臺灣會社年鑑》（臺北：臺灣經濟研究會）；千草默仙，《會社銀行商工業者名鑑》（臺北：圖南協會）；杉浦和作，《臺灣銀行會社錄》（臺北：臺灣實業興信所）相關各版。

（十一）福岡閥與臺灣製鹽、日本興業

日人治臺之初，原對製鹽業採取放任政策，但鹽業日益不振，故自1899 年後改行專賣制度。[81] 1919 年，臺灣總督府為擴張臺南鹽田，增加製鹽量，又慫恿林本源家族與臺南士紳富地近思、越智寅一、佐佐木

---

[81] 林進發，《臺灣發達史》（臺北：民眾公論社，1936 年），頁 93。

紀綱、黃欣等人合作，共同設立資本額 250 萬圓的臺灣製鹽。[82]

臺灣總督府在臺灣製鹽創設的過程中，雖未費分文，但因鹽屬於專賣品，故對臺灣製鹽的人事亦擁有至高無上的發言權。[83]當時，臺灣總督為出身政友會的田健治郎，故乃選任同屬政友會的眾議院議員、在臺南開業的律師津田毅一(1868—1937)為臺灣製鹽的首任董事長。[84]再者，由於林本源家族為臺灣製鹽的最大股東(參見表 13)，故亦由林熊徵指定家族財務顧問中山秀之擔任專務董事。[85]

表 13：1923 年時臺灣製鹽十大股東持股的概況

排名	大股東	持股數	備註
1	大永興業	8,310	林熊徵家族
2	中山秀之	2,880	林熊徵家族
3	堀三太郎	2,650	福岡人
4	建昌興業	2,215	李春生家族
5	藤瀨政次郎	2,000	
6	樋口典常	2,000	福岡人
7	麻生商店(麻生太吉)	1,000	福岡人
8	野坂寬治	1,000	
9	辰馬商會臺北支店	1,000	
10	盛進商行	965	

資料來源：杉浦和作編，《臺灣會社銀行錄》（臺北：臺灣實業興信所，1923 年），頁 281。

---

[82] 《臺灣銀行四十年誌》（臺北：臺灣銀行，1939 年），頁 180—181。

[83] 《臺灣實業界》昭和 4 年 12 月。

[84] 林肇，《伸び行く臺灣》（臺北：經政春秋社臺灣支社，1936 年），頁 273。津田，千葉縣人，1890 年東京專門學校法律科畢業（早稻田大學前身），1899 年入台，曾任臺南、臺中、臺北地方法院的檢察官，1906 年，轉入行政職，又歷任桃園、臺南、嘉義三地的廳長。1916 年，辭官返日，次年，在家鄉千葉縣當選眾議院議員。1919 年，再度入台，在臺南任開業律師。1920、21 年，相繼被選為臺南州協議會員、臺灣總督府評議員，1931 年，又被推為臺南辯護士會長，為臺南日人的代表人物之一。

[85] 根據《最近の南部臺灣》（臺南：臺灣大觀社，1923 年），附錄頁 14，中山秀之，大分縣人，1898 年，東京帝大德法科畢業，1900 年，進入三井銀行任職，後轉任三井物產札幌出張所所長。1910 年渡臺，次年，任總督府殖產局囑託。1916 年辭官，轉任林本源第一房顧問。1922 年，被選為臺南州協議會員。

　　津田自擔任臺灣製鹽董事長後，雖聲望日隆，甚至享有「南臺灣民間總督」的美譽[86]，但一次大戰後的景氣蕭條亦日益嚴重，導致臺灣製鹽的經營陷入困境，負債 60 餘萬。[87] 1927 年，憲政會的上山滿之進總督上台後，終將政友會的津田毅一剷除，[88]改由後藤文夫總務長官力薦、同黨的前臺南市尹荒卷鐵之助（1865─1934），[89]繼任臺灣製鹽董事長。[90]荒卷在走馬上任的同時，亦啟用舊屬兼福岡縣同鄉的大津山周造擔任經理，整頓財務。[91]

　　福岡人在荒卷出任董事長前，已是臺灣製鹽的重要投資者，10 大股東內即有：董事樋口典常[92]、監事堀三太郎、麻生太吉等三人出身福岡縣，自荒卷獲推為董事長、大津山周造出任經理後，福岡人又取得臺灣製鹽的經營權，至此，福岡閥在臺灣製鹽內乃逐漸形成。

　　1934 年初，荒卷以年老多病，欲辭臺灣製鹽董事長之職，遂引發各路人馬的覬覦。董事中辻喜次郎開始大量收購臺灣製鹽股票，[93]掌握將近 2 萬股的股票，隨時伺機而動。10 月，荒卷去世，各方角逐益烈，首先，前文部省政務次官床次竹二郎力拱嫡系人馬東鄉實，爭取臺灣製鹽董事長之位，東鄉實甚至拜會同屬政友會的臺灣製鹽大股東樋口典常，尋求支持。其次，前臺南州知事、後藤文夫內相的同學橫光吉規，亦來自薦。但關說最力的則是：多位東京政要聯名向臺灣總督中川健藏

[86] 田中一二，《臺灣の新人舊人》（臺北：臺灣通信社，1928 年），頁 486。

[87] 大園市藏，《臺灣產業の批判》第壹卷（福岡：臺灣產業の批判社，1927 年），頁 289。

[88] 《臺灣實業界》昭和 4 年 12 月。

[89] 根據《臺灣人士鑑》1934 年版（臺北：臺灣新民報社，1934 年），頁 2，荒卷鐵之助，1865年生，福岡士族，1896 年渡臺，歷任臺南廳警視、警務課長、宜蘭廳長、臺南市尹。曾得伊澤總督的信賴，1927 年，就任臺灣製鹽董事長、並任總督府評議員。

[90] 田中一二，《臺灣の新人舊人》（臺北：臺灣通信社，1928 年），頁 488。

[91] 根據大園市藏，《臺灣の中心人物》（臺北：日本植民地批判社，1935 年），頁 17，大津山周造，1876 年生，福岡縣人，1901 年入台，歷任澎湖廳屬、恒春廳屬、鳳山廳屬、桃園廳屬，1913 年，任總督府屬，1919 年，升任臺北廳事務官、財務課長。1920 年，再升任總督府理事官，後轉任臺南市稅務課長，1926 年辭官。

[92] 根據林進發，《臺灣官紳年鑑》（臺北：民眾公論社，1932 年），頁 238，樋口典常，福岡八女郡人，中央大學畢業。曾當選三屆代議士，1932 年，更任政友會福岡縣支部幹事長。曾在新竹山區創立農林會社，自任董事長。

[93] 《臺灣實業界》昭和 9 年 3 月。

推薦前新竹州知事豬股松之助（前臺灣製腦董事長三村三平女婿），繼任台鹽董事長。[94]中川總督不得已乃託臺灣製鹽監事後宮信太郎，與專賣局長田端幸三郎磋商，田端為免開罪各方，以節省臺灣製鹽董事長一年一萬圓薪俸為名，主張由臺灣製鹽董事堀三太郎或樋口典常內升董事長。[95]此時，田端專賣局長雖向中川總督提報由堀或樋口二人擇一擔任董事長，但樋口屬政友會，中川總督則為民政黨，故樋口實已被淘汰出局，中川總督囑意的人選就是堀三太郎。

堀三太郎要繼任臺灣製鹽董事長，尚有一問題有待克服，即必須勸服中辻喜次郎退讓。如前所述，中辻喜次郎已掌握了將近兩萬股的臺灣製鹽股票，而堀三太郎卻只控制一萬五千股的股票（參見表14），中辻若欲硬取，勝負難料。就在此時，臺灣製鹽內部的福岡閥發揮了相當大的力量，由於中辻以喜好採用正統的盛進商行幹部著稱，若由中辻繼任臺灣製鹽董事長，中辻勢必引進盛進商行系統人員取代福岡閥，[96]故福岡閥志忑不安乃表態全力支持堀三太郎擔任董事長，在此情勢下，中辻只有退讓一途。最後，臺灣總督府即以堀三太郎為臺灣製鹽多年大股東，並有在內地專賣局任職的經驗，故發表由其接任臺灣製鹽董事長。[97]

表14：1932年臺灣製鹽內福岡閥持股的概況

公司大股東排行	福岡人股東	股票	備註
第 2 名	堀三太郎	5,800	堀三太郎+堀礦業
第 3 名	荒卷鐵之助	4,410	
第 6 名	樋口典常	2,000	
第 11 名	麻生太吉	1,000	
第 14 名	大津山周造	770	
總計		13,980	

資料來源：《臺灣株式年鑑》（臺北：臺灣經濟研究會，1932年），頁189。
說明：此時臺鹽資本額250萬，共股票發行5萬股。

---

[94] 《臺灣實業界》昭和11年9月言：豬股謀取台鹽董事長不成後，轉入臺灣青果擔任常務董事。
[95] 《臺灣實業界》昭和9年11月。
[96] 《臺灣實業界》昭和9年3月。
[97] 《臺灣實業界》昭和9年11月。

　　1936、37年之際，日本新興財閥開始向臺灣伸展勢力，鹽為化學工業的重要原料，故日本曹達（蘇打）公司對臺灣製鹽產生高度的興趣。[98]加上，日本曹達董事長中野友禮長期在九州任職，不僅與福岡出身的臺灣製鹽董事長堀三太郎十分友好，亦與堀三太郎的舊識、長期居住於福岡的臺灣拓殖董事長加藤恭平頗為好友，是故，臺灣製鹽內部的福岡閥對日本曹達的中野友禮頗能接受。恰好前述競爭失利的中辻喜次郎，已對臺灣製鹽董事長之位絕望，準備拋售臺灣製鹽股票，中野乃利用機會收購中辻的持股（參見表15），奪取臺灣製鹽的經營權。[99] 1937年6月，臺灣製鹽改組，由日本曹達的中野友禮獲得董事長之位，並由出澤鬼久太取代大津山周造擔任經理。[100]而福岡閥退出台鹽後，亦未消滅，在堀三太郎、大津山周造、樋口常彌等人的領導下，另創資本額50萬圓的日本興業，轉入製粉、製糖業發展。[101]

表15：1937年6月臺灣製鹽十大股東持股的概況

持股排行	大股東	持股數	持股排行	股東姓名	持股數
1	日本曹達	24,465	6	荒卷とし	1,155
2	中辻喜次郎	2,450	7	中野友禮	1,100
3	三井合名	2,000	8	中辻正清	1,065
4	堀三太郎	1,300	9	越智寅一	1,000
5	臺鹽俱樂部	1,200	10	麻生商店	1,000

資料來源：竹本伊一郎，《臺灣會社年鑑》昭和13年版（臺北：臺灣經濟研究會，1937年），頁375。

---

[98] 《臺灣實業界》昭和12年12月，日本曹達領導人中野友禮，曾為民政黨的國會議員，其在一次大戰後，以旭玻璃為基地，向事業界進軍，至1937年時，日曹已成為擁有24家子公司的大財閥，以化學工業為中心，廣及礦業、製鋼、製煉、石油、人造絲、火藥、煤、內燃機、電力、製鹽等業，總資本額高達二億數千萬圓。

[99] 《臺灣實業界》昭和12年1月、12月。

[100] 根據《臺灣人士鑑》1943年版（臺北：興南新聞社），頁274，出澤鬼久太，1888年生，1911年，東洋協會專門學校畢業。1912年起，歷任總督府專賣局書記、專賣局花蓮港支局長、府屬、專賣局副參事、臺南支局長、臺中支局長。1937年，退官轉任臺灣製鹽董事兼經理，1942，升任專務董事，並兼任南日本鹽業董事、南日本化學工業董事等職。

[101] 千草默仙編，《臺灣會社銀行名鑑》昭和12年版（臺北：圖南協會，1938年），頁333—334。

在日本曹達掌控下的臺灣製鹽，不僅在 1938 年與大日本鹽業[102]、臺灣拓殖共同籌資設立資本額 1,000 萬圓的南日本鹽業（參見表 16），[103] 亦在 1941 年將臺灣製鹽增資為 500 萬圓。臺灣製鹽與大日本鹽業、南日本鹽業三家公司皆為日本曹達旗下的一員，這三家製鹽公司寡占了臺灣的鹽田、製鹽與銷售。

表 16：1938 年南日本鹽業大股東持股的概況

持股排行	大股東	持股數
1	大日本鹽業	98,600
2	臺灣拓殖	59,700
3	臺灣製鹽	39,500

資料來源：竹本伊一郎，《臺灣會社年鑑》昭和 18 年版（臺北：臺灣經濟研究會，1942 年），頁 139。

（十二）廣島閥與柏原運送部、山ヨ運送

合資柏原運送部、山ヨ運送株式會社為基隆運輸業的要角，曾盛極一時，兩家公司都是廣島縣人柏原米太郎所創立的鄉土閥企業。柏原米太郎（1867—1935 年），廣島縣御調郡人。1900 年渡台，從事船舶運輸業。1902 年，成為基隆田中組金瓜石礦山長仁坑的專屬運送店，[104]柏原亦賴此逐漸發跡。1918 年，投資臺灣製筵（資本額 5 萬圓），獲推為監事。1919 年，柏原已擁有船舶 35 艘，倉庫 850 坪，並為鐵道部、大阪商船、日本郵船的專屬運送店。[105]再者，本年柏原亦投資基隆岡崎造船鐵工所（資本額 50 萬圓）、員林果物（資本額 10 萬）兩家公司，並分別獲任專務董事、監事。1920 年，柏原與陳屁、藤田伊奈介、小松

---

[102] 《臺灣實業界》昭和 13 年 7 月，大日本鹽業董事長為一宮銀生，其兄為正金銀行副董事長一宮鈴太郎，銀生原為東洋冷藏董事長，將東洋冷藏轉虧為盈後，應中野友禮邀請轉任大日本鹽業專務董事，後升任董事長，南日本鹽業創立後，再兼任南日本鹽業董事長。

[103] 《臺灣實業界》昭和 13 年 4 月。南日本鹽業董事會長為中野友禮，董事長為一宮銀生，專務董事則為柳悅耳。

[104] 岩崎潔治，《臺灣實業家名鑑》（臺北：1912 年），頁 36。

[105] 上村健堂，《臺灣事業界と中心人物》（臺北：臺灣案內社，1919 年），頁 203。

利三郎等人，共同創立資本額 60 萬圓的臺灣海陸物產，並獲推為副董事長。[106] 1925 年，柏原又創設資本額 10 萬圓的合資柏原運送部，並擔任代表社員。1931 年，柏原再設立資本額 10 萬圓的山ヨ運送株式會社，並獲推為代表董事。[107]

合資柏原運送部、山ヨ運送株式會社兩社亦是鄉土閥之典型企業，在曾任兩家公司董監事、出資社員的 14 人中，出身廣島縣者，計有：柏原米太郎（1925—1933 年任柏原運送部代表社員；1931—1935 年任山ヨ運送代表董事）、柏原初太郎（1925—1933 任柏原運送部出資社員；1931—1935 年任山ヨ運送董事）、柏原忠一（1925—1933 年任柏原運送部出資社員）、柏原鹿松（1925—1933 年任柏原運送部出資社員）、峰松勝千代（1925—1933 年任柏原運送部出資社員）、池見常市（1931—1935 年任山ヨ運送經理）等 7 人。

合資柏原運送部、山ヨ運送株式會社的營運，在柏原米太郎的晚年，即因鄉土閥過份狹礙，出現資金不繼的問題，故在 1931 年將合資組織的柏原運送部改組為株式會社的山ヨ運送，企圖擴大資金來源，然山ヨ運送仍偏限於地域主義，無法突破，情勢岌岌可危，故當 1935 年柏原米太郎去世，山ヨ運送即為島內四大運輸業者之一的岡山縣人本地才一郎所收購，並改組為丸一組，廣島閥控制山ヨ運送之局，亦因此告終。

三、結語

美籍日裔學者法蘭西斯・福山在其名著《信任—社會德性與繁榮的創造》一書中，討論韓國五種可以超越狹隘家族主義的社交集會橋樑時，曾言韓國第二種橋樑為地域觀念，並言中國亦有濃厚的地域觀念，然而福山卻說這種地域觀念在日本難以看到，[108]可見在日本較少以地

---

106 佐佐英彥，《臺灣銀行會社要錄》（臺北：臺灣興信所，1920 年）。

107 橋本白水，《臺灣統治と其功勞者》（臺北：南國出版協會，1930 年），頁 130。

108 法蘭西斯・福山著，李宛蓉譯，《信任—社會德性與繁榮的創造》（臺北：立緒出版社，2004 年），頁 174。

域觀念作為社交集會的橋樑。但由本文的討論，可知這在日治時期的臺灣並不適用，此時隨處可以見到在臺日人企業菁英透過同鄉關係，建立聯繫、支援的網絡，進而孕育出鄉土閥企業的情況。

這些日人企業菁英運用地緣網絡的目的，主要有二：一為藉以壟斷人事升遷，進而將企業改造由某些鄉土閥所支配的企業，一為賴此返鄉籌措資金及招募人才，以故鄉之資源壯大企業的發展。

就前者言，可以臺灣製鹽、臺灣倉庫為代表。臺灣製鹽大股東福岡人樋口典常、堀三太郎、麻生太吉等人，最初並未涉入臺灣製鹽的經營，但自 1927 年上山滿之進總督任命福岡人、臺南市尹荒卷鐵之助，擔任臺灣製鹽董事長後，荒卷即大量引進大津山周造等福岡人，入掌臺灣製鹽的經營權，臺灣製鹽遂漸被改造成福岡閥把持的企業，故即使 1934 年荒卷去世，福岡人的力量依舊強大，在多路人馬激烈角逐董事長寶座下，最後仍由福岡人堀三太郎奪得董事長大位，直到 1937 年日本曹達（蘇打）入主臺灣製鹽，福岡閥始退出臺灣製鹽。然福岡閥儘管退出臺灣製鹽，這批合作多年的福岡人，很快又另起爐灶，創立資本額 50 萬圓的日本興業，轉往製粉、製糖業發展。臺灣倉庫的情況亦類似，該公司因資金幾全來自各大製糖公司、大出口商、海運業及臺灣銀行，故董、監事的席位多半由台糖、日糖、明糖、鹽糖、大阪商船、日本郵船等公司指派，然由於山口縣人三卷俊夫長期擔任該公司的專務董事，這亦讓其有機會逐步晉用山口縣的同鄉，進入臺灣倉庫任職，最後以三卷俊夫為首的山口縣人，終於掌握了臺灣倉庫的大部份經營權，同時三卷亦得升任董事長。

就後者言，近江商事、櫻井組、內台通運、近藤商會、西村商會、臺灣倉庫等大致皆如此，這些企業的創辦人，在事業初成時，即返鄉籌措資本、招募人才，用以茁壯企業。其大致又可分為三種類型，第一類為鄉親可與企業創立者分享所有權及經營權，例如：近江商事、芳隆炭礦、東洋コンクリー等，鄉親除可擔任公司的重要職員外，亦可為出資的大股東，被推選為董、監事。第二類為鄉親只能承擔經營權，無法分享所有權，例如：櫻井組，該公司的董事長櫻井貞次郎雖任用了許多鄉

親擔任幹部，承擔經營之重任，但其並未大量接受鄉親的資金，故董、監事亦幾全由櫻井家族壟斷。第三類為併用兩個地緣網絡的企業，其中一個地緣網絡握有所有權，另一個地緣網絡則掌經營權，這可以近藤商會為代表，該公司的董、監事幾全為大阪人的近藤、勝間兩大家族擔任，但負責經營的幹部則又由生田和豬知等鳥取人擔綱。

若討論這十二個鄉土閥企業的特性，就資本規模言，大從資本額250萬圓的臺灣製鹽，中到100萬圓的櫻井組、臺灣運輸、近藤商會、臺灣辰馬商會、辻本商事、臺灣倉庫，小至資本額10萬—2.5萬圓的山ヨ運送、東洋コンクリート（混凝土）、近江商事、內台通運皆知運用地緣網絡，惟以資本額100萬圓的中型企業最需要利用地緣網絡，在此十二家中即佔六家。就產業性質言，遍及運輸、倉儲、售酒、雜貨、採礦、建材、雜工業等，惟人力需求較多者，如：運輸、倉儲、售酒、雜貨、採礦等業特別喜用地緣網絡，在十二家中即佔八家之多。

再者，由這十二個鄉土閥企業，分析其運用地緣網絡的方式，亦有種種差異，其中有四種饒富意義，即：一、高舉家鄉地名、河名，用以號召鄉人，例如：運輸界巨頭、大阪人杉本音吉，其初創的公司即名為「大阪組」；再如：木材界鉅子、靜岡人飯田清，他創設天龍運輸社，即以故鄉名河「天龍川」為名。二、藉通婚將姻親的鄉黨力量引入，例如：基隆運輸界要人、愛媛人第二代明比實平，其與廣島人磯兼家聯姻，故其企業內台通運即結合了愛媛、廣島兩地的資金、人才才創業成功。三、兼用養父、生父的地緣網絡者，由於日人喜好將長子以外之兒子入繼他家為養子，而養家亦不拒優秀養子繼承家業，故日人養子經常能獲養家、生家兩方的資助，例如：臺北雜貨界名商第二代西村武士郎，其養父第一代西村武士郎與生父豬坂吉太郎，不僅為好友，亦為福井縣同鄉，故豬坂吉太郎乃將其過繼給西村家，其後第二代西村武士郎將西村商會擴大改組為株式會社時，即是集合生父、養父兩邊族親和鄉親的資本、人才而成。四、借用他人的地緣網絡，例如：辻本正春原在山下汽船任職，山下汽船為愛媛閥所經營的企業，1929年，曾在山下汽船任職的愛媛人松木幹一郎，被任命為臺灣電力董事長，辻本正春乃向老東

家山下汽船董事長山下龜三郎求助，藉愛媛閥攀搭上松木幹一郎，並與松木交從甚密，進而取得代理臺灣電力進口撫順煤炭的機會，獲得不少利益。

　　藉地緣網絡既可獲得更多的信任，因此，許多鄉土閥企業的領導人在尋覓經營左右手時，亦常喜用同鄉之人，例如：近江時五郎為旗下三大企業─近江商事、芳隆炭礦、近江產業挑選經理時，即分別任用秋田縣的老鄉山田榮治、佐藤彌一郎、細谷清治等人擔任經理。又如：臺灣製鹽董事長荒卷鐵之助，一上任後即拔擢福岡縣老鄉的大津山周造為經理。另外，企業瀕臨破產時，亦較願意邀請可靠的鄉親接手，例如：1927年，東洋コンクリート（混凝土）資金不足，該社董事金原舜二乃向靜岡縣同鄉飯田清求援，而飯田清亦毫不猶豫伸出援手投資該社，並在1930年接手，擔任董事長。

　　當然地緣網絡並非萬靈丹，其亦有過分狹隘之弊，例如：廣島閥壟斷下的柏原運送部，即因此業務不振，導致失敗。是故，櫻井組等企業集團，大致僅核心企業由鄉土閥支配，其餘關係企業並未全由鄉親壟斷領導階層，為開拓資金、人才的來源，亦必須與其他府縣人合作，不能陷於地域主義。再如：前述杉本音吉經營「大阪組」，雖業務蒸蒸日上，但當其欲擴大改組時，即必須放棄原鄉之名，改稱「臺灣運輸」，用以吸收其他籍貫者的資金與人才。

　　此外，地緣網絡之間亦會競爭、角力，例如：臺灣製鹽董事長荒卷鐵之助過世後，原支配該企業的福岡閥，抵制大股東、盛進商行的中辻喜次郎擔任臺灣製鹽董事長，即因中辻喜次郎以好用鄉親著稱，若由其入主臺灣製鹽，勢必大量引用富山縣、德島縣、香川縣的鄉親，故福岡閥極力排斥中辻喜次郎擔任臺灣製鹽董事長。

　　最後，想探討日人在臺企業菁英的認同問題。日人初到臺灣，日人菁英在各城市的地緣網絡多僅止於籠統的「內地人組合」，其後逐漸分化為兩種地緣網絡，一為往日本內地聯繫的「府縣人會」，二為向臺灣本地生根的「町會」。惟往日本內地連結的府縣人會，似較向臺灣本地札根的町會更為蓬勃，以臺北市為例，在 1932—1937 年，臺北市即曾

設立 46 個府縣人會（參見表 1），幾乎戰前日本各府縣皆在臺北市成立了府縣人會反觀町會，在 1919—1937 年之間，在臺北市的 64 個町中，僅曾有 14 個町設立町會（參見 16），可見日人在臺企業菁英雖已逐漸對臺地認同，但對日本原鄉的感情似更強烈。

表 16：1919—1937 年臺北市內日人所設立的町會

編號	町會名	會址	歷任領導幹部
1	府前會（後更名為本町會）	本町二丁目	會　長：小松楠彌、吉鹿善次郎 副會長：川崎寅次郎、福田定次郎
2	府後會	表町一丁目	專任幹事：吉岡德松、杉坂六三郎、鈴木重嶽 常任幹事：松野茂介、葛岡陽吉 會　長：德丸貞二、鈴木重嶽 副會長：吉岡松德
3	北門會（後更名為京和會）	大和町二丁目	會　長：土屋理喜治 副會長：近藤勝次郎、高橋豬之助 專務理事：近藤勝次郎 專務理事：高橋豬之助 專務理事：小林準一
4	大同會	榮町一丁目	會　長：谷口巖 副會長：村崎長昶
5	西門會	壽町二丁目	會長：木村匡、三卷俊夫、金子光太郎
6	新起公會	新起町二丁目	公會長：大歲德太郎、笠松好造、大栗巖 副會長：佐藤林吉
7	八甲會	老松町二丁目	會　長：太田重助、谷山愛太郎 副會長：谷山愛太郎、中川善郎
8	若竹町會	若竹町一丁目	會　長：平田藤太郎、園部良治 副會長：有馬彥二
9	城東町	東門町七七	會　長：竹林德松
10	南門公會	佐久間町二丁目	會　長：簑和藤治郎 副會長：田代彥四郎
11	元園町會	元園町二四四	會　長：今道定治郎 副會長：澀谷武次郎
12	下崁公會	新富町五丁目	會　長：飯田清
13	大成會	大正町二丁目	會　長：近藤滿夫
14	兒玉町會	兒玉町	會　長：福田馬吉

資料來源：《臺灣民間職員錄》1919—1930 年（臺北：臺灣文筆社，1919—1930 年）；鈴木常良，《臺灣商工便覽》（臺中：臺灣新聞社，1918 年），頁 16；千草默

仙,《臺灣商工業者會社銀行名鑑》昭和 7 年、昭和 9 年、昭和 10 年、昭和 12 年(臺北:圖南協會,1932、1934、1935、1937 年)各版。

　　這種眷戀原鄉的感情體現出來的是,日人在臺企業菁英經常在事業有成後,即想在其企業總部或住家設立府縣人會,例如:飯田清、辻本正春、臺灣倉庫、近藤商會、西村商會、臺灣辰馬商會即分別為靜岡、奈良、山口、鳥取、福井、兵庫等縣人會的會址所在。更重要的是,這些日人企業菁英雖在臺灣發跡,但他們仍渴望重返原鄉,根據《臺灣實業界》的報導,賴高知閥崛起的彰化銀行董事長坂本素魯哉,其雖赤手空拳在臺中打出一片天地,但對故鄉建設的捐款,卻遠遠超過臺中。[109]其他在臺創業成功的日人企業領袖,例如:日人在臺企業菁英巨商後宮信太郎、赤司初太郎等人亦莫不如此,他們皆渴望由「臺灣的後宮」、「臺灣的赤司」變成「日本的後宮」、「日本的赤司」,所以在他們成為千萬富翁後,都逐漸將事業重心移往日本。或許這是因為坂本賴原鄉的地緣網絡崛起,故對原鄉的思慕之情亦始終縈繞難離,當然,這種連帶感亦加強了臺、日兩地的聯繫。

---

[109] 參見《重高學報》第六期(臺北:國立三重高中,2003 年),頁 125—142。

日治時期日本政黨派閥與臺灣官營企業的運作——以臺灣電力株式會社為例

一、前言

　　臺灣電力株式會社（以下簡稱「臺電」）創立於 1919 年 8 月，最初資本額 3,000 萬圓，職員、傭工 1,019 人。1929 年，合併臺灣電氣興業株式會社，增資為 3,449.5 萬圓。1935、1939 年，又分別增資為 4,575 萬圓、7,000 萬圓。1940 年，再相繼合併臺灣合同電氣株式會社、臺灣電燈株式會社兩家公司，增資為 7,740 萬圓。[1] 1944 年，在電力一元化政策下，又合併東臺灣電力株式會社，[2] 此時，臺電不僅獨佔全臺電力事業，資本額亦一舉突破一億圓，職員、傭工更高達 6,000 人之眾，成為全台最大的企業。

　　臺電在創立之初，臺灣總督府將原有發電所的資產，折成 1,200 萬圓投資臺電，即擁有臺電股票 240,000 股，佔臺電股票總數的 40%，為臺電第一大股東（參見表 1）。此後，即使在 1936 年底起，日本保險、金融業資金大舉投入臺電，臺灣總督府的持股率亦仍遙遙領先其他股東（參見表 2、表 3），故正副董事長、理監事皆由臺灣總督任命，任期為 5 年。

　　臺電創於大正民主時代，斯時，臺灣總督經常隨日本內閣政黨輪替而有所更迭，而臺灣總督又握有臺電人事的絕對支配權，因此，臺電人事亦隨之頻繁異動，日本政黨派閥對臺電人事的影響十分明顯。是故，藉由研究臺電領導階層的人事變動，以了解日本政黨派閥如何影響臺灣官營企業的運作，誠為良好的觀察視角。

---

[1] 《臺灣會社年鑑》昭和 18 年版（臺北：臺灣經濟研究會，1942 年），頁 50。

[2] 林炳炎，《臺灣電力株式會社發展史》（臺北：著者自印，1997 年），頁 152、林蘭芳，〈日治末期臺灣電力事業一元化(1940—1944)—臺灣電力株式會社合併東西部民營電力事業〉，《臺灣風物》第 53 卷第 4 期（臺北：臺灣風物雜誌社，2003 年 12 月），頁 119—145。

表 1：1923 年時臺灣電力十大股東的持股數、持股率

	大股東	持股數	持股率
1	臺灣總督府	240,000	40.0%
2	臺灣銀行	5,000	0.83%
3	小池國三	3,500	0.58%
4	天主教公會	3,342	0.56%
5	三井合名	3,000	0.50%
6	伊藤勝藏	3,000	0.50%
7	小菅隆三	2,800	0.47%
8	吳鸞旂實業	2,722	0.45%
9	彰化銀行	2,500	0.42%
10	臺南州罹災救助基金	2,310	0.39%

說明：此時臺灣電力資本額 3,000 萬圓，共發行 600,000 股。

資料來源：杉浦和作編纂，《臺灣會社銀行錄》大正 12 年版（臺北：臺灣實業興信所，1923 年），頁 337。

表 2：1936 年底臺灣電力六大股東的持股數、持股率

	大股東	持股數	持股率
1	臺灣總督府	240,000	26.22%
2	交通局鐵道職員共濟組合	20,000	2.19%
3	帝國生命保險	18,735	2.05%
4	日本生命保險	15,400	1.68%
5	財團法人臺灣救濟團	11,000	1.20%
6	明治生命保險	10,000	1.09%

說明：此時臺灣電力資本額 4,575 萬圓，共發行 915,000 股。

資料來源：竹本伊一郎編纂，《臺灣會社年鑑》昭和 13 年版（臺北：臺灣經濟研究會，1937 年），頁 239。

表 3：1942 年底臺灣電力十大股東的持股數、持股率

	大股東	持股數	持股率
1	臺灣總督府	240,000	15.50%
2	帝國生命保險	66,000	4.26%
3	日本生命保險	50,000	3.23%
4	第一生命保險	32,575	2.10%

5	交通局鐵道職員共濟組合	30,000	1.94%
6	明治生命保險	28,230	1.82%
7	簡易生命保險公積金	24,400	1.58%
8	郵便年金公積金	20,000	1.29%
9	千代田生命保險	19,900	1.29%
10	財團法人臺灣救濟團	16,500	1.07%

說明：此時臺灣電力資本額 7,740 萬圓，共發行 154,8000 股。

資料來源：竹本伊一郎編纂，《臺灣會社年鑑》昭和 18 年版（臺北：臺灣經濟研究會，1942 年），頁 50。

二、後藤閥、憲政會與高木友枝董事長

　　臺電首任董事長為高木友枝（1858─1943），其 1885 年東京帝大醫學部畢業後，即歷任福島、鹿兒島縣立醫院長，1893 年，轉入傳染病研究所任職。[3] 1895 年，甲午戰爭爆發，兒玉源太郎、後藤新平負責檢疫工作，後藤乃徵召傳染病專家高木製造血清，醫療霍亂病患，成績斐然。隔年，後藤任內務省衛生局長，拔擢高木為該局技師，從此高木亦成為後藤的嫡系人馬。[4] 1902 年，時任臺灣民政長官的後藤新平，為建立台地醫院制度，乃召高木擔任臺北醫院長、總督府技師、總督府醫學校長。其後，高木又在後藤的支持下，創設總督府研究所，並兼任所長，聲望達到頂點。

　　1906 年 11 月，後藤氏轉任南滿鐵道株式會社總裁，但「後藤閥」在臺灣的勢力依舊強大，在後藤閥的庇護下，高木仍在臺任職。1908 年 5 月，佐久間左馬太總督任命政友會的大島久滿次為民政長官，大島與內務局長川村竹治、參事官山田新一郎等人，結成「大島派」，敵視後藤閥。但 1910 年 7 月，勢力盤根錯節的後藤閥，反藉「林本源製糖

---

[3] 大園市藏，《臺灣人物誌》（臺北：谷澤書店，1916 年），頁 8。另根據小田俊郎，《臺灣醫學 50 年》（臺北：前衛出版社，1995 年），頁 82 言：高木任職傳染病研究所時發生「相馬事件」，後藤新平因連坐而入獄，高木友枝經常送東西給後藤新平，並代為照顧後藤家屬，故其對於後藤家有很大的恩惠。

[4] 田中一二，《臺灣の新人舊人》（臺北：臺灣通信社，1928 年），頁 70。

會社貪污事件」、「阿里山官營林地放領貪污事件」，迫大島派相關幹部辭職，[5]高木在此過程中，雖非急先鋒，但也被政友會歸類為敵人。

　　大島去職後，繼任代理民政長官的宮尾舜治，亦為後藤閥的成員，之後接任民政長官的內田嘉吉，雖屬政友會成員，但他為後藤新平「滿鐵」、拓殖局的下屬，更因後藤的推薦才能接任民政長官，[6]故高木的地位仍不動如山。

　　1918 年，原敬內閣成立，此後，臺灣總督及總務長官的任免，常隨中央政局變化而有更動，帶有政黨色彩的人事任命也變得十分常見。1919 年 10 月，首任文官臺灣總督田健治郎雖屬政友會，但因與後藤新平有姻親關係，[7]故並未否定四個月前高木出任臺電首任董事長的人事案。[8]第二任文官總督內田嘉吉，雖亦屬政友會，但如前述其為後藤舊屬，故高木的臺電董事長之位仍然無憂。

　　1924 年 9 月至 1928 年 6 月，憲政會的伊澤多喜男、上山滿之進相繼接任臺灣總督（參見表 4），兩人不僅在總督府中整肅屬於政友會的官員，也在官營企業中扶植憲政會的人馬，伊澤總督在臺灣製腦株式會社，以憲政會的妻木栗造為專務董事，取代政友會的專務董事三村三平、常務董事河村徹，上山總督亦在臺灣製鹽株式會社，以憲政會的荒卷鐵之助為董事長，取代政友會的津田毅一，[9]在這種氣氛下，傾向後藤閥、憲政會的高木，地位益加鞏固。

---

[5] 黃昭堂著、黃英哲譯，《臺灣總督府》（臺北：自由時代出版社，1989 年），頁 99。

[6] 黃昭堂著、黃英哲譯，《臺灣總督府》（臺北：自由時代出版社，1989 年），頁 101。

[7] 黃昭堂著、黃英哲譯，《臺灣總督府》（臺北：自由時代出版社，1989 年），頁 118。再根據吳文星等編，《臺灣總督田健治郎日記》上冊（臺北：中央研究院臺灣史研究所籌備處，2001 年），頁 50 言：後藤新平妻兄安場末喜，其子安場保健為田健治郎女婿，故後藤新平與田健治郎有姻親關係。

[8] 據吳政憲，〈臺灣電力株式會社（1919—1944）—組織結構與人事（下）〉，《臺灣風物》第 54 卷第 1 期（臺北：臺灣風物雜誌社，2004 年 3 月），頁 48 言：1919 年 5 月底，臺灣電力即將創立，臺灣總督明石元二郎、民政長官下村宏，終於合力說服原本打算退休、高齡 62 歲的醫學博士高木友枝，接任該公司的董事長之位。

[9] 《臺灣實業界》昭和 4 年 12 月號。

三、政友會支持下的遠藤達董事長

但 1928 年 6 月情勢丕變，政友會的川村竹治繼任總督，其為前述大島派的要角，自然不會忘記對後藤閥復仇。[10] 10 月，川村總督安排其兒女親家的遠藤達擔任臺電副董事長，[11]高木不僅接受，還發表歡迎遠藤副董事長的言論，但於事無補。高木就在後藤新平去世後三個月、第二任董事長任期屆滿前 20 天，即 1929 年 7 月初，被川村總督、遠藤副董事長聯手以高壓手段逼退。[12]

然高木去職後不到一個月，日本內閣發生政黨輪替，民政黨的濱口雄幸內閣誕生，[13]民政黨敵視政友會，7 月底，隸屬政友會的川村總督因此垮台，改由民政黨的石塚英藏入主臺灣總督府（參見表 4），政友會的遠藤氏亦如坐針氈。石塚總督不僅以種種行政手段掣肘遠藤，升任山中義信為副董事長，[14]監視遠藤達，最後甚至發生強行搜索遠藤家宅的事件，12 月底，遠藤達黯然下台，在位僅 165 天，[15]由松木幹一郎就任臺電第三任董事長。

---

[10] 《臺灣實業界》昭和 4 年 8 月號言：川村竹治在總督府、御用公司都極力安插嫡系人馬，在總督府內有：交通局總長丸茂藤平、專賣局長常吉德壽、警務局長大久保留次郎，殖產局長內田隆等人，內務局長豐田勝藏也有政友會的色彩；在官營企業方面，川村總督安插者，除臺電董事長遠藤達外，還有臺灣製腦株式會社專務董事日比重雄、臺灣青果株式會社董事長村田俊彥、鹽水港製糖株式會社董事長入江海平都屬於川村總督的嫡系，這些人在川村總督垮台後亦紛紛去職。

[11] 《臺灣人士鑑》1943 年版（臺北：興南新聞社，1943 年），頁 99：川村竹治三女たか嫁給遠藤達長男遠藤毅。

[12] 《臺灣實業界》昭和 4 年 7 月、12 月號。

[13] 1913 年，桂太郎、後藤新平收編立憲國民黨大部份人士，組建「同志會」，1915 年，再吸收若干小黨，改組為「憲政會」，1927 年，憲政會合併政友本黨，改組為立憲民政黨，通稱「民政黨」。

[14] 山中義信，曾任臺銀支店長、華銀副總理，在政治傾向上較接近憲政會，他在憲政會的上山總督時進入臺電擔任理事，憲政會的石塚總督又安排其升任副董事長，但在政友會的南弘總督時代，山中信義以臺電公債發行順利任務已完為表面理由辭職，背後實有總督府之壓力，迫其去職。

[15] 林炳炎，《臺灣電力株式會社發展史》（臺北：著者自印，1997 年），頁 201 頁。

表 4：日治時期臺灣文官總督的任期與所屬黨派（1919—1936）

臺灣總督	就任時間	所屬黨派	備註
田健治郎	1919.10.29	政友會	後藤新平的姻親
內田嘉吉	1923.9.6	政友會	曾為後藤新平下屬
伊澤多喜男	1924.9.1	憲政會	
上山滿之進	1926.7.16	憲政會	
川村竹治	1928.6.15	政友會	
石塚英藏	1929.7.30	民政黨	
太田政弘	1931.1.16	民政黨	
南弘	1932.3.2	政友會	
中川健藏	1932.5.27	民政黨	總務長官平塚廣義屬政友會

資料來源：黃昭堂著、黃英哲譯，《臺灣總督府》（臺北：自由時代出版社，1989年），頁 114—115。

四、民政黨支持下的松木幹一郎董事長

　　松木幹一郎（1871—1939），1896 年東京帝大英法科畢業，曾任廣島一等郵局長、橫濱遞信局長、鐵道院理事、東京電氣局長、山下汽船株式會社副董事長、東京市政調查會專務理事、帝都復興院副總裁，[16]其中，東京市政調查會的會長、帝都復興院的總裁為後藤新平，[17]故松木亦為「後藤閥」的核心成員之一。而松木的另一政治靠山農商務相山本達雄為民政黨大老，[18]故松木亦帶有濃厚的民政黨色彩。

　　松木的政治手腕十分靈活，首先，他將女兒嫁給「貴族院研究會」領袖青木信光子爵之子，使其不僅成為「華族」的親戚，[19]亦開啟日後收買貴族院政客的途徑。其次，在其入主臺電後不久，即引進嫡系安達房治郎進入臺電擔任理事，安達曾任帝都復興院官員、朝鮮知事、東拓

---

[16] 松木除任臺電董事長外，還曾任總督府評議會員、臨時產業調查會委員、熱帶產業調查會委員、臺灣始政四十週年紀念博覽會協贊會長、國立公園委員會委員、臺灣工業協會理事長，名重一時，為臺灣民間的代表者之一。

[17] 《臺灣實業界》昭和 7 年 4 月號。

[18] 《臺灣實業界》昭和 7 年 4 月號。

[19] 《臺灣實業界》昭和 11 年 1 月號。

理事，亦屬後藤閥一員，[20]其兄為貴族院議員、朝鮮銀行總裁，故政治實力亦頗為雄厚。[21]安達更是松木整編臺電的好幫手，其不僅以高價購買青木的舊宅，[22]變相賄賂青木信光，同時，為確保松木以臺電機密費賄賂政客的醜聞不會洩露，安達又驅逐東京出張所長水上清次郎，改以自己的表弟北村厚接任所長，派遣近親在東京為松木、安達處理帳目。[23]

　　松木亦深知臺電董事長之位的任免，完全掌握在中央政界，於是致力於拉攏日本內地的政商勢力，1931 年，松木不顧臺地土木承包商的抗議，與臺灣土木建築協會公開絕裂，[24]接著，壓抑傾向政友會的加藤組內地政治商人，[25]改由清水組、大林組等接手承包日月潭水力發電工程。[26]再者，松木也以消化電力的名義，與住友財閥簽下長達四十年的密秘契約，提供住友財閥超低價的電力發展鋁業，但卻讓臺地客戶使用較為昂貴的電力。[27]松木更赤裸裸地以臺電人事、每年 10 萬圓的機密費，[28]酬庸或收買政客，其安排貴族院的牧野忠篤擔任臺電監事，讓從未到過臺灣的牧野，每年坐領 5、6 千圓的監事費，[29]又支付民政黨的石塚英藏、太田政弘總督每月數百圓的顧問費，[30]另外，松木也運用機密費，在東京政界供養二十多位政客，故松木能全然無視臺地輿論的嚴厲批評，安坐臺電董事長之位。[31]

---

[20] 《臺灣實業界》昭和 7 年 4 月號。

[21] 《臺灣實業界》昭和 11 年 1 月號。

[22] 《臺灣實業界》昭和 11 年 1 月號。

[23] 《臺灣實業界》昭和 8 年 12 月號。

[24] 臺灣土木建築協會的委任律師為安保忠毅，安保與政友會的臺灣日日新報董事長河村徹為大學同學，政治傾向上亦屬政友會。河村徹曾任臺灣製腦常務董事，後被憲政會的伊澤多喜男總督所逐，此亦為安保、河村反松木董事長的原因之一。

[25] 《臺灣實業界》昭和 4 年 7 月號，1929 年 7 月前，川村總督主要扶持加藤組來承包日月潭水力發電工程，但川村總督卸任後，已不見加藤組為日月潭水力發電工程的巨商，可見可能遭石塚英藏逼退。

[26] 《臺灣實業界》昭和 8 年 12 月號。

[27] 《臺灣實業界》昭和 8 年 12 月號。

[28] 《臺灣實業界》昭和 11 年 1 月號。臺電機密費在高木友枝時代為 2 萬圓左右，到 1936 年時已高達十萬圓。

[29] 《臺灣實業界》昭和 14 年 7 月號。

[30] 《臺灣實業界》昭和 8 年 12 月號。

[31] 《臺灣實業界》昭和 14 年 7 月號。

　　松木也在臺電內剷除異己，厚植私人勢力，1932 年，松木不顧後宮信太郎、辻本正春的說情，將反對清水組、大林組承包日月潭水力發電工程的理事南政吉逐出臺電。[32] 1934 年，松木第一任董事長任期將屆，政友會的宇賀四郎理事[33]與畠山敏行理事聯手策動推倒松木的活動，[34]松木則與安達攜手化解此一陰謀。1935 年，松木連任成功後，為酬謝安達房治郎的支持，乃將安達升為副董事長，[35]不久，更將傾向政友會的宇賀理事逐出臺電，引進嫡系後藤曠二擔任理事。[36] 1937 年，松木再安插另一嫡系人馬林將治擔任理事，後藤曠二、林將治並稱松木的左右護法，一為電氣專家，一為土木專家。[37] 1938 年，又安排另一嫡系平澤越郎進入臺電擔任顧問，年領九千圓薪水。[38]但松木這種整肅異己、不次拔擢嫡系人馬的情事，也得罪了許多政界高官，輿論認為松木樹敵眾多，遭受打擊是遲早之事。[39]

　　早在南弘總督時代（1932 年 3 月初─5 月底），就曾一度傳言政友會將安排財政局長岡田信轉任臺電董事長，但因政友會的南弘總督就任不到三個月就辭職，所以岡田信並未取代民政黨的松木，隨著民政黨的

[32] 《臺灣實業界》昭和 8 年 12 月號。

[33] 《臺灣實業界》昭和 7 年 4 月號，宇賀，1908 年東京帝大畢業，曾任大藏省官員、中央專賣局煙草課長、1914 年任臺灣專賣局長，政黨傾向上較偏政友會系，1924 年，因臺灣製腦、臺灣製鹽、鴉片問題被憲政會的伊澤總督所排，後返回日本，川村總督時代再度入台，任臺北州知事。1931 年 8 月，臺灣總督府為安排宇賀退官後的出路，向臺電強迫推銷，松木董事長只好接受宇賀進入臺電擔任理事。

[34] 《臺灣實業界》昭和 11 年 12 月號。畠山理事，日本中央遞信省電務局長，1932 年，轉任臺電理事，後因松木任用私人和濫用機密費，與松木交惡，致使臺電爆發內閧。

[35] 《臺灣實業界》昭和 9 年 3 月號。臺電董事長的價碼在當時已叫價 5、6 萬圓。

[36] 《臺灣實業界》昭和 11 年 1 月號、《臺灣實業界》昭和 14 年 5 月號。1934 年，理事出缺時，松木即欲推薦後曠二藤擔任，但臺灣總督府則空降敕任官能澤外茂吉。1939 年，松木過世，後藤曠二亦辭職，並參加松木傳記的編纂。

[37] 《臺灣實業界》昭和 12 年 10 月號。

[38] 《臺灣實業界》昭和 15 年 7 月號、16 年 1 月號，平澤越郎，1906 年東京帝大政治科畢業後，即進入日銀、茂木銀、七十四銀、橫濱儲銀擔任重役。其為平澤家的養子，前內務大臣小原直為其親兄，田健治郎總督姪婿生駒高常知事為其有姻親關係的義兄，畑俊六大將為其東京府立一中的同學，興銀總裁實來、三和銀董事長中根、臺拓董事長加藤為其大學同學，故平澤的政治靠山之力量頗為雄厚。

[39] 《臺灣實業界》昭和 14 年 7 月號。

中川健藏總督就任後（參見表4），松木即安然渡過危機。[40]但1935—1936
年，松木遭遇更嚴厲的考驗，此次為其堅定的盟友、副董事長安達房治
郎的背叛。

　　安達房治郎原本係賴松木之關係，而能進入臺電，但在合作剷除宇
賀理事後卻逐漸交惡。當時的總督中川健藏雖屬民政黨，但總務長官平
塚廣義卻為政友會，平塚對民政黨的松木頗為仇視。[41]安達對臺電董事
長之位亦有野心，[42]乃挾平塚之力排斥松木，安達高唱電力應收歸官營，
以此做為打擊松木的政策，因為電力若收歸總督府官營，臺電董事長亦
將改由官員擔任，松木勢必失去職位，故松木強力反對電力官營。[43]經
歷一番惡鬥，1936年9月，武官總督小林躋造上台，平塚廣義去職，
加上，松木、安達彼此互有把柄，安達終無力扳倒松木，乃於1937年
自動退社，[44]轉入日本礦業株式會社擔任董事。[45]

五、政黨兩敗俱傷後的臺電董事長

　　1939年6月，松木幹一郎在東京去世，由於臺電資本額龐大、體
質又較臺灣拓殖株式會社健全，乃引起各方勢力的垂涎與角逐。[46]理事
能澤外茂吉首先發難，為前總務長官平塚廣義的繼任開始活動，同時，
平塚本人也表示願意紆尊降貴，得到小磯拓相的支持。[47]不久，前拓相
兒玉秀雄推薦其次官荻原接任，此外，日本礦業株式會社董事安達房治
郎、「九州電力王」松永安左衛門、貴族院研究會的八條隆正子爵、小
坂順三、前臺灣總督府財政局長岡田信等人，也都積極爭取擔任臺電董

40　《臺灣實業界》昭和11年1月號。
41　《臺灣實業界》昭和12年1月號。
42　《臺灣實業界》昭和13年1月號。
43　《臺灣實業界》昭和13年1月號。
44　《臺灣實業界》昭和13年1月號。
45　《臺灣實業界》昭和15年3、5月號，安達因與日產（滿重系）財閥鮎川交情頗佳，故轉往
　　日本礦業擔任董事。
46　《臺灣實業界》昭和14年7月號。
47　《臺灣實業界》昭和14年11月號。

事長之位。再者，青木信光子爵為了繼續保有臺電所提供的政治資金，也密切注意臺電董事長的爭奪戰。[48]在各方勢力無法擺平的狀況下，最後由臺灣拓殖株式會社董事長加藤恭平暫代臺電董事長之位。加藤出身三菱財閥，政黨傾向上較親近民政黨，加上加藤與松木幹一郎一樣，都畢業於東京帝大英法科（1905 年），故由其出線變動性最小，較易為各方所接納。

加藤代理臺電董事長 113 天後，中央再度空降林安繁（1876—1948）接任董事長。林安繁，石川縣金澤市人，1901 年，東京帝大英法科畢業後，即進入大阪商船株式會社工作，後轉入宇治川電氣株式會社任職，在臺電董事長出缺時，其已是宇治川電氣株式會社董事長、關西共同火力發電株式會社董事長，為關西電力界的重要人物。[49]因其接任臺電董事長時已是 63 歲高齡，故在臺灣缺少同輩的同學或朋友，這使得輩份既高、又少人情包袱的林安繁，在人事任用上，較能為超然客觀，不再像松木一樣濫用私人，改用技術型的幹部。[50]

林安繁啟用資深官員、殖產局長田端幸三郎為副董事長，由其負責在臺灣與總督府交涉，再聘用臺灣銀行經理土居政次，由其負責處理臺電與臺銀的關係。[51]再者，又相繼晉升資深技師松尾秀雄、下村秀一為理事，松尾、下村兩人皆自旅順工科學堂電氣科畢業，都在 1919 年進入臺電，兩人分別在任職 21、23 年後被林安繁拔升為理事。[52]即使是任用自己的嫡系人馬，林安繁亦重選拔技術人材，例如：1940 年底，引進宇治川電力株式會社董事永井專三擔任臺電理事，主要係看重永井技術者出身，在土木方面頗有心得，[53]並非為了培植私人勢力。

1942 年初，高齡 74 歲的增田次郎，繼任臺電董事長。增田大器晚

---

[48] 《臺灣實業界》昭和 14 年 8 月號。

[49] 《臺灣實業界》昭和 14 年 11 月號。

[50] 《臺灣實業界》昭和 15 年 10 月號。

[51] 《臺灣實業界》昭和 15 年 2 月號。

[52] 《臺灣實業界》昭和 15 年 10、11 月號。

[53] 《臺灣實業界》昭和 16 年 2 月號。永井專三，大阪人，1900 年東京帝大土木科畢業，1923 年，即擔任宇治川電氣的董事。

成，[54]　31 歲文官考試及格後，赴臺在樟腦局、專賣局任官，受後藤新平幕僚齋藤參吉的賞識，逐漸成為後藤閥的一員。後藤轉任「滿鐵」總裁時，增田更被拔擢為總裁秘書。其後，增田一度當選國會議員，並任憲政會的幹事。離開政界後，增田獲後藤新平推薦成為福澤桃介（福澤諭吉「婿養子」[55]）的嫡系人馬，逐漸轉入實業界發展。1938 年，終於升任大同電力株式會社董事長，該公司當時為日本第五大電力公司，資本額高達一億八千六百萬圓。[56]增田董事長賡續林安繁的政策，繼續選用臺灣總督府或臺電資深技術人員出任理事，重要者如：松本虎太[57]、中村太郎[58]、山本格、瀧口陸造、增谷悠[59]等人皆是。

綜言之，臺電從 1919 年 8 月創立到 1939 年 6 月松木董事長去世為止，雖說親緣網絡[60]、地緣網絡[61]、學緣網絡[62]亦為支配臺電高層人事的重要因素，但政黨派閥才是支配臺電高層人事的最關鍵因素，每逢日本中央內閣政黨輪替，臺電亦有類似的人事更迭。直到政黨惡鬥兩敗俱傷、軍部大權在握後，政黨派閥才不再是影響臺電高層人事的重要因

---

[54] 增田次郎，1868 年生，靜岡縣人。

[55] 日人在無男嗣時，常喜好以女婿和幼弟為養子，參見趙祐志，《日治時期日人在臺企業菁英的社會網絡（1895—1945）》（臺北：國立臺灣師範大學歷史系博士論文，2005 年）。

[56] 增田次郎為報答後藤新平的知遇之恩，亦安排後藤之子後藤一藏擔任子公司的董監事。

[57] 松本虎太，香川縣人，為曾是臺北商界之首的木下新三郎女婿。1906 年，京都帝大土木科畢業後，即進入官界服務。1928 年曾任交通局基隆出張所長、後任總督府敕任技師，1942 年轉任臺電理事，1943 年升任副董事長，1945 年初接任董事長，成為日人臺電末代董事長，戰後，獲國民政府留用。

[58] 中村太郎，1886 年生，東京帝大法科畢業，長年擔任臺電營業部長、董事長辦公室秘書。

[59] 增谷悠長年擔任臺電土木課長。

[60] 如：政友會的田健治郎總督因與後藤新平有姻親關係，故未否決高木友枝就任董事長的人事案，而高木在政治傾向為憲政會。又如：政友會的川村竹治總督，以迅雷不及掩耳之勢，任用兒女親家遠藤達擔任董事長，取代高木友枝。再如：松木幹一郎董事長，將女兒下嫁貴族院研究會領袖青木信光子爵之子，並倚之為政治靠山。

[61] 《臺灣實業界》昭和 14 年 2 月號言：理事能澤外茂吉為石川縣金澤市人，在松木過世後，能澤最初支持平塚廣義繼任臺電董事長，但後來得知同為金澤市人的林安繁將兼任臺電，董事長，能澤亦表示高度歡迎之意。再者，土居政次與松本虎太皆為香川縣人，兩人亦互為奧援。

[62] 臺電層峰多為東京帝大英法科畢業，如：松木幹一郎、加藤恭平、林安繁三位董事長、田端幸三郎副董事長、土居政次理事都是東京帝大英法科畢業。畠山敏行、宇賀四郎兩人都是東京帝大德法科畢業，所以兩人曾聯手共同策動反松木幹一郎的陰謀。松尾秀雄、下村秀一兩人是旅順工學堂的同屆同學，兩人情同手足，在職位的晉升上相互扶持。

素，故雖林安繁較支持政友會[63]、增田次郎較傾向民政黨，但兩人在任用高級幹部時，已多選用資深技術者出任理事，而非政黨派閥的人事安插。

六、結語

本文討論日本政黨派閥對臺灣官營企業運作的影響，自 1918 年 9月原敬內閣誕生後，日本政府即由政友會、憲政會（後改組為「民政黨」）兩大政黨交替執政，同時，隨著中央內閣的政黨輪替，亦會牽動臺灣總督府的人事更迭，而臺灣總督府的人事變化，又將導致臺灣電力、臺灣製鹽、臺灣青果等官營企業的人事波動，此類例子不勝枚舉，較重要者如：在臺灣電力株式會社，政友會的川村竹治總督，起用遠藤達為董事長，拔除高木友枝，但民政黨的石塚英藏總督就任後，即以松木幹一郎為董事長，迫使遠藤達倉皇辭職。又如：在臺灣製腦株式會社，憲政會的伊澤多喜男總督，任命妻木栗造為專務董事，剪除原任專務董事三村三平、常務董事河村徹，然政友會的川村竹治總督上臺後，即以日比重雄為專務董事，逼退妻木栗造。再如：憲政會的上山滿之進總督，在臺灣製鹽株式會社，任命荒卷鐵之助為董事長取代津田毅一，政友會的川村竹治總督，在臺灣青果株式會社，發布村田俊彥為董事長取代高田元治郎等，這些都是基於政黨派閥考量的人事任命。

然而，此時這種藉政黨輪替變更臺灣官營企業的人事，似較少防止腐化的機制，反而經常演變成只問黨派立場、不管經營績效的政黨報復，當然這亦會引起日人在臺企業菁英的不滿。1929 年秋，臺地崛起的第二號大財閥赤司初太郎，即不耐民政黨、政友會兩黨惡鬥，牽累臺灣製腦株式會社的董座人事，為挽救臺灣製腦株式會社不振的業務，乃挾其擁有臺灣製腦株式會社大量股票的優勢，超越政黨，自行參選，並順利被推舉為董事長。[64]然此事究屬特例，大體而言，很少人敢挑戰臺

---

[63] 林安繁為中橋德五郎的嫡系，中橋德五郎曾任大阪商船重役，為政友會要角。

[64] 參見《臺灣實業界》昭和 4 年 12 月號。

灣總督的權威，臺灣總督府還是對官營企業的人事，操有生殺予奪大權。

　　交替執政固然時常演成政黨惡鬥，但有時亦會帶來政策的辯論及改變，例如：在電力官營或民營的政策上，民政黨的臺電董事長松木幹一郎力主電力民營，然與政友會關係密切的副董事長安達房治郎，則力倡將電力收歸官營，兩人競相在報章雜誌上發表看法。又如：在香蕉運輸政策上，以警務局長本山文平為首的民政黨人，主張由臺灣青果株式會社壟斷香蕉運輸權，然 1928 年 6 月，政友會的川村竹治總督上臺後，即和臺中州知事生駒高常檢討本山文平的政策，並在 9 月下令將香蕉運輸權移轉給青果同業組合聯合會，但此一政策延續至 1937 年又有變化，此時，本山文平獲得政治奧援，返臺接任臺灣青果株式會社董事長，故在本山等人的爭取下，臺灣總督府又將香蕉運輸權交給臺灣青果株式會社。[65]

　　另外，值得注意的是，雖然臺人在政黨輪替改變官營企業的人事上，無緣置喙，而且臺人輿論亦表現出一種事不關己、趁機譏諷的態度，如《臺灣民報》言：每臨政黨輪替時，日人官界、御用會社重役即充斥著低氣壓、暴風雨，莫不喪心膽落的擔心「馘首」問題。[66]再者，臺人輿論對日人政黨輪替時常將臺灣電力、臺灣青果等官營企業的人事用作政治酬庸，亦深感不滿，例如：臺人批評臺灣總督府亂換一場，將醫學博士高木友枝任命為臺電董事長，[67]將管鐵路的交通總長白勢黎吉安插為臺灣青果株式會社董事長，儘管如此，臺人在此過程中，還是體會了可藉政黨輪替改變官營企業人事或政策的經驗。

[65] 詳見趙祐志，《日治時期日人在臺企業菁英的社會網絡（1895--1945）》（臺北：國立臺灣師範大學歷史系博士論文，2005 年）第四章第二節。

[66] 《臺灣民報》大正 13 年 10 月 21 日，第 2 卷第 21 號。

[67] 《臺灣民報》昭和 2 年 1 月 23 日，第 141 號。

日人退職官員網路與臺灣商工界（1895-1945）——以 519 位退職官員為例

一、前言

筆者曾以臺灣青果株式會社、青果同業組合為例，從個案的角度，討論日治時期臺灣總督府如何在既有的交易秩序中，另創贅餘的官營企業及組合，以安插大量日人退職官吏入內任職，不僅可以照顧退職官吏的生活，亦能剝削台蕉外銷的利益，[1]本文將再從整體的角度，廣泛討論日人退職官吏轉入商工界發展的途徑及概況。

其實，日治時期退職官吏轉進商工界蔚然成風，當時的報章雜誌即已注意，並曾多次報導，以《臺灣實業界》為例，該誌在 1937 年 3 月號中，曾以〈敕任官在民間〉為題，報導了松木幹一郎（曾任東京市復興院副總裁退職後轉任臺灣電力董事長）、安達房次郎（曾任朝鮮咸興北道知事退職後轉任臺灣電力副董事長）、能澤外茂吉（曾任總督府審議室事務官退職後轉任臺灣電力理事）、野口敏治（曾任臺北州知事退職後轉任臺灣電力理事）、高山三平（曾任拓務省拓務局長退職後轉任臺灣拓殖常務理事）、日下辰太（曾任臺中州知事退職後轉任臺灣拓殖常務理事）、川副龍雄（曾任基隆稅關長退職後轉任臺灣拓殖參事）、寶來龜四郎（曾任稅務監督局長退職後轉任臺灣拓殖常任監事）、豬股松之助（曾任新竹州知事退職後轉任臺灣青果常任監事）、西澤義徵（曾任高雄州知事退職後轉任臺灣合同鳳梨長任監事）、郡茂德（曾任總督府文教局學務課長退職後轉任臺灣青果聯合會主事）等十多位敕任官，轉入臺灣商工界的情形。[2]

1940 年 7 月號，該誌又先後以〈官界轉入實業界的人們〉、〈高雄

---

1 參見趙祐志，〈日治時期日人在台退職官吏與台灣青果會社及青果同業組合的運作〉，《重高學報》第八期（台北：國立三重高中，2005 年），頁 119—142。

2 參見《台灣實業界》昭和 12 年 3 月號。

春秋—官界轉入實業界的人們〉為題，報導了明治製糖董事長相馬半治
（曾任糖務局高級技師）、明治製糖專務董事藤野幹（曾任糖務局特產
課長）、臺灣拓殖參事桑原通夫（曾任基隆市尹）、臺灣青果常務董事本
間善庫（曾任台東廳長，官拜敕任官）、臺灣青果常任監事福元岩吉（曾
任澎湖廳長，官拜敕任官）、臺灣合同鳳梨專務董事小濱淨礦（曾任總
督府內務局長，官拜敕任官）、南日本化學興業監事內海忠司（曾任高
雄州知事，官拜敕任官）、臺灣日日新報董事長河村徹（總督府通信局
監理課長）、東臺灣電力興業專務董事戶水昇（曾任臺北州知事，官拜
敕任官）、福大公司董事古澤勝之（曾任臺南市尹）、杉原產業常務董事
貝山好美（曾任臺北廳勸業主任）、高雄青果同業組合副組合長淺野安
吉（曾任花蓮廳長）、臺中青果同業組合副組合長今井昌治（曾任彰化
市尹）、高雄信用組合長松尾繁治（曾任高雄市尹）等二十多位退職官
吏，在臺灣商工界飛黃騰達的狀況。[3]

　　1941 年 10 月號，該誌再以〈官吏出身之社長何其多〉為題，報導
本山文平（曾任總督府警務局長，官拜敕任官）、藤田隕次郎（曾任臺
北州知事，官拜敕任官）、今川淵（曾任總督府專賣局長，官拜敕任官）、
白勢黎吉（曾任總督府交通總長，官拜敕任官）、田端幸三郎（曾任總
督府殖產局長，官拜敕任官）等退職高官，壟斷臺灣青果、臺灣農機、
臺灣石炭、東海自動車、臺灣電力等多家企業正、副董事長之位的現象。[4]

　　由上述報導可知，日人官吏退職後轉赴商工界任職，在日治時期實
相當普遍，他們或賴殖民政府安插，或相互援引，在臺灣商工界形成一
個特殊的「退職官吏網絡」。更重要的是，由於他們曾為官場的一員，
相互之間存有同僚的情誼，同時，在官界中尚有昔日的僚屬，殖民政府
不僅經常透過此一退官網絡，宣達政令、控制產業，亦常利用其溝通上
下、整合官民的意志。是故，透過本研究，有助於側寫臺灣總督府在經
濟事務上的治術，不惟可以分析殖民政府如何運用退職官吏，協助掌握
各類產業集資源，亦能了解殖民政府如何以經濟利益為誘餌，刺激退職

---

[3] 參見《台灣實業界》昭和 15 年 7 月號。
[4] 參見《台灣實業界》昭和 16 年 10 月號。

官吏的留臺意願，藉以擴大和穩固統治基礎，再者，也可討論退職官吏對提供臺灣商工界所需經營和技術人才的貢獻。

二、退職官吏轉進商工界的四大出路

本文為進一步探究日治時期在臺日人退職官吏一窩蜂轉進商工界的現象，乃蒐羅各類人名鑑、實業雜誌之記載，一共獲得 519 個事例，茲先將其概況列成表 1。

編號	姓名	官界最後職銜	官等	曾獲勳秩	商工界最初職銜	資料	類型
一、敕任官部份							
1	井村大吉	總督府通信局長	敕任		台灣日日新報專董	G	1A
2	小濱淨礦	總督府內務局長	敕任	從四位勳三等	台灣合同鳳梨專董	L	1A
3	山田拍採	總督府殖產局農務課技師	敕任	從四位勳四等	台灣拓殖拓殖課長	L	1A
4	日下辰太	台中州知事	敕任	正四位勳三等	台灣拓殖常務理事	LM	1A
5	高山三平	拓務省拓務局長	敕任		台灣拓殖常務理事	N	1A
6	石井龍豬	總督府殖產局長	敕任	正四位勳三等	台灣拓殖常務理事	M	1A
7	川副龍雄	總督府官房審議室事務官、基隆稅關長	敕任	正五位勳五等	台灣拓殖經理課長兼台灣棉花董事	L	1A
8	豬股松之助	新竹州知事	敕任	從四等勳五等	台灣青果常董	L	1A
9	本間善庫	台東廳長	敕任		台灣青果常董	N	1A
10	郡茂德	總督府官房審議室事務官、文教局學務課長	敕任	從四位勳四等	台灣青果聯合會主事、台灣野蠶專董	M	1A
11	中瀨拙夫	總督府殖產局長	敕任	正四位勳三等	糖業聯合會常務理事	M	1A
12	高橋秀人	總督府官房審議室理事官	敕任	從四位勳五等	台中州自動車運輸董事長、嘉南大圳理事	M	1B
13	今井周三郎	總督府工事部事務官	敕任		台灣日日新報董事長	E	1B
14	木下新三郎	總督府人事課長兼文書課長	敕任		台灣日日新報董事長	C	1B
15	今川淵	總督府專賣局長	敕任	從四位勳三等	台灣石炭董事長	M	1B
16	西澤義徵	高雄州知事	敕任	正五位勳四等	台灣合同鳳梨常任監事	L	1B
17	寶來龜四郎	稅務監督局長	敕任		台灣拓殖常任監事	N	1B
18	米村佐一郎	福岡專賣局長	敕任		台灣拓殖常任監事	N	1B
19	福元岩吉	澎湖廳長	敕任	從四位勳四等	台灣青果常任監事	L	1B
20	高田元治郎	總督府殖產局長	敕任		台灣青果董事長	N	1B

21	白勢黎吉	總督府交通總長	敕任	正四位勳三等	台灣青果董事長	M	1B
22	本山文平	台中州知事	敕任	從四位勳三等	台灣青果董事長	L	1B
23	三輪幸助	台北州知事	敕任		台灣產業組合聯合會副會長	M	1B
24	角源泉	總督府土木局長	敕任		台灣電力副董事長	N	1B
25	安達房次郎	朝鮮咸興北道知事	敕任		台灣電力副董事長	N	1B
26	田端幸三郎	總督府殖產局長	敕任	正四位勳三等	台灣電力副董事長	M	1B
27	林將治	遞信省官員	敕任		台灣電力理事	N	1B
28	宇賀四郎	總督府專賣局長、台北州知事	敕任		台灣電力理事	J	1B
29	能澤外茂吉	總督府官房文書課長	敕任	正五位勳四等	台灣電力理事	L	1B
30	野口敏治	台北州知事	敕任	正四位勳三等	台灣電力理事	L	1B
31	畠山敏行	遞信省電務局長	敕任		台灣電力理事	N	1B
32	宮木廣大	台南州知事	敕任		台灣電力理事	L	1B
33	高木友枝	總督府研究所長	敕任		台灣電力董事長	G	1B
34	松木幹一郎	東京復興院副總裁	敕任		台灣電力董事長	N	1B
35	松本虎太	總督府道路港灣課長	敕任	正三位勳二等	台灣電力董事長	M	1B
36	水越幸一	台中州知事	敕任		台灣電力囑託	N	1B
37	和田正彥	大藏省銀行局長	敕任		台灣銀行副董事長	N	1B
38	森俊六郎	大藏省銀行局長	敕任		台灣銀行副董事長	N	1B
39	井上德太郎	大阪稅關長	敕任		台灣銀行常任監事	N	1B
40	島田茂	大藏省特殊銀行課長	敕任		台灣銀行理事、董事長	N	1B
41	櫻井鐵太郎	大藏省專賣局長	敕任		台灣銀行董事長	N	1B
42	中川小十郎	樺太內務部長	敕任		台灣銀行董事長	N	1B
43	林田正治	新竹州知事	敕任	從五位勳六等	新竹州自動車運輸董事長	M	1B
44	戶水昇	台北州知事	敕任	正四位勳三等	東台灣電力專董	M	3A
45	淺田知定	總督府臨時糖務局長	敕任		東洋製糖專董	A	3A
46	平山泰	台北州知事	敕任	從四位勳四等	三興會社理事	M	3B
47	佐藤續	台中州知事	敕任		台北鐵道董事長	N	3B

48	藤田隕治郎	台北州知事	敕任	正四位 勳三等	台灣化成工業常任監事、台灣農機董事長	M	3B
49	中田榮次郎	總督府高雄稅關長	敕任	正五位 勳六等	台灣南部無盡顧問	K	3B
50	內海忠司	高雄州知事	敕任	正四位 勳三等	南日本化學工業監事	M	3B
51	島田昌勢	總督府文教局長	敕任	正四位 勳三等	南洋拓殖理事	M	3B
52	高橋尚秀	總督府基隆稅關長	敕任	從五位 勳六等	高進商會董事長	M	3B
53	伊藤政重	法院判官	敕任		南日本製糖常董	C	3A
54	川原義太郎	台南法院長	敕任		明治製糖重役	D	3B

二、奏任官部份

1	櫻木衣熊	屏東稅務出張所直稅股長	奏任	從七位 勳六等	大寮信用組合常務理事	M	1A
2	石井善次	員林郡守	奏任	正六位 勳六等	台中州青果同業組合常任副組長	M	1A
3	西川善三郎	地方理事官	奏任		台南建築利用組合常務理事	J	1A
4	石原幸作	總督府專賣局事務官	奏任	勳五等	台灣日日新報經理	A	1A
5	土肥慶太郎	總督府技師	奏任	正六位 勳五等	台灣拓殖土地課長	L	1A
6	牟田邦基	總督府財務局理事官	奏任	正五位 勳五等	台灣拓殖工場長	M	1A
7	森萬吉	嘉南大圳理事	奏任		台灣拓殖支店長	L	1A
8	桑原政夫	基隆市尹	奏任	正六位 勳五等	台灣拓殖文書課長	L K	1A
9	三上信人	總督府理事官	奏任		台灣拓殖調度課長	M	1A
10	元山春雄	總督府大樹鳳梨種苗養成所所長	奏任	正五位 勳六等	台灣青果常董	M	1A
11	岩田此一	台北北警察署長	奏任	正六位 勳六等	台灣茶輸移出統制常董	M	1A
12	稅所重雄	總督府專賣局技師	奏任	從七位 勳七等	台灣酒罎統制專董	M	1A
13	伊東增雄	台北北警察署長	奏任	從六位 勳六等	台灣清涼飲料水工業組合主事	M	1A
14	菱村彥十郎	總督府財務局主計課長代理	奏任	正六位 勳六等	台灣電力主事	L	1A
15	河野十郎	新莊郡守	奏任		台灣製冰同業組合主事	J	1A
16	川畑芳太郎	阿猴警視	奏任		台灣製腦出張所長	E	1A

17	三村三平	台中廳長	奏任	從四位勳四等	台灣製腦專董	E	1A
18	河村徹	總督府民政部通信局監理課長	奏任	從六位	台灣製腦常董	L	1A
19	花香伯貢	總督府專賣局台南支局長	奏任		台灣製腦經理	J	1A
20	大津山周造	台北州稅務課長	奏任		台灣製鹽經理	J	1A
21	出澤鬼久太	總督府專賣局台中支局長	奏任	正六位勳六等	台灣製鹽經理兼董事	M	1A
22	青木正元	總督府土地調查局監督官	奏任		台灣銀行勸業係長	A	1A
23	石井林次郎	群馬縣水電技師	奏任		東台灣電力興業常董	N	1A
24	原吉太郎	總督府鐵道部技師	奏任		東海自動車專董	N	1A
25	瓦林實	高雄警察署長	奏任	從七位勳七等	高雄州自動車運輸專董	M	1A
26	今井佐一郎	高雄市庶務課長	奏任	從七位勳八等	高雄商業倉庫組合專務理事	M	1A
27	渡邊林一	新竹州警務部保安課長	奏任		新竹州自動車運輸專董	M	1A
28	古澤勝之	台南市尹	奏任	從六位勳六等	福大公司經理	M	1A
29	山下末之武	大湖郡守	奏任	從六位勳六等	台北住宅信用組合理事	M	1B
30	清水俊	總督府林務局理事官	奏任		台灣拓殖副參事	M	1B
31	石塚正吉	高雄州地方理事官	奏任		台灣拓殖副參事	M	1B
32	松井三省	總督府地方理事官	奏任		台灣拓殖副參事	M	1B
33	前田稔	總督府總務部地方課長	奏任		台灣拓殖副參事	M	1B
34	伊藤武	屏東稅務出張所長	奏任		台灣拓殖參事	M	1B
35	長谷場純熊	台北州稅務課長	奏任	從六位勳六等	台灣拓殖參事	M	1B
36	戶畑龍雄	總督府理事官	奏任		台灣拓殖參事	M	1B
37	高木秀雄	屏東市尹	奏任	從六位勳六等	台灣拓殖參事	M	1B
38	小島猛	高雄市尹	奏任	正六位勳五等	台灣青果董事	M	1B
39	谷義廉	屏東市尹	奏任	正六位勳五等	台灣青果董事	M	1B
40	輪湖清美	新竹州農事試驗場長	奏任		台灣青果董事	M	1B
41	淺野安吉	花蓮港廳長	奏任	從四位勳五等	台灣青果董事高雄青果同業組合副組合長	L	1B
42	大竹勇	澎湖廳長	奏任		台灣青果董事長	N	1B

43	今井昌治	彰化市尹	奏任	正五位 勳五等	台灣青果監事	L	1B
44	貝山好美	台北州產業主事	奏任		台灣青果監事	I	1B
45	渡木利平	曾文郡守	奏任		台灣青果監事	N	1B
46	高橋直志	員林郡勸業主任	奏任		台灣青果顧問	L	1B
47	恒吉壽	鐵道部運輸客貨物股長	奏任	從六位 勳六等	台灣運輸業組合理事	M	1B
48	莊村鹿吉	鐵道部基隆驛長	奏任		台灣運輸業組合理事	J	1B
49	下村秀一	總督府作業所技師	奏任		台灣電力理事	M	1B
50	大越大藏	總督府作業所電氣課長	奏任		台灣電力理事	N	1B
51	國弘長重	總督府作業所台南出張所長	奏任		台灣電力理事	M	1B
52	松尾秀雄	總督府作業所技師	奏任		台灣電力理事	M	1B
53	南政吉	嘉義廳財務課長	奏任		台灣電力理事	N	1B
54	津田毅一	嘉義廳長	奏任	從四位 勳四等	台灣製鹽董事長	L	1B
55	荒卷鐵之助	台南市尹	奏任	正五位 勳四等	台灣製鹽董事長	I	1B
56	鶴友彥	澎湖廳長	奏任		台灣輸出董事長	N	1B
57	重藤幹一	宜蘭街長	奏任	正七位 勳六等	宜蘭建築信用購買利用組合長	M	1B
58	今澤正秋	台東廳警務課長	奏任	正六位 勳五等	城南信用組合長	M	1B
59	松尾繁治	高雄市尹	奏任	正六位 勳五等	高雄信用組合長	M	1B
60	山內小藤二	宜蘭廳警視	奏任	從六位 勳六等	基隆庶民信用組合副組合長	L	1B
61	鳥井勝治	台北州調停課長	奏任	正五位 勳五等	淡水建築信用購買利用販賣組合長	L	1B
62	山口一郎	鹿港街長	奏任	從七位 勳八等	鹿港庶民信用組合長	L	1B
63	佐伯留雄	麻豆郵便局長	奏任		麻豆信用組合書記	F	1B
64	藤木親壽	總督府地方警視	奏任	從七位 勳七等	新竹州米穀同業組合理事	M	1B
65	清水源次郎	新竹廳警務課長	奏任	正七位 勳七等	新竹州信用組合理事	L J	1B
66	坂田吉三	總督府自動車課長	奏任		新竹蓪草購買販售組合長	M	1B
67	山下盛文	彰化庶務課長兼勸業課長	奏任		彰化商工庶民信用組合長	M	1B
68	小出三郎	鐵道部技師	奏任		福大公司董事	N	1B
69	瀧野讓治	嘉義市勸業課長	奏任	正七位	糖業聯合會台灣支部書記長	L	1B

70	伊藤鎮三	新營郡庶務課長	奏任	正六位勳六等	鹽水港信用組合理事	M	1B
71	友松寅次郎	總督府國語學校教官	奏任		官煙批發商	E	2
72	本田正已	打狗支廳長	奏任		官煙批發商	E	2
73	小林三次郎	公學校長	奏任		食鹽專賣批發商	J	2
74	加藤牛藏	醫學校專門學校教授	奏任	勳六等	食鹽專賣批發商	M	2
75	佐藤房吉	彰化市尹	奏任	正五位勳四等	食鹽專賣批發商	M	2
76	角儀太郎	稅關鑑定官	奏任		食鹽專賣批發商	H	2
77	朝倉欽次	總督府專賣局嘉義支局長	奏任		食鹽專賣批發商	M	2
78	須田義次郎	台灣水產試驗所長	奏任	從五位勳六等	食鹽專賣批發商	L	2
79	新垣輝盛	總督府專賣局鹿港出張所長	奏任		食鹽專賣批發商	M	2
80	熊谷治三郎	台北州地方理事官	奏任	從七位	食鹽專賣批發商	L	2
81	牛島菊之助	總督府專賣局技師	奏任	從七位	酒類專賣批發商	M	2
82	古藤誠助	東勢郡守	奏任	正六位勳五等	酒類專賣批發商	K	2
83	西澤金次郎	總督府專賣局基隆出張所長	奏任	勳八等	酒類專賣批發商	H	2
84	西澤時藏	鳳山郡守	奏任	從六位勳六等	酒類專賣批發商	L	2
85	佐藤由松	北斗郡守	奏任		酒類專賣批發商	K	2
86	折尾德慧	總督府專賣局副參事	奏任	從七位	酒類專賣批發商	L	2
87	青松熾	潮州郡守	奏任		酒類專賣批發商	M	2
88	前島知德	總督府專賣局屏東支局長	奏任	正七位勳五等	酒類專賣批發商	K	2
89	宮崎末彥	花蓮港廳街長	奏任	正七位勳六等	酒類專賣批發商	L	2
90	宮野為長	桃園郡守	奏任	正六位勳六等	酒類專賣批發商	M	2
91	高橋盛三郎	總督府專賣局澎湖出張所長	奏任	勳八等	酒類專賣批發商	M	2
92	梅田利邦	嘉義稅務出張所長	奏任	從六位勳六等	酒類專賣批發商	M	2
93	野口穎宗	總督府專賣局副參事	奏任	正七位勳七等	酒類專賣批發商	M	2
94	道山保	署長	奏任	從六位勳六等	酒類專賣批發商	K	2
95	鈴木豐茂	高雄市衛生課長	奏任		酒類專賣批發商	M	2
96	下須榮次郎	總督府專賣局副參事	奏任		專賣品批發商	M	2
97	中西潔	台中州產業主事	奏任		專賣品批發商	M	2

98	田中賢三	嘉義郡守	奏任		專賣品批發商	M	2
99	垣田林左衛門	大湖郡守	奏任		專賣品批發商	M	2
100	星村七郎	總督府地方理事官	奏任		專賣品批發商	M	2
101	宮川法船	澎湖廳稅務課長	奏任		專賣品批發商	M	2
102	野村橘次	總督府專賣局事務官	奏任		專賣品批發商	E	2
103	惠濃武夫	總督府地方理事官	奏任		專賣品批發商	M	2
104	塚本信弘	總督府專賣局台東出張所長	奏任		專賣品批發商	MK	2
105	熊井才吉	豐原郡守	奏任	正六位勳五等	專賣品批發商	M	2
106	鎬亥之吉	台東廳警務課長	奏任	正六位勳六等	專賣品批發商	M	2
107	久米川甚四郎	高雄州保安課長	奏任		煙草專賣批發商	M	2
108	千葉豐治	總督府理事官	奏任	正六位勳六等	煙草專賣批發商	L	2
109	大田乙松	總督府專賣局技師	奏任	從七位勳八等	煙草專賣批發商	M	2
110	小村乙五郎	台中州調停課長	奏任	從六位勳六等	煙草專賣批發商	L	2
111	小島仁三郎	宜蘭街長	奏任	正六位勳五等	煙草專賣批發商	J	2
112	小鎬留三郎	總督府專賣局台東出張所長	奏任	勳八等	煙草專賣批發商	M	2
113	山口德治	警視	奏任		煙草專賣批發商	θ	2
114	山本利涉	台南郵便局長	奏任		煙草專賣批發商	D	2
115	山本新太郎	警視	奏任		煙草專賣批發商	O	2
116	中山信輝	嘉義廳庶務課長	奏任		煙草專賣批發商	O	2
117	中村壽太郎	台南庶務課長	奏任		煙草專賣批發商	O	2
118	五十嵐喜一郎	支廳長	奏任		煙草專賣批發商	J	2
119	古賀彌太郎	宜蘭郡警察課長	奏任	從七位勳七等	煙草專賣批發商	M	2
120	本山直枝	台中州理事官	奏任	從六位勳六等	煙草專賣批發商	L	2
121	生野豬六	台北北警察署長	奏任		煙草專賣批發商	O	2
122	石山丹吾	支廳長、街長	奏任		煙草專賣批發商	O	2
123	成澤孝作	潮州支廳長	奏任		煙草專賣批發商	O	2
124	岡本賢一	專賣局技師	奏任	從六位勳六等	煙草專賣批發商	L	2
125	武田駒吉	淡水街長	奏任	從五位	煙草專賣批發商	MK	2

126	長谷川直吉	海山郡守	奏任		煙草專賣批發商	H	2
127	城戶彥市	潮州郡守	奏任		煙草專賣批發商	K	2
128	秋山滿之助	台南州調停官	奏任		煙草專賣批發商	O	2
129	首藤章	桃園郡守	奏任	正六位 勳五等	煙草專賣批發商	K	2
130	宮尾邦太郎	澎湖廳警務課長	奏任		煙草專賣批發商	O	2
131	宮崎輝雄	總督府專賣局基隆支局長	奏任	從七位 勳八等	煙草專賣批發商	M	2
132	國府小平	中央研究所庶務課長	奏任		煙草專賣批發商	O	2
133	梅本馨	新竹州稅務課長	奏任	從六位 勳六等	煙草專賣批發商	L	2
134	森永種次郎	總督府專賣局宜蘭出張所長	奏任	從七位 勳七等	煙草專賣批發商	M	2
135	渡利友吉	嘉南大圳理事	奏任		煙草專賣批發商	O	2
136	渡邊玄真	總督府專賣局支局長	奏任		煙草專賣批發商	J	2
137	菅秀太郎	總督府專賣局副參事	奏任	從七位 勳八等	煙草專賣批發商	L	2
138	奧村辰次郎	專賣局布袋出張所長	奏任		煙草專賣批發商	K	2
139	奧脅由次郎	總督府專賣局技師	奏任	從七位 勳八等	煙草專賣批發商	K	2
140	新開俊夫	總督府地方理事官	奏任	從七位 勳七等	煙草專賣批發商	M	2
141	福田信吉	總督府專賣局台北支局主任	奏任		煙草專賣批發商	M	2
142	藏田壽吉	新竹街長	奏任		煙草專賣批發商	O	2
143	藤田新吾	總督府專賣局基隆出張所長	奏任	正七位 勳七等	煙草專賣批發商	M	2
144	坂東喜之吉	新竹州稅務課長	奏任	從六位 勳六等	煙草專賣批發商	M	2
145	高橋傳吉	台南廳警務課長、警視	奏任	從六位 勳五等	煙草專賣批發商、高雄新報董事長	L J	2
146	奧村文市	總督府專賣局台中支局長	奏任	正六位 勳五等	煙草專賣批發商組合長	M	2
147	青木惠範	花蓮港庶務課長	奏任		經營鹽務支館	E	2
148	鉅鹿赫太郎	總督府官房翻譯官	奏任	正六位 勳五等	經營鹽務支館	E	2
149	二宮儀之助	打貓支廳長	奏任		大正無盡常董	C	3A
150	揖場徹	總督府作業所業務課長	奏任		大正護膜（橡膠）製品專董	E	3A
151	近藤武義	總督府糖務局事務官	奏任		中央製糖常董	A	3A
152	小松吉久	宜蘭廳長	奏任	從四位 勳四等	日本拓殖專董	L J	3A

153	三浦信雄	地方警視	奏任	從七位 勳七等	日本蓪草專董	M	3A
154	宮尾麟	總督府土木局事務官	奏任		北港製糖常董	A	3A
155	加治木藤之助	總督府地方理事官	奏任	從七位	台中輕鐵經理	J H	3A
156	陰山登	台北市勸業課長	奏任		台北中央市場專董	L	3A
157	瀨谷房之助	總督府事務官	奏任		台東製糖專董	D	3A
158	佐佐木源助	支廳長	奏任		台南電鐵專董	F	3A
159	鐸木直之助	總督府台南配電所長	奏任		台灣土地建物經理	E	3A
160	渡邊發藏	新竹廳警務課長	奏任	從六位 勳六等	台灣化學工業專董	I	3A
161	水野啟	虎尾郡守	奏任	正七位 勳六等	台灣古銅鐵屑專董	M	3A
162	立石義雄	總督府臨時台灣工事部事務官	奏任		台灣瓦斯專董	A	3A
163	小田代慶太郎	總督府殖產局技師	奏任		台灣肥料技師兼經理	D	3A
164	筑紫次雄	宜蘭廳蕃務主任	奏任		台灣耐火煉瓦專董	E	3A
165	諏訪忠藏	恆春廳警務課長	奏任		台灣產業經理	E	3A
166	增山久芳	公學校長	奏任		台灣產業資源經理	M	3A
167	安詮院貞熊	台中市尹	奏任	從五位 勳六等	台灣新聞社常董	M	3A
168	小川要七	台北廳財務課長	奏任		台灣電氣工業專董	D	3A
169	岡本福太郎	支廳長	奏任		台灣製糖原料股長	D	3A
170	清水政治	三等郵便局長	奏任		台灣製糖經理	L	3A
171	木村匡	總督府秘書官	奏任		台灣儲蓄銀行經理	C	3A
172	三上喜千藏	打狗支廳長	奏任	正六位 勳五等	打狗商事專董	E	3A
173	平井成	總督府技師	奏任		共益社常董	M	3A
174	與儀喜宣	水產試驗場所長	奏任	從五位 勳四等	拓洋水產專董	M	3A
175	長谷部浩	台南州技師	奏任		明治製糖技師	P	3A
176	金子昌太郎	總督府中央研究所技師	奏任		明治製糖技師	P	3A
177	田中元治郎	總督府技師	奏任		明治製糖技師	P	3A
178	相馬半治	總督府糖務局技師	奏任		明治製糖專董	L	3A
179	有島健助	總督府稅關事務官	奏任		明治製糖專董	N	3A
180	藤野幹	總督府殖產局特產課長	奏任	從五位	明治製糖常董	L	3A
181	古藤齊助	地方警視里壠支廳長	奏任	從七位 勳六等	東台灣無盡專董	LM	3A
182	野村勘四郎	台南郵便局長	奏任	從六位 勳六等	東亞肥料常董	E	3A

183	柏蕃彌	新竹廳事務官	奏任	勳七等	林本源家租務課長	M	3A
184	堀內政一	總督府技師	奏任		林本源製糖專董	E	3A
185	小花和太郎	總督府糖務局糖務課長	奏任		林本源製糖經理	A	3A
186	池田斌	新竹市尹	奏任	從五位 勳六等	南日本化學工業總務課長	M	3A
187	河越順市	專賣局台南支局長	奏任	從六位 勳六等	南日本鹽業常董	M	3A
188	井田憲次	台北州總務部長	奏任	從五位 勳六等	南海興業常董	M	3A
189	古賀武德	農商務省農政課屬	奏任		昭和製糖經理	L	3A
190	三松經次	總督府專賣局技師	奏任		高砂麥酒專董	N	3A
191	樋口友吉	總督府專賣局酒課長	奏任	正六位 勳六等	高砂麥酒常董	M	3A
192	工藤折平	高雄警察署長	奏任	正七位 勳六等	高雄州自動車工作常董	M	3A
193	中村一造	鐵道部驛長	奏任	勳七等	高雄賣冰專董	L	3A
194	相澤時進	台北廳庶務課長	奏任		基隆輕鐵經理	D	3A
195	原脩次郎	警察本署保安課長、警視	奏任		賀田組經理	A	3A
196	毛利誠意	大湖郡守	奏任		新竹林業販賣購買利用組合長	N	3A
197	速水經憲	台南郵便局長	奏任		新高製冰經理	C	3A
198	山田申吾	總督府糖務局技師	奏任		新高製糖專董	A	3A
199	渡邊與一	台北廳財務課長	奏任		源成農場經理	A	3A
200	伊東義路	嘉義典獄長	奏任		嘉義電燈專董	C	3A
201	小西國平	總督府營林所作業課長	奏任	正七位 勳七等	嘉義輕鐵專董	L J	3A
202	堀宗一	總督府糖務局台南支局長	奏任		鹽水港製糖董事兼技師長	P	3A
203	宗藤大陸	高雄市尹	奏任		台灣製糖企畫部長	M	3B
204	大庭永成	總督府殖產課長	奏任		日本台灣茶監事	C	3B
205	富地近思	台南縣學務課長	奏任		台南新報董事長	E	3B
206	橫山虎次	澎湖廳長	奏任		台灣通信社董事長	E	3B
207	山下秀實	警部長	奏任	正六位 勳四等	台灣傳驛社董事長	C	3B
208	河合千代喜	鳳山廳財務課長	奏任		台灣製糖社員	B	3B
209	中野鹿之助	總督府地方理事官	奏任	正七位 勳七等	台灣勸業無盡書記	M	3B
210	佐藤末吉	總督府地方理事官	奏任	正七位 勳六等	拓南會社顧問	M	3B
211	櫟山保一	總督府官房秘書課長	奏任	從五位 勳六等	東洋電化工業董事	M	3B

212	山口高七郎	台中州警務部理蕃課長	奏任	勳八等	東陽水道董事	M	3B
213	谷信敏	總督府翻譯官	奏任	從六位勳五等	林本源第三行事務員	A	3B
214	今井錠四郎	公學校長	奏任		南投興業董事長	E	3B
215	網本淺吉	陸軍軍需品本廠長	奏任	正五位勳二等	南邦林業董事長	M	3B
216	鈴木金之介	基隆郵便局長	奏任		南洋開發組合理事	D	3B
217	森乙一	總督府警務局理事官	奏任	從七位勳七等	南海自動車董事長	M	3B
218	豬口誠	嘉義郡守	奏任	從五位勳五等	南興公司監事	M	3B
219	島崎光輝	台北市勸業課長	奏任		昭和自動車董事長	N	3B
220	武田義人	總督府技師	奏任	勳三等	昭和農產化工董事	M	3B
221	高瀬光造	潮州郵便局長	奏任	正七位勳七等	三葉商行主	L	4
222	富田榮太郎	土木局技師	奏任		土木承包商	D	4
223	楠田金之丞	安平稅關經理課長	奏任		不動產商	C	4
224	松本通藏	台南廳司法主任	奏任		台灣車輛董事長	E	4
225	津久井半二郎	台南州嘉義稅務出張所長	奏任	正七位勳六等	自動車商	MJ	4
226	金子定晴	總督府理事官	奏任	從七位勳六等	東石自動車五社事物處理	M	4
227	高山仰	阿猴廳長	奏任	從四位勳四等	高山商會主	G	4
228	鈴木重嶽	台北郵便局長	奏任	從五位勳五等	貿易商	L	4
229	吉田菊治	地方警視新竹署長	奏任	正七位勳六等	新竹新興董事長	M	4
230	宇都宮謹藏	總督府專賣局製腦股長	奏任		製腦業	C	4
231	大熊和郎	鳳山廳警務課長	奏任		蕃產物批發商	E	4
232	笹川熙雄	鐵道部事務官	奏任	從六位	雜貨商	C	4
233	村井瀧太郎	總督府醫院藥局長	奏任		雜貨商	A	4
234	白井一	總督府藥局長	奏任		藥材商	L	4
235	服部知春	八塊庄公學校長	奏任		藥材商	E	4
三、判任官部份							
1	瀬谷房之助	總督府屬	判任		台灣銀行出張所長	D	1A
2	山本實	高雄州屬	判任		高雄州青果同業組合出張所長	L	1A
3	川口長助	高雄州文書課、勸業課員	判任	勳七等	高雄青果經理	L	1A

4	桑原佐一郎	新竹廳屬	判任		新竹信用組合專務理事	H	1A
5	吉田次六	彰化市勸業課長	判任	勳八等	彰化信用利用組合常務理事	M	1A
6	橫矢秀南	台中州屬	臨時雇用		基隆倉庫信用組合專務理事	M	1A
7	後藤學而	總督府林野調查課屬	判任		台中州青果同業組合囑託	L	1B
8	瀧口重男	總督府通信局屬	判任	從六位勳六等	台灣電力書記	M	1B
9	山口巖	總督府營林局屬	判任		台灣製腦社員	K	1B
10	野間常彥	總督府專賣局書記	判任		台灣製腦社員	E	1B
11	田邊米二郎	總督府屬	判任		台灣銀行台中支店長	A	1B
12	早川義直	嘉義廳屬	判任		嘉義信用組合長	IJ	1B
13	高松清彥	高雄州技手	判任		嘉義信用組合囑託	M	1B
14	小辻宇吉	蘇澳庄長	判任	勳八等	蘇澳信用組合長	M	1B
15	內田勤三	總督府專賣局屬	判任		官煙批發商	E	2
16	有泉朝次郎	總督府通譯	判任	從六位勳六等	官煙批發商	E	2
17	帖佐武次郎	總督府屬	判任		官煙批發商	E	2
18	河田利之助	阿猴廳屬	判任		官煙批發商	E	2
19	金子恒彌	南投廳事務官	判任		官煙批發商	E	2
20	奧井魁太郎	總督府專賣局屬	判任		官煙批發商	E	2
21	鷲頭信恭	警部	判任		官煙批發商	E	2
22	土方雄志	總督府專賣局屬	判任		食鹽專賣批發商	A	2
23	渡邊剛	台南地方法院嘉義支部書記	判任		食鹽專賣批發商	M	2
24	二宮實太郎	總督府專賣局屬	判任		酒類專賣批發商	E	2
25	平井順次郎	巡查	判任		酒類專賣批發商	M	2
26	村上貞吉	稅務吏	判任		酒類專賣批發商	L	2
27	岡田進一良	總督府專賣局書記	判任		酒類專賣批發商	K	2
28	松平兼三郎	東勢庄長	判任	勳七等	酒類專賣批發商	LM	2
29	長真豐	台中廳巡查	判任		酒類專賣批發商	M	2
30	雨谷信雄	總督府專賣局宜蘭出張所主任	判任		酒類專賣批發商	M	2
31	青木堯	總督府專賣局書記	判任		酒類專賣批發商	M	2
32	崎原當好	總督府專賣局台北酒場屬	判任		酒類專賣批發商	M	2
33	渡邊國廣	總督府專賣局書記	判任		酒類專賣批發商	M	2

34	與奈原良哲	總督府專賣局嘉義出張所員	判任		酒類專賣批發商	M	2
35	豬股胞治	總督府專賣局書記	判任	從七位 勳八等	酒類專賣批發商	M	2
36	鹽田松熊	總督府專賣局屬	判任		酒類專賣批發商	M	2
37	久松富之助	總督府專賣局書記	判任		專賣品批發商	M	2
38	大久保福松	總督府專賣局屬	判任		專賣品批發商	M	2
39	石神三郎	總督府專賣局書記	判任		專賣品批發商	M	2
40	伊東俊雄	監獄舍監	判任		專賣品批發商	M	2
41	伊藤良藏	枋寮庄長	判任		專賣品批發商	M	2
42	吉田春彥	台南高等工業學校書記	判任		專賣品批發商	M	2
43	谷壽夫	台北州立工業學校教諭	判任		專賣品批發商	M	2
44	松島哲男	台南州文書股長	判任		專賣品批發商	M	2
45	新家留治郎	總督府專賣局書記	判任		專賣品批發商	M	2
46	蒲地佐介	總督府專賣局書記	判任		專賣品批發商	M	2
47	山田一藏	總督府鐵道部屬	判任		煙草專賣批發商	O	2
48	川村輝一	總督府專賣局腦務課屬	判任		煙草專賣批發商	O	2
49	井上甚作	總督府專賣局屬	判任		煙草專賣批發商	O	2
50	井上敏雄	專賣局煙草課屬	判任		煙草專賣批發商	O	2
51	本田好夫	總督府專賣局書記	判任		煙草專賣批發商	M	2
52	吉良一義	總督府專賣局酒課屬	判任		煙草專賣批發商	L	2
53	吉武躋	總督府專賣局屬	判任		煙草專賣批發商	M	2
54	安本善助	總督府專賣局屬	判任		煙草專賣批發商	O	2
55	西村義助	總督府研究所書記	判任		煙草專賣批發商	M	2
56	杉山秀	專賣局庶務課屬	判任		煙草專賣批發商	O	2
57	谷國三郎	專賣局樟腦生產股長	判任	正七位 勳七等	煙草專賣批發商	M	2
58	長谷八太郎	總督府學務課屬	判任		煙草專賣批發商	O	2
59	高島虎雄	總督府文書課屬	判任		煙草專賣批發商	O	2
60	野上鵲四	總督府專賣局煙草課屬	判任		煙草專賣批發商	O	2
61	黑木重德	總督府專賣局庶務課屬	判任		煙草專賣批發商	O	2
62	鈴木直吉	總督府專賣局屬	判任		煙草專賣批發商	O	2
63	稻田岩一郎	總督府專賣局屬	判任		煙草專賣批發商	O	2
64	竹內龜七	總督府專賣局書記	判任	從七位	經營鹽務支館	C	2
65	白石喜代治	總督府工務部屬	判任		三五公司南隆農場經理	J	3A
66	今井兼次	總督府技手	判任		大日本製糖農務係主任	A	3A

67	大和芳次	臨時糖務局糖業試驗場講師	判任		斗六製糖機械股長	A	3A
68	賀來倉太	監獄舍監	判任	從五位勳四等	台東工業專董	E	3A
69	堀口兼三郎	警部補	判任		台東製糖常董	C	3A
70	久代求	警部補	判任		台南計程車專董	MJ	3A
71	和泉種次郎	基隆廳屬	判任	勳七等	台灣水產專董	L	3A
72	土居嶺三郎	總督府電信技手	判任		台灣用達專董	E	3A
73	宮本一學	總督府民政部總務局屬	判任		台灣皮革專董	L	3A
74	川田武彥	總督府商工課屬	判任		台灣拓殖製茶專董	J	3A
75	升島戶野一	阿猴廳警部	判任	正八位勳七等	台灣南部無盡支店長	L	3A
76	栗山新造	地方財務金融課員	判任	從七位勳七等	台灣南部無盡專董	L K	3A
77	坂本登	總督府專賣局屬	判任		台灣新聞社經理	E	3A
78	杉尾喜高	總督府殖產局屬	判任		台灣漁業支店長	E	3A
79	菅井博愛	總督府糖務局技手	判任		台灣製糖技師	P	3A
80	杉田茂右衛門	總督府糖務局技手	判任		台灣製糖技師	P	3A
81	大山嶽彥	總督府典獄補	判任	從七位勳七等	台灣興亞紙漿工業經理	M	3A
82	石丸長城	台南辦務署主記	判任		台灣興業專董	F	3A
83	渡邊國重	總督府屬	判任		合名甲仙埔採腦經理	A	3A
84	吉井弘治	專賣局屬	判任		合資江副商店出張所長	E	3A
85	上原繁雄	嘉義醫院醫員	判任	勳七等功七級	宜蘭精米專董	M	3A
86	八幡久吉	台中縣巡查	判任		東勢角物產經理	K	3A
87	野副茂人	斗六廳警部	判任		林杞埔輕便鐵道經理	C	3A
88	上田雄太郎	阿猴廳農會幹事	判任		阿猴勸業常董	E	3A
89	立山增太郎	基隆水上警察署警部	判任		南國公司出張所長	E	3A
90	佐藤喜四郎	基隆警察署警部	判任		施合發商行庶務主任	L	3A
91	西村圭三	新竹廳屬	判任		苗栗輕便鐵道經理	C	3A
92	藤利剋	鹿港辦務署屬	判任		海南製粉專董	E	3A
93	日高六太郎	阿猴廳屬	判任		高雄魚市專董	L	3A
94	鑲田駿藏	宜蘭警部	判任		基隆荷役專董	B	3A
95	石田順平	警部	判任		朝日組經理	L	3A
96	武內小太郎	總督府鐵道部屬	判任		賀田組經理	M	3A
97	鈴木伊勢教	嘉義廳農會技手	判任		新竹製糖經理	L	3A
98	治田長次郎	總督府通譯官	判任		新高炭礦專董	E	3A

99	原勇畑	嘉義廳屬	判任		嘉義旅館經理	A	3A
100	矢野友之丈	台中廳屬	判任		彰化銀行出張所長	A	3A
101	中津德治	總督府專賣局屬	判任		彰化銀行常董	L	3A
102	芝原太次郎	南投廳技手	判任		彰南鐵道專董	C	3A
103	山田耕作	總督府屬	判任	勳七等	サミユル商會台北支店員	F	3B
104	田路市郎治	臨時台灣糖務局屬	判任		大日本製糖社員	J	3B
105	堀虎輔	總督府殖產局屬	判任		大日本製糖社員	E	3B
106	加藤平吉	農務省水產局技手	判任		日本水產社員	M	3B
107	平野六郎	總督府通譯	判任		台南新報副董事長	A	3B
108	山口末	總督府樟腦局屬	判任		台南製糖社員	F	3B
109	松田定吉	警部	判任	勳六等	台灣化學工業社員	E	3B
110	久永均介	總督府海關屬	判任		台灣倉庫社員	M	3B
111	湖幡良造	總督府統計課員	判任		台灣商工銀行書記	M	3B
112	水野英之輔	嘉義廳警部補	判任		台灣製糖社員	M	3B
113	近藤正太郎	總督府鐵道部屬	判任		台灣製糖社員	F	3B
114	鑛田長	警部	判任		台灣製糖社員	E	3B
115	名井金之助	基隆要塞司令部屬	判任		南投製糖社員	A	3B
116	野勢暢次郎	總督府殖產局屬	判任		埔里社製糖幹部	B	3B
117	西村瀧三郎	總督府土地調查局屬	判任		堀內商會社員	C	3B
118	本田壽一	總督府官房屬	判任		雲泉商會社員	K	3B
119	高橋卯一	總督府屬	判任		新高銀行員	F	3B
120	小林丈夫	總督府屬	判任		三洋牧場主	C	4
121	三原詰德兵衛	總督府土木局屬	判任		土木承包商	E	4
122	五十嵐平作	警部	判任		土木承包商	A	4
123	佐藤四郎治	總督府土木局屬	判任		土木承包商	E	4
124	岡本太郎	桃園廳技手	判任		土木承包商	E	4
125	岩淵芳二	嘉義廳土木股長	判任		土木承包商	E	4
126	長谷川熊吉	總督府土木部技術員	判任		土木承包商	A	4
127	濱口勇吉	台北縣監獄作業股長	判任		土木承包商	C	4
128	古矢庄治郎	總督府商工課員	判任		大世界電影館主	M	4
129	大谷久造	台南監獄第二課長	判任		大谷吳服店主	A	4
130	小倉壽一	台北廳屬	判任		大氣堂代表社員	E	4
131	市野俊彥	總督府專賣局屬	判任		不動產商	E	4
132	山本喜助	總督府鐵道部建築課員	判任		五金建材商	A	4
133	犬塚才太郎	新竹辨務署屬	判任	勳八等	文具書籍商	H	4
134	宮下乙次郎	嘉義廳監獄書記	判任		文具商	A	4

135	木村丁吉	警部	判任		牛乳商	C	4
136	松本龜太郎	總督府民政部財政調查委員	判任		北投土地開墾	A	4
137	上田英雄	總督府專賣局書記	判任		台灣粉末樟腦商會主	C	4
138	村上真太郎	嘉義廳警部	判任		末廣商店主	E	4
139	土岐賤夫	總督府技手	判任		石川組店員	F	4
140	石井辰次郎	總督府土木局屬	判任		石井自轉車商會主	E	4
141	高田彥次郎	台中縣警務課員	判任		合資台灣製帽代表者	C	4
142	石橋直藏	總督府鐵道部屬	判任		折箱製造業	E	4
143	飯田注連松	總督府土木局屬	判任		玩具商	A	4
144	小山克	總督府殖產局米穀檢查官	判任		肥料商	E	4
145	佐原信藏	阿猴廳屬	判任		阿猴產業董事	EF	4
146	伴八郎	警部嘉義署行政主任	判任	正八位	南和商行主	M	4
147	秋山善一	鳳山縣屬	判任		秋山回漕店主	A	4
148	桑垣源二郎	監獄看守長	判任		家具商	E	4
149	宮川精九郎	高雄警察課巡查	判任	勳八等	宮川商行主	E	4
150	佐土原吉雄	總督府專賣局屬	判任		清酒代理商	M	4
151	齋藤剛	總督府專賣局書記	判任	從七位	造庭業者	C	4
152	平山鷹一	巡查	判任		陶器製造商	J	4
153	鷲田敬太郎	警部	判任		煤炭商	E	4
154	西村健藏	總督府土地調查局技手	判任		當舖業	C	4
155	岩田芳人	總督府屬	判任		當舖業	A	4
156	二木敏雄	總督府土木局經理課屬	判任		萬媒社董事長	E	4
157	坂口福松	警部	判任		經營服裝店	E	4
158	元永盛美	嘉義廳行政事務傳習所講師	判任		經營金融業	E	4
159	渡嘉敷唯良	新竹辨務署主記	判任		經營新竹市場	C	4
160	山下律太	總督府殖產局礦業調查官	判任		經營礦業	E	4
161	岡田道平	苗栗廳屬	判任		經營鐵工場	E	4
162	城本熊造	總督府鐵道部技術員	判任		經營鐵工場	D	4
163	福原勇雄	陸軍補給廠台中支廠技手	判任		經營鐵工場	E	4
164	松村芳太郎	總督府鐵道部屬	判任		腳踏車商	E	4
165	伊藤誠作	巡查	判任		葬儀業	M	4
166	江口音吉	台南縣屬	判任		製糖業	A	4
167	山田作松	總督府屬	判任		橡膠鞋批發商	E	4
168	辻清吉	台北縣屬	判任		蕃產物批發商	A	4

169	木南正	警部補	判任		餐飲旅館業	J	4
170	加藤末吉	警部補	判任		餐飲旅館業	A	4
171	山田信太郎	基隆辨務署庶務課長	判任		雜貨商	B	4
171	四倉多吉	南投聽巡查	判任	勳八等	雜貨商	M	4
172	武藤仙太郎	總督府警部	判任		雜貨商	C	4
173	真砂由次郎	總督府土木局打狗工事部屬	判任		雜貨商	E	4
174	黑田米三	台南廳屬	判任		雜貨商	A	4
175	竹中兵吉	彰化廳屬	判任		藥材商	A	4
176	河野綱吉	總督府製藥所屬	判任		藥材商	F	4
177	藤本鐵治	總督府財務局間稅股長	判任	從七位	釀造業	C	4
四、囑託部份							
1	中山秀之	總督府殖產局囑託	特別聘任		台灣製鹽專董	G	1A
2	池田競	農事試驗所囑託	特別聘任		台灣青果常董	L	1A
3	庄野橘太郎	嘉義市囑託	特別聘任	正七位勳七等	嘉義商共信用組合主事	M	1A
4	小林五郎	總督府殖產局囑託	特別聘任		台灣青果監事	N	1B
5	高木鐵男	總督府糖務局囑託	特別聘任		明治製糖經理	A	3A
6	箆鳥桂太郎	臨時糖務局事務囑託	特別聘任		東洋製糖經理	A	3A
7	河野市次郎	台中廳囑託	特別聘任		林本源製糖技師	P	3A
8	石川寬	總督府糖業試驗場囑託	特別聘任		南日本製糖技師	P	3A
9	松岡富雄	臨時台灣糖務局囑託	特別聘任		帝國製糖專董	L	3A
10	石川昌次	總督府殖產局糖務囑託	特別聘任		新興製糖常董	C	3A
11	真木勝太	嘉義廳囑託	特別聘任	從七位	嘉義銀行專董	I	3A
五、雇員部份							
1	坂井春太	總督府雇	臨時雇用		台灣拓殖書記	M	1B
2	梅崎貴一	台南廳雇	臨時雇用		台灣製鹽社員	L	1B
3	守滿亦八	總督府雇	臨時雇用	勳八等	三榮商會經理	M	3A
4	加藤長次郎	鹽水港廳雇	臨時雇用		麻豆製糖社書記	K	3B

5	村崎長昶	總督府雇	臨時雇用		文具書籍商	AM	4
6	橫井勝治郎	總督府內務部雇	臨時雇用		石油商	J	4
7	上瀧宇太郎	澎湖廳雇員	臨時雇用		運輸土木業	A	4

六、軍官部份

1	山瀨肇	陸軍通譯官	軍官	勳六等	台灣銀行支店課長	L	1A
2	林藤二	陸軍中尉	軍官	從七位	基隆信用組合常務理事	L	1A
3	井上大作	台灣守備隊步兵中尉	軍官	從七位勳六等	台北信用組合幹部	J	1B
4	柏尾具包	海軍主計上尉	軍官		台灣青果董事	N	1B
5	山下一馬	陸軍中尉	軍官	從七位	楠梓信用組合長	M	1B
6	二瓶源五	陸軍中校	軍官	正五位勳三等	煙草專賣批發商	L	2
7	幸野武麿	陸軍中尉	軍官	勳五等	經營鹽務支館	E	2
8	石坂莊作	軍官	軍官	勳八等	台灣耐火煉瓦董	L	3A
9	村上玉吉	憲兵	軍官		台灣漁業經理	L	3A
10	喜多島二虎	陸軍工兵中尉	軍官		台灣製糖技師	F	3A
11	山岸初太郎	軍官	軍官		台灣爆竹煙火經理	L	3A
12	飯田耕一	陸軍工兵中尉	軍官	正八位勳六等	台灣鐵工所專董	J	3A
13	佐藤信壽	工兵中尉	軍官	從七位勳六等	台灣鐵工所常董	F	3A
14	小川浩	陸軍步兵中尉	軍官	從七位勳六等	花蓮港電氣常董	L	3A
15	宮添環	憲兵隊軍官	軍官		南部台灣海產專董	F	3A
16	梅野清太	陸軍砲兵中尉	軍官	從七位勳六等	賀田組經理	L	3A
17	松本徒爾	陸軍步兵曹長	軍官		新竹電燈專董	C	3A
18	林準二	陸軍步兵少尉	軍官		蓬萊水產專董	E	3A
19	渡邊哲	軍官	軍官	正八位	台灣製糖社員	L	3B
20	中島與市	陸軍工兵少尉	軍官	正八位	台灣製糖橋仔頭製糖所機械工務監督	J L	3B
21	土井某	陸軍中尉	軍官		世村古竹堂主	N	4
22	井手英孝	憲兵軍官	軍官		井手商店主	AJ	4
23	岡村勇吉	憲兵軍官	軍官		有價證券商	C	4
24	高羽貞將	台灣憲兵分隊副長	軍官		埔里開墾土地	A	4
25	清水義治	高雄憲兵隊分遣所長	軍官		當舖業	A	4
26	星加彥太郎	台灣守備隊附	軍官		綿布商	I	4

27	村田義教	憲兵隊漢話通譯	軍官		製造販售日本瓦	C	4
28	飯尾松之助	軍官	軍官		雜貨商	A	4
七、不詳							
1	梶原通好	退官	不詳		台灣青果監事	N	1B
2	德永新治	退官	不詳		台灣青果董事	N	1B
3	藤田品之	退官	不詳		台灣青果董事	N	1B
4	坂本軍二	退官	不詳		煙草專賣批發商	O	2
5	桐村純一	退官	不詳		台灣製筵專董	H	3A
6	中村熊一	退官	不詳		土木承包商	C	4
7	長江政雄	退官	不詳		雜貨業	A	4

說明：類別一欄，1A 代表擔任官營企業、組合「經營性」職位者，1B 代表擔任官營企業、組合「酬庸性」職位者；2 代表獲任專賣品批售商人，3A 代表擔任民營中大企業「經營性」職位者，3B 代表擔任民營中大企業「酬庸性」職位者；4 則代表自行創業。

資料來源：
資料 A：岩崎潔治，《臺灣實業家名鑑》（臺北：1912 年）。
資料 B：《新臺灣》大正 4 年 11 月號（臺北：新臺灣社，1915 年）。
資料 C：大園市藏，《臺灣人物志》（臺北：谷澤書店，1916 年）。
資料 D：上村健堂，《臺灣事業界與中心人物》（臺北：臺灣案內社，1919 年）。
資料 E：內藤素生，《南國之人士》（臺北：臺灣人物社，1922 年）。
資料 F：《最近之南部臺灣》（臺南：臺灣人物社，1922 年）。
資料 G：橋本白水，《評論臺灣之官民》（臺北：南國出版協會，1924 年）。
資料 H：林進發，《臺灣官紳年鑑》（臺北：民眾公論社，1932 年）。
資料 I：《臺灣人士鑑》1934 年版（臺北：臺灣新民報社，1934 年）。
資料 J：大園市藏，《臺灣之中心人物》（臺北：日本殖民地批判社，1935 年）。
資料 K：新高新報社編，《臺灣紳士名鑑》（臺北：該社，1937 年）。
資料 L：《臺灣人士鑑》1937 年版（臺北：臺灣新民報社，1937 年）。
資料 M：《臺灣人士鑑》1943 年版（臺北：興南新聞社，1937 年）。
資料 N：《臺灣實業界》相關各號（臺北：該社）。
資料 O：《臺灣實業界》昭和 4 年 9 月號、10 月號（臺北：該社）。
資料 P：吳文星，〈札幌農學校與臺灣近代農學的展開—以臺灣總督府農事試驗場為中心〉，《日本統治下臺灣之支配與展開》（名古屋：中京大學社會科學研究所，2004 年），頁 481-522。

　　根據表 1 可知：日人退職官吏轉往商工界發展，大致有四條途徑，第一為轉進官營公司、組合任職，即表中的 1A、1B 類型，共有 141 例；第二為擔任專賣品批售商人，即表中的 2 類型，共計 131 例；第三為進入中大型民營公司、組合任職，即表中的 3A、3B 類型，共有 162 例；

第四則為自行創業，即表中的 4 類型，共計 85 例。

　　大體而言，前兩條出路與殖民政府關係較為密切，多聽候官方的安排，後兩條出路則與殖民政府關係稍淡，倚賴個人才幹較多，[5]總計走前兩條出路，共有 272 個，佔總數的 52%，循後兩條出路者，則有 247個，佔總數的 48%（參見圖 1）。換言之，日人退職官吏轉入商工界發展，轉進官方色彩較濃的事業和投入民間企業、組合者約佔各半，而前者又略多於後者。

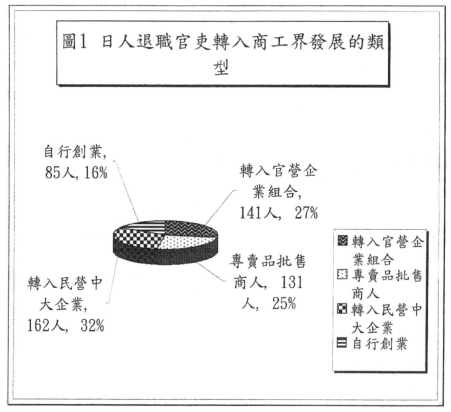

資料來源：根據表 1 繪製

　　以下在分述這四條出路的概況。首先，就第一條出路言，何以退職官吏會一窩蜂轉往官營企業、組合發展？這與殖民政府握有官營企業、

---

[5] 但亦不可說全無關聯，根據矢內原忠雄《日本帝國主義下之台灣》（台北：帕米爾書店，1985年），頁 14，即言，台灣總督府經常給各製糖會社人事援助，頗多製糖會社的幹部原為糖務局和台灣銀行職員，故退職官吏轉入各製糖會社任職，實常由台灣總督府在幕後牽線。

組合的人事權，以及官營企業、組合待遇頗為優渥有關。由於殖民政府
對官營企業投資甚多，幾皆為各大官營企業的最大股東，[6]加上，其可
監管各官營企業、組合的業務，故各官營企業、組合的人事權幾盡操於
殖民政府手中。以九大官營企業為例，臺灣銀行、臺灣電力、臺灣拓殖
三家公司通常由中央政府、臺灣總督府共同指派正、副董事長、理事、
監事；[7]臺灣日日新報株式會社則由臺灣總督府決定董事長、董事、監
事；[8]而臺灣青果、臺灣石炭兩家公司的人事，一般多聽從臺灣總督府
殖產局長的意見；[9]至於臺灣製腦、臺灣製鹽兩家公司，因其製品被列
為專賣，故其用人自然必須尊重臺灣總督府專賣局長的決定；[10]另外，
臺灣合同鳳梨則因係由臺灣總督府一手促成，顧公司的人事亦須向臺灣
總督府報備。[11]

　　接下來，討論官營企業、組合待遇較豐的問題。以 1929 年為例，
臺灣總督年俸 7,500 圓，雖較臺灣銀行、臺灣電力、臺灣青果、臺灣製
腦等官營企業董事長的 5,000—6,000 圓為高，[12]但官營企業的董事長通

6 　筆者根據杉浦和作編纂的《台灣銀行會社要錄》（台北：台灣實業興信所）、千草默仙編纂
　　的《會社銀行商工業者名鑑》（台北：圖南協會）、竹本伊一郎編纂的《台灣會社年鑑》
　　（台北：台灣經濟研究會）所羅列的大股東資料，若合計台灣總督府、官方半官方社團、
　　基金、銀行、會社、皇室、大藏省等官方資本，官方資本在台灣日日新報、台灣青果兩家
　　公司的持股率，曾高達 60% 以上；在台灣拓殖、台灣電力兩家公司的持股率，亦曾高達 50%、
　　40% 以上；而在台灣石炭、台灣製腦、台灣銀行三家公司的持股率，則亦曾分別達到 18%、
　　8%、3.5% 左右，而且上述各官營企業除台灣製腦外，其餘各家公司的第一大股東，皆為官
　　方資本。

7 　《台灣實業界》昭和 13 年 5 月號，言：台銀重役的任命權在大藏省，第二監督權在台灣總督
　　府。台灣電力、台灣拓殖人事權由中央、台灣總督府決定，則參見《台灣實業界》昭和 4
　　年 12 月號、昭和 11 年 8 月號、昭和 11 年 12 月號、昭和 14 年 11 月號、昭和 14 年 12 月
　　號等。

8 　《台灣實業界》昭和 14 年 2 月號。

9 　《台灣實業界》昭和 9 年 5 月號。

10 　《台灣實業界》昭和 4 年 12 月號。

11 　《台灣實業界》昭和 12 年 2 月號、昭和 12 年 10 月號、昭和 13 年 1 月號，台灣合同鳳梨初
　　由大阪民政黨國會議員勝田永吉奪取董事長之位，後勝田辭退政務次官後，由台地財閥赤
　　司初太郎繼任董事長，台灣總督府利用機會，亦勤鍋島專務董事一併辭職，並指定台灣總
　　督府內務部長小濱淨礦繼任專務董事。

12 　根據《台灣實業界》昭和 9 年 11 月號言，台灣製鹽董事長的年俸、津貼，高達 1 萬圓；昭
　　和 13 年 1 月號又言，台灣合同鳳梨專務董事的年俸、津貼，亦有 1 萬圓。

常都有 2-3 萬圓的高額特支費，使其收入遠遠超過一般高等官（參見表 2、表 3），而且特支費的成長亦十分驚人，臺灣電力董事長的特支費，至 1936 年時已高達 10 萬圓。[13]再者，除特支費外，官營企業的經營者每年還可領取巨額的酬勞金。長期旅居在外亦有差旅費的補助，[14]退職時官營企業通常還會給予董事長任職一年 1 萬元的退職金，臺灣銀行更給予董事長任職一年 2 萬圓的退職金。[15]

表 2：1929 年時臺灣高級官員的年俸

	年俸
臺灣總督	7,500 圓
臺大總長	7,000 圓
總務長官、高等法院院長、檢察長	6,500 圓
總督府高級技師	6,000 圓
交通局總長	5,700 圓
法官、檢察官、局長、州知事、督府事務官、交通理事、醫院長、各學校長	5,200 圓
敕任官另有加給及特支費	

資料來源：《臺灣實業界》昭和 4 年 9 月號。

表 3：1928-1929 年臺灣官營公司董監事的年俸及特支費

職銜	臺灣銀行	臺灣電力	臺灣青果	臺灣製腦
董事長	年俸 6,000 圓 特支費每年 2-3 萬圓	年俸 6,000 圓 津貼 6,000 圓 特支費每年 2 萬圓	年俸、津貼 合計 10,000 圓	年俸 5,000 圓 特支費每年 3 萬圓
副董事長		年俸 5,000 圓 津貼 5,000 圓		
專務董事			年俸 4,200 圓	
理事 常任監事	年俸 3,600 圓	年俸 4,000 圓 津貼 4,000 圓	年俸 3,600 圓	
酬勞金		每年 4 萬圓分給重役		

---

[13] 《台灣實業界》昭和 11 年 3 月號、昭和 14 年 7 月號、昭和 16 年 7 月號。

[14] 《台灣民報》昭和 3 年 8 月 26 日，台人輿論批評高田元治郎董事長期旅居東京，坐領公司一年 9,000 圓的高額差旅費補助，但一年卻只返台灣開一次總會，就算盡了董事長的義務。

[15] 《台灣實業界》昭和 13 年 8 月號。

資料來源：綜合《臺灣實業界》昭和 4 年 9 月號；《臺灣民報》昭和 3 年 8 月 26
日號、3 年 2 月 12 日號製表。
說明：根據《臺灣實業界》昭和 11 年 9 月號言：官營企業、組合的年俸，亦經
常隨著退職時官等的高低，給予不同的待遇，例如：臺灣青果株式會社給予敕
任官退職的高田元治郎、村田俊彥、白勢黎吉一年的年俸、津貼可達一萬圓，
但大竹勇因為只是澎湖廳長、奏任官退職，故收入也減少了一千圓。

　　如上所述，官營企業、組合的待遇既佳，[16]故官營企業、組合一遇
有職位出缺，退職官吏莫不各顯神通，運用政黨派閥、同鄉、姻親、同
學等特殊關係，[17]競奔爭取進入官營企業、組合任職的機會，例如：1934
年，臺灣製鹽董事長荒卷鐵之助因病過世，即引起政友會聞人東鄉實（文
部省政務次官床次竹二郎的嫡系）、前臺南州知事橫光吉規（內相後藤
文夫的同學）、前新竹知事豬股松之助（前臺灣製腦董事長三村三平女
婿）等人的角逐，專賣局長田端幸三郎為避免開罪各方，以節省臺鹽董
事長一年一萬圓薪俸為藉口，簽報中川健藏總督自臺鹽董事崛三太郎或
樋口典常兩人中擇一繼任。[18]又如：1939 年，臺灣電力董事長松木幹一
郎過世，也曾吸引前總務長官平塚廣義、財務局長岡田信、拓務省次官
荻原、前臺灣電力副董事長安達房治郎、「九州電力王」松永安左衛門、
貴族院議員八條隆正子爵、小坂順三等多方勢力的垂涎，總督府最後在
無法擺平各方勢力的狀況下，只好委由臺灣拓殖株式會社董事長加藤恭
平暫代董事長之位。[19]再如：1941 年，臺灣石炭株式會社籌設時，由於
該公司董事長年俸等收入超過 25,000 圓，令前殖產局長松岡一衛的積
極爭取，最後松崗在臺灣煤礦業者的反對下失敗，改由專賣局長今川淵
退職接任，當時一度掀起很大的波瀾。[20]

---

[16] 在官控組合幹部的收入方面，根據《台灣實業界》昭和 15 年 4 月號，中瀨拙夫任糖業聯合
　　會常務理事年收入亦可高達 2 萬圓。
[17] 有關日治時期日人企業菁英如何運用親緣、地緣、學緣、政治網絡，爭取職位或擴大業務，
　　可以參見趙祐志，《日人在台企業菁英的社會網絡（1895-1945）》（臺北：國立台灣師範
　　大學歷史系博士論文，2005 年）。
[18] 《台灣實業界》昭和 9 年 11 月號。由於樋口典常屬於政友會，故民政黨的中川總督最後圈
　　選崛三太郎為新任台鹽董事長。
[19] 趙祐志，〈日治時期日本政黨派閥與台灣官營企業的運送—以台灣電力株式會社為例〉，《師
　　大政治論叢》（台北：國立台灣師範大學政治學研究所，2006 年 2 月），頁 235-253。
[20] 《台灣實業界》昭和 16 年 4、昭和 16 年 7 月號。

　　這種退職官吏競赴官營企業、組合任職的風氣，自日治中後期起，《臺灣實業界》等報紙雜誌及已多次提及，[21]不惟如此，甚至有些官員在任官時，還利用職務之便，圖利某些企業的設立及發展，並在退職後轉入該企業任職，例如：西澤義徵在擔任高雄州知事時，熱心協助臺灣合同鳳梨株式會社的創立，臺灣合同鳳梨亦投桃報李，在其退職後，立刻邀請他擔任常任監事，並給予西澤 300 股的股票，以酬謝他的功勞，當時輿論批評西澤雖於官紀略有所虧，但亦言並不違法。[22]再如：本山文平擔任台中州知事時，積極催生臺灣青果株式會社的設立，其後亦接掌了這家公司的董事長之位。[23]又如：白勢黎吉在擔任總督府交通總長時，曾給予聯絡花、東兩地的國策交通公司—東海自動車在籌設上的諸多便利，1940 年東海自動車董事長出缺時，該公司亦優先聘任其為董事長。[24]

　　綜上可知，官營企業、組合待遇既佳，而殖民政府又握有官營企業、組合的人事決定權，故自然會優先安排官吏轉任，如此不僅可以照顧退職官吏的生活，亦能賴此退職官員網絡，壟斷臺灣的金融、電力、煤礦、專賣品、特產品、土地、交通等產業及資源，甚至還可藉由控制《臺灣日日新報》，箝制或製造輿論。

　　其次，就第二條出路言，何以日人退職官吏亦熱衷爭取專賣品的批售權，這仍與暴利有關。根據《臺灣實業界》的分析，日治時期臺灣總督府專賣局曾將菸、鹽、酒、樟腦、鴉片等列為專賣品，所謂專賣品即是只准特定商人在某一區域販售，在可獲專賣特權者稀、[25]毋須廣告的情況下，專賣品的批售可說是絕對有利的事業。以菸草為例，其利潤高達 30% 以上，據估計一旦被指定為專賣品批售商，年收益至少可有 2,000 圓，較好者甚至可獲 3,000-4,000 元的利益。

---

[21] 《台灣實業界》昭和 9 年 7 月號、昭和 11 年 1 月號。

[22] 《台灣實業界》昭和 11 年 1 月號、昭和 16 年 5 月號。

[23] 《台灣實業界》昭和 15 年 3 月號。

[24] 《台灣實業界》昭和 15 年 3 月號。

[25] 根據《台灣實業界》昭和 4 年 9 月號：1929 年，全台僅有菸草批發商 70 人，匿名組合員 48 人，零售商 80 人。

因為販售專賣品利潤豐厚，有意爭取者平時看到專賣局官員即行三跪九叩的大禮，並在專賣局官員出差時，熱烈招待，為其打點旅館、贈送車票，每屆指定批發商時，更不惜耗費鉅資，猛向專賣局活動，因為若能獲得專賣特權，即可穩得高額利潤、吃喝享受三年。

然在眾多爭取者當中，仍以日人退職官吏較易雀屏中選，其中，尤以專賣局退職官吏、曾任奏任官以上職位者機會較大。臺灣總督府會優先給予日人退職官吏專賣權，原係為了維持其生活的體面，但獲得專賣特權的日人退職官吏，既可領恩給、原本職務薪俸，又坐享專賣暴利，可說獲得了三重收入，故攫取專賣品批售權自然成為日人退職官吏謀利、享受的捷徑。[26]據《臺灣民報》1925 年 7 月的估計，合計菸草、鹽、酒、鴉片這四類專賣品批售商的純益，每年至少高達一百萬圓，而這百萬圓即大部分都由這些日人退職官吏所分食。[27]

再次，就第三條出路言，日人退職官吏不論轉入官營企業、組合任職，或藉專賣品批售權謀利，皆常遭致輿論的批評，但轉入民營企業任職則有較佳的評價，以下申論之。

在企業、組合內的職位，不論官營或民營，大致可以區分為兩類，一類為較需負經營實責的職位，包括：專務董事、常務董事、常務理事、常任副組合長、經理、主事、參事、部長、課長、係長、支店長、出張所長、工場長、技師長、技師、囑託等，一類則較屬於掛名養老性質的職位，包括：正副董事長、正副組合長、董事、監事、理事、顧問、社員等（當然並非絕對如此，但為便於觀察，概以此標準劃分）。由於前者多需承擔經營重任，故本文將之視為非酬庸的「經營職」，而後者較常坐領乾薪，故本文將之歸為「酬庸職」。

若依此分類，在日人退職官吏轉入官營企業、組合任職的 141 例中，共有 62 例轉任「經營職」（即表 1 中的 1A 類型），79 例轉任「酬

---

[26] 《台灣實業界》昭和 4 年 9 月號、昭和 4 年 10 月號。《台灣民報》第 60 號，大正 14 年 7 月 20 日行之社說亦言，1925 年時，全台菸草仲買商共 132 人，平均每年一年純益不下於 3,000 圓，菸草純益每年高達 39.6 萬圓。

[27] 《台灣民報》第 60 號，大正 14 年 7 月 20 日行之社說。

庸職」(即表 1 中的 1B 類型),即:擔任酬庸職者為擔任經營職者的 1.3
倍,可見殖民政府安排日人退職官吏進入官營企業、組合任職,實以酬
庸性質居多。

　　輿論對於這種以官營企業、組合職位酬庸退職官員屢有批評,例
如:《臺灣實業界》即曾言:臺灣電力株式會社內資深官員麇集,導致
臺灣電力無法民營化,已經動脈硬化,無可救藥,[28]亦曾指出臺灣總督
府、臺灣電力董事長向來習慣以監事、顧問之位,酬庸、收容權貴者。[29]《臺
灣民報》的批評更為激烈,其言:臺灣總督府不管退職官員專長、能力
如何,以為官吏萬能,亂換一場,竟以醫學博士高木友枝擔任臺灣電力
公司的董事長,致有日月潭水力發電工程的大失敗。[30]再者,官營企業、
組合更經常成為老官僚的隱居所、日人退職官吏的收容機關,例如:臺
灣製鹽公司欠下臺灣銀行 60 萬圓的債務,董事長荒卷鐵之助卻可領取
擔任臺南市尹時代兩倍的薪俸,臺灣製鹽公司充斥著一大堆坐領高薪卻
無能的事務官。[31]此外,日人退職官員轉入臺灣商工界,亦容易將官僚
習氣帶入公司,而使公司作為轉趨消極,此亦屢遭報章雜誌詬病。[32]

　　反觀日人退職官吏轉進民營中大企業、組合任職則非如此。在退職
官吏轉入民營中大企業、組合的 162 個案例中,擔任「酬庸職」者僅
45 例(即表 1 的 3B 類型),而擔任「經營職」者卻高達 117 例(即表 1
中 3A 的類型),擔任經營職者為酬庸職者的 2.6 倍,與官營企業、組合
的情況,恰成鮮明對比,這些轉任經營職的退職官吏,為臺灣民營中大
企業、組合補充了不少的經營和專技人才(參見圖 2)。他們頗多曾獲
致不錯的經營績效,較著名者如:飯田耕一、藤野幹、栗山新造、宮本
一學等人擔任臺灣鐵工所專務董事(1938-1940)、明治製糖常務董事
(1923-1941)、臺灣南部無盡專務董事(1930-1943)、臺南新報專務董
事(1923-1930)期間,分別為公司創造高達 23.22%、19.18%、15.25%、

---

28 《台灣實業界》昭和 13 年 1 月號。
29 《台灣實業界》昭和 16 年 2 月號。
30 《台灣民報》昭和 2 年 1 月 23 日。
31 《台灣民報》昭和 3 年 10 月 14 日。
32 《台灣實業界》昭和 11 年 9 月號、昭和 15 年 4 月號、昭和 15 年 7 月號。

8.92%的平均年純益率，為當時臺灣銀行的平均最高年存利率 4.18%2-5
倍。[33]

再者，根據表1亦可知，再轉入民營中大企業、組合擔任經營職的
117 例中，竟有高達 33 例轉入各製糖會社，顯見日人退職官吏對於提
供各製糖會社所需的經營和專技人才尤為重要。

最後，討論第四條出路。選擇這條出路的退職官吏，多為基層官吏，
多為基層官吏，他們受殖民政府的照顧較少，無法躋身官營企業、組合，
同時，民營中大企業、組合亦不願將其納入，他們雖有部分競爭力疲弱，
難與臺人企業菁英爭雄，但頗多赤手空拳創業成功，甚至成為一方之
霸，其中聲名較著有：臺北的村崎長昶（文具書籍商）、星加彥太郎（棉
布商），高雄的楠田金之丞（酒樓、不動產商）、宮川精九郎（雜貨商）、
真砂由次郎（雜貨商）、清水義治（當鋪商），嘉義的白井一（藥商）、
津久井半二郎（汽車商）、宇都宮讜藏（製腦商人），臺南的村田義教（日
本磚瓦商人）、屏東的高山仰（製腦商人），澎湖的井手英孝（雜貨商）、
上瀧宇太郎（水產、運輸、土木商），花蓮港的岩田芳人（當鋪商），宜
蘭的橫井勝治郎（石油商）等（參見表1 ），這些退職官吏上從臺北、
高雄大都會，下至宜蘭、澎湖偏遠市鎮皆有之，他們散居臺灣各角落，
成為各級殖民政府的基本支持者。

---

[33] 參見趙祐志，〈日治時期在台日人高級經營階層的崛興〉，《重高學報》第九期（台北：國
立三重高中，2006 年），頁 103-134。

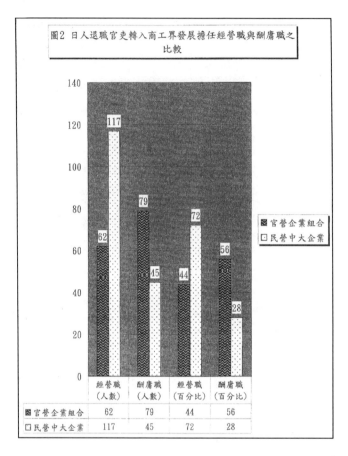

圖2 日人退職官吏轉入商工界發展擔任經營職與酬庸職之比較

	經營職 （人數）	酬庸職 （人數）	經營職 （百分比）	酬庸職 （百分比）
▨ 官營企業組合	62	79	44	56
□ 民營中大企業	117	45	72	28

資料來源：根據表1繪製

三、退官的官等、專業與出路之關係

　　日本自 1886 年起，即將文官劃分為「高等官」和「判任官」兩種，而高等官又可分為「敕任官」（包括「親任官」）和「奏任官」兩類。1892年修訂後，再將高等官區分為九等，親任官、高等官一等、二等都是敕任官，而三等至九等則屬奏任官。[34]若綜觀歷年修訂的《臺灣總督府官制》、《臺灣總督府地方官官制》，大體而言，臺灣總督為親任官，屬於敕任官者，在總督府內有：民政長官、總務長官、參事官長、各局局長、外事部長、法務部長等，而部分事務官、參事官、技師及警視總長、農

---

34 黃昭堂著，黃英哲譯，《台灣總督府》（台北：自由時代出版社，1989 年），頁 213。

商局長、食糧部長（戰爭末期設置）等，也有可能為敕任官；在地方上，治台初期的縣知事和地方制度改革後的州知事，亦皆為敕任官。

在奏任官方面，總督府內包括：秘書官、事務官、參事官、技師、書記官、調查官、理事官、稅務官、視學官、社會教育官、編修官、統計官、體育官、翻譯官（通譯官）、警視等都位列奏任官。在地方上，島司、支廳長、廳長、市尹、市長、郡守、郡助役、參事、書記官、事務官、理事官、視學官、技師、地方技師、財稅長、稅務官、警部長、警視（警察署長、支署長）、正副病院長、典獄、港務部長、港務官等都屬於奏任官，而縣醫員、藥局長及部分辦務署長、街庄長等亦有可能為奏任官。

在判任官方面，總督府內的屬、技手、通譯、編修書記、體育官補、警部等都是判任官。在地方上，屬、技手、主記、書記、稅務吏、視學、通譯、警部、警部補、巡查、看守長（監獄署長、分署長）、醫官、醫官補、藥劑師、調劑生、調劑手、獸醫、區長、港吏、河川監視、消防機關士等也都屬於判任官。[35]

根據表 1 統計可知，以敕任官退職轉任者，共計 54 人，佔總數的 10%；以奏任官退職轉任者，共有 235 人，佔總數的 46%；以判任官退職轉任者，共計 177 人，佔總數的 35%；曾任囑託轉入者為 11 人，佔總數的 2%；曾任雇員轉入者僅 7 人，佔總數的 1%；以軍官退伍轉任者，共有 28 人，佔總數的 5%；此外，不詳者共 7 人，佔總數的 1%（參見圖 3）。以下分述各類身分退官轉入臺灣商工界發展的不同趨向。

首先，就敕任官的出路言，至日治中晚期，合計臺灣總督府及各級地方政府共約有 25,000-30,000 名官員，若根據《臺灣總督府官制》、《臺灣總督府地方官官制》估算，敕任官不會超過 100 人，奏任官的人數約為敕任官的 20-25 倍，而判任官又約為奏任官的 10-15 倍，[36]可見敕任

---

35 參見外務省條約局編，《外地法制誌第三部之三─日本統治下五十年の台灣》（東京：文生書院，平成 2 年）第五章。

36 具外務省條約局編，《外地法制誌第三部之三─日本統治下五十年の台灣》（東京：文生書院，平成 2 年）第五章粗估。另外據黃昭堂著，黃英哲譯，《台灣總督府》（台北：自由時代出版社，1989 年），頁 243 計算。

官時數鳳毛鱗爪，人數甚稀。這些敕任官退職後，頗多返回日本內地發展或養老，留臺者不多，因此，總督府對於有意在臺居留者，必須給予特別照顧，敕任官若僅轉任企業、組合的顧問、監事、主事，很可能被視為際遇堪憐，如：總督府高雄稅關長中田榮次郎退職後，進入臺灣南部無盡會社擔任顧問，有失敕任官的體面，曾令總督府感到相當苦惱，[37]而澎湖廳長福元岩吉轉任臺灣青果的常任監事、文教局學務課長郡茂德轉任臺灣青果聯合會的主事，都被認為是際遇堪憫或破壞行情。[38]

圖3 日治時期日人退職官吏轉入商工界任職的出身

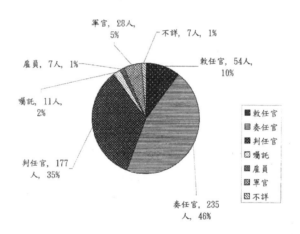

資料來源：根據表1繪製

　　根據表1統計，可知：共有54位日人退職敕任官轉進臺灣商工界發展，其中，79%轉入官營企業、組合，僅21%進入民營中大企業、組合，而且無一人自行創業，可見日人退職敕任官的出路，臺灣總督府多會給予妥善的安排。而由無人轉任專賣批售商人，顯見對敕任官而言販售專賣品所獲之利益亦屬蠅頭小利，不足以維持其體面。

　　再者，在敕任官轉入商工界發展者中，在官、民營企業、組合擔任「酬庸職」者，合計共有40人，佔總數的74%，而擔任「經營職」者，

---

[37] 《台灣實業界》昭和12年3月號。
[38] 《台灣實業界》昭和13年1月號。

僅 14 人，佔總數的 26%（參見圖 4），因此，敕任官轉進商工界實以酬
庸居大多數。雖然如前所述，這種酬庸所帶來的利益分贓和官僚習氣，
屢遭輿論詬病，但若從反面觀之，亦可謂敕任官為各企業、組合所看重
者，正是一種「社會資本」（social captial），他們若能借用敕任官的社
會聲望及豐沛的人脈，不惟可塑造企業、組合高高在上的形象、增添大
眾的信賴感，亦可運用其官場的人脈，獲取殖民政府給予的種種便利或
貸款，以利業務的拓展。另外，敕任官轉任後，亦可運用官階、官威懾
服公司幹部，在公司人事更迭、人心浮動之際，往往能迅速穩定情勢。[39]

圖4 敕任官轉入商工界任職的概況

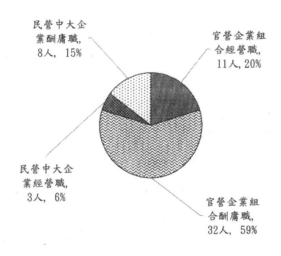

資料來源：根據表1繪製

　　其次，討論奏任官的出路。在日人退職的 235 為奏任官中，約有
29%轉往官營企業、組合，31%進入民營中大企業、組合，而獲得專賣
品販售權者則有 34%，另外，自行創業者佔 6%（參見圖 5）。若與敕任
官的出路作一比較，可知：奏任官再轉往官營企業、組合任職上，人數
銳減，而進入民營企業、組合任職則增加了 10%，值得注意的是，敕任
官無人專任轉賣品批售商，退職的奏任官卻有 1/3 以上獲得此一權利，
由此可知：敕任官所分食的利益，以官營企業、組合居多，而奏任官只

---

[39] 《台灣實業界》昭和 15 年 2 月號。

能分享獲利較小的專賣品利益。

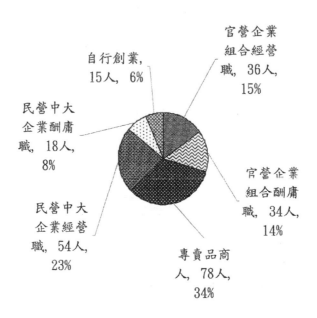

圖5　奏任官轉入商工界任職的概況

官營企業
組合經營
職，36人，
15%

自行創業，
15人，6%

民營中大
企業酬庸
職，18人，
8%

官營企業
組合酬庸
職，34人，
14%

民營中大
企業經營
職，54人，
23%

專賣品商
人，78人，
34%

資料來源：根據表1繪製

　　再者，退職奏任官轉入商工界人數多達235人，而判任官轉入者卻只有177人，可見日人退職官員轉進商工界發展，要能有所成、登上名人錄音，以被視為「高官等」的奏任官較為容易，而判任官人數雖為奏任官的10-15倍，但能夠在臺灣商工界飛黃騰達者卻較奏任官為少。

　　第三，再看判任官的出路。判任官轉入官營企業、組合者只佔8%，比例不高，而且大多只擔任中低階幹部，顯見總督府安排退職官吏轉入官營企業、組合，大致僅止於奏任官以上的高等官，判任官能獲總督府青睞、躋身官營企業、組合者，其實不多。而在進入民營中大企業、組合任職上，判任官約有31%轉入，比例與奏任官一樣，不分軒輊，只是職位略低。再者，判任官獲得專賣品販售權者約佔28%，比例遜於奏任官的34%，可見判任官雖亦有幸分享專賣品利益，但殖民政府係在優先照顧奏任官後，才將剩餘機會分配給判任官。另外，在判任官轉進商工

界的出路中，人數最多的是自行創業，奏任官走此一路徑者，僅佔其總
數的 6%，判任官卻高達 33%（參見圖 6），是故，判任官在無緣進入官
營企業、組合者的情況下，多半選擇自行創業，成為各小型企業的老闆，
他們深入臺灣各角落，從底層支持殖民政府。

圖6 判任官轉入商工界任職的概況

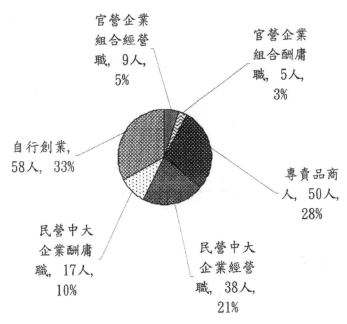

官營企業
組合經營
職，9人，
5%

官營企業
組合酬庸
職，5人，
3%

自行創業，
58人，33%

專賣品商
人，50人，
28%

民營中大
企業酬庸
職，17人，
10%

民營中大
企業經營
職，38人，
21%

資料來源：根據表 1 繪製

第四，討論囑託、雇員的出路。兩者皆為臨時聘用，其中，囑託的
地位相當奏任官中的技師，他們憑著專業和技術受到各企業、組合的重
用，故只有 9%轉任官營企業的酬庸職，其餘 91%的人皆轉任企業、組
合的高階經理、技術人員，他們有 64%的人散布於民營企業，另外 27%
的人則在官營企業或組合。雇員地位比判任官更低，故更不售殖民政府
照顧，其 56%的人轉入公、民企業擔任書記這類的基層幹部，其餘 42%
的人則需賴自己之力，自行創業。

若綜合奏任官、判任官、囑託三類人的事例觀之，有一現象頗值得
注意，即：在轉入各官、民營企業、組合任職的奏任官中，擔任「經營

職」者，佔其總數的 38%，遠遠超過擔任「酬庸職」者的 22%；判任官
的情況亦類似，其轉入官、民營企業、組合擔任「經營職」者，佔總數
的 26%，為轉任「酬庸職」者 13% 的兩倍；囑託更有高達 91% 的人轉
任「經營職」，只有 9% 的人轉任「酬庸職」（參見圖 5、6）。從以上的
數據可知，奏任官、判任官、囑託轉入各企業、組合任職，多半擔負經
營之責，為各企業、組合不可或缺的中堅幹部。故各企業、組合之所以
會聘任奏任官、判任官、囑託，主要係看中其「人力資本」（human
capital），欲利用其專業與技術，提升企業、組合的經營水準和生產能力。

　　當時輿論對於曾經主管過相關業務的奏任官、判任官，轉任各企
業、組合擔任經營職，亦認為有其優點，因為其所具有的專業知識及經
驗，可幫助他們很快就能熟悉業務。從表 1 中，即可找到諸多此類事例，
例如：糖務局官員、技師、技手轉入製糖會社，至少即有：相馬半治、
小花和太郎、山田申吾、崛宗一、高木鐵男、石川昌次、松崗富雄、筬
鳥桂太郎、河野市次郎、石川寬、近藤武義、金子昌太郎、田中元治郎、
大和芳次、菅井博愛、杉田茂右衛門、田路市郎治、長谷部浩、加藤平
吉等 19 人；專賣局官員、技師、書記，進入啤酒、酒罈、製腦、製鹽
等公司擔任幹部者，亦有：稅所重雄、花香貢伯、出澤鬼久太、河越順
市、三松經次、樋口友吉、野間常彥等 7 人；農事試驗場、種苗養成所、
林野調查課的官員、技師、囑託轉任臺灣青果會社、組合幹部者，也有
元山春雄、輪湖清美、池田競、後藤學而、小林五郎等 5 人；水電技師、
總督府作業所技師轉任電力公司高階幹部，則有：石井林次郎、下村秀
一、大越大藏、國弘長重、松尾秀雄等 5 人。其他如：鐵道部技師轉任
運輸公司、林務局官員進入臺灣拓殖、工事部官員轉進瓦斯公司，土木
局官員改營土木承包業務、稅務吏轉入信用組合、水產試驗場官員受聘
於進水產公司等，都屬於適才適所的專業聘任，事故若無這些退職奏任
官、判任官、囑託的轉進，當時臺灣企業界很可能欠缺不少經營及專技
人才。

　　至於軍官轉入臺灣商工界則較特殊，共蒐得 28 例，他們多為尉級軍官，
軍階最高的是一官拜中校的二瓶源五，其曾任「在鄉軍人會」臺灣分會會

長、總督府評議會員。這些退伍軍官有 46%投入民營中大企業、組合，賴機械、火藥方面的專業知識，成為各製糖公司、鐵工所、爆竹煙火公司的經營者或技師，其次，他們有 29%的人自行創業，靠自身努力發跡。綜觀這些退伍軍官事業有成者頗多，例如：松本徒爾在新竹，二瓶源五在臺中，梅野清太、小川浩在花蓮，清水義治在高雄，宮添環在屏東，井手英孝在澎湖，星加彥太郎在棉布販售，飯田耕一在製鐵業，山岸初太郎在火藥界，山瀨肇在製糖業，都是赫赫有名的一方雄霸。

四、結語

日人在台的人數一直不多，至 1943 年尚不滿 40 萬人，僅佔當時台灣總人口 660 萬人的 6%。日本政府為鼓勵移民台灣，不僅發給獎金，還建立了內地人村，但成效不彰，1915 年以後，甚至有 9 個年份還發生人口逆流回日的現象。[40]然倘若留台日人過少，極可能動搖台灣總督府的統治基礎，是故，如何挽救日人的留台意願，很早就成為台灣總督府的施政要項之一。在居台的日人當中，以 1930 年第三次國勢調查為例，擔任官例者超過 1/5，佔居最高比例（參見表 4），同時，官吏又是素質較高、較了解總督府意志的人，因此，如何妥善安排退職官吏出路，令其願意留台，實攸關總督府能否有效掌控台灣。

台灣總督府為刺激日人退職官吏的留台意願，勢須給予若干特殊照顧，然其又不可能另外編列專款優遇退職官吏，故惟有想辦法在市街庄役場、水利組合、嘉南大圳等官方控制的法人機關上，大肆安插日人退職官吏進入其中養老。[41]

當然殖民政府握有人事支配權的官營企業、組合，亦為其妥善照顧日人退職官吏的好去處。這些官營企業、組合或賴壟斷掠奪，或倚移轉台人

---

[40] 黃昭堂著，黃英哲譯，《台灣總督府》（台北：自由時代出版社，1989 年），頁 232。

[41] 《台灣民報》第 137 號，1926 年 12 月 26 日號。這在當時即已台人識破，台人輿論將這三人機構與青果會社、青果組合、電力會社、信用組合等，併稱收容日人退職官吏的七大養老機關。

所得，獲取巨額暴利，殖民政府常將其部分利得轉化為高額薪俸、津貼，重行分配於照顧退職官吏，其中，敕任官尤為第一優先考慮者。日人退職官吏欣羨官營企業、組合的豐厚待遇，乃大量進入台灣電力、台灣青果、青果同業組合、信用組合、台灣製腦、台灣製鹽、台灣合同鳳梨、台灣銀行、台灣日日新報、台灣拓殖、台灣石炭等官營企業及組合任職。由於他們進入這些官營企業、組合多半擔任酬庸性職位，同時，也將官僚習氣帶入，致頗多官營企業、組合暮氣深沉，因此，深為輿論所詬病。再者，此時法律未有「旋轉門條款」，以限制官員轉進相關職掌業務的企業，故頗多官員利用職務之便，圖利特定企業，待其退職後即轉進該企業任職，此亦容易形成官商勾結的不良氣氛。

表 4：1930 年日人在台的職業分布

職業	人數	百分比%
農業	4,449	4.69
水產業	1,620	1.71
礦業	418	0.44
工業	14,784	15.59
商業	18,135	19.13
交通業	9,063	9.56
官吏	21,627	22.81
軍人	6,987	7.37
教育業	4,247	4.48
自由業	9,005	9.50
其他	4,466	4.72
總計	94,801	100.00

資料來源：黃昭堂著，黃英哲譯，《台灣總督府》（台北：自由時代出版社，1989年），頁 234。
說明：僅計有職業者，無業者不計。

其次，殖民政府亦可授予日人退職官吏專賣品批售權，以優渥的利益維持其體面。以菸草專賣商為例，根據此時報紙雜誌的估計，其每年約可獲得 3,000 圓左右的純利，而當時台灣總督的年俸亦不過 7,500 圓，足見利

潤之豐厚。再者，合計菸草、食鹽、酒品、鴉片等專賣品的利益，每年共約 100 萬圓，此 100 萬圓大部分即由日人退職官吏所分食。在專賣品的利益上，以位列高等官的奏任官和專賣局退官享受最多，若還有剩餘才給予其他判任官分沾。

日人退職官吏轉入官營企業組合、爭取專賣品批售權，固然飽受輿論批評，但日人退職官吏轉入民營企業任職，則有較高的評價，頗多人曾獲致不錯的經營績效。退職官吏轉入民營企業者，將近 2/3 擔任須負經營實責的職務，任酬庸職位者不多，其中，奏任官的技師、判任官中的技手以及特別約聘的遺囑，提供了最多的經營和專業人才，而總督府農務系統的退職官吏及工兵出身的軍官，對各製糖會社增補農務、機械技術人才尤其扮演了吃重的角色。

另外，日人退職官吏轉入商工界發展尚有一途，即是自行創業。循此途者通常是階級較低的退職官吏，他們所創設的個人商號，雖有部分缺乏競爭力，經常哎嘆台灣總督府照顧不足，但其中卻亦不乏赤手空拳創業成功者。

綜言之，由於日人退職官吏後轉往商工界發展，除可領取原本的薪俸、恩給外，還可以多得一份收益，故日人官吏若仕進無望，則十分樂意辭官轉往商工界發展，這種情況甚至蔚為風潮，在台灣商工界形成一個無形的退官網絡。退職官吏們轉往官營企業、組合任職，固然因多任酬庸職位，備受輿論批判，但他們亦成為台灣總督府掌控金融、電力、特產、土地、煤礦、食鹽等各類產業及箝制新聞的幫手。而賴專賣利益過活的特權商人，或赤手空拳創業有成者，則散居台灣各個角落，成為各級地方政府的基本支持者。更重要的是，由於台灣距離日本較遠，若無退職官吏的填補，台灣的民營企業、組合勢必無法覓得足夠的經營人才，故退職官吏對提升台灣商工界的經營水準，亦有一定程度的貢獻。

日治時期高雄陳家的資本網絡分析
——以企業經營與投資為中心

一、前言

　　高雄陳家發跡始於陳中和，他在 1870 年代還只是「順和棧」貧困的小夥計，但其後倚賴砂糖貿易致富，至 1910 年代已有 120 萬圓的資產，[1]日治中期起高雄陳家竟可號稱「五大家族」之一，日治晚期《臺灣實業界》記者評估高雄陳家的資產約有 2,000 萬圓，在臺灣人各家族中，僅次於板橋林家、基隆顏家，[2]這樣一個富甲南臺灣的家族，理應有汗牛充棟的研究，但卻非如此。在一位大陸知名學者 2009 年彙編的一部「日治時期」臺灣經濟發展著作中，關於陳中和家族的敘述只有短短兩頁，但錯誤竟達十處以上，可見有關高雄陳家的研究真的十分貧乏。

　　臺灣經濟史研究先驅學者涂照彥教授，在其名著《日本帝國主義下的臺灣》中，對「五大家族」有深刻的研究，他指出：1915—1930 年陳家除原有「新興製糖」外，只擁有「陳中和物產」和「烏樹林製鹽」兩家直系公司，陳家發展不算一帆風順，可能與家族投資較為保守，與當地日系資本聯繫也不明顯有關，[3]雖然涂照彥教授已刻描出高雄陳家資本網絡的輪廓，但語意中亦有若干推測之辭。2008 年戴寶村教授出版《陳中和家族史》一書，[4]在高雄陳家提供資料的基礎上，進行多次口述訪談，撰寫了有關高雄陳家歷史的權威著作，但對於高雄陳家三大直系公司—「新興製糖」、「陳中和物產」、「烏樹林製鹽」以外的企業經營與投資，則有補充空間。是故本文利用日治時期的各類人名錄、企業

---

[1] 鷹取田一郎，《臺灣列紳傳》（臺北：臺灣總督府，1916 年），頁 306—307。

[2] 《臺灣實業界》昭和 13 年 11 月號（臺北：該社，1938 年 11 月），高雄陳家所持「新興製糖」的股票即約值 1,000 萬圓。

[3] 涂照彥原著，李明峻漢譯，《日本帝國主義下的臺灣》（臺北：人間出版社，1991 年），頁 420—421。

[4] 戴寶村，《陳中和家族史—從糖業貿易到政經世界》（臺北：玉山社，2008 年）。

年鑑，重建高雄陳家的企業經營及其資本網絡的概況。

筆者的博士論文研究日治時期在臺日人的社會網絡，其中部分章節討論了有關在臺日人的家業繼承，發現日人在家業繼承上較不重視血緣關係，若親子不賢，則寧可選擇優秀的養子來繼承，同時，強調單嗣繼承以避免家業的分散。[5]華人則反之，不僅繼承十分重視血緣關係，而且盛行諸子均分，此一傳統雖較平等，但極易導致家產的分散。高雄陳家是個多子的繁茂家族，[6]在 1930 年陳中和過世時，曾經發生家族如何析產繼承的問題，透過高雄陳家企業經營的個案研究，可以具體明瞭諸子分產制度對華人事業傳承的影響。

本文分為三部份，首先，將刻描陳中和及啟貞、啟南、啟峰、啟清、啟安、啟輝、啟川、啟琛參與企業經營的概況。其次，將討論高雄陳家成員經營：「新興製糖」、「陳中和物產」、「烏樹林製鹽」三家直系公司及投資「南部製酒」、「華南銀行」、「臺灣炭業」、「大成火災海上保險」、「高雄製冰」、「臺灣農具製造」、「高雄共榮自動車」、「鹽埕座」、「東港製冰」、「壽山遊覽自動車」、「大日本石鹼」、「婦人每日新聞社」、「臺灣新民報」、「高雄中央批發市場」、「臺灣製鹽」等 15 家旁系公司的狀況。再者，將以 1930 年陳中和過世為界，分為「陳中和時代」及「後陳中和時代」，分析高雄陳家成員所經營之企業的資本網絡，以及刻描其轉變的概況。

二、陳中和及諸子參與企業經營的概況

（一）老帥陳中和的企業經營

陳中和（1853—1930），[7]初入「順和行」當學徒，以聰穎機靈，獲

---

[5] 也可參見趙祐志，〈在臺日人菁英之家族觀與企業的繼承（1895—1945）〉，《臺北文獻》直字第 159 期（臺北：臺北市文獻委員會，2007 年 3 月），頁 34—90。

[6] 照史（林曙光），《高雄人物評述第二輯》（高雄：春暉出版社，1985 年），頁 8—9。陳中和共有十子，元配無出，乃抱養啟貞，在日本經商期間與日婦生下啟南。其後與苓雅寮孫款生下啟峰等四兄弟，又與劉玉生下啟川及啟琛兄弟。另外，陳中和還有四女，分別為長女梅，嫁葉宗元，次女聘，嫁張仲護，三女英，嫁李開榮，四女柳，嫁新竹張氏望族。

[7] 岩崎潔治，《臺灣實業家名鑑》（臺北：臺灣雜誌社，19112 年），頁 558。

得東家陳福謙的賞識。1873 年，冒險以帆船載運砂糖，自打狗乘風破浪抵達橫濱，成功銷售砂糖 5,000 包，並將交易所得，透過日本「正金銀行」匯至香港，又於香港運用這筆貨款採購石油、鴉片、雜貨返臺，獲利頗豐，一鳴驚人。[8]次年，在橫濱設立「順和棧」分棧，繼續拓展商務，並能活用廣肇幫的「大德行」及安部幸兵衛的「增田屋」兩條管道，[9]使得「順和棧」能夠創下年銷日本 50,000 擔砂糖的佳績。[10]

其後，陳中和又向大阪、九州等地開拓商路，在神戶、長崎都設有分棧，他也逐漸成為「順和棧」七十二行郊的頭號「家長」，深受推戴。1884 年，陳福謙過世，陳中和乃自立門戶，創設「和興公司」，並邀請幹才王雪農擔任經理，壟斷了臺灣南部的砂糖貿易，成為知名的「赤糖王」，[11]發跡致富。

甲午戰後，清國被迫簽訂馬關條約，割讓臺灣，在日人進入打狗時，陳中和曾協助維持地方秩序，有功受到褒賞，惟懼怕義軍攻擊，乃暫避大陸，待秩序漸定始返回打狗。1897 年底，臺灣總督府敘勳六等，並頒給瑞寶章。次年，又被選為苓雅寮十一保聯合保甲局長，協助穩定地方治安。1899 年，臺灣總督府再授佩紳章，並獲任臺南、鳳山、打狗、恆春、臺東等五個鹽務總館的「承辦」之職，掌握臺灣南部的販鹽特權，足見殖民政府對其籠絡之深。[12]

1900 年，「臺灣製糖」創立，陳中和投資 750 股，不僅是臺人投資最多者，也獲得擔任董事的機會，開始涉足新式製糖事業。1903 年，臺灣總督府頒行「臺灣糖業獎勵規程」，陳中和邀請友人集資 24 萬圓，合股創立「新興製糖」，逐漸結束砂糖貿易，轉向製糖事業。 此時陳中

[8] 宮崎健三，《陳中和翁傳》（臺北：臺灣日日新報社，1931 年）頁 8—9。

[9] 參見趙祐志，〈順和棧在橫濱（1864—1914）〉，《重高學報》第三期（臺北：國立三重高中，2000 年），頁 196。

[10] 連橫，《臺灣通史》（臺北：眾文圖書公司，1979 年影本），頁 1010。

[11] 林進發，《臺灣產業大觀》（臺北：民眾公論社，1936 年），頁 230。其後王雪農自立門戶，曾經盛極一時，創立「鹽水港製糖」、「臺南製糖」、「斗六製糖」等多家公司，惟畢竟財力薄弱，無力對抗景氣循環及日人資本的兼併壓力，在 1919 年王雪農去世，王家事業瓦解退出製糖界。

[12] 松下芳三郎，《臺灣鹽專賣志》（臺北：臺灣總督府專賣局，1925 年），頁 197—198。

和家族的資產據估計已達 120 萬圓，富甲南臺灣。

　　1905 年，殖民政府改革鹽務，簡化經銷流程，陳中和獲任打狗鹽務支館「業務擔當人」之職，[13]繼續緊握高雄的販鹽特權。惟日俄戰後，糖價大跌，「新興製糖」面臨經營困境，陳中和為化解危機，除向臺灣銀行貸款外，也邀請「明治製糖」董事長相馬半治的高徒石川昌次進入公司，[14]擔任顧問，協助經營。

　　1908 年，陳中和將「新興製糖」改組為股份公司，並出任董事長。1911 年，臺灣南部蔗園受到暴風雨侵襲，創傷陳家的製糖事業。其後隨著糖業的復甦，加上一次大戰臺灣未被捲入戰局，國際市場缺糖，因此，臺灣糖業大發戰爭財，陳中和獲得巨利後，又開始向企業界布局。

　　1919 年，在臺灣總督府與臺灣銀行的政策指導下，[15]與板橋林本源等臺人世家及廣東、上海、南洋的華商，一起出資創辦「華南銀行」，陳中和獲任董事。次年，為了確保製糖廠的燃料來源，投資「臺灣炭業」，並被推選為監事，同時，他也被殖民政府指派為高雄州協議會員。[16]

　　1922 年，結束「南興公司」，創立「陳中和物產」，作為推展貿易和投資不動產的指揮企業，並親任董事長。次年，解散「烏樹林鹽業協會」，與「仕隆林家」等，共同創立「烏樹林製鹽」，[17]並被推舉為董事長（參見表 1）。

　　此外，陳中和雖未列名董監事，但由旗下「新興製糖」、「陳中和物產」兩大招牌企業轉投資的金額，也十分驚人，根據表 2 可知，1923年時陳中和及其直系企業對金融、信託、製糖、倉儲、煤炭、電力等業

---

[13] 陳中和在 1906 年關閉打狗順和棧及橫濱支店，但根據伊藤泉美，〈橫濱居留地における華僑の職業〉，《橫濱居留地の諸相》（橫濱：橫濱開港資料館，1989 年），頁 33，可知橫濱支店真正關閉的時間為 1914 年。

[14] 松下芳三郎，《臺灣鹽專賣志》（臺北：臺灣總督府專賣局，1925 年），頁 202。

[15] 石川昌次為東京高工畢業，「明治製糖」的相馬半治曾在東京高工任教，教導石川氏，其領導下的「明治製糖」的重要幹部也喜用東京高工的畢業生。參見趙祐志，〈日治時期在臺日人企業菁英的人際網絡—「學閥」的實際運作：以明治製糖的領導階層為例〉，《重高學報》第七期（臺北：國立三重高級中學，2004 年），頁 109—138。

[16] 涂照彥原著，李明峻漢譯，《日本帝國主義下的臺灣》（臺北：人間出版社，1991 年），頁 424。

[17] 松下芳三郎，《臺灣鹽專賣志》（臺北：臺灣總督府專賣局，1925 年），頁 139。

的投資，估算至少達到 197.4 萬圓（參見表 2），金額頗為龐大。

表 1：日治時期陳中和之企業經營的概況

公司名稱	創立時間	創立地點	登記資本（萬）	營業項目	任職概況
新興製糖	1903 合股 1908 股份	高雄大寮	60→120	製糖、鐵道運輸	董事長 1903—1920
陳中和物產	1922	高雄	120	農產販售、不動交易、海外貿易	董事長 1922—1930
烏樹林製鹽	1923	岡山	30	製鹽、輕鐵運輸	董事長 1923—1930
臺灣製糖	1900	屏東	6300	製糖業	董事 1900—1906
華南銀行	1919	臺北	1000 250	金融業	董事 1919—1930
臺灣炭業	1920	臺北	600	煤礦業	監事 1920—

資料來源：竹本伊一郎，《臺灣會社年鑑》（臺北：臺灣經濟研究會）；千草默仙，《會社銀行商工業者名鑑》（臺北：圖南協會）；杉浦和作，《臺灣會社銀行錄》（臺北：臺灣實業興信所）相關各年版本。

表 2：1923 年時陳中和及直系企業轉投資的概況

企業名稱	登記資本	實收資本	持股數	股票價值
臺灣商工銀行	1,600 萬圓	828.75 萬圓	新興製糖 4,059 股	105,122
大成火災保險	500 萬圓	125 萬圓	新興製糖 1,000 股	12,500
臺灣製糖	6,300 萬圓	3,810 萬圓	陳中和 18,500 股 新興製糖 11,950 股	920,750
東洋製糖	3,625 萬圓	2,203 萬圓	陳中和物產 1,226 股 新興製糖 9,930 股	338,989
明治製糖	3,250 萬圓	1,900 萬圓	陳中和物產 2,047 股 新興製糖 3,335 股	159,320
鹽水港製糖	2,500 萬圓	1,818 萬圓	新興製糖 3,700 股	134,495
臺灣炭業	600 萬圓	180 萬圓	新興製糖 3,000 股	45,000
臺灣電力	3,000 萬圓	2,820 萬圓	陳中和物產 1,500 股	70,500
臺灣倉庫	100 萬圓	75 萬圓	陳中和物產 500 股	18,750
總計		1,974,176		

資料來源：杉浦和作，《臺灣會社銀行錄》大正 12 年版（臺北：臺灣實業興信所，1923 年）。

　　1930 年秋天，陳中和以 78 歲高齡去世，留下龐大的家產，惟其亦留下八子、四女，在外力介入下，諸子為爭家產，曾使得陳家混亂數年。[18] 其後雖然塵埃落定，但華人的諸子分產制度導致家族資產分散，[19]這在高雄陳家的事例上表露無遺，日治末期高雄陳家欠缺力量抵抗日人資本家及殖民政府的壓力，[20]「烏樹林製鹽」及「新興製糖」兩大招牌企業先後被日人財閥兼併，與此不無關係。

（二）陳啟貞的企業經營

　　陳啟貞，1883 年生，係陳中和元配吳菜抱養之子，為陳中和長男。1900 年，廈門同文書院畢業後，進入慶應義塾就讀。1904 年肄業返家，其後曾在苓雅寮公學校兼任學務委員。[21]次年，殖民政府任命他為岡山鹽務支館的「業務擔當人」，[22]開啟他與鹽業的關係。

　　1909 年，進入草創的「新興製糖」，並擔任董事。次年，再入「烏樹林製鹽」擔任監事。1911 年，兼任「新興製糖」經理，協助父親經營。1913 年，陳光燦將「南部製酒」改組為股份公司，大股東之一的啟貞被推為監事，同年，他也獲得臺灣總督府頒授紳章，逐漸嶄露頭角。1914、1915 年，在「烏樹林製鹽」、「南部製酒」兩家企業的地位提高，先後由監事轉任董事，並被臺灣總督府指派為臺南廳參事，開始出任公職。

　　1920 年，在臺灣總督府的授意下，高雄陳家與臺人一流家族合組「大

---

[18] 橋本白水，《臺灣統治と其功勞者》（臺北：南國出版協會，1930 年），頁 113；吉田靜堂，《臺灣古今財界人の橫顏》（臺北：經濟春秋社，1932 年），頁 244—248。

[19] 涂照彥原著，李明峻漢譯，《日本帝國主義下的臺灣》（臺北：人間出版社，1991 年），頁 424。反觀戰前日人較傾向單嗣繼承，並且不重視血緣，喜好選擇優秀人材收為養子，並以其繼承家業，日人的這種繼承習慣有助於百年老店的產生和維持，可以參見趙祐志，〈在臺日人菁英之家族觀與企業的繼承（1895—1945）〉，《臺北文獻》直字第 159 期（臺北：臺北市文獻委員會，2007 年 3 月），頁 34—90。

[20] 涂照彥原著，李明峻漢譯，《日本帝國主義下的臺灣》（臺北：人間出版社，1991 年），頁 447。

[21] 戴寶村，《陳中和家族史—從糖業貿易到政經世界》（臺北：玉山社，2008 年），頁 161。

[22] 松下芳三郎，《臺灣鹽專賣志》（臺北：臺灣總督府專賣局，1925 年），頁 202。

成火災海上保險」，啟貞代表高雄陳家出任監事，同年，也被選為高雄街協議會員，躋身地方政壇。1922 年，被殖民政府指派為高雄州協議會員，逐漸成為南臺灣的代表人物之一。同年，「南興公司」改組為「陳中和物產」，其亦由「南興公司」理事，改任「陳中和物產」董事。1927 年，又被臺灣總督府選為評議會員，啟貞的聲望逐漸攀上顛峰。[23]

　　1930 年，父親陳中和過世，經過一番爭產紛亂後，[24]在「新興製糖」、「陳中和物產」、「烏樹林製鹽」三大家族招牌企業中，啟貞分得「烏樹林製鹽」的經營權，故由其接任該公司董事長。再者，啟貞在「陳中和物產」中，也持續掌握董事之位至 1945 年，至於「新興製糖」，他只短暫擔任監事一年隨即淡出。1934 年，啟貞與啟南、啟清投資妹婿張仲護創辦的「大日本石鹼」，從事肥皂製造販售，並被推舉為董事，但亦僅一年即退出董監事會。

　　1941 年，在日人財閥的入侵及殖民政府的政策下，「烏樹林製鹽」被併入「大日本製鹽」。[25]但啟貞並未忘情製鹽業，因此他又轉投資「臺灣製鹽」（參見表 3），並獲得一席董事，[26]惟在統制經濟下，啟貞已難有所作為。

---

[23] 日治時期五大家族中，高雄陳家係最晚獲得臺灣總督府聘任府評議會員，辜顯榮、林獻堂、顏雲年、林熊徵等四家代表都在 1921 年第一屆時即被聘為府評議會員。

[24] 高雄陳家的爭產在陳中和生前即已爆發，加上別有用心之官員及仕紳的介入，使得事態頗為嚴重，曾引起《臺灣民報》的關注，《臺灣民報》昭和 4 年 4 月 7 日，第 255 號版 3、昭和 5 年 5 月 17 日，第 313 號版 3、昭和 6 年 3 月 28 日，第 357 號版 4、昭和 6 年 7 月 4 日，第 371 號版 3、昭和 6 年 7 月 18 日，第 373 號版 3 都有大幅的報導。

[25] 戴寶村，《陳中和家族史—從糖業貿易到政經世界》（臺北：玉山社，2008 年），頁 164。

[26] 陳啟貞事跡係參考：大園市藏，《臺灣人物誌》（臺北：谷澤書店，1916 年），頁 57；上村健堂，《臺灣事業界と中心人物》（臺北：臺灣案內社，1919 年），頁 188；內藤素生，《南國之人士》（臺北：臺灣人物社，1922 年），頁 318；橋本白水，《臺灣統治と其功勞者》（臺北：南國出版協會，1930 年），頁 119—120；林進發，《臺灣官紳年鑑（昭和七年版）》（臺北：民眾公論社，1932 年），頁 1；林進發，《臺灣官紳年鑑（昭和九年版）》（臺北：民眾公論社，1934 年），高雄州頁 7—8；大園市藏，《臺灣の中心人物》（臺北：日本植民地批判社，1935 年），頁 9；原洲幹，《南進日本之第一線に起つ新臺灣之人物》（臺北：拓務評論臺灣支社勤勞富源社，1936 年），頁 534—535；唐澤信夫，《臺灣紳士名鑑》（臺北：新高新報社，1937 年），頁 54—55；臺灣新民報社調查部，《臺灣人士鑑昭和十二年版》（臺北：臺灣新民報，1937 年），頁 252；太田肥洲，《新臺灣を支配する人物と產業史》（臺北：臺灣評論社，1940 年），頁 502；興南新聞社，《臺灣人士鑑昭和十八年版》（臺北：興南新聞社，1943 年），頁 259 等資料改寫。

表 3：日治時期陳啟貞參與企業經營的概況

公司名稱	創立時間	創立地點	登記資本（萬）	營業項目	任職概況
新興製糖	1903 合股 1908 股份	高雄大寮	60→120	製糖、鐵道運輸	董事 1909—1928 監事 1931—
陳中和物產	1922	高雄	120	農產販售、不動交易、海外貿易	董事 1922—1943
烏樹林製鹽	1923	岡山	30	製鹽、輕鐵運輸	董事 1923—1930 董事長 1931—1941
南部製酒	1913	高雄	15	製酒業	監事 1913—1914 董事 1915—1928
大成火災海上保險	1920	臺北	500	保險業	監事 1920—1943
大日本石鹼	1930	高雄	1	肥皂製造、販售	董事 1934—
臺灣製鹽	1919	臺南	500	製鹽業	董事 1941—1943

資料來源：竹本伊一郎，《臺灣會社年鑑》（臺北：臺灣經濟研究會）；千草默仙，《會社銀行商工業者名鑑》（臺北：圖南協會）；杉浦和作，《臺灣會社銀行錄》（臺北：臺灣實業興信所）相關各年版本。

（三）陳啟南、啟峰、啟清、啟安、啟輝的企業經營

　　陳啟南（1888—1956），[27]係陳中和與日籍婦人所生，為陳中和三子。陳中和將啟南帶回高雄後，將其列於啟峰母親孫款戶下。啟南打狗公學校畢業後，即前往慶應義塾就讀。學成返臺後，就任「南興公司」精米製造所長、「新興製糖」監事、二級食鹽專賣批發商等職。其後，與啟貞、啟峰投資「南部製酒」，[28]並被選為監事。

　　1922 年，「陳中和物產」創立，啟南出任該公司的董事。次年，「烏樹林製鹽」改組為股份公司，再獲父親安排擔任監事。1927 年，升任

---

27 戴寶村，《陳中和家族史—從糖業貿易到政經世界》（臺北：玉山社，2008 年），頁 164。
28 1923 年時，陳啟南投資 145 股，陳啟貞、陳啟峰各投資 100 股。

「烏樹林製鹽」董事。

　　1930 年，父親陳中和過世後，其繼續擔任「新興製糖」監事、「陳中和物產」董事、「烏樹林製鹽」董事等職。1931 年下半年，家族分產大致告一段落，「新興製糖」由啟峰兄弟取得大部份股份，[29]啟南則退出「新興製糖」。惟啟南獲得「陳中和物產」董事長之位，同時，也在「烏樹林製鹽」留任董事之職，[30]大致而言，他與啟貞在「陳中和物產」及「烏樹林製鹽」兩家公司中的角色互換（參見表 4）。

表 4：日治時期陳啟南之企業經營的概況

公司名稱	創立時間	創立地點	登記資本（萬）	營業項目	任職概況
新興製糖	1903合股1908股份	高雄大寮	60→120	製糖、鐵道運輸	監事1920—1931
陳中和物產	1922	高雄	120	農產販售、不動交易、海外貿易	董事1922—1931董事長1931—1940
烏樹林製鹽	1923	岡山	30	製鹽、輕鐵運輸	監事1923—1926董事1927—1941
南部製酒	1913	高雄	15	製酒業	監事1920—1925
大日本石鹼	1930	高雄	1	肥皂製造、販售	董事1934—
臺灣興業信託	1912	臺北	100	金融信託業	陳中和物產陳啟南投資 200 股

資料來源：竹本伊一郎，《臺灣會社年鑑》（臺北：臺灣經濟研究會）；千草默仙，《會社銀行商工業者名鑑》（臺北：圖南協會）；杉浦和作，《臺灣會社銀行錄》（臺北：臺灣實業興信所）相關各年版本。

---

[29] 根據中外每日新聞社，《躍進臺灣大觀續編》（臺北：該社，1940 年），頁 569，陳啟峰分得 5,562 股，陳啟安分得 5,654 股，陳啟輝分得 5,550 股，石川昌次分得 2,065 股，孫款分得 925 股，故由陳啟峰等人掌握「新興製糖」。

[30] 陳啟南事跡係參考：林進發，《臺灣官紳年鑑（昭和七年版）》（臺北：民眾公論社，1932 年），頁 3；橋本白水，《臺灣專賣事業要覽》（臺北：南國出版協會，1932 年），頁 201；林進發，《臺灣官紳年鑑（昭和九年版）》（臺北：民眾公論社，1934 年），高雄州頁 11—12 等資料改寫。

　　陳中和與孫款之間育有四子，即啟峰、啟清、啟安、啟輝兄弟。陳啟峰（1892—1984），為陳中和四子。1914 年，前往東京就學，1919 年，慶應大學商科畢業後返臺。次年，進入「新興製糖」，接任董事兼副經理，學習經營要訣。1922 年，再進入「陳中和物產」，並獲任董事。次年，在父親的指定下，接下「烏樹林製鹽」董事之職，至此啟峰已在家族三大招牌企業中皆任要職。

　　1924 年，積極參與地方政治，獲選為高雄市協議會員。1925 年，投資「高雄製冰」，並被推選為董事。1928 年，接替其兄啟貞之缺，擔任高雄州協議會員，同時也獲得在鄉軍人會名譽會員的頭銜，與殖民政府的關係日益緊密。

　　1929 年，投資「臺灣農具製造」，並獲任董事。次年，又投資「高雄共榮自動車」及「鹽埕座」，並被兩家公司推選為董事。更重要的是，1930 年在其父過世後，啟峰繼承家族最大企業—「新興製糖」，出掌該公司的董事長，並繼續擔任「烏樹林製鹽」董事之位。

　　1931 年，繼承其父在「華南銀行」的地位，接任董事之職。次年，投資「臺灣農具」，並短暫擔任董事一年。1933 年，投資「壽山遊覽自動車」，並膺任董事。同年，由於啟峰聲望日隆，故連陳家已許久無人進入董事會的「臺灣炭業」，也選其為監事。1934 年，投資「婦人每日新聞」，並接受董事之位。次年，在「臺灣炭業」中升任董事（參見表 5）。

　　1936 年，當選第一屆高雄州會官選議員，同年，又獲得殖民政府敘勳五等，並頒授瑞寶勳章，[31]給予極高的尊崇。惟此時日本內地保險

---

[31] 陳啟峰的事跡係參考：橋本白水，《臺灣統治と其功勞者》（臺北：南國出版協會，1930 年），頁 121—122；間島三二，《南臺灣の寶藏と人物》（臺南：圖南社，1931 年），頁 148；臺灣新民報社調查部，《臺灣人士鑑昭和九年版》（臺北：臺灣新民報，1934 年），頁 123—124；林進發，《臺灣官紳年鑑（昭和九年版）》（臺北：民眾公論社，1934 年），高雄州頁 1；大園市藏，《臺灣の中心人物》（臺北：日本植民地批判社，1935 年），頁 17；原洲幹，《南進日本之第一線に起つ新臺灣之人物》（臺北：拓務評論臺灣支社勤勞富源社，1936 年），頁 545；臺灣新民報社調查部，《臺灣人士鑑昭和十二年版》（臺北：臺灣新民報，1937 年），頁 252；太田肥洲，《新臺灣を支配する人物と產業史》（臺北：臺灣評論社，1940 年），頁 506；興南新聞社，《臺灣人士鑑昭和十八年版》（臺北：興南新聞社，1943 年），頁 259 等資料改寫。

金融資本大舉進軍臺灣，加上進入戰爭階段後，日本政府為更有效率統制各種物資，乃支持日本財閥在臺灣企業界刮起的兼併風氣，1941 年，在威脅利誘下，啟峰將「新興製糖」賣給「臺灣製糖」，至此陳家竟與賴以發跡的砂糖業脫離關係。

表 5：日治時期陳啟峰之企業經營的概況

公司名稱	創立時間	創立地點	登記資本（萬）	營業項目	任職概況
新興製糖	1903 合股 1908 股份	高雄大寮	60 120	製糖、鐵道運輸	董事 1920—1930 董事長 1931—1941
陳中和物產	1922	高雄	120	農產販售、不動交易、海外貿易	董事 1922—1930 代表董事 1931—
烏樹林製鹽	1923	岡山	30	製鹽、輕鐵運輸	董事 1931—1932 1940—1941
高雄製冰	1925	高雄	50	製冰	董事 1925—1933
臺灣農具製造	1929	高雄	20	農具器械製造、修理及販售	董事 1929—1930
高雄共榮自動車	1928	高雄	15	公共汽車	董事 1930—1933
鹽埕座	1930	高雄	4	劇場租賃及戲劇表演	董事 1930—1941
華南銀行	1919	臺北	250	金融業	董事 1931—1943
臺灣炭業	1920	臺北	100	煤礦業	監事 1933—1934 董事 1935—1941
壽山遊覽自動車	1929	高雄	5	遊覽車業務	董事 1933—1934
婦人每日新聞	1930	臺北	10	新聞業	董事 1934—
臺灣商工銀行	1919	臺北	500	銀行業	新興製糖投資 1,268 股

資料來源：竹本伊一郎，《臺灣會社年鑑》（臺北：臺灣經濟研究會）；千草默仙，《會社銀行商工業者名鑑》（臺北：圖南協會）；杉浦和作，《臺灣會社銀行錄》（臺北：臺灣實業興信所）相關各年版本。

陳啟清（1904—1989），[32]為陳中和八子。[33]苓雅寮公學校畢業後，即赴日就讀，1922 年，還在日本求學時，由父親指派，掛名擔任「陳中和物產」董事。1925 年，明治大學法科畢業，次年進入「新興製糖」工作，並擔任董事。

1930 年父親過世後，擠進「烏樹林製鹽」，擔任董事，同年，也投資「東港製冰」，並被推舉為董事。再者，為穩定兄長啟峰在「新興製糖」的地位，短暫擔任「新興製糖」專務董事，一年後即將職位交給其弟啟安。次年，升任「陳中和物產」專務董事，並且一直承擔該公司的經營之責至 1941 年為止 （參見表 6）。

1933 年，啟清為抗衡日商聚集的「高雄商工會」、「高雄實業新興會」，糾集林迦、何傳、楊金虎、王沃、李炳森等人，創立「高雄實業協會」，成為高雄商界三大商會的領導人之一，[34]戰後啟清能在高雄及全國商會系統中位居要津，與日治時期的此一經驗，關係密切。

1935 年，打入「高雄中央批發市場」，擔任董事職位，同年，又被殖民政府指派為苓雅寮區長及官選高雄市會議員，在高雄政商兩界日趨活躍。1938 年，雖然解散「高雄實業協會」加入「高雄商工會議所」，但卻能當選評議員，獲得更大的表現舞臺。[35]1941 年，被指派擔任「皇民奉公會」中央本部奉公委員及高雄州支部參與，此外，啟清還配合皇民化政策，改名為川津勝雄，並曾擔任「高雄青年挺身隊」隊長等職。[36]

---

[32] 戴寶村，《陳中和家族史—從糖業貿易到政經世界》（臺北：玉山社，2008 年），頁 173。

[33] 大塚清賢，《躍進臺灣大觀四編》（臺北：該社，1942 年），頁 341。

[34] 參見趙祐志，《日據時期臺灣商工會的發展（1895—1937）》（臺北：稻鄉出版社，1996 年）。

[35] 花蓮商工會議所，《商工會議所一覽》（花蓮：花蓮港商工會議所設立事務所，1940 年），頁 21。

[36] 陳啟清事跡係參考：林進發，《臺灣人物評》（臺北：赤陽社，1929 年），頁 167；林進發，《臺灣官紳年鑑（昭和九年版）》（臺北：民眾公論社，1934 年），高雄州頁 10；臺灣新民報社調查部，《臺灣人士鑑昭和九年版》（臺北：臺灣新民報，1934 年），頁 123；大園市藏，《臺灣の中心人物》（臺北：日本植民地批判社，1935 年），頁 21；原洲幹，《南進日本之第一線に起つ新臺灣之人物》（臺北：拓務評論臺灣支社勤勞富源社，1936 年），頁 527；臺灣新民報社調查部，《臺灣人士鑑昭和十二年版》（臺北：臺灣新民報，1937 年），頁 251；大園市藏，《臺灣人士態勢と事業界》（臺北：新時代設臺灣支社，1942

表6：日治時期陳啟清之企業經營的概況

公司名稱	創立時間	創立地點	登記資本（萬）	營業項目	任職概況
新興製糖	1903合股1908股份	高雄大寮	60→120	製糖、鐵道運輸	董事1927—1930專務董事1930—1931
陳中和物產	1922	高雄	120	農產販售、不動交易、海外貿易	董事1922—1930專務董事1931—1941
烏樹林製鹽	1923	岡山	30	製鹽、輕鐵運輸	董事1930—1941
東港製冰	1930	東港	10	製冰	董事1930—1938
大日本石鹼	1930	高雄	1	肥皂製造、販售	董事1934—
高雄中央批發市場	1933	高雄		肉、蛋、蔬果批發及販售	董事1935—

資料來源：竹本伊一郎，《臺灣會社年鑑》（臺北：臺灣經濟研究會）；千草默仙，《會社銀行商工業者名鑑》（臺北：圖南協會）；杉浦和作，《臺灣會社銀行錄》（臺北：臺灣實業興信所）相關各年版本。

　　陳啟安（1908—1988），[37]為陳中和九子。小學畢業即赴日留學，法政大學學成後返臺。1930年，父親過世後，躋身「烏樹林製鹽」，並擔任監事。次年，在其兄啟峰安排下，出任「新興製糖」董事。1932年，辭去「烏樹林製鹽」監事，就任「新興製糖」專務董事，專心協助其兄啟峰經營「新興製糖」。1941年，辭卸「新興製糖」專務董事之職，另外創立「興南製作所」，並擔任董事長，自立門戶（參見表7）。[38]

　　年），頁138；興南新聞社，《臺灣人士鑑昭和十八年版》（臺北：興南新聞社，1943年），頁258等資料改寫。另外上述資料亦提及陳啟清育有五男，長男田錨（1928生）、次男田垣（1931生）、三男田慶（1932生）、四男田佑（1933生）、五男田稻（1937生）。

[37] 戴寶村，《陳中和家族史—從糖業貿易到政經世界》（臺北：玉山社，2008年），頁178—179。

[38] 陳啟安事跡參考：林進發，《臺灣官紳年鑑（昭和七年版）》（臺北：民眾公論社，1932年），頁21；林進發，《臺灣官紳年鑑（昭和九年版）》（臺北：民眾公論社，1934年），高雄州頁1；大園市藏，《臺灣の中心人物》（臺北：日本植民地批判社，1935年），頁19；興南新聞社，《臺灣人士鑑昭和十八年版》（臺北：興南新聞社，1943年），頁258等資料改寫。

表 7：日治時期陳啟安之企業經營的概況

公司名稱	創立時間	創立地點	登記資本（萬）	營業項目	任職概況
新興製糖	1903合股1908股份	高雄大寮	60→120	製糖、鐵道運輸	董事1931專務董事1932—1940
烏樹林製鹽	1923	岡山	30	製鹽、輕鐵運輸	監事1930—1932
興南製作所	1941	高雄	12	木材業	1941—1943

資料來源：竹本伊一郎，《臺灣會社年鑑》（臺北：臺灣經濟研究會）；千草默仙，《會社銀行商工業者名鑑》（臺北：圖南協會）；杉浦和作，《臺灣會社銀行錄》（臺北：臺灣實業興信所）相關各年版本。

　　陳啟輝（1914—），為陳中和十子，慶應大學畢業。[39]為人行事低調，1935 年，被其兄啟峰起用為「新興製糖」常務董事，襄助該公司的經營（參見表 8）。

表 8：日治時期陳啟輝之企業經營的概況

公司名稱	創立時間	創立地點	登記資本（萬）	營業項目	任職概況
新興製糖	1903合股1908股份	高雄大寮	60→120	製糖、鐵道運輸	常務董事1935—1940

資料來源：竹本伊一郎，《臺灣會社年鑑》（臺北：臺灣經濟研究會）；千草默仙，《會社銀行商工業者名鑑》（臺北：圖南協會）；杉浦和作，《臺灣會社銀行錄》（臺北：臺灣實業興信所）相關各年版本。

（四）陳啟川、啟琛的企業經營

　　陳中和與劉玉之間育有二子，即啟川、啟琛兄弟。陳啟川（1899—1993），為陳中和六子。慶應義塾大學經濟部肄業後，曾在香港大學遊學。返臺後，在 1922 年就任「陳中和物產」董事。次年，在父親安插下就任「新興製糖」董事。

　　1930 年，陳中和過世，啟川兄弟勢力較小，次年，啟川離開「新

---

[39] 照史（林曙光），《高雄人物評述第二輯》（高雄：春暉出版社，1985 年），頁 27。

興製糖」董事職位，但仍擔任「陳中和物產」董事。次年，啟貞起用為
「烏樹林製鹽」專務董事，承擔該公司的經營重任。

　　1930 年代，啟川苦思另起爐灶之計，決定進軍新聞界，初任「臺
灣新民報」顧問，1935 年更被推舉為「臺灣新民報」監事，其後又獲
任「高雄新報」董事，成為高雄新聞界的要角。1941 年，支持同母弟
啟琛接任「陳中和物產」董事長，次年，啟川也升任「陳中和物產」專
務董事，至此兄弟兩人已經掌握該公司的經營大權（參見表9）。[40]

表 9：日治時期陳啟川之企業經營的概況

公司名稱	創立時間	創立地點	登記資本（萬）	營業項目	任職概況
陳中和物產	1922	高雄	120	農產販售、不動交易、海外貿易	董事 1922—1941 專務董事 1942—1943
新興製糖	1903 合股 1908 股份	高雄大寮	60→120	製糖、鐵道運輸	董事 1923—1931
烏樹林製鹽	1923	岡山	30	製鹽、輕鐵運輸	專務董事 1933—1934 1940—1941
臺灣新民報（興南新聞社）	1929	臺北	36.2	新聞業	監事 1935—1943

資料來源：竹本伊一郎，《臺灣會社年鑑》（臺北：臺灣經濟研究會）；千草默仙，
《會社銀行商工業者名鑑》（臺北：圖南協會）；杉浦和作，《臺灣會社銀行錄》（臺
北：臺灣實業興信所）相關各年版本。

　　陳啟琛（1901—1993），[41]為陳中和的七子。其苓雅寮公學校畢業後，
即赴日進入慶應義塾大學幼稚舍、普通部預科就讀。1922 年，配合父

40 陳啟川事跡係參考：林進發，《臺灣人物評》（臺北：赤陽社，1929 年），頁 171；林進發，
　《臺灣官紳年鑑（昭和七年版）》（臺北：民眾公論社，1932 年），頁 4；臺灣新民報社
　調查部，《臺灣人士鑑》（臺北：臺灣新民報，1934 年），頁 123；林進發，《臺灣官紳
　年鑑（昭和九年版）》（臺北：民眾公論社，1934 年），高雄州頁 8；大園市藏，《臺灣
　の中心人物》（臺北：日本植民地批判社，1935 年），頁 51；臺灣新民報社調查部，《臺
　灣人士鑑昭和十二年版》（臺北：臺灣新民報，1937 年），頁 251。等資料改寫。另外，
　陳啟川也曾擔任皇民奉公會高雄支會奉公委員等職。
41 戴寶村，《陳中和家族史—從糖業貿易到政經世界》（臺北：玉山社，2008 年），頁 173。

親安排，掛名擔任「陳中和物產」董事，但一年後即辭卸職位。1925年，慶應大學法學部政治科畢業後，進入「三菱商事」東京本部工作。

父親陳中和過世後，在日本任職的啟琛，在 1931 年先分得「陳中和物產」董事，1933 年又獲得「烏樹林製鹽」董事之位。1938 年，轉入「三菱商事」名古屋支店工作，但於年底退社返臺。1941 年，在其兄啟川的支持下，接任「陳中和物產」董事長，[42]兄弟兩人共同治理「陳中和物產」（參見表 10）。

表 10：日治時期陳啟琛之企業經營的概況

公司名稱	創立時間	創立地點	登記資本（萬）	營業項目	任職概況
陳中和物產	1922	高雄	120	農產販售、不動交易、海外貿易	董事 1922 1931—1940 董事長 1941—1943
烏樹林製鹽	1923	岡山	30	製鹽、輕鐵運輸	董事 1933—1938

資料來源：竹本伊一郎，《臺灣會社年鑑》（臺北：臺灣經濟研究會）；千草默仙，《會社銀行商工業者名鑑》（臺北：圖南協會）；杉浦和作，《臺灣會社銀行錄》（臺北：臺灣實業興信所）相關各年版本。

三、高雄陳家成員所經營及投資的企業

（一）陳家與「新興製糖」的經營

「新興製糖」為高雄陳家首要的招牌企業，它創立於 1903 年，係由陳中和邀請陳升冠、陳文遠、周鳴遠、孫明輝、陳晉臣等人集資 24 萬圓，在高雄鳳山大寮庄山仔頂創立合股公司，[43]由陳中和擔任董事長。

---

[42] 陳啟琛事跡係參考：興南新聞社，《臺灣人士鑑昭和十八年版》（臺北：興南新聞社，1943年），頁 124 之資料改寫，同時該資料也提及陳啟琛在 1942 年入籍妻家，並改名為熊野啟造。

[43] 其中，陳中和出資 11 萬圓（1,100 股），並擔任董事長，陳升冠出資 8 萬圓（800 股），並擔任副董事長，陳文遠出資 2 萬圓（200 股），並擔任監事，周鳴球出資 1 萬圓（100 股），並擔任經理，孫明輝出資 1 萬圓（100 股），並擔任董事，陳晉臣出資 1 萬圓（100 股），

營業項目為製糖及鐵路運輸,「新興製糖」最初的榨糖能力只有 150 噸。

1905 年,受日俄戰爭的影響,糖價大跌,「新興製糖」的經營陷入困境,陳中和乃向臺灣銀行借款,但從此經營亦受制於臺灣銀行及臺灣總督府,[44]陳中和接受糖務局的建議,聘請石川昌次擔任顧問,[45]協助經營。

1908 年,「新興製糖」改組為資本額 60 萬圓的股份公司,並設立榨糖能力達 500 噸的工廠,同時也鋪設 11 哩的輕便鐵路,以方便原料及製品的運輸。在董監事會方面,由陳中和出任董事長,並推舉陳勝寬、陳文遠為董事,周明久、陳和新、陳新春等人為監事,[46]惟此時臺灣總督府明令只有臺灣人設立的事業體,不得使用「會社」之名,因此只好擢升石川昌次為董事,以符合法令要求。

1912 年,渡過暴風雨打擊的「新興製糖」,逐漸轉虧為盈。稍後一次大戰的爆發,又使得陳家大發利市。1918 年,獲利豐厚的「新興製糖」,增資為 120 萬圓。1919—1920 年,國際市場掀起砂糖熱潮,「新興製糖」一舉獲利 158 萬圓(參見表 11),股東分紅竟高達 60%、52.5 萬圓,同時,為配合此一旺盛需求,「新興製糖」也將榨糖能力增為 850 噸。[47]

值得注意的,「新興製糖」以此蓄積,在 1924—1929 年間大肆進行土地投資,土地資產大約增加了 80 萬圓(參見表 12),在其同期所獲得的 103 萬圓利潤中(參見表 11),將近 80% 都投入了土地投資,是故高雄陳家由砂糖商轉變為製糖業者,至此再轉變為商業性大地主,這也是 1925、1926 年「鳳山農民組合」發動農民運動,抗議高雄陳家的主要原因。[48]

並擔任監事。此時受限於臺灣總督府不鼓勵臺灣人設立股份公司的政策,故只成立新興製糖合股會社。

[44] 王鍵,《日據時期臺灣總督府經濟政策研究(1895—1945)》(北京:社會科學文獻出版社,2009 年),頁 451。

[45] 新臺灣社,《新臺灣》大正四年十一月號(臺北:新臺灣社,1915 年 11 月),頁 64。

[46] 參見《臺灣日日新報》1908 年 2 月 16 日〈新興之創立總會〉的報導。

[47] 遠藤東之助,《臺灣を代表するもの》(臺北:臺灣新聞社,1935 年),頁 546。

[48] 涂照彥原著,李明峻漢譯,《日本帝國主義下的臺灣》(臺北:人間出版社,1991 年),頁

　　然好景不常，1929 年爆發世界經濟大恐慌，臺灣亦受波及，次年，陳中和過世又帶來爭產紛擾，使得「新興製糖」業績下滑，1931 年甚至出現了少見的虧損（參見表 11）。1933—1934 年景氣復甦，糖價上漲，加上董監事及職員的努力，才使公司營運好轉，1933—1936 年獲利超過 90 萬圓（參見表 11），[49]土地資產也增加了 43.7 萬圓（參見表 12）。在獲利的狀況下，1935 年，「新興製糖」將鳳山到林邊的輕便鐵路增長為 15.77 哩。

　　中日戰爭爆發後，臺灣總督府為了更有效統制各種物資，與日本財閥合作，在臺灣刮起企業兼併之風，以求汰弱留強。1941 年 9 月，「新興製糖」董事長陳啟峰不敵日本財閥資本及殖民政府的壓力，終於同意「臺灣製糖」的併購。[50]

　　併購價格陳啟峰最初提出 3,000 萬圓，其後降為 1,500 萬圓，但最後「臺灣製糖」竟以 780 萬圓，即廉價收購了「新興製糖」，[51]只有陳啟峰最初開價的 1/4 左右，再者，由於「臺灣製糖」的董監事有人數限制，無法安排陳家代表進入董監事會，陳家至此已脫離了賴以發跡的製糖業，[52]令多數輿論感到錯愕。

表 11：「新興製糖」歷年的損益及紅利分配概況（1908—1936）（單位：圓）

年份	損益	紅利分配	重要大事
1908	66,397	0%	改組為股份公司
1909	265,588	0%	
1910	8,396	0%	

420—421。戴寶村，《陳中和家族史—從糖業貿易到政經世界》（臺北：玉山社，2008 年），頁 109—110。《臺灣民報》大正 15 年 11 月 7 日，第 130 號，對於新興製糖的佃農收入微薄的情況，有清楚的計算。

[49] 根據表 11 可知：1934—1936 年約獲利 84 萬圓，而 1933 年股東分紅 5%，以實收資本 120 萬計，光紅利就至少有 6 萬圓，兩者合計獲利至少有 90 萬圓。

[50] 涂照彥，《日本帝國主義下的臺灣》（臺北：人間出版社，1991 年），頁 448。

[51] 包括：解散費 300 萬圓，另外資本額 120 萬圓，共 24,000 股，每股以 200 圓收購，即 480 萬圓，合計 780 萬圓。另外根據杉野嘉助，《臺灣糖業年鑑》（臺北：臺灣通信社，1927 年），頁 351，1927 年「臺灣製糖」即想要併購「新興製糖」，當時估算「新興製糖」即價值 500 萬圓，到 1941 年時也才增為 780 萬圓，可見這筆買賣對陳家十分不利。

[52] 《臺灣實業界》昭和 16 年 7 月號（臺北：該社，1941 年 7 月）。

1911	4,386	0%		暴風雨侵襲
1912	125,139	60,000	10%	
1913	85,414	60,000	10%	
1914	143,013	60,000	10%	第一次世界大戰爆發
1915	111,046	30,000	5%	
1916	211,708	60,000	10%	
1917	402,605	60,000	10%	
1918	308,832	112,500	18%	
1919	421,605	180,000	24%	掀起砂糖熱潮
1920	1,583,000	525,000	60%	收益最多的一年
1921	33,000	93,998	8%	
1922	110,603	96,000	8%	
1923	149,349	120,000	10%	
1924	295,508	156,000	13%	
1925	376,043	168,600	14%	
1926	109,567	96,000	8%	
1927	125,741	96,000	8%	
1928	56,983	84,000	7%	
1929	64,012	--		爆發世界性不景氣
1930	28,525	--		
1931	-37,688	0%		出現虧損
1932	29,214	24,000	2%	
1933	--	60,000	5%	景氣復甦
1934	179,471	60,000	5%	
1935	238,565	--		
1936	429,734	96,000	8%	

資料來源：杉野嘉助，《臺灣糖業年鑑》（臺北：臺灣通信社，1927 年），頁 342—344；山下久四郎，《昭和十年砂糖年鑑》（東京：日本砂糖協會，1935 年），頁 7。涂照彥，《日本帝國主義下的臺灣》（臺北：人間出版社，1991 年），頁 425。戴寶村，《陳中和家族史—從糖業貿易到政經世界》（臺北：玉山社，2008 年），頁 106。

表 12：「新興製糖」的資產分析（1923—1936）（單位：千圓）

年份	土地	建物	機械	鐵路	有價證券	活期存款	製品	庫存	其他	資產總值
1923	181	215	393	132	2,900	--	184		1,895	5,900
1924	185	195	397	132	2,922	18	457	67	2,019	6,392
1925	394	199	416	149	2,661	13	582	449	1,929	6,792
1926	552	213	431	156	2,402	7	139	604	1,896	6,400
1927	561	216	450	156	2,452	20	207	495	1,950	6,507
1928	662	235	457	167	2,578	4	605	471	1,856	7,035
1929	973	230	468	167	1,990	19	58	504	1,863	6,272
1930	1,001	240	472	167	1,660	2	50	854	1,866	6,312
1931	1,013	241	503	187	1,617	7	62	1,009	1,354	5,993
1932	999	221	473	179	1,375	11	28	1,334	1,310	5,930
1933	1,022	182	246	122	1,386	8	31	440	1,182	4,619
1934	1,277	152	322	72	1,387	59	7	802	1,306	5,384
1936	1,459	200	277	69	899	15	87	688	721	4,415

資料來源：竹本伊一郎，《臺灣會社年鑑》（臺北：臺灣經濟研究會）；千草默仙，《會社銀行商工業者名鑑》（臺北：圖南協會）；杉浦和作，《臺灣會社銀行錄》（臺北：臺灣實業興信所）相關各年版本。

（二）陳家與「陳中和物產」的經營

　　1903 年，陳中和在創立「新興製糖」的同時，也與「仕隆林家」一起創立「南興公司」，從事碾米業。1922 年，陳中和為創立自家的投資及貿易指揮公司，乃與「仕隆林家」拆夥，將「南興公司」改組為「陳中和物產」。

　　「陳中和物產」的總公司設於高雄苓雅寮，登記資本為 120 萬圓，最初實收資本為 108 萬圓，營業項目包括：農產物栽種及買賣、土地建物買、精米及其副業、海外貿易、資金放貸等。[53]

　　1923—1930 年，雖然「陳中和物產」每年大約有 2—3 萬的虧損（參見表 13），沒有股利分配，但資產卻不斷增加，其中，土地投資即增加

---

[53] 千草默仙，《會社銀行商工業者》（臺北：高砂改進社，1928 年），頁 239。

了將近 7 萬圓（參見表 14），再者，公司的資產總值約在 230—250 萬圓之間，為登記資本 120 萬圓的兩倍，可見得「陳中和物產」仍是一家頗具價值的公司。

再就「陳中和物產」的資產內容分析，在 1930 年以前，公司擁有價值 108—125 萬圓的大量土地，[54]有價證券最多時曾高達 120 萬圓，由此觀之，「陳中和物產」的確達成作為投資公司的目標。

1930 年陳中和過世，「陳中和物產」的有價證券銳減，只剩 1 萬圓，這應該是與家族分產有關，有價證券已經分配給諸子。在陳啟南接任「陳中和物產」董事長後，啟貞、啟清、啟川、啟琛都進入董監事會中，這表示他們繼續對公司投入資本，可能有不少係以有價證券折算，惟欠缺資料暫無法討論。

表 13：「陳中和物產」的歷年營業損益及紅利分配概況（1923—1930）

年份	損益	紅利分配
1923	-27,182	無
1924	-34,288	無
1925	-24,910	無
1926	-28,302	無
1927	-3,420	無
1928	不詳	無
1929	-29,481	無
1930	-215,404	無

資料來源：竹本伊一郎，《臺灣會社年鑑》（臺北：臺灣經濟研究會）；千草默仙，《會社銀行商工業者名鑑》（臺北：圖南協會）；杉浦和作，《臺灣會社銀行錄》（臺北：臺灣實業興信所）相關各年版本。

---

[54] 前述引用涂照彥說法，新興製糖在 1924—1929 年購買 80 萬圓的土地，高雄陳家已由糖業製造者轉化為商業性地主，故成為農民運動的鬥爭目標。但更精確的說，其實高雄陳家也透過「陳中和物產」收購大量土地，1930 年時，高雄陳家的「新興製糖」擁有 100 萬圓的土地，「陳中和物產」更握有價值 125 萬圓的土地，兩者合計高雄陳家持有 225 萬圓的大量土地，因此「陳中和物產」收購土地也是高雄陳家成為農民運動鬥爭目標的原因之一。

表 14：「陳中和物產」的資產分析（1923—1930）（單位：千圓）

年份	土地	建物	有價證券	儲存米	金銀	銀行存款	其他	資產總值
1923	1,084	--	1,194	22	2	--	0	2,290
1924	1,116	1	1,194	11	--	2	15	2,339
1925	1,118	1	1,203	2	--	12	137	2,473
1926	1,135	1	987	34		3	158	2,318
1927	1,143	1	987	8	--	2	156	2,297
1929	1,250	1	753	15	--	3	193	2,215
1930	1,251	1	10	19	--	1	412	1,693

資料來源：竹本伊一郎，《臺灣會社年鑑》（臺北：臺灣經濟研究會）；千草默仙，《會社銀行商工業者名鑑》（臺北：圖南協會）；杉浦和作，《臺灣會社銀行錄》（臺北：臺灣實業興信所）相關各年版本。

（三）陳家與「烏樹林製鹽」的經營

1912 年，陳中和以烏樹林鹽田公積金，創立「烏樹林鹽業協會」，最初以改良及發達鹽田為宗旨。1923 年，陳中和解散鹽業協會，與「仕隆林家」共同創立「烏樹林製鹽」，[55]因此，公司之董、監事席次始終掌握於陳家與林家手中，仕隆林家的林溫如、林福藻、林東來、林東淦等人都曾任公司的董、監事。1930 年，陳中和過世後，「烏樹林鹽業」由長子陳啟貞繼承。

「烏樹林製鹽」總公司設於高雄岡山彌陀庄，最初資本額 30 萬圓，實收資本 24 萬圓，股東人數約 40 餘人，營業項目包括：製鹽、輕鐵運輸、養魚、土地建物買賣等。[56]

1929 年，熊野城造編纂《事業界と內容批判》時，將公司分為兩類，一類為業績順利的公司，另一類則為有待整理的公司，「烏樹林製鹽」被認為是有待整理的公司，[57]可見公司的營運有待改善。

根據《昭和六年臺灣株式年鑑》可知，「烏樹林製鹽」在 1929 年時，

---

55 松下芳三郎，《臺灣鹽專賣志》（臺北：臺灣總督府專賣局，1925 年），頁 139。
56 千草默仙，《會社銀行商工業者》（臺北：高砂改進社，1928 年），頁 166。
57 熊野城造，《事業界と內容批判》（臺北：事業界と內容批判社，1929 年），頁 33。

製鹽量為 1,545 萬斤，至 1930 年時已增為 2,186 萬斤，產值也由 6.3 萬圓增加為 8.7 萬圓；在輕便鐵路的運輸方面，公司設有輕便鐵路三線，包括岡山線、路竹線、燕巢線，旅客運輸人數由 19.5 萬人增為 22.5 萬人，貨物運輸也由 699 萬斤增為 1,043 萬斤，每年收入由 3.7 萬圓增加為 4.7 萬圓（參見表 15），可見「烏樹林製鹽」在 1930 年以後製鹽及運輸兩大業務上已略有改善。[58]

在公司資產方面，若以 1929 年、1930 年的資料言，「烏樹林製鹽」擁有鹽田 9.6—9.9 萬圓，土地 8.4 萬圓，軌道 5.1—5.0 萬圓，建物建地 2.1—3.3 萬圓，有價證券 0.1 萬圓，存款 1.5—1.6 萬圓，現金 6.7—6.0 萬圓，其他 4.1—5.9 萬圓，公司資產總值為 38.5—40.2 萬圓（參見表 16），約為公司實收資本的 1.6 倍以上，足見「烏樹林製鹽」仍具相當的價值。

在公司利潤分配方面，1929—1930 年，「烏樹林製鹽」可處分的利潤約為 4—5 萬圓，其中，半數用於股利分紅和董監事獎勵金，半數則作為公積金、轉入下期等內部留存。再者，紅利約 8—9%（參見表 17），高於 1930 年臺灣銀行的最高年利率 5%，[59]可見得此年的盈餘狀況還算不錯。

雖然「烏樹林製鹽」的體質已經慢慢改善，1931 年以後公司的實收資本也增加為 27.9 萬圓，惟在日本財閥資本併購臺地企業的風氣下，加上進入戰爭時期後鹽為重要的戰略物資，陳家的三大招牌企業之一的「烏樹林製鹽」，終於在 1941 年被「大日本製鹽」等國策公司併吞，[60]陳啟貞只能放棄「烏樹林製鹽」的經營權，轉向對「臺灣製鹽」的投資，成為該公司的董事之一。

---

[58] 竹本伊一郎，《昭和六年臺灣株式年鑑》（臺北：臺灣經濟研究會，1931 年），頁 273—276。

[59] 參見《五十一年來臺灣省統計提要》（臺北：臺灣行政長官公署統計室，1946 年）或趙祐志，〈日治時期在臺日人高級經營階層的崛興〉，《重高學報》第九期（臺北：國立三重高中，2006 年），頁 131。

[60] 涂照彥原著，李明峻漢譯，《日本帝國主義下的臺灣》（臺北：人間出版社，1991 年），頁 447。

表 15：1929—1930 年「烏樹林製鹽」兩大業務的經營狀況

		製鹽業務		輕鐵運輸業務			營收
1929	收入	產量	產值	旅客	貨物	營收	10.0 萬圓
		1,545 萬斤	6.3 萬圓	19.5 萬人	699 萬斤	3.7 萬圓	
	支出	製鹽費用		臺車人夫費用	修繕費用	保線費	5.7 萬圓
		3.3 萬圓		1.5 萬圓	0.6 萬圓	0.3 萬圓	
1930	收入	產量	產值	旅客	貨物	營收	13.4 萬圓
		2,186 萬斤	8.7 萬圓	22.5 萬人	1,043 萬斤	4.7 萬圓	
	支出	製鹽費用		臺車人夫費用	修繕費用	保線費	7.4 萬圓
		4.6 萬圓		1.9 萬圓	0.6 萬圓	0.3 萬圓	

資料來源：竹本伊一郎，《昭和六年臺灣株式年鑑》（臺北：臺灣經濟研究會，1931年），頁 273—276。

表 16：1929—1930 年「烏樹林製鹽」的資產分析

	鹽田	土地	軌道	建物建地	有價證券	存款	現金	其他	資產總值
1929	9.6 萬	8.4 萬	5.1 萬	2.1 萬	0.1 萬	1.5 萬	6.7 萬	4.1 萬	38.5 萬
1930	9.9 萬	8.4 萬	5.0 萬	3.3 萬	0.1 萬	1.6 萬	6.0 萬	5.9 萬	40.2 萬

資料來源：竹本伊一郎，《昭和六年臺灣株式年鑑》（臺北：臺灣經濟研究會，1931年），頁 273—276。

表 17：1929—1930 年「烏樹林製鹽」的利潤分配概況

	可分配之利潤		利潤分配概況				
	損益	前期轉入	公積金	股東紅利分配	董監事獎勵金	其他	轉入下期
1929	3.7 萬圓	0.7 萬圓	1.0 萬圓	2.4 萬圓（9%）	0.3 萬圓	0	0.7 萬圓
%	100%		22.7%	54.6%	6.8%	0%	15.9%
1930	4.5 萬圓	0.7 萬圓	1.5 萬圓	2.2 萬圓（8%）	0.4 萬圓	0.2 萬圓	0.9 萬圓
%	100%		28.8%	42.3%	7.7%	3.9%	17.3%

資料來源：竹本伊一郎，《昭和六年臺灣株式年鑑》（臺北：臺灣經濟研究會，1931年），頁 273—276。

（四）高雄陳家對其他企業的投資

高雄陳家除了實際經營「新興製糖」、「陳中和物產」、「烏樹林製鹽」

三大公司外，也先後至少參與了 15 家公司的董監事會，這些公司包括：
「南部製酒」（1913 年起）、「華南銀行」（1919 年起）、「臺灣炭業」
（1920 年起）、「大成火災海上保險」（1920 年起）、「高雄製冰」（1925
年起）、「臺灣農具製造」（1929 年起）、「高雄共榮自動車」（1930
年起）、「鹽埕座」（1930 年起）、「東港製冰」（1930 年起）、「壽山
遊覽自動車」（1933 年起）、「大日本石鹼」（1934 年起）、「婦人每
日新聞社」（1934 年起）、「臺灣新民報」（1935 年起）、「高雄中央批
發市場」（1935 年起）、「臺灣製鹽」（1941 年起）等，此外，還有
雖參與投資，但未出任董監事的公司也不少，可惜難以計數。以下依時
間順序說明高雄陳家曾加入董監事會的 15 家公司之概況。

1.南部製酒

「南部製酒」創立於 1913 年，[61]總公司設於高雄三塊厝，資本額
15 萬圓，實收資本 7.5 萬圓，營業項目為酒精、醬油、米、糖買賣及船
舶運輸。[62] 1920 年，公司獲利 20,651 圓，股東分紅 1,500 圓，股利高
達 20%。但自從 1922 年臺灣總督府下令將酒類收歸專賣，「南部製酒」
即遭受重大打擊，開始出現虧損，1924 年赤字 4,457 圓，1926 年暫停
止生產。[63] 1927 年，又虧損 7,119 圓，陳光燦不得已只好將董事長之位
讓給日人中村一造。高雄陳家在參與「南部製酒」的董監事會上，陳啟
貞歷任公司的監事及董事，陳啟南則曾任董事。

2.華南銀行

「華南銀行」創立於 1919 年，係由臺灣總督府號召臺灣、日本、
廣東、福建、上海、印尼等地的紳商加入，以圖謀臺灣與華南、南銀金
融的順遂。公司資本額為 1,000 萬圓，實收資本 722 萬圓。總公司設於
臺北，在廣東、越南、新嘉坡、爪哇都設有分公司，在佔領海南島後，
也曾在海口增設派駐所，股東約有 300—400 人。[64]

---

61 「南部製酒」前身為創立於 1911 年的「打狗製酒」。

62 千草默仙，《會社銀行商工業者》（臺北：高砂改進社，1928 年），頁 264。

63 《臺灣實業界》昭和 9 年 3 月號（臺北：該社，1934 年 3 月）。

64 千草默仙，《會社銀行商工業者》（臺北：高砂改進社，1928 年），頁 20。另外根據《臺
　灣實業界》昭和 7 年 5 月號（臺北：該社，1932 年 5 月）言，各地資金招募狀況為：臺灣

　　在 1925 年以前，「華南銀行」的業績還算不錯，每年約有 20—30
萬的盈餘，1920 年曾經分紅 8%。1925 年以後，業績不振，資本額減為
500 萬圓，實收資本 375 萬圓。1927 年，爆發「臺灣銀行破產事件」，「華
南銀行」飽受衝擊，當年竟虧損了 198 萬。次年，「華南銀行」再減資
為 250 萬圓，實收 187.5 萬圓。此後，「華南銀行」多年處於虧損狀態，
一直未有紅利分配。1934 年起，雖有微小盈餘，但皆用於彌補之前的
虧損，也未分紅。隨著總督府將臺灣作為「南進基地」列為重要政策，
「華南銀行」才又受到重視，1936 年起盈餘漸多，1939 年起，每半年
可以分紅 4%左右的股利。

　　高雄陳家在參與「華南銀行」的經營上，陳中和不僅自始即參與創
立，也以「新興製糖」名義投資 1,000 股，並獲得擔任董事，1930 年陳
中和去世後，再由陳啟峰接棒擔任董事。華南銀行在創立之初盈餘不
少，1920 年分紅 8%，高雄陳家按持股數計算可以分得 3,000 圓，但在
1927—1936 年長期處於虧損或彌補虧損的階段，幾乎未有紅利分配。
進入戰爭期後，才再有盈餘分紅，1937、1938 年每期一股分紅 5.6 角，
亦即高雄陳家一年可以分得 1,120 圓，1939 年起每年分紅 4%，高雄陳
家一年大致可以獲得股利 1,500 圓。

　　整體而言，雖然由於「華南銀行」長期虧損，高雄陳家可能未有太
多獲利，惟獲得參與此一銀行的投資機會，代表其已被臺灣總督府視為
臺人重要紳商之一，故對於聲望的提高很有幫助。

表 18：「華南銀行」歷年的營業損益及紅利分配概況（單位：圓）

年份	損益	紅利分配	董監事獎勵金
1920	264,710	220,000（8%）	
1924 上	321,110	225,000	
1924 下	225,591		
1925 上	88,192	75,000	
1926	94,179		

4 萬股，日本 1 萬股，中國 2 萬股、南洋 3 萬股。

1927	-1,981,108	無	
1929		無	
1931 上		無	
1931 下		無	
1932 下		無	
1933 上		無	
1934	44,078	無	
1935	80,446	無	
1936 上	115,923	無	
1936 下	149,571	無	
1937 下	158,162	28,000 一股 5.6 角	5,000
1938 上	138,601	28,000 一股 5.6 角	5,000
1938 上	93,861	28,000 一股 5.6 角	6,000
1939 上	93,107	37,500 普通股 3% 紀念股 1%	6,000
1939 下	96,774	37,500 4%	6,000
1940 上	99,348	37,500 4%	6,000
1940 下	101,372	37,500 4%	6,600
1941 上	104,592	37,500 4%	6,600

資料來源：竹本伊一郎，《臺灣會社年鑑》（臺北：臺灣經濟研究會）；千草默仙，《會社銀行商工業者名鑑》（臺北：圖南協會）；杉浦和作，《臺灣會社銀行錄》（臺北：臺灣實業興信所）相關各年版本。

3.臺灣炭業

「臺灣炭業」創立於 1920 年，資本額 100 萬圓，實收資本 30 萬圓，營業項目為採煤、煤炭買賣及交通運輸，股東人數大約有 130—180 人，臺灣銀行、大日本製糖、鹽水港製糖、帝國製糖、昭和製糖、新高製糖、新竹製糖都有持股。1933 年時，擁有 9 個礦區，面積達 322 萬坪。

1920 年，陳中和投資此一公司，大致是為了確保「新興製糖」的燃煤需求，值得注意的是，「新興製糖」也可以向同為臺灣人的顏雲年家族旗下的「基隆炭礦」或「臺陽礦業」購買，但陳中和並未如此，也許是在商言商，商業利益仍然超越了民族情感與家族友誼。

陳中和的這項投資，也為他贏得該公司一席監事，惟次年即不見於

董監事名單中，可能很快就退出「臺灣炭業」的董監事會。直到 1933
年才又由陳啟峰出任監事，並於 1935 年升任董事。

　　「臺灣炭業」在 1933 年起擺脫前年的虧損，進入戰爭階段後，更
因煤炭價格上漲，帶來盈餘，故從 1938 年起，「臺灣炭業」每期都有 6—
8%的紅利分配，全體董監事也有 3,000 元的獎勵金。高雄陳家此時以「新
興製糖」名義持有 500 股，每股實收 30 圓，以平均分紅 7%計算，每年
可以獲利 1,050 圓。

表 19：「臺灣炭業」歷年的營業損益及紅利分配概況（單位：圓）

年份	損益	紅利分配	董監事獎勵金
1932	-4,284	無	
1933	5,186	不詳	
1934 上	8,265	不詳	
1935 上	21,419	不詳	
1938 下	52,039	10,500 7%	3,000
1939 上	53,317	9,000 6%	3,000
1939 下	54,379	10,500 7%	3,000
1940 上	55,254	12,000 8%	3,000

資料來源：竹本伊一郎，《臺灣會社年鑑》（臺北：臺灣經濟研究會）；千草默仙，
《會社銀行商工業者名鑑》（臺北：圖南協會）；杉浦和作，《臺灣會社銀行錄》（臺
北：臺灣實業興信所）相關各年版本。

4.大成火災海上保險

　　「大成火災海上保險」創立於 1920 年，資本額 500 萬圓，實收資
本 125 萬圓，總公司設於臺北，在東京、大阪設有分公司，在神戶、橫
濱、仙臺、福岡、京都、名古屋等地則有辦事處，股東約有 400—600
人，營業項目為火災海上保險，[65]該公司是日治時期唯一股東以臺灣人
為主創立的保險公司。

　　「大成火災海上保險」在 1924—1940 除了 1934 年虧損外，每年
大致都有獲利，股東除 1934—1936 年及 1940 年外，都可以獲得分得 4—

---

[65] 千草默仙，《會社銀行商工業者》（臺北：高砂改進社，1928 年），頁 150。

7.2%的紅利，其中以 1933 年獲利 17 萬餘圓最多，當年分紅 9 萬圓、股利達 7.2%。

高雄陳家在「大成火災海上保險」，主要係由「新興製糖」出錢投資，並且一直由長子陳啟貞代表陳家擔任監事。根據資料「新興製糖」持有 1,000 股，每股實收 12.5 圓，若以每股分紅 4—6%計，陳家一年大約可以分得股利 500—750 圓。

表 20：「大成火災海上保險」歷年的損益及紅利分配之概況（單位：圓）

年份	損益	紅利分配	董監事獎勵金
1924	73,706	50,000（4%）	
1925	84,916	不詳	
1926	93,141	不詳	
1928	107,221	75,000（6%）	
1929	108,602	不詳	
1930	118,555	75,000（6%）	8,000
1931	120,395	75,000（6%）	8,000
1932	123,004	75,000（6%）	8,000
1933	171,606	90,000（7.2%）	12,000
1934	-90,509	無	
1935	15,643	無	
1936	41,892	無	
1937	106,983	50,000（4%）	9,000
1938	130,609	63,000（5%）	11,000
1939	108,018	50,000（4%）	9,000
1940	40,779	無	

資料來源：竹本伊一郎，《臺灣會社年鑑》（臺北：臺灣經濟研究會）；千草默仙，《會社銀行商工業者名鑑》（臺北：圖南協會）；杉浦和作，《臺灣會社銀行錄》（臺北：臺灣實業興信所）相關各年版本。

5.高雄製冰

「高雄製冰」創立於 1925 年，資本額 50 萬圓，實收資本 12.5 萬圓，營業項目為冰塊製造及獸肉蔬果冷藏，股東約 80—120 人，最大股

東為「日本水產」，公司擁有 10 噸及 15 噸製冰機各一臺。

「高雄製冰」最初每年結算兩次，1934 年起改為一年結算一次。公司自 1934 年，每年獲利約 9,000—10,000 圓，紅利分配 6,250 圓，股利為 5%。高雄陳家在「高雄製冰」，係由陳啟峰投資 200 股，並且在 1925—1933 年擔任董事。1934 年起，「高雄製冰」固定分配股利 5%，若以陳啟峰持有 200 股、每股實收 12.5 圓計算，則陳啟峰每年可以獲利 125 圓。

表 21：「高雄製冰」歷年的損益及紅利分配之概況

年份	損益	紅利分配	備註
1928 下	不詳	6,250（10%）	特別紅利 1,250（2%）
1932 下	-264	無	
1933 上	-670	無	
1933 下	6,141	無	
1934	8,993	6,250（5%）	董監事獎勵金 1,200
1935	10,146	6,250（5%）	
1936	8,939	6,250（5%）	董監事獎勵金 1,000
1937	8,593	6,250（5%）	董監事獎勵金 1,000
1938	10,268	6,250（5%）	董監事獎勵金 1,000

資料來源：竹本伊一郎，《臺灣會社年鑑》（臺北：臺灣經濟研究會）；千草默仙，《會社銀行商工業者名鑑》（臺北：圖南協會）；杉浦和作，《臺灣會社銀行錄》（臺北：臺灣實業興信所）相關各年版本。

6.高雄共榮自動車

「高雄共榮自動車」設立於 1928 年，資本額 15 萬圓，實收資本 3.75 萬圓。營業項目為市內公共汽車及汽車修理。1932 年，實收資本增為 5.25 萬圓，1934 年，實收資本再增為 7.5 萬圓。高雄陳家在「高雄共榮自動車」中，係由陳啟峰投資，並且在 1930—1934 年獲任董事。

7.鹽埕座

「鹽埕座」創設於 1930 年，資本額 4 萬圓，實收資本 4 萬圓，營業項目為戲劇表演及劇場租賃。高雄陳家在「鹽埕座」中，係由陳啟峰

投資，並且在 1930—1941 年獲任董事。

8.東港製冰

「東港製冰」設立於 1930 年，資本額 10 萬圓，實收資本 9.78 萬，次年已全額實收，股東約有 40 餘人，營業項目為製冰及冷藏，製冰能力一天 10 噸，冷藏 5 噸。

高雄陳家在「東港製冰」中，係由陳啟清及連襟張仲護一起參與投資，在 1930—1938 年，兩人分別擔任董事及監事之職。「東港製冰」盈餘年份多於虧損年份，故陳啟清及張仲護大致可以獲利，惟持股數不詳，無法計算股利。

表 22：「東港製冰」歷年的損益及紅利分配之概況

年份	損益	紅利分配	董監事獎勵金
1930	9,078	5,000（5%）	600
1931	-676		
1932	4,564		
1933	11,543		
1935	9,824		

資料來源：竹本伊一郎，《臺灣會社年鑑》（臺北：臺灣經濟研究會）；千草默仙，《會社銀行商工業者名鑑》（臺北：圖南協會）；杉浦和作，《臺灣會社銀行錄》（臺北：臺灣實業興信所）相關各年版本。

9.臺灣農具製造

「臺灣農具製造」創立於 1929 年，資本額 20 萬圓，實收資本 5 萬圓，營業項目為農具製造、修理及販售。高雄陳家在「臺灣農具製造」中，係由陳啟峰投資，並在 1929—1930 年短暫擔任董事。

10.壽山遊覽自動車

「壽山遊覽自動車」創立於 1929 年，資本額 5 萬圓，實收資本 1.25 萬圓，營業項目為遊覽汽車租賃業務。高雄陳家在「壽山遊覽自動車」中，係由陳啟峰投資，並在 1933—1934 年短暫擔任董事。

11.婦人每日新聞社

「婦人每日新聞社」創立於 1930 年，資本額 10 萬圓，全額實收，

總公司設於東京，支局設於臺北市。高雄陳家在「婦人每日新聞社」中，係由陳啟峰投資，並在 1934 年擔任董事，但僅一年即退出董事會。

12.大日本石鹼

「大日本石鹼」創立於 1930 年，從事肥造製造與販售，資本額 1 萬圓，實收 6,000 圓。由於本公司係由陳中和女婿張仲護創立，並擔任董事長，因此啟貞、啟南、啟清都有投資，三人並且在 1934 年短暫擔任董事，但 1935 年以後即只有投資，並未參與董事會的運作。

13.臺灣新民報

「臺灣新民報」創立於 1929 年，資本額 36.2 萬圓，實收資本 1/4。1935 年，實收資本增為 1/2，1937 年，實收資本再增為 27.15 萬圓，1941 年，全額實收，並更名為「興南新聞社」。「臺灣新民報」營業項目為報紙發行、圖書出版、活字製造販售、書籍教育用品、運動用品及印刷機械材料交易販售等，股東約有 100—150 人，在基隆、新竹、臺中、彰化、臺南、嘉義、高雄、屏東、花蓮、東京、大阪、廈門、上海等地設有支局，員工有 285 人。

雖然「臺灣新民報社」營業多半為虧損，也未有紅利分配或是董監事酬勞金，但《臺灣新民報》為臺灣人所辦之最重要報紙，陳啟川能在 1935—1943 年被選為監事，對於提升其名望有很大的幫助。

表 23：「臺灣新民報社」歷年的損益及紅利分配之概況

年份	損益	紅利分配	備註
1933	-19,692	無	
1934	-15,403	無	
1935	360	無	公司資產總值 41 萬圓
1936	1,187	無	公司資產總值 42.2 萬圓
1937	-12,360	無	
1938	-9,399	無	
1939	6,764	無	
1940	7,291	無	

資料來源：竹本伊一郎，《臺灣會社年鑑》（臺北：臺灣經濟研究會）；千草默仙，

《會社銀行商工業者名鑑》（臺北：圖南協會）；杉浦和作，《臺灣會社銀行錄》（臺北：臺灣實業興信所）相關各年版本。

14.高雄中央批發市場

「高雄中央批發市場」創立於 1933 年，資本額 20 萬圓，實收資本5 萬圓，營業項目為魚類獸肉蛋蔬果批發販售、運輸。陳啟清曾在 1935年短暫擔任董事一年。

15.臺灣製鹽

「臺灣製鹽」創立於 1919 年，資本額 250 萬圓。1941 年，增資為500 萬圓，全額實收，股東數約 150 人。在 1941 年的這波增資中，陳啟貞加入成為董事會成員之一。

四、高雄陳家參與經營企業的資本網絡

為便於觀察高雄陳家參與經營企業的資本網絡變化，本文以1930 年陳中和過世為界分為兩個時期，茲述如下。

（一）陳中和時代高雄陳家的資本網絡

在本時期高雄陳家直系企業有「新興製糖」、「陳中和物產」及「烏樹林製鹽」等 3 家公司，旁系企業陳中和參與者有：「華南銀行」、「臺灣炭業」等 2 家公司，陳啟貞參與者有：「南部製酒」、「大成火災海上保險」等 2 家公司，陳啟峰參與者則有：「高雄製冰」、「臺灣農具製造」、「高雄共榮自動車」、「鹽埕座」等 4 家公司（參見表 24）。

1.陳中和參與經營企業的資本網絡

「新興製糖」是高雄陳家最重要的直系企業，其草創之初的監事中有陳文遠與陳和信，兩人係陳中和老東家陳福謙的二子及五子，但兩人在 1920 年以後已經退出「新興製糖」，代表陳中和已經逐漸擺脫陳福謙家族的影響力。[66]其次，在董事中有陳光璨及陳振發兩人，他們是高雄

---

[66] 陳文遠委託律師控告陳中和家族侵占「新興製糖」，主張 1903 年以前創立的「新興製糖」

在地臺人的新興勢力。[67]另外，日人石川昌次背後則有「臺灣銀行」、臺灣總督府糖務局的影子，其代表債權銀行及殖民政府對「新興製糖」的監視。

「陳中和物產」是高雄陳家第二號的招牌企業，它的前身是「南興公司」，由高雄陳家和「仕隆林家」共同創立，1922 年，「仕隆林家」退出後，陳中和將其改組為「陳中和物產」。本公司係高雄陳家封閉性的投資指令公司，董監事幾乎都是由陳中和及諸子出任，至於監事中的陳啟洲並非陳中和之子，他是陳中和的姪子，另外，轟木直一則曾任苓雅寮警察，他在執行臺灣總督府的土地調查工作時，為陳中和網羅，辭官進入「南興公司」，「陳中和物產」創立後，又被改聘為監事。

「烏樹林製鹽」是高雄陳家旗下的第三號招牌企業，在這家企業中，高雄陳家與「仕隆林家」緊密合作，董監事的人事幾乎都由這兩個家族壟斷。「仕隆林家」以林嘉惠、林嘉潛兄弟為首，此時「烏樹林製鹽」的董事林溫如（福謙），是林嘉潛的長子，監事林福藻、林東來則分別是林嘉惠的三子及長孫。[68]另外，監事吳瑞泰是「烏樹林製鹽」總公司所在地—岡山的知名仕紳。

「華南銀行」，係在臺灣總督府授意下，由「臺灣銀行」促成，它的成立是為了配合一次大戰後殖民政府的「對岸政策」，在官方介入下，該公司的董監事中不僅有：板橋林熊徵、基隆顏雲年顏國年、新竹鄭拱辰鄭肇基、霧峰林烈堂、清水蔡蓮舫、嘉義徐杰夫等臺人重要家族，亦有廣東、福建、上海、南洋的華人巨商投資，另外，茶葉巨商郭春秧、「臺灣銀行」前董事長中川小十郎也都列名顧問。至於日人副總理、董監事幾乎全由「臺灣銀行」離職轉任，用以監控「華南銀行」，從「臺

係陳福謙旗下各家家長共同投資，結果全轉為陳中和所有，此官司在陳家兄弟爭產時又被提起，陳文遠請求的金額高達 395 萬圓，請參見《臺灣新民報》昭和 5 月 5 月 17 日，第 313 號，版 3。

[67] 陳光璨曾任「打狗製酒」、「南部製酒」董事長、「高雄魚市」常務董事、「高雄中央批發市場」監事、「臺灣貿易」董事、「高雄新報」董事、「大日石鹼」董事、「高砂信用」組合理事及「高雄商工會」副會長、「澎湖廳民會」會長、「高雄州水產會」評議員、高雄州會議員等職，人脈很廣。陳振發則曾任「南部製酒」董事、高雄街協議會員。

[68] 照史（林曙光），《高雄人物評述第一輯》（高雄：春暉出版社，1983 年），頁 174—196。

灣銀行」退職的山中義信、有田勉三郎兩位副總理，即長期實際控制了
「華南銀行」的經營大權。雖然如此，陳中和參與「華南銀行」的投資，
並且獲任董事，不僅有助於加強與殖民政府的關係，也可以與各地臺人
世家，甚至廣東、福建、上海、南洋等地的一流華商在資本網絡上有所
接觸。

　　「臺灣炭業」是日治時期重要的煤礦公司，在其董監事名單中，除
了有煤礦業者外，也有「鹽水港製糖」、「大日本製糖」、「帝國製糖」、「松
岡製糖所」等製糖公司的代表，他們投資採煤公司，係為了獲取優惠價
格的製糖燃料，陳中和投資此一公司，並獲任監事，令「新興製糖」與
各大製糖公司在資本網絡上有了交集（參見表24）。

2.陳啟貞參與經營企業的資本網絡

　　在 1930 年以前，陳啟貞參與了「南部製酒」與「大成火災海上保
險」兩家公司的董監事會。在「南部製酒」中，董事長陳光燦、董事陳
振發都是「新興製糖」的董事，早就與高雄陳家建立資本網絡上的關係，
至於其他臺、日人董監事也多為高雄當地紳商，這家公司是高雄陳家與
在地紳商建立資本關係的重要一步。惟「南部製酒」壽命不長，在1927
年即被中村一造等日商所併吞，並於其後改組為「高雄酒精」。新公司
的董事長中村一造以長期擔任「臺灣倉庫」高雄支店長知名，他是高雄
運輸、倉儲、市場、房地產、新聞等業的鉅子，[69]在「高雄商工會」會
長、「臺灣商工銀行」董事長古賀三千人過世後，繼任「高雄商工會」
會長之職，堪稱日治晚期高雄日商的首要領袖。[70]高雄陳家第二代少東
陳啟貞、啟南兩人透過投資此一公司，曾與中村一造在資本網絡上有短
暫的接觸。

　　「大成火災海上保險」也是臺灣總督府指導成立的政策性公司，在
臺人的董監事部份，它囊括不少臺灣各地重要家族的成員，包括：大稻

---

69 中村一造歷任「高雄魚市」、「高雄中央批發市場」、「高雄賣冰」、「臺灣合同運輸」、
　「高雄州自動車運輸」、「楠梓合同運輸」、「高雄地所」、「極南燃料」等公司的董事
　長及「高雄新報社」董事、「高雄雜貨批發」監事、「高雄州自動車工作」監事。

70 參見趙祐志，〈日據時期高雄地區企業的發展〉，《高雄歷史與文化第三輯》（高雄：陳中
　和慈善基金會，1996 年），頁 123—208。

埕李春生後人李景盛、李延禧、李延齡等人，板橋林家的林柏壽、林熊光等人，霧峰林家的林獻堂、辜顯榮家族的辜皆的、基隆顏家的顏國年、新竹鄭家鄭肇基等人，此外還有大稻埕商人陳朝駿、吳文秀、郭廷俊、洪以南等人。在日人董監事部份，除了在臺灣崛起的日人財閥赤司初太郎外，其他多為「臺灣銀行」退職轉任者（參見表24），他們雖然給予經營上的協助，但也是為了執行殖民政府的政策。高雄陳家投資這家公司，如同「華南銀行」一樣，不僅可與臺人各地重要家族獲得交流的機會，也可拉近與殖民政府的關係，陳啟貞在這家公司擔任監事，有助於累積聲望，對於其被臺灣總督府拔擢為府評議會員有一定的幫助。

3.陳啟峰參與經營企業的資本網絡

陳啟峰在其父過世前數年，羽翼漸豐，此時他至少獲得擔任「高雄製冰」、「高雄共榮自動車」、「臺灣農具製造」、「鹽埕座」等四家公司董事的機會，這四家公司拓展了陳家在高雄當地的資本網絡。

首先，在「高雄製冰」上，其既以高雄為名，自然董監事亦多為高雄在地商人，在臺人的董監事中，有擔任「高雄魚市」董事的王沃、蔡文彬的兩人，日人董監事中，則有「日東商船組」董事長大坪與一，他是運輸界的泰斗，堪稱是高雄日商的一方霸主，實力可與「高雄商工會」會長古賀三千人抗衡。[71]其次，有大坪與一的事業夥伴—高木拾郎，他曾參與大坪與一創立的許多公司，在大坪過世後，青出於藍在高雄當地創辦了更多的事業。[72]再者，還有全臺四大米穀出口商之一的杉原佐一[73]、碳酸飲料商人多木龍二[74]、旅館娛樂業者荒木萬三郎[75]、火藥商中村秀[76]、

---

[71] 大坪與一曾任：「日東商船組」、「高雄製冰」、「打狗造船鐵工所」、「高雄共榮自動車」、「壽山遊覽自動車」、「高雄劇場」等公司的董事長。

[72] 高木拾郎歷任：「臺灣鳳梨」、「臺灣採藤」、「高雄共榮自動車」、「壽山遊覽自動車」、「高雄州自動車工作」、「港都土地建物」、「高雄製冰」等公司的董事長；「高雄州自動車運輸」常務董事；「打狗造船鐵工所」、「泰山製冰」、「高雄興業」、等公司的董事；「日東商船組」、「高雄新報」等公司的監事；「合名臺灣物產」、「臺灣物產」等公司的代表社員。

[73] 杉原佐一歷任：「杉原商行」董事長、「壽山遊覽自動車」常務董事、「高雄劇場」董事、「高雄共榮自動車」董事、「高雄興業」董事、「高雄海陸物產」代表社員等職。

[74] 多木龍二歷任：「鹽埕座」董事長；「臺灣瀝青工業所」、「多木商會」的代表社員；「日本碳酸」常務董事；「東洋電化」、「臺灣鳳梨」、「武智鐵工所」、「高雄製冰」、「港

土地不動產商吉井長平[77]、雜貨商真砂由次郎[78]等高雄在地的有力企業家。

　　第二,「高雄共榮自動車」也是打著高雄的旗號,其董監事不僅多為在地紳商,而且有不少與「高雄製冰」重疊,包括大坪與一、高木拾郎、杉原佐一、荒木萬三郎、吉井長平等人都是,另外,還有清水義治[79]、岩田芳人[80]、小川與市[81]等公共汽車業者,也是生根高雄多年的日商。

　　第三,「臺灣農具製造」啟峰合夥的對象,也多為「高雄製冰」、「高雄共榮自動車」的幹部,他們包括了大坪與一、高木拾郎、吉井長平、真砂由次郎、荒木萬三郎等人,另外,還有鐵材商小竹榮治[82],以及機械商武智信知、菅沼實等人,他們也是高雄當地的日商。

　　第四,在「鹽埕座」上,啟峰除了與「高雄製冰」董事多木龍二、常務董事中村秀等人合作外,也與高雄在地的木材商宮本幸次郎[83]、娛樂業者西田傳吉及豐永易介等人一起經營劇場(參見表24)。

　　綜合上述,陳中和過世前,陳中和本人的資本網絡頗為封閉,除了與陳光燦、陳振發及仕隆林家合作外,只有透過殖民政府的政策公司,才與高雄以外的臺灣各地家族建立資本關係。其次,在貸款關係及官方政策指導下,也與「臺灣銀行」及殖民政府退職官員有若干關係。再者,

---

　　都土地建物」等公司的董事等職。

[75] 荒木萬三郎歷任:「打狗巡航汽船」、「高雄劇場」等公司的董事長;「高雄檢番」代表社員;「港都土地建物」董事;「泰山製冰」、「壽山遊覽自動車」、「高雄製冰」等公司的監事。

[76] 中村秀歷任:「臺灣鳳梨」、「港都土地建物」、「高雄製冰」等公司的董事;「高雄共榮自動車」監事及「高雄興業」代表社員。

[77] 吉井長平歷任:「高雄共榮自動車」、「臺灣農具製造」、「高雄興業」、「高雄地所」、「高雄新報社」等公司的董事;「港都土地建物」、「臺灣木工」、「高雄製冰」等公司的監事;「吉井長平」、「吉井家具製造」等公司的代表社員。

[78] 真砂由次郎歷任:「高雄劇場」、「高雄製冰」、「高雄興業」等公司的董事;「臺灣農具製造」、「高雄中央批發市場」、「港都土地建物」等公司的監事。

[79] 清水義治曾任「高雄共榮自動車」董事、「壽山遊覽自動車」監事。

[80] 岩田芳人曾任「高雄共榮自動車」、「壽山遊覽自動車」、「高雄劇場」等公司的董事。

[81] 小川與市曾任「高雄共榮自動車」、「壽山遊覽自動車」、「港都土地建物」等公司的董事。

[82] 小竹榮治曾任「小竹商店」董事長。

[83] 宮本幸次郎還擔任「宮幸商店」代表者。

透過對「臺灣炭業」的投資，則與各製糖公司在資本網絡上有所交流。

　　長子陳啟貞的資本網絡，大致與其父類似，他所參與的公司若非由陳家壟斷封閉式的資本網絡，即是在殖民政府介入下建構的資本網絡，只有「南部製酒」勉強邁出一小步，與高雄當地商人建立一些資本關係。

　　至於四子陳啟峰的資本網絡則有很大轉變，他所投資的四家公司，全係高雄在地臺、日商人創建，這使得陳家的資本網絡逐漸蔓根於高雄，值得注意的是，啟峰與大坪與一、高木拾郎等日本商人的資本關係，遠較臺灣商人更為緊密。陳啟峰在資本網絡上能夠別開生面，營造了1930年後他接班的氣勢。

表 24：陳中和時代高雄陳家的資本網絡（1930 年以前）

公司名稱 資本額	創立 時地	營業項目	陳家任職董監事 及投資概況	同時期任職之 臺人董監事	同時期任職之 日人董監事
新興製糖 60 萬 （1908） 120 萬 （1918） 直系企業	1903 合股 1908 股份 高雄 大寮	製糖鐵道 運輸	陳中和董事長 1903—1930 陳啟峰董事 1920—1930 陳啟貞董事 1909—1928 陳啟川董事 1923—1930 陳啟南監事 1920—1930 陳啟清董事 1926—1930	陳振發董事 1920—1926 監事 1927—1930 陳光燦董事 1920—1930 陳文遠監事 1920— 陳和信監事 1920—	石川昌次董事 1920—1930
陳中和物 產 120 萬 直系企業	1922 高雄	農產販售 不動產交 易海外貿 易	陳中和董事長 1922—1930 陳啟貞董事 1922—1930 陳啟南董事 1922—1930 陳啟峰董事 1922—1930 陳啟川董事 1922—1930 陳啟琛董事 1922— 陳啟清董事 1922—1930 陳啟洲監事 1923—1930		轟木直一監事 1922—1930

烏樹林製鹽 30萬 直系企業	1923 岡山	製鹽輕鐵 運輸	陳中和董事長 1923—1930 陳啟貞監事 1923—1930 陳啟峰董事 1923—1930 陳啟南監事 1923—1926 董事 1927—1930 陳啟洲董事 1929—1930 陳啟清董事 1930 陳啟安監事 1930	林溫如董事 1923—1930 林義董事 1923—1929 林福藻監事 1923—1929 董事 1930 林東來監事 1923—1929 吳瑞泰監事 1930	
華南銀行 自1,000 萬減為 250萬， 旁系企業	1919 臺北	金融	陳中和董事 1919—1930	林熊徵總理 1919—1930 林烈堂董事 1919—1930 盛恩頤董事 1919—1930 劉崇偉董事 1919—1930 黃慶元董事 1919—1930 梅普元董事 1919—1930 李雙輝董事 1919—1940 林辰宗董事 1923—1924 顏國年董事 1926—1930 顏雲年監事 1919—1923 顏國年監事 1924—1925 鄭拱臣監事 1919—1920 鄭肇基監事 1924—1930 蔡蓮舫監事 1919—1930 王文達監事 1919—1929 郭博愛監事 1919—1927	黑葛原兼雄副總理 1919—1920 董事 1923—1925 山中義信副總理 1923—1927 有田勉三郎副總理 1928—1930 守永久米松董事 1919—1920 小笠原三九郎董事 1919—1920 山瀨肇董事 1919—1920 清水孫秉董事 1919—1920 菊川丈夫董事 1923—1926 荒井賢次郎董事 1923—1925 竹藤峰治董事 1929—1930 倉知鐵吉監事 1919—1925

				葉奕佳監事 1919—1925 徐杰夫監事 1927—1930 許丙監事 1930	
臺灣炭業 600萬 旁系企業	1920 臺北	煤礦採掘	陳中和監事 1920—		小松久吉董事長 1920— 岡垣秀忠專務董事 1920— 內政一董事 1920— 數田輝太郎董事 1920— 田村藤四郎董事 1920— 松井春次董事 1920— 牧山清砂董事 1920— 麻生誠之董事 1920— 平高寅太郎董事 1920— 持木壯造董事 1920— 鈴木重臣董事 1920— 波多野吉太郎監事 1920— 松岡富雄監事 1920—
南部製酒 15萬 旁系企業	1913 高雄	製酒販售	陳啟貞監事 1913—1914 董事 1915—1928 陳啟南監事 1920—1925	陳光璨董事長 1920—1926 許冰董事 1920—1926 何鳴琴董事 1920—1927 潘國祥董事 1920—1926 陳振發董事 1920—1928 林茂監事 1920— 陳冠雄監事 1920— 陳德慶監事 1920—	中村一造 董事長 1927—1928 平田末次董事 1927—1928 安藤彥市董事 1928— 城房次郎監事 1928— 杉原佐市監事 1928—

				林義監事 1924—1927 謝鱗監事 1924—1928 李水監事 1926—1928	
大成火災 海上保險 500萬 旁系企業	1920 臺北	保險	陳啟貞監事 1920—1930	李景盛董事長 1920— 李延禧董事長 1923— 董事 1924—1930 林柏壽董事 1920—1923 陳朝駿董事 1920— 林獻堂董事 1920—1930 張家坤董事 1920—1926 吳文秀董事 1920—1926 李延齡董事 1920— 鄭肇基董事 1920—1927 郭廷俊董事 1920— 洪以南監事 1920—1923 許廷光監事 1920—1924 林熊光監事 1920—1925 董事 1926—1930 顏國年董事 1927—1930 郭邦光監事 1920— 吳澄淇監事 1923—1943 辜皆的監事 1924—1928 蔡法平監事 1927—1930 林履信董事 1927—1930	益子逞輔常務董事 1920—1930 門野重九郎董事 1920—1930 小池張造董事 1920— 赤司初太郎董事 1920— 齋藤豐次郎監事 1925—1930 佐佐木勇太郎董事 1929—1930

					陳振能董事 1927—1930	
高雄製冰 50萬 旁系企業	1925 高雄	製冰販售	陳啟峰董事 1925—1930	王沃董事 1925—1930 陳通董事 1925—1928 蔡文彬監事 1925—1930	大坪與一董事長 1925—1930 中村秀常務董事 1925—1928 高木拾郎常務董事 1929—1930 多木龍二董事 1925—1930 真砂由次郎董事 1925—1930 杉原佐一董事 1925—1930 砂山貞次郎董事 1925—1928 成澤孝作董事 1925— 吉井長平監事 1925—1929 董事 1930— 荒木萬三郎董事 1925—1930 宮本正祐監事 1925—1928 山田福太郎監事 1925—1930 館林恒吉監事 1925—1930
臺灣農具 製造	1929	農具製造 修理販售	陳啟峰董事 1929—1930		大坪與一董事長 1929—1930 高木拾郎董事 1929—1930 小竹榮治董事 1929—1930 吉井長平董事 1929—1930 武智信知董事 1929—1930 菅沼實監事 1929—1930 真砂由次郎監事 1929—1930 荒木萬三郎監事 1929—1930
高雄共榮 自動車	1928 高雄	公共汽車	陳啟峰董事 1930—		大坪與一董事長 1930—

15萬 旁系企業					高木拾郎董事 1930— 杉原佐一董事 1930— 清水義治董事 1930— 荒木萬三郎董事 1930— 岩田芳人監事 1930— 吉井長平董事 1930— 小川與市監事 1930—
鹽埕座 4萬 旁系企業	1930 高雄	劇場 戲劇表演	陳啟峰董事 1930—	林迦監事 1930—	多木龍二董事長 1930— 宮本幸次郎董事 1930— 西田傳吉董事 1930— 中村秀監事 1930— 豐永易介監事 1930—

資料來源：竹本伊一郎，《臺灣會社年鑑》（臺北：臺灣經濟研究會）；千草默仙，《會社銀行商工業者名鑑》（臺北：圖南協會）；杉浦和作，《臺灣會社銀行錄》（臺北：臺灣實業興信所）相關各年版本。

（二）後陳中和時代高雄陳家的資本網絡

1.陳啟峰參與經營企業的資本網絡

　　陳中和過世後，「新興製糖」雖然在資本網絡上，仍是以陳家自家人為主，但啟貞、啟南、啟川都相繼退出「新興製糖」，由陳啟峰兄弟及其母親、姊妹共同掌握「新興製糖」。其次，北川傳是家族分產時陳啟峰的日人參謀，[84]此時他獲任監事。再者，石川昌次由董事升任常務董事，常駐東京，徹底掌握「新興製糖」的銷售業務，日人的輿論甚至認為資本規模只有120萬圓的「新興製糖」，能夠在數次「大兼併」的浪潮倖存，實與石川氏的幹練有關。此外，值得注意的是，王超英以技

---

[84] 《臺灣新民報》昭和6年7月18日，第373號，版3。

師、機械股長身分獲聘監事，[85]算是公司職員內升，給予認真工作的員工很大的鼓勵。

「華南銀行」的資本網絡異動不大，董監事只有因老邁或過世退出，臺灣銀行則固定至少掌握二席董事、一席監事及副總理。再者，也出現世代交替的現象，基隆顏家原由顏國年出任董事，此時改由顏欽賢接任董事。陳啟峰出任此一公司的董事，除了是繼承父業，也令高雄陳家與各地臺人重要家族及臺灣銀行、殖民政府繼續保持良好的關係。

「臺灣炭業」是陳啟峰子承父業的另一家公司，由於陳啟峰接掌「新興製糖」董事長之位，嫡長子的地位透過事業的繼承獲得實質的承認，因此高雄陳家雖已退出「臺灣炭業」董監事會許久，但在啟峰的聲望日隆下，「臺灣炭業」乃給予一席監事，邀請其加入董監事會，其後再升任董事。啟峰進入這家公司的董監事會，有助於高雄陳家與各大製糖公司重新建立資本網絡的聯繫。

在陳中和去世前夕，陳啟峰已經積極投資「高雄製冰」、「高雄共榮自動車」、「鹽埕座」等公司，與王沃、蔡文彬及大坪與一、高木拾郎、多木龍二、真砂由次郎、杉原佐一、吉井長平、荒木萬三郎、中村秀、清水義治、岩田芳人、小川與市、宮田幸次郎等高雄在地商人建立資本網絡的關係，惟「鹽埕座」加入了不少臺籍商人，包括林迦、李炳森、周季芳、黃量等人，有助於加廣陳啟峰的資本網絡。再者，在「高雄製冰」中，董事長大坪與一過世後，其子大坪佐苦樂雖無法接掌董事長，但也保有一席董事，繼承父業。此外，此時陳啟峰也投資「壽山遊覽自動車」，這家公司堪稱「高雄共榮自動車」的子公司，兩家公司的董監事大致類似，因此啟峰投資這家公司，雖不能加廣他的資本網絡，但卻有助於此一資本網絡的加深。

陳啟峰在 1934 年出任「婦人每日新聞社」的董事，但只擔任一年即不復見於該公司的董監事名單中，是故雖然曾透過此一公司，與日本的新聞界建立資本網絡關係，但此一關係極為脆弱，在次年即告瓦解（參

---

[85] 林進發，《臺灣產業大觀》（臺北：民眾公論社，1936 年），頁 230—231。

見表 25）。

2.陳啟貞參與經營企業的資本網絡

「大成火災海上保險」的資本網絡變動有限，惟原本由李春生家族的李景盛、李延禧掌握董事長之位，逐漸轉由板橋林家林熊光擔任常務董事，再升任董事長，但 1939 年起，日人門野重九郎掌握董事長之位，並由益子逞輔擔任常務董事，至此在「大成火災海上保險」中臺人資本家大權旁落，由日人控制董事長之位及經營大權。再者，臺灣銀行轉入的日人高級經營階層，也分食了將近半數的董監事職位。值得注意的是，在臺崛起的日人兩大財閥後宮信太郎及赤司初太郎，都在日治末期加入了這家公司，高雄陳家透過擔任「大成火災海上保險」的監事，與臺人、日人一流資本家及「臺灣銀行」建立了資本網絡的關係。

在「烏樹林製鹽」大致由長子陳啟貞繼承，但啟南、啟峰、啟清、啟琛、啟洲（堂兄弟）也曾在公司中擔任董事，啟安則出任監事，啟川更膺任專務董事，承擔經營重任。值得注意的是，啟貞之子田池在 1937 年起被任命為董事，已為接班做準備。仕隆林家是「烏樹林製鹽」的另一支大股東，林家獲得了三席董事、一席監事，其中林溫如、林福藻、林東來等三人在陳中和過世前，即已進入董監事會，另一人林東淦則在 1937 年進入董事會，具有林家世代交替的意味。至於岡山吳瑞泰是「烏樹林製鹽」從創立即進入董監事會的老牌監事。

1941 年，日本內地財閥「大日本製鹽」併吞「烏樹林製鹽」，但啟貞轉入「臺灣製鹽」擔任董事（參見表 25），位於臺南的「臺灣製鹽」是一家歷史悠久的公司，啟貞透過這家公司的投資，不僅日本內地財閥建立起資本網絡的關係，也與臺南的翁金護、黃欣、越智寅一、佐佐木紀綱等臺、日商人有了資本上的聯繫，再者，也與辜顯榮家族的辜偉甫及「臺北實業會」會長中辻喜次郎等人，成為事業上的夥伴，可惜只有短短四年，即進入戰後國民黨政府的接收時期。

3.陳啟南參與經營企業的資本網絡

作為高雄陳家的投資公司，「陳中和物產」的資本網絡，自創立即呈現封閉狀態，此時期也沒有太大改變，非陳家人能出任董監事者，只

有「不動產通」轟木直一而已。「陳中和物產」在老帥陳中和過世後，由陳啟南繼承董事長，陳啟峰、陳啟洲則在次年退出公司，陳啟南起用啟清為專務董事，承擔經營重任。但從 1935 年起啟川、啟琛兄弟的力量逐漸增長，首先其母劉玉進入公司擔任監事，1941 年起，啟川、啟琛兄弟又分別擔任專務董事、董事長，實際上掌握了這家公司。

啟南除了出掌「陳中和物產」董事長外，也與啟貞、啟清共同投資陳家女婿張仲護擔任董事長的「大日本石鹼」，並與周闊嘴、郭卜等高雄臺籍商人成為事業夥伴，這稍微拓展了啟南的在地資本網絡（參見表25）。

4.陳啟川參與經營企業的資本網絡

1930 年陳中和過世後，啟川、啟琛兄弟在高雄陳家的地位較為弱勢，啟川退出「新興製糖」，在「烏樹林製鹽」的地位也不確定，只在「陳中和物產」穩當保有董事之位。經過努力，終於從 1941 年起，與其弟啟琛掌握「陳中和物產」的經營權。在此之前，陳啟川曾另謀出路，他投資「臺灣新民報社」，並在 1935 年起獲任監事，「臺灣新民報社」改組成「興南新聞社」後，其仍繼續擔任監事，參加「臺灣新民報社」、「興南新聞社」的營運。雖然這家公司無法獲利，但卻這家報社的資本網絡，卻能與霧峰林獻堂、羅萬陣、林呈祿、楊肇嘉、蔡培火、劉明電、韓石泉等臺人政治社會運動健將建立良好的關係，同時也與林柏壽、林雲龍、黃朝清等臺人資本家有了共同的事業（參見表25），這種對抗殖民政府的形象，對於陳啟川在戰後受到國民黨政府的重用，具有加分的效果。

5.陳啟清參與經營企業的資本網絡

陳啟清在日治晚期也逐漸嶄露頭角，除了擔任「陳中和物產」專務董事，承擔經營重任外，也出任「烏樹林製鹽」的董事。再者，在父親過世後，啟清也與姊夫張仲護一起投資「東港製冰」，並擔任董事。另外，1935 年也投資「高雄中央批發市場」，並被選為董事。這兩家公司網羅了中村一造、小川與市、真砂由次郎、楠田卓也、安藤彥市、與儀嘉助、陳光燦、王喀、許白土等高雄、屏東的冷藏、漁產及市場業者，

陳啟清自己建立起與在地臺、日商人的資本網絡，其戰後能崛起成為高雄陳家代表人物之一，從此可以窺知一二。

　　綜上所述，在後陳中和時代，高雄陳家重要成員，啟南的資本網絡幾無變動，啟貞在日治末期轉入「臺灣製鹽」擔任董事，將資本網絡與日本財閥及臺南臺商連結，惟改變幅度不大，而且時間也很短暫，至於啟峰、啟川、啟清的資本網絡則有相當程度的轉變。陳啟峰與高木拾郎、杉原佐一、吉井長平、中村秀、多木龍二、荒木萬三郎、真砂由次郎、清水義治、岩田芳人、小川與市等高雄日商及王沃、蔡文彬、林迦、李炳森、周季芳等在地臺商建立資本網絡的關係，成為陳家在高雄擁有最廣厚的資本網絡者，故其能成為日治時期高雄陳家的代表人物。值得注意的是，陳啟川及陳啟清的資本網絡異軍突起，前者投資「臺灣新民報」，不僅開拓出與新聞界的資本網絡，也令其與臺人政治社會運動的健將並列，提高了他的聲譽。啟清則打入「東港製冰」、「高雄中央批發市場」兩家公司，開拓出與高屏地區漁產、冷藏業者的資本網絡，再者，他集合林迦、何傳、楊金虎、王沃、李炳森等人，創辦「高雄實業協會」，凝塑高雄的臺人商工領導階層，與日人為主的「高雄商工會」、「高雄實業新興會」對抗。啟川、啟清能別開生面，創新資本網絡，故兩人在戰後能取代啟貞、啟峰成為高雄陳家新興的代表人物，從資本網絡的這個側面，也可以看出端倪。

表 25：後陳中和時代的資本網絡（1931—1945）

公司名稱及資本額	創立時地	營業項目	陳家任職董監事及投資概況	同時期任職之臺人董監事	同時期任職之日人董監事
新興製糖 120 萬 直系企業	1903 合股 1908 股份 高雄 大寮	製糖鐵道運輸	陳啟峰董事長 1931—1941 陳啟清專務董事 1931— 陳啟安董事 1931— 專務董事 1932—1940 陳啟輝常務董事 1935—1940 陳啟川董事	陳振發監事 1931—1935 陳光燦董事 1931—1934 王超英監事 1935—	石川昌次常務董事 1931—1940 北川傳監事 1932—1938 百崎富宏董事 1940—

			1931— 陳孫氏款董事 1932—1940 陳氏聘董事 1935—1940 陳啟貞監事 1931— 陳啟南監事 1931— 陳氏英監事 1937—1940 陳氏柳監事 1937—1940		
陳中和物產120萬 直系企業	1922 高雄	農產販售 不動產交易海外貿易	陳啟峰代表董事 1931 陳啟南董事 1931 董事長 1932—1940 陳啟琛董事 1931—1940 董事長 1941—1943 陳啟清（川津勝雄） 專務董事 1931—1941 陳啟川董事 1931—1941 專務董事 1942—1943 陳啟貞董事 1931—1943 陳啟洲監事 1931 劉氏玉監事 1935—1943		轟木直一監事 1931—1938
烏樹林製鹽 30萬增資為50萬 直系企業	1923 岡山	製鹽輕鐵運輸	陳啟貞董事長 1931—1941 陳啟川專務董事 1933—1934 1940—1941 陳啟峰董事 1931—1932 1940—1941 陳啟南董事 1931—1941 陳啟洲董事	林溫如董事 1931—1941 林福藻董事 1931—1941 林東來監事 1933—1941 吳瑞泰監事 1931—1941 林東淦董事 1937—1941	

				1931—1938 陳啟清董事 1931—1941 陳啟安監事 1931—1932 陳啟琛董事 1933—1938 陳田池董事（啟貞子） 1937—1941	
華南銀行 250萬 旁系企業	1919 臺北	金融	陳啟峰董事 1931—1943 新興製糖陳啟峰 投資1,000股	林熊徵總理 1931—1943 林烈堂董事 1931—1939 盛恩頤董事 1931—1943 劉崇偉董事 1931—1939 黃慶元董事 1931—1939 梅普元董事 1931—1934 李雙輝董事 1931—1943 顏國年董事 1931—1937 顏欽賢董事 1938—1943 鄭肇基監事 1931—1937 蔡蓮舫監事 1931—1935 徐杰夫監事 1931—1939 許丙監事 1931—1943	有田勉三郎副總理 1931—1943 竹藤峰治董事 1931—1943 土居才吉董事 1938—1943 佐佐木豐作董事 1942— 竹下政二董事 1943— 牛尾竹之助監事 1938—1939 島田佐一監事 1941— 金子滋男監事 1942—1943
大成火災 海上保險 500萬 旁系企業	1920 臺北	保險業	陳啟貞監事 1931—1943 新興製糖陳啟峰 投資1,000股	林熊光常務董事 1931—1932 董事長 1933—1938 林獻堂董事 1931—1943 李延禧董事 1931—1938 常任監事 1939—1942 顏國年董事	門野重九郎董事 1931—1938 董事長 1939—1943 益子逞輔常務董事 1931—1943 赤司初太郎董事 1938—1943 佐佐木勇太郎董事 1931—1943 安保忠毅董事 1931—1937

				1931—1937 林履信董事 1931—1933 陳振能董事 1931—1941 顏欽賢董事 1939—1943 林熊祥董事 1942—1943 吳澄淇監事 1931—1943 蔡法平監事 1931—1939	渡邊源二郎董事 1935—1941 池之上嘉董事 1938— 高野孫一董事 1939— 藤江醇三郎董事 1941—1943 吉良平洋董事 1942—1943 谷井一作董事 1942—1943 齋藤 豐次郎監事 1931—1938 鹽谷友厚監事 1942—1943 後宮信人郎監事 1943—
高雄製冰 50 萬 旁系企業	1925 高雄	製冰販售	陳啟峰董事 1931—1933 陳啟峰投資 200 股	王沃董事 1931—1933 蔡文彬監事 1931—1933	大坪與一董事長 1931—1932 高木拾郎常務董事 1931—1932 董事長 1933 多木龍二董事 1931—1933 真砂由次郎董事 1931—1933 杉原佐一董事 1931—1933 吉井長平董事 1931—1933 荒木萬三郎常任監 事 1933 館林恒吉監事 1931—1933 大坪佐苦樂監事 1933— 中村秀監事 1933—
高雄共榮 自動車 15 萬 旁系企業	1928 高雄	公共汽車 業務	陳啟峰董事 1931—1933		大坪與一董事長 1931— 高木拾郎 董事 1931—1932 董事長 1933— 杉原佐一董事 1931—1933

					清水義治董事 1931—1933 荒木萬三郎董事 1931—1933 岩田芳人監事 1931—1932 董事 1933 吉井長平常任監事 1933 星野直太郎監事 1933 小川與市監事 1931—1933
鹽埕座 4萬 旁系企業	1930 高雄	劇場 戲劇表演	陳啟峰董事 1931—1941	黃量董事 1932—1935 董事 1938—1941 林迦監事 1931—1935 周李芳監事 1935— 李炳森監事 1938—1941	多木龍二董事長 1931—1941 宮本幸次郎董事 1931—1941 西田傳吉董事 1931—1933 小野農夫董事 1932—1935 高鉾豐三郎董事 1932—1941 尾上信雄董事 1941— 中村秀監事 1931—1941 豐永易介監事 1931—1941
東港製冰 10萬 旁系企業	1930 東港	製冰	陳啟清董事 1930—1938 張仲護監事 1930—1938	許白土董事 1933—1938	小川與市董事長 1933—1938 與儀嘉助常務董事 1933—1938 里井勝太郎董事 1930— 山本定治郎董事 1930— 野津三次郎董事 1930—1933 植村照夫董事 1933—1937 前田嘉藏董事 1933—1937 西中勘次郎董事 1933— 柏木寬董事 1935—

					三宅仁一郎董事 1938— 林準二董事 1938— 佃間慶一董事 1938— 古賀保一監事 1935—1937 董事 1938— 福永藏次郎監事 1933— 栗西富登監事 1937—1938
壽山遊覽 自動車5 萬 旁系企業	1929 高雄	遊覽車業 務	陳啟峰董事 1933—1934		高木拾郎董事長 1933 小川與市董事 1933 董事長 1934 杉原佐一常務董事 1933—1934 吉井長平董事 1933—1934 岩田芳人董事 1933 梶井秀藏董事 1934 清水義治監事 1933—1934 荒木萬三郎監事 1933—1934
臺灣炭業 100萬 旁系企業	1920 臺北	煤礦採掘	陳啟峰監事 1933—1934 董事 1935—1941 新興製糖陳啟峰 投資500股		丸山珍樹專務董事 林原太郎董事 仁田利助董事 勝又獎董事 金行二郎董事 馬渡義夫董事 金澤冬三郎董事 永井清次董事 沖光次郎董事 辻本正春董事 田俊吉監事 山瀨肇監事
大日本石 鹼 1萬 旁系企業	1930 高雄	肥皂製造 販售	陳啟貞董事 1934— 陳啟南董事 1934—	周闊嘴董事 1934— 郭卜監事 1934—	

			陳啟清董事 1934— 張仲護董事長 1934—		
婦人每日 新聞社 10萬 旁系企業	1930	新聞	陳啟峰董事 1934—		恆任寅勇董事長 1934— 宮本勝治董事 1934— 野老龍彥董事 1934— 宮田三郎董事 1934— 高野吉太郎董事 1934— 倉光喜代藏董事 1934— 宮原武熊董事 1934— 川頭九郎次監事 1934— 野原義雄監事 1934—
臺灣新民 報社 （興南新 聞社） 36.2萬 旁系企業	1929 臺北	新聞	陳啟川監事 1935—1943	林獻堂董事長 1935— 董事 1937— 羅萬陣專務董 事 1935—1940 董事 1941—1943 林呈祿董事 1935—1940 專務董事 1941—1943 林資彬董事 1935—1943 林柏壽董事 1935—1943 楊肇嘉董事 1935—1943 蔡培火董事 1935—1937 李瑞雲董事 1935—1937 劉明電董事 1935—1938 林雲龍監事	吉富保之監事 1938—1943

				1938— 董事 1941—1943 黃朝清監事 1935—1937 董事 1938—1943 楊子塔監事 1935—1937 韓石泉監事 1935—1937 林文樹監事 1939—1943 阮朝日監事 1939—1943	
高雄中央 批發市場 20萬 旁系企業	1933 高雄	魚獸肉蛋 蔬果批發 販售	陳啟清董事 1935—	王喀董事 1935— 詹招禮董事 1935— 陳光燦監事 1935—	中村一造董事長 1935— 伊奈哲專務董事 1935— 真砂由次郎董事 1935— 楠田卓也董事 1935— 安藤彥市監事 1935—
臺灣製鹽 500萬 旁系企業	1919 臺南	製鹽業	陳啟貞董事 1941—1943	林金福董事 1941—1943 翁金護董事 1941—1943 辜偉甫董事 1941—1943 施議祥董事 1941— 黃欣監事 1941—1943	大和田悌二董事長 1941—1943 出澤鬼久太 專務董事 1941—1943 越智寅一董事 1941—1943 神尾友修董事 1942—1943 佐佐木紀綱董事 1941—1943 平田末治董事 1941—1943 出弟二郎董事 1941—1943 樋口常彌董事 1941—1942 中辻喜次郎董事 1942—1943 木村忠實董事 1942 花田政春董事 1943

				樋口典常董事 1943 倉石忠雄監事 1941—1942 樋口邦雄監事 1942—1943 三崎友一監事 1942—

資料來源：竹本伊一郎，《臺灣會社年鑑》（臺北：臺灣經濟研究會）；千草默仙，《會社銀行商工業者名鑑》（臺北：圖南協會）；杉浦和作，《臺灣會社銀行錄》（臺北：臺灣實業興信所）相關各年版本。

五、結　語

　　日治時期高雄陳家在政治資源的接班安排上井然有序，[86]陳中和、啟貞、啟峰、啟川、啟清等父子五人，不僅能夠分別進入臺灣總督府評議會、高雄州協議會、高雄街（市）協議會三個層級的諮議機關中，而且一旦有職位出缺，即刻有人能夠遞補，相對而言，高雄陳家在家產的繼承安排上則較紊亂。

　　陳中和很重視家族成員的和睦與合作，他安排諸子都進入「慶應義塾」就讀，不只是為了培養生意人所需的知識和技能，也可能是要將諸子以「慶應化」的涵養，來凝聚他們的團結。在他過世前的一年，曾經安排分家，按照華人的文化思考邏輯，他打算給予養子啟貞一定數額的家產，要求其離家並放棄其他產財的繼承權利，但不僅啟貞覺得不足，輿論亦對啟貞頗為同情，認為陳家事業的天下，是長子啟貞陪伴陳中和打下的，[87]啟貞應該分得更多家產。再加上外力的介入，使得這次的分家似未成功。

---

[86] 照史（林曙光），《高雄人物評述》第一輯（高雄：春暉出版社，1983年），頁41；陳柔縉，《總統是我家親戚》（臺北：鴻鳴館圖書出版社，1994年），頁121。1920年，陳中和被指派為高雄州協議會員，同年，長子啟貞也獲任高雄街協議會員。1922年，啟貞接替父親擔任高雄州協議會員，其所留高雄市協議會員的遺缺，則由其弟啟峰在1924年承接。1927年，啟貞就任臺灣總督府評議會員，次年，啟峰接替擔任高雄州協議會員之位，而啟峰所留下的高雄市協議會員之遺缺，其後則由啟川出任，另外，啟清也在1935年當選高雄市協議會員。

[87] 參見《臺灣新民報》，昭和5年5月17日，第313號，版3。

　　陳中和過世後，孫款及其子啟峰、啟清、啟安、啟輝分得較多的家產，啟峰兄弟獲得最富價值的「新興製糖」，而掛在孫款戶口下啟南，雖獲得「陳中和物產」董事長之位，但亦由孫款另一子啟清出任專務董事，長期掌握經營大權。

　　至於劉玉及其子啟川、啟琛分得的家產較少，啟川、啟琛最初只獲任「陳中和物產」董事，其後經過力爭上游，終於在 1941 年後分別晉升為專務董事及董事長，掌握了「陳中和物產」。

　　啟貞雖為長子，但係養子，按照華人傳統強調血緣的觀念，分得的財產自然更少，他分得業績普通、資本額較少的「烏樹林製鹽」，同時諸子在此公司董監事也都一席之地。

　　另外，陳中和相當疼愛女兒，所以也分給女兒若干「新興製糖」的股票，次女陳聘並獲「新興製糖」董事之位，陳英、陳柳兩位女兒則獲聘為「新興製糖」的監事，可見即使在同樣是女兒中，也須遵循長幼有序的傳統觀念來分產。

　　雖然在分產的過程中不少人有怨言，高雄陳家成員甚至彼此攻訐，這些成為當時報紙報導的焦點。但畢竟高雄陳家成員各有所得，同時也大致符合社會上嫡庶不同分產有異的傳統觀念，故終能塵埃落定渡過爭產風波，其後經各自努力，諸子也都能夠開創出自己的一片天地。

　　殖民政府對於啟貞相當禮遇，指定他代表陳家出任臺灣總督府評議會員，在「大成火災海上保險」上，亦支持其繼承父親的地位，加上陳家諸子對兄長啟貞也還相當敬重，因此就由啟貞接替父親陳中和，代表大股東之一的「新興製糖」擔任「大成火災海上保險」的監事。

　　啟峰在父親過世後，在同母兄弟的大力支持下，透過家族分產的過程，落實了嫡長子的地位，成為「後陳中和時代」高雄陳家的代表人物。更重要的是，他深化了在地資本網絡，與大坪與一、高木拾郎等日籍商人及王沃、蔡文彬、林迦、李炳森等臺籍商人共同投資、經營企業，真正扎根高雄，成為高雄商工階層的領袖。

　　啟貞、啟南在父親去世後，在企業投資上並未有太多新的作為，資本網絡未獲拓展，相對於此，啟川、啟清則有相當的突破。啟川積極經

營「臺灣新民報」此一資本網絡，使得他不僅獲任監事，也經常與全臺各地政治社會運動者並列，提高了他在臺灣人心中的聲響，這對於啟川在戰後受到國民黨政府重用有一定程度的效果。至於啟清，其早年雖亦被父親送入慶應系統的學校就讀，但最終他選擇畢業於明治大學，顯見其不受拘束、甚具開創性的人格特質，水產業是日治時期高雄的重要產業，啟清能夠進入「東港製冰」及「高雄中央批發市場」兩家公司擔任董事，這代表他已成功開闢新的資本網絡，不僅如此，啟清也與林迦、何傳、楊金虎、王沃、李炳森等人，創立「高雄實業協會」，對抗以日人為主要會員的「高雄商工會」（企業銀行業者組成）、「高雄實業新興會」（中小零售商人組成），從此也可窺見何以戰後啟清能夠成為高雄陳家的代表人物之一。研究高雄歷史的前輩林曙光曾言：日治時期陳中和在世時為陳啟貞的時代，去世後為陳啟峰的時代，戰後則是陳啟川的時代，[88]其實應該還要再加上陳啟清。

　　涂照彥教授認為 1915—1930 年高雄陳家的資本網絡與在地日商關係不夠緊密，雖然這在 1930 年以後已賴啟峰、啟清等人的努力有所突破。涂照彥教授也指出日治時期五大家族的事業以族系資本為中心，資本網絡保守、孤立，[89]未能相互支援，是其無法蛻變為現代化的企業，以及抵抗國家資本及日本財閥資本的重要原因，五大家族在「南洋倉庫」、「大成火災海上保險」等的退卻即是明證。[90]在本文的研究中，國家力量對於五大家族資本網絡的影響，是利弊互見的一體兩面，殖民政府既透過「臺灣銀行」貸款高雄陳家，並進而控制其企業，最後更導致高雄陳家的「新興製糖」及「烏樹林製鹽」被日本財閥併吞，但其在授意下成立的「華南銀行」、「大成火災海上保險」則成為臺人重要家族的合作場域，故對於五大家族資本網絡的合作，也促進連結的面向。

　　高雄陳家與其他四大家族相較，資本網絡更顯得保守與孤立，這應

---

88 照史（林曙光），《高雄人物評述第二輯》（高雄：春暉出版社，1985 年），頁 26。

89 涂照彥原著，李明峻漢譯，《日本帝國主義下的臺灣》（臺北：人間出版社，1991 年），頁 423。

90 涂照彥原著，李明峻漢譯，《日本帝國主義下的臺灣》（臺北：人間出版社，1991 年），頁 447。

該也是高雄陳家「新興製糖」及「烏樹林製鹽」相繼被併吞的主因。然而高雄陳家的資本網絡，透過本文的重建，也不如想像的那般封閉，雖然直系只在製糖、製鹽、不動產、交通運輸等業上，但旁系企業則廣及銀行、保險、煤礦、水產冷藏、市場批發、新聞、娛樂、機械各業。至於高雄陳家是否因為遠離政經中心臺北，導致資本網絡與其他四大家族相較更顯孤立，則有待更深入的研究。

國家圖書館出版品預行編目資料

趙祐志臺灣史研究名家論集 / 趙祐志　著者. -- 初版. -
臺北市：蘭臺, 2021.06
　面；　　公分. -- (臺灣史研究名家論集；3)
　ISBN 978-986-06430-4-6(全套：精裝)

1.臺灣研究　2.臺灣史　3.文集

　　　733.09　　　　　　　　　　　　　　110007832

臺灣史研究名家論集 3

趙祐志臺灣史研究名家論集

著　　者：趙祐志
主　　編：卓克華
編　　輯：沈彥伶、陳嬿竹
封面設計：塗宇樵
出 版 者：蘭臺出版社
發　　行：蘭臺出版社
地　　址：台北市中正區重慶南路 1 段 121 號 8 樓之 14
電　　話：(02)2331-1675 或(02)2331-1691
傳　　真：(02)2382-6225
E—MAIL：books5w@gmail.com 或 books5w@yahoo.com.tw
網路書店：http://5w.com.tw/、https://www.pcstore.com.tw/yesbooks/
　　　　　https://shopee.tw/books5w
　　　　　博客來網路書店、博客思網路書店
　　　　　三民書局、金石堂書店
經　　銷：聯合發行股份有限公司
電　　話：(02) 2917-8022　　　傳 真：(02) 2915-7212
劃撥戶名：蘭臺出版社　　　　帳號：18995335
香港代理：香港聯合零售有限公司
電　　話：(852)2150-2100　　　傳真：(852)2356-0735
出版日期：2021 年 6 月 初版
定　　價：新臺幣 30000 元整（套書，不零售）
ISBN：978-986-06430-4-6

《臺灣史研究名家論集》

這套叢書是研究台灣史的必備文獻！

　　這套叢書是兩岸台灣史的權威歷史名家的著述精華，精采可期，將是臺灣史研究的一座豐功碑及里程碑，可以藏諸名山，垂範後世，開啟門徑，臺灣史的未來新方向即孕育在這套叢書中。展視書稿，披卷流連，略綴數語以說明叢刊的成書經過，及對臺灣史的一些想法，期待與焦慮。

三編

尹章義、林滿紅、林翠鳳、武之璋、孟祥瀚、洪健榮、張崑振、張勝彥、戚嘉林、許世融、連心豪、葉乃齊、趙祐志、賴志彰、闞正宗

二編　ISBN：978-986-5633-70-7

臺灣史名家研究論集二編　（精裝）NT$：30000

尹章義、李乾朗、吳學明、
周翔鶴、林文龍、邱榮裕、
徐曉望、康　豹、陳小沖、
陳孔立、黃卓權、黃美英、
楊彥杰、蔡相輝、王見川

一編　ISBN：978-986-5633-47-9

臺灣史研究名家論集（套書）　定價：28000

王志宇、汪毅夫、卓克華、
周宗賢、林仁川、林國平、
韋煙灶、徐亞湘、陳支平、
陳哲三、陳進傳、鄭喜夫、
鄧孔昭、戴文鋒

100台北市重慶南路一段121號8樓之14
TEL：(8862)2331 1675　FAX：(8862)2382 6225

E-mail：books5w@gmail.com
網址：http://5w.com.tw/